Christoph Strosetzki
Miguel de Cervantes

In der Reihe liegen bereits vor:

Nibelungenlied
Von Otfrid Ehrismann

Hartmann von Aue
Von Christoph Cormeau und Wilhelm Störmer

Grimmelshausen
Von Volker Meid

Lessing
Von Wilfried Barner, Gunter E. Grimm, Helmuth Kiesel, Martin Kramer

E.T.A. Hoffmann
Von Brigitte Feldges und Ulrich Stadler

Heinrich Heine
Herausgegeben von Jürgen Brummack

Gerhart Hauptmann
Von Peter Sprengel

Thomas Mann
Von Hermann Kurzke

Bertolt Brecht
Von Jörg-Wilhelm Joost, Klaus-Detlef Müller und Michael Voges

Der deutsche Bildungsroman
Von Jürgen Jacobs und Markus Krause

Volksstück
Vom Hanswurstspiel zum sozialen Drama der Gegenwart
Von Hugo Aust, Peter Haida und Jürgen Hein

Satire im 16. Jahrhundert
Von Barbara Könneker

Erzählliteratur der frühen Nachkriegszeit (1945–1952)
Von Volker Wehdeking und Günter Blamberger

Miguel de Cervantes
Epoche – Werk – Wirkung

Von Christoph Strosetzki

Verlag C.H.Beck München

Arbeitsbücher zur Literaturgeschichte
Herausgegeben von Wilfried Barner und Gunter E. Grimm
unter Mitwirkung von
Hans-Werner Ludwig (Anglistik) und
Siegfried Jüttner (Romanistik)

CIP-Titelaufnahme der Deutschen Bibliothek

Strosetzki, Christoph:
Miguel de Cervantes : Epoche – Werk – Wirkung / von
Christoph Strosetzki. – München : Beck, 1991
(Arbeitsbücher zur Literaturgeschichte)
ISBN 3 406 35077 1

ISBN 3 406 35077 1

Satz und Druck: C.H. Beck'sche Buchdruckerei, Nördlingen
Printed in Germany

Inhalt

I. Fakten zu Cervantes und seiner Zeit

Astrana Marín, Luis: Vida ejemplar y heroica de Miguel de Cervantes Saavedra, 7 Bde., Madrid 1948–58 [Ausführlichste Biographie, Standardwerk]

Canavaggio, Jean: Cervantes. Biographie, Zürich, München 1989 [Maßgebliche gegenwärtige Biographie; Übersetzung der französischen Ausgabe: Paris 1986]

Castro, Américo: Cervantes y los casticismos españoles, Madrid 1974 [Zur Problematik von „viejos" und „nuevos cristianos"; *Don Quijote* als Werk eines „cristiano nuevo"]

Castro, Américo: El pensamiento de Cervantes, Madrid 1925 [Cervantes als „disimulador" und „hábil hipócrita"]

Krauss, Werner: Miguel de Cervantes, Neuwied, Berlin 1966 [wegweisende Monograhie zu Cervantes' Leben und Werk]

McGaha, Michael D. (hg.): Cervantes and the Renaissance. Papers of the Pomona College Cervantes Symposium, November 16–18, 1978, Easton, Pennsylvania 1980 [14 Beiträge zum Verständnis von Cervantes als Autor der Renaissance]

Rodriguez Puértolas, Julio: Cervantes visto por Américo Castro, in: Anthropos. Revista de documentación científica de la cultura 98–99, Juli/August 1989, S. 50–55 [Cervantes als Erasmist und Outsider: die wechselvolle Entwicklung von Castros Cervantesdeutung]

Sánchez, Alberto: Estado actual de los estudios biográficos, in: J. B. Avalle-Arce und E. C. Riley (hg.): Suma cervantina, London 1973, S. 3–24 [Forschungsbericht]

Sánchez, Alberto: La biografía de Cervantes: bosquejo histórico-bibliográfico, in: Anthropos. Revista de documentación científica de la cultura 98–99, Juli/August 1989, S. 30–40 [Geschichte der Biographien]

Strosetzki, Christoph: Literatur als Beruf. Zum Selbstverständnis gelehrter und schriftstellerischer Existenz im spanischen Siglo de Oro, Düsseldorf 1987 [Zu den Konzepten von Müßiggang und Arbeit, Hof und Land, armas y letras, der Einschätzung des Wissens und seiner Repräsentanten und der Bewertung des Buches und derer, die mit ihm umgehen, in der Traktatliteratur]

Cervantes lebte zu Beginn der Neuzeit. Der Humanismus hatte mittelalterliche Strukturen aufgelöst, indem er Auskünfte über den Menschen insbesondere in der Literatur der Antike suchte, zu deren Renaissance er beitrug. Antike Texte wurden neu herausgegeben, ihre wichtigsten Aussagen in Sentenzensammlungen zusammengefaßt und in humanistischen Traktaten und Essays neu verarbeitet und aktualisiert. Durch die Orientierung an der antiken Literatur und deren Poetiken entstand eine neue Literatur in den Nationalsprachen. Diesen kam ihrerseits im Kontext des neu konstituierten Nationalstaats Spanien ein besonderes Gewicht zu. So mußte sich im 16. Jahrhundert das Kastilische als Sprache der Literatur und Wissenschaft erst noch Anerkennung verschaffen. Dieser Prozeß sollte durch die Grammatik von Nebrija, durch die Dialoge von Valdés über die Sprache, aber auch durch literarische Texte von exemplarischem Wert gefördert werden. Dabei war man durchaus erfindungsreich bei der Um- und Neugestaltung von literarischen Gattungen. Bestes Beispiel dafür, daß diese Experimentierfreudigkeit auch noch bis zur Jahrhundertwende andauerte, ist Cervantes.

Vorbild für viele spanische Humanisten war im 16. Jahrhundert Erasmus von Rotterdam. Während in den ersten Jahrzehnten der spanische Erasmismus als Strömung sogar mit staatlicher Unterstützung aufgebaut wurde, sahen Erasmus und seine Anhänger sich durch die erstarkenden Kräfte der Gegenreformation immer heftigeren Angriffen und Verfolgungen ausgesetzt. Dennoch demonstrierte er eine neue, individuelle und von der Tradition unabhängige Haltung gegenüber religiösen und profanen Texten. Zugleich prägte er das Bild eines neuen Typus des freien Schriftstellers. Als solcher richtete er sich an ein Lesepublikum, das mit den zuvor noch handgeschriebenen Texten unerreichbar war. Auch Cervantes verehrte Erasmus und lebte wie dieser – allerdings nicht immer freiwillig, sondern in Ermangelung anderer, ihm lukrativer erscheinender Einkünfte – zeitweise als ungebundener Schriftsteller.

Da Cervantes in den letzten Jahrzehnten des 16. und in den ersten des 17. Jahrhunderts schreibt, ist er zugleich geprägt durch die in dieser Zeit auch verbreitete barocke Weltsicht, die die Aufbruchstimmung und den Optimismus der Renaissance relativiert hat. Die Kräfte der Gegenreformation hatten Humanismus und Reformation nicht nur theoretisch bekämpft, sondern auch durch die rohe Gewalt des Krieges und der Inquisition. Angesichts der Verbreitung der Wahrheit durch Waffen und nicht durch Einsicht und Überzeugung waren die Zweifel an ihrer Erkennbarkeit gewachsen. Es breiteten sich Skeptizismus und Relativismus aus. Zugleich waren die Jesuiten auf der Seite der Gegenreformation bestrebt, eine Erneuerung der christlichen Doktrin im Sinne des Humanismus und der Reformation durch Meditation und Verinnerlichung zu erreichen. Solche Bestrebungen kontrastierten mit denen der Inquisition, die als Bewahrerin der traditionellen und mittelalterlichen Lehre auftrat. Auch Cervantes stand im Spannungsfeld dieser Auseinandersetzungen. Er gestaltete seinen skeptizistischen Relativismus im *Don Quijote,* wo er, von seinem religiösen Ursprung losgelöst, eine allgemeine erkenntniskritische Dimension gewinnt. Unterstrichen wird sie noch durch die satirische Kritik an einigen von der Inquisition verteidigten Werten und Lehrmeinungen. Ganz im Gegensatz dazu steht die christliche Läuterung, die das Anliegen seines Epos *Persiles y Segismunda* ist.

So ist Cervantes durch das barocke Denken ebensosehr geprägt wie durch das humanistische der Renaissance. Dies soll in den folgenden Kapiteln die Analyse seiner Werke verdeutlichen. Unter ihnen gelten seit Jahrhunderten insbesondere der *Don Quijote* und die *Novelas ejemplares* als Höhepunkte der Literatur jener 200 Jahre, die im nachhinein, sei es ehrerbietend, sei es ideologisierend, als Spaniens Goldenes Zeitalter bezeichnet wurden.

Als Werke der Weltliteratur werden sie zudem anerkannt, da es Cervantes zu Beginn der Neuzeit gelang, als erster Probleme zu formulieren und zu gestalten, die bis heute von Bedeutung sind. Deutlich erkennbar war ihm die durch den neu erfundenen Buchdruck entstandene Situation, in der ein nicht klerikaler Schriftsteller sich durch seine Publikation einem ihm zuvor unbekannten Publikumskreis eröffnet. Es wurden nicht mehr Manuskripte von Mönchen wie im Mittelalter abgeschrieben, sondern Bücher gedruckt und als Waren verkauft. Wie auf der einen Seite der Schriftsteller ein neues Selbstbewußtsein finden mußte, so wurde auch das Lesen zum Problem. Während für den mittelalterlichen Kleriker das Lesen durch die allegorische Schriftdeutung determiniert war und damit eine strukturierte Hermeneutik zur Verfügung stand, war der Laie auf sich selbst gestellt. Das Lesen konnte beim unausgebildeten Laien sehr leicht problematische Wirkungen zeigen. Dafür ist die Figur Don Quijote selbst ein Beispiel.

Hinzu kommt, daß man aufgrund der veränderten gesellschaftlichen Verhältnisse in der schönen Literatur nach neuen Ausdrucksformen suchte. Dabei orientierte man sich zugleich an der zum Paradigma gewordenen antiken Literatur und an neuen gesellschaftlichen Interessen. So standen neben Versuchen der Erneuerung der traditionellen Epik der Schäferroman, der Schelmenroman und der Ritterroman. Derartige Strömungen faßte Cervantes zusammen, als er den *Don Quijote* schuf, den man als den ersten modernen Roman bezeichnet hat, da er Fragen nach dem Individuum gegenüber der Gesellschaft, der Subjektivität des einzelnen und nach der Autorschaft eines literarischen Textes stellt.

Es waren aber nicht nur die großen geistesgeschichtlichen Umwälzungen, sondern auch politisch bedeutsame Ereignisse, die das Leben und das Denken von Cervantes bestimmten. Die Zeit des 16. und 17. Jahrhunderts ist für Spanien geprägt durch politische Expansion, der dann ein Niedergang politischer Macht und eine Verarmung weiter gesellschaftlicher Kreise folgte. Betrachtet man das Schicksal von Cervantes' Familie über mehrere Generationen hinweg, dann läßt sich deutlich erkennen, daß auch sie an dieser Entwicklung teilhat. Im folgenden seien daher einige historische Fakten angegeben. Sie sollen als Rahmen dienen, der anschließend die wichtigsten Eckdaten über Cervantes aufnehmen kann.

Spaniens Aufbruch zur Weltmachtstellung begann sehr vielversprechend. Durch die Heirat von Ferdinand II. und Isabella hatten sich die Kronen von Kastilien und Aragón vereinigt. Die so entstandene nationale Großmacht hatte das Königreich Granada, die letzte moslemische Bastion auf der Iberischen Halbinsel, im Jahre 1492 zurückerobert. In demselben Jahr hatte Columbus Amerika entdeckt und der Grammatiker und Humanist Nebrija die erste Grammatik der spanischen Sprache geschrieben. Mit dem Tode Ferdinands im Jahr 1516 ging die Regierung an Karl über, dessen Herrschaft als spanischer König Karl I. bis 1556 dauerte und der als Habsburgerkaiser Karl V. von 1519 bis 1556 zugleich über Staaten wie die burgundischen Niederlande, Süditalien und Österreich herrschte. Mit ihm war Spanien in ein weltweites, durch dynastische Interessen verklammertes Staatensystem eingebunden. Seine Hauptaufmerksamkeit mußte Karl Konflikten mit Frankreich, dem Papst und mit den deutschen protestantischen Fürsten widmen. Von seinen vierzig Regierungsjahren verbrachte er allerdings nur sieben in Spanien. In der übrigen Zeit ließ er sich durch einen wohlorganisierten Beamtenapparat und durch Isabella von Portugal, die er 1526 geheiratet hatte, vertreten. Seine Rätekammern, die Consejos, die einzelnen Ressorts und unterschiedlichen Ländern zugeordnet waren, unterstanden ihm direkt und waren infolge seiner Abwesenheit sehr mächtig. Dieses Beamtensystem, in dem auch Cervantes seinen Platz suchte, blieb bis zum Ende des 17. Jahrhunderts bestehen.

Allerdings darf man die Bedeutung der noch mittelalterlich geprägten Gesellschaftsstruktur nicht übersehen: den Hochadel bildeten die um 1600 etwa hundert Granden, die die höchsten Staatsbeamten stellten. Aber auch die mittlere Adelsschicht der Caballeros hatte ausgedehnte Privilegien, während der niedrige Geburtsadel der Hidalgos, der Nachkommen des spätmittelalterlichen Militäradels, verarmt war. Während das Handelsbürgertum seine Position an die ausländische Konkurrenz abgab, eröffnete das Studium an einer der immer zahlreicheren Universitäten Spaniens den Aufstieg in öffentliche Ämter, von denen Vertreter des niederen Adels und des Bürgertums profitierten.

Als sich Karl aus den Regierungsgeschäften im Jahr 1556 zurückzog, um in der Einsamkeit eines Klosters in der Extremadura Ruhe zu finden, teilte er sein habsburgisches Weltreich auf. Während bei der Reichsteilung die Österreicher nur Vorderösterreich mit dem Elsaß behielten, übertrug er seinem Sohn Philipp neben dem spanischen Erbe Italien und die Niederlande. Verwaltung und Kriegsführung hatten während seiner Regierungszeit große finanzielle Mittel gefordert, die nicht einmal mehr durch die Gold- und Silberlieferungen aus Übersee ausgeglichen werden konnten. Als einzigen Finanzierungsweg sah Karl, wie auch sein Nachfolger Philipp, die Erhöhung der Steuern, die angesichts der Steuerfreiheit des Klerus und des Adels nur Bürger und Bauern traf. Die drückenden Steuern führten zu einer derartigen Verwahrlosung der Landwirtschaft, daß man im 17. Jahrhundert gezwungen war, landwirtschaftliche Produkte einzuführen. Dieser Hintergrund verdeutlicht, welche Schwierigkeiten Cervantes in Andalusien als Steuereinnehmer gehabt haben muß.

Philipp II. mußte den Kampf gegen Frankreich, die problematische Nachbarschaft mit dem Papst und den Kampf mit den Türken im Mittelmeer bestehen. Neben der Wahrung der Interessen der habsburgischen Dynastie und des Königreiches Spanien verfolgte Philipp II. insbesondere die Absicht, die katholische Kirche zu schützen. Gegen die Türken konnte er sich 1571 erfolgreich in der Schlacht von Lepanto durchsetzen, mit der die moslemische Seeherrschaft im Mittelmeer gebrochen wurde. An dieser Schlacht hatte Cervantes teilgenommen. 1588 allerdings wurde die bisher unbesiegbare spanische Flotte durch die Engländer im Kanal geschlagen. Damit verlor Spanien zu den Niederlanden die Seeverbindung, deren Ersatz auf dem Landweg in der Folge zum Problem werden sollte. Als Philipp II. 1598 starb, war Spanien wirtschaftlich und finanziell zerrüttet und infolge langer militärischer Auseinandersetzungen erschöpft. Mit dem Sohn von Philipp II., Philipp III., der von 1598 bis 1621 König war, verfiel die spanische Großmachtstellung. Das Regieren überließ er seinen Günstlingen, insbesondere dem Herzog von Lerma. Die politischen, sozialen und wirtschaftlichen Probleme nahmen zu; die angesichts der Lage unvermeidlich defensive Außenpolitik hatte jedoch den Vorteil einer gewissen Stabilisierung.

Während politisch und wirtschaftlich das 17. Jahrhundert als Zeit des Niedergangs der im 16. Jahrhundert erreichten Weltmachtstellung erscheint, strahlt der kulturelle Bereich im 17. Jahrhundert in einer Blüte, für die Lope de Vega, Calderón de la Barca, Baltasar Gracián und Miguel de Cervantes die bekanntesten Beispiele sind.

Die Wechselfälle der großen Politik konnten nicht ohne Auswirkungen auf das Schicksal von Cervantes bleiben. In seiner Jugend lernte er das Italien der Renaissance kennen. Das militärische Leben kannte er als Teilnehmer der Seeschlacht von Lepanto, die maurische Welt als Kriegsgefangener in Algerien, die Armut der andalusischen Bauern als Ausrüster der spanischen Armada und als Steuereinnehmer. Seine Gefängnisaufenthalte, seine häufig wechselnden Wohnorte, sein Suchen nach Anstellungen und seine Versuche, in die Neue Welt auszuwandern, zeugen von den schwierigen gesellschaftlichen Rahmenbedingungen, in denen er lebte. Welche geistigen Einflüsse dabei auf ihn gewirkt haben, läßt sich aus seinem Werk erschließen, das Elemente der Renaissance, des Erasmismus, der Gegenreformation und des Barockzeitalters enthält. Dies wird besonders im Kapitel V. F. mit Bezug auf den *Don Quijote* verdeutlicht.

Über Cervantes' Leben gibt es nur wenig verläßlich dokumentierte Daten. Es ist kaum Korrespondenz von Cervantes erhalten, obwohl er zahlreiche Briefe geschrieben haben muß. Ebensowenig sind von ihm geschriebene Manuskripte seines literarischen Werks erhalten. Der Fall Cervantes liegt also anders als jener des Lope de Vega, bei dem man aufgrund der ausführlichen Korrespondenz zum Teil nicht nur einzelne Tage, sondern geradezu Stunden rekonstruieren kann. Beschäftigt man sich dagegen mit den handschriftlich erhaltenen Texten von Cervantes, muß man sich mit Dokumenten über Öl, Getreide und Mehlquanten begnügen, die er eigenhändig verfaßt hat, oder mit Gerichts- und Notariatsdokumenten, die von ihm unterschrieben worden sind. Der Biograph ist also darauf angewiesen, Verwandtschaftsbeziehungen und Zeitumstände zu studieren oder gegebenenfalls einzelne Passagen von Cervantes' Werk auf Lebensumstände des Autors zu deren Erhellung zurückzubeziehen. Letzteres ist freilich problematisch, da man nicht ohne weiteres vom dichterischen Wirken auf die empirische Existenz schließen kann und Cervantes natürlich zugleich mit literarischen

Quellen arbeitet. Im einzelnen wird auf derartige Bezüge im nächsten Kapitel über „Cervantes in seinen weniger erfolgreichen Werken“, aber auch in den dann folgenden Kapiteln zu seinen bekannteren Werken eingegangen.

Gesichert ist der Zeitpunkt seiner Taufe. Im 18. Jahrhundert hat man die Taufurkunde gefunden, aus der hervorgeht, daß Miguel de Cervantes am 9. 10. 1547 in der Kirche Santa María la Mayor in Alcalá de Henares getauft wurde. Ob er kurz zuvor geboren wurde, oder wie man vermutet hat, am 29. September, dem Tag des Heiligen Michael, ist unsicher. Für letzteres spricht, daß er entgegen einer verbreiteten Sitte nicht nach dem Vornamen des Vaters oder Großvaters väterlicherseits benannt wurde.

In demselben Jahr starben in England Heinrich VIII. und in Frankreich Franz I.; es war die Zeit, in der Karl V. den Höhepunkt seiner Macht erreicht hatte. Allerdings hatten die Anhänger des Erasmus in Spanien die Gefahr des Protestantismus deutlich werden lassen. Zu Ende gegangen war gerade die erste Sitzungsperiode des Konzils von Trient, das auf die Reformatoren durch eine Erneuerung der offiziellen Lehre reagierte. Auch von den Türken ging eine latente Bedrohung aus, da sie in Nordafrika Unterstützung fanden.

700 Jahre lang war Kastilien ein Land an der Grenze des christlichen Abendlandes gewesen. Daher war die friedliche und kriegerische Auseinandersetzung mit den Ungläubigen von so großer Bedeutung, daß eine eigenständige Entwicklung wie in Italien und Frankreich nicht möglich war. Man hat auf diese Tatsache das späte Auftreten einer Renaissance und das besondere eifrige Festhalten an der christlichen Werteordnung des Mittelalters zurückgeführt.

Bereits 1502 wurden von Isabella alle im Königreich Kastilien ansässigen Araber vertrieben, die sich nicht taufen lassen wollten. Aber auch als getaufte Moslems, d.h. Morisken, wurden sie von der christlichen Bevölkerung gemieden. Die Vertreibung der Mauren, die in großer Zahl in der Landwirtschaft gearbeitet hatten, erwies sich als nachteilig für die Wirtschaft des Landes.

Die Juden, die zu ihrem Glauben standen, waren bereits von den Katholischen Königen vertrieben worden. Diejenigen, die zum Christentum konvertiert waren, übten, wie ihre noch dem jüdischen Glauben angehörenden Vorfahren im Mittelalter, wichtige Funktionen im Bereich der Wissenschaft, der Verwaltung und der ärztlichen Versorgung aus. Dies mußte ihnen den Neid der christlichen Spanier einbringen, die sie „conversos“ nannten. Man warf ihnen vor, nur zum Schein konvertiert zu sein, in Wirklichkeit aber weiter ihren alten Glauben zu verfolgen. Außerdem lastete man den Juden an, Christus gekreuzigt zu haben. Umso wichtiger wurde es für die christlichen Spanier, den Nachweis zu erbringen, zu den „Altchristen“ zu gehören, d.h. nicht konvertiert, sondern seit vielen Generationen christlich und spanisch zu sein. 1547 wurden in Toledo die ersten Verordnungen über den Nachweis der Reinheit des Blutes (estatutos de limpieza de sangre) als Voraussetzung für den Zugang zum Priesteramt erlassen. Die Inquisition wachte über die Reinheit des Glaubens. Sie verfolgte nicht nur „conversos“ und „moriscos“, sondern ebenso Anhänger von Erasmus und Luther und schließlich auch die „Erleuchteten“ (alumbrados).

Ist Cervantes Altchrist oder Konvertierter? Für ersteres spricht, daß er nach seiner Rückkehr aus Algier über ein Zeugnis verfügte, das ihn als Altchristen auswies. Man kann zudem die antimaurischen Auslassungen in *El coloquio de los perros* oder die burleske Behandlung der Juden in den Theaterstücken, die er in maurischer Gefangenschaft geschrieben hat, anführen. Mit gleichem Recht lassen sich jedoch die zahlreichen Stellen in seinem Werk, z.B. im *Quijote* oder in den Entremeses, dagegenhalten, in denen er gegen die Gesellschaft und gegen die „cristianos viejos“ polemisiert. Américo Castro ist die Sicht zu verdanken, daß Cervantes als Marginalisierter in einer Gesellschaft steht, die ihn ablehnt. Er führt dies darauf zurück, daß Cervantes ein „nuevo cristiano“ jüdischen Ursprungs sei, was aber nichts an der Ehrlichkeit seines Christentums ändere. Dies erklärt nach Castro die Schwierigkeiten, die er hatte, sich auf der sozialen Stufenleiter weiterzubewegen. Es könnte zudem die häufigen Ortswechsel seines Vaters und Großvaters erklären. Unumstritten ist Castros These nicht. Immerhin könnte sie die Außenseiterstellung erklären, die Cervantes etwa im Vergleich zu dem allseits akzeptierten Lope de Vega oder Calderón hatte.

Miguels Urgroßvater väterlicherseits, Ruy Díaz de Cervantes, war Tuchhändler in Córdoba. Sein Großvater Juan de Cervantes war zunächst Anwalt und dann in verschiedenen Städten als „Corregidor“ Beamter, unter anderem in Alcalá, wo Rodrigo, Miguels Vater, als zweiter Sohn geboren wurde. Nach Aufenthalten in Cuenca und Guadalajara ließ Juan sich 1532 in Alcalá nieder, wo er ein luxuriöses Leben führte. Diesen Lebensstandard konnte später der Sohn Rodrigo nicht fortsetzen. Zum einen trennten sich seine Eltern, zum anderen war er taub und wurde „ciruano“, d.h. Wundarzt oder einfacher Arzt ohne Universitätsstudium. Seine wichtigsten Bücher, die bei einer Pfändung im Jahr 1552 registriert wurden, waren: ein Buch über die vier Krankheiten, eine lateinische Grammatik und ein Leitfaden der Chirurgie. Er heiratete 1542 Leonor de Cortinas aus Altkastilien, die aus einer Familie angesehener Ärzte stammte. Geboren wurden in den nächsten sechs Jahren zwei Töchter sowie die beiden Söhne Miguel (1547) und Rodrigo (1550). 1551 zog die Familie nach Valladolid, da die größere Stadt Miguels Vater bessere Berufsaussichten bot. Seine Hoffnungen wurden enttäuscht. Von Gläubigern verfolgt, kehrte er mit der Familie 1553 nach Alcalá zurück. Von dort aus reiste er – vielleicht allein – zu seinem Vater nach Córdoba weiter. 1564 jedoch ist er in Sevilla und beschäftigt sich mehrere Monate mit der Verwaltung von Mietshäusern. Sein Hausnachbar war in dieser Zeit Lope de Rueda, der Miguels Theaterbegeisterung beeinflußt haben könnte. Im Herbst 1566 kam sein Vater jedenfalls wieder nach Madrid, das schon seit sechs Jahren Sitz von Philipp II. war. In Madrid traf

Miguel de Cervantes mit dem Humanisten Juan López de Hoyos (1512–82) zusammen. Letzterer bezeichnet Cervantes als seinen Schüler, und nimmt drei seiner Gedichte in einen Gedichtband aus Anlaß des Todes der Königin Isabel de Valois auf.

1568 hatte Cervantes zu diesem Anlaß einige Gelegenheitsgedichte geschrieben, die im folgenden Jahr publiziert wurden. Wo aber hat Cervantes seine Schulausbildung erhalten? Dazu gibt es verschiedene Anhaltspunkte und Hypothesen. Mit Rodríguez Marín wird behauptet, Cervantes sei zunächst bei den Jesuiten in Sevilla ausgebildet worden. Grund für diese Annahme war die Tatsache, daß sein Vater Rodrigo 1564 dort die Stadtbürgerschaft erhalten hat. Es gibt allerdings keine Dokumente dafür, daß die ganze Familie ihm gefolgt ist. Belegt ist demgegenüber, daß die Mutter mit einigen Familienangehörigen weiterhin in Neukastilien geblieben ist. Als weiteres Argument für eine Ausbildung von Cervantes bei den Jesuiten von Sevilla wird seine Novelle *El coloquio de los perros* angeführt, in der er das jesuitische Erziehungswesen lobt. Gegen dieses Argument allerdings führt Joaquín Casalduero an, daß ein solcher Text nicht unbedingt autobiographisch zu sein braucht, sondern Ausdruck des Respekts sein kann, den jeder Spanier im *Siglo de Oro* vor dem Erziehungswerk der Jesuiten gehabt hat. Dies behauptet Werner Krauss, wenn er anmerkt, daß die betreffenden Ausführungen ebensogut auf den *Apparatus latini sermonis* von Melchor de la Cerda zurückgehen könnten, wo bereits der konzeptistische Stil des 17. Jahrhunderts angelegt war, der später bei Schriftstellern und Schülern der Jesuiten beliebt wurde.

Auch die Behauptungen, Cervantes habe an den Universitäten von Valladolid oder Salamanca Lehrveranstaltungen besucht, lassen sich nicht mit Gewißheit beweisen. Wenn er von seinen Zeitgenossen als „ingenio lego“, d.h. also als ungeschulter oder laienhafter Geist bezeichnet wird, dann läßt dies eher auf eine vorwiegend autodidaktische Ausbildung schließen. Über diese wenigen Anhaltspunkte hinaus läßt sich jedoch nichts mit Sicherheit über diesen Lebensabschnitt sagen.

Ein unumstößliches Faktum ist, daß Miguel de Cervantes Ende des Jahres 1569 in Rom war. Es gibt nämlich ein Dokument vom 22. Dezember dieses Jahres, ausgestellt vom Licenciado Duarte de Acuña auf Bitte des Vaters, Rodrigo de Cervantes, das seinem Sohn die „limpieza de sangre“ bescheinigen sollte, damit dieser ins spanische Heer eintreten könne, das in Italien in Garnison stand. Wann aber und unter welchen Umständen ging der junge Dichter von Madrid nach Rom? Welche Gründe hatte er, außer dem natürlichen Interesse, die ewige Stadt und das Italien der Renaissance zu besichtigen?

Es gibt ein Archivdokument vom 15. September 1569, nach dem der Befehl ergeht, einen gewissen Miguel de Cervantes festzunehmen, der einen Antonio de Sigura im Duell verletzt haben soll. Es wird das Urteil gefällt, ihm die rechte Hand abzuschlagen und ihn für zehn Jahre zu verbannen.

Aus diesem Dokument und der zeitlichen Nähe zur Reise nach Italien hat man geschlossen, daß es sich um den Dichter Cervantes handelte, der sich auf der Flucht vor seiner Verurteilung für Italien entschieden hat. Sogar aus den *Novelas ejemplares* und aus den *Trabajos de Persiles y Sigismunda* hat man Stellen herangezogen, um den Reiseweg von Madrid nach Rom zu rekonstruieren. Es ist unsicher, ob diese Erklärung des Aufbruchs nach Italien stimmt. Denn einer der Bürgen, der bei Cervantes' Dokument über die „limpieza de sangre" unterstützend mitgewirkt hatte, war Alonso Getino de Guzmán, der als Gerichtsdiener der Stadt Madrid schwerlich einem bereits Verurteilten und Flüchtigen mit einem Dokument geholfen hätte.

Es könnte jedoch auch sein, daß Cervantes nach Italien aufbrach, weil er sich Protektion erhoffte von einem Geistlichen namens Gaspar de Cervantes y Gaete, der ein entfernter Verwandter war. Dieser wurde nämlich gleichzeitig mit Julio Aquaviva 1570 von Papst Pius V. zum Kardinal ernannt. Im Palast des Aquaviva war Cervantes in Rom als Diener tätig, wie aus dem Widmungsschreiben der *Galatea* hervorgeht. Lange jedoch war Cervantes nicht in der Gefolgschaft von Aquaviva. Denn im Herbst 1570 findet man ihn bereits in der spanischen Armee im Gefolge von Diego de Urbina.

Es schließt sich die Dekade zwischen 1571 und 1580 an, in der Cervantes das Leben eines Soldaten führte. Den Höhepunkt dieser Zeit bildete gleich zu Anfang die Seeschlacht von Lepanto am 7. Oktober 1571, in der die Vorherrschaft der Türken im Mittelmeer durch die Koalition Spaniens, Venedigs und des Vatikans unter dem Oberbefehl von Don Juan de Austria gebrochen wurde. Cervantes war auf der venezianischen Galeere „La Marquesa". Obwohl er krank war und an hohem Fieber litt, wollte er auf seinem Schiff an exponierter Stelle kämpfen. Während die Schlacht von seiner Partei gewonnen wurde, erhielt er selbst zwei Schüsse in die Brust und eine weitere Verletzung: Seine linke Hand wurde zerschmettert. Monatelang mußte er im Lazarett von Messina diese Wunden ausheilen. Dies allerdings hinderte ihn nicht daran, bald darauf zu neuen militärischen Taten im Mittelmeer aufzubrechen. Ein Beweis für Miguels Tapferkeit ist das Soldbuch seiner Truppe, in dem er Ende 1574 als „soldado aventajado" mit höherem Gehalt aufgeführt wird. Aus dem Buch geht zugleich hervor, daß er zu diesem Zeitpunkt in Garnison in Palermo war.

Möglicherweise war er nun schon mit seinem Bruder Rodrigo zusammen, der Italien im Frühjahr 1572 erreicht hatte. Jedenfalls brach Miguel 1575 mit Rodrigo an Bord der Galeere „Sol" in Richtung Spanien auf. Ein Sturm überraschte sie. Die Galeere wurde aus dem Geleitzug isoliert und geriet in die Gewalt der Araber. Die Brüder wurden als Gefangene in die feindliche Stadt Algier geschafft. In der Gefangenschaft wurden sie gut behandelt, da sie Empfehlungsschreiben des Herzogs von Sessa und Don Juans de Austria an Philipp II. mit sich führten. Derartige Empfehlungsschreiben ließen die Sklavenhändler auf einen hohen Stand der Gefangenen schließen und ein entsprechend hohes Lösegeld erwarten. Miguel de Cervantes war fünf Jahre in dieser Gefangenschaft, länger als sein Bruder, der von ihm getrennt untergebracht war.

Über die Zeit der Gefangenschaft lassen sich Auskünfte aus Dokumenten über die Loslösung von Gefangenen oder aber aus der *Topografía e historia general de Argel* (1612) von Diego de Haedo aus Valladolid entnehmen. Außerdem gibt es im *Don Quijote* eine eingeschobene Novelle eines spanischen Gefangenen in Algier. Über das, was Cervantes zur Zeit seiner Gefangenschaft erlebt hat, können Theaterstücke von ihm Auskunft geben: *Los baños de Argel, Los tratos de Argel* und *La gran sotana.* Vielleicht hat gerade die Zeit der Gefangenschaft für Cervantes eine neue Perspektive erschlossen: War er zuvor Soldat, Erasmist und Italienkenner, so könnte bei ihm nunmehr der Vergleich mit dem ersehnten, aber armen Kastilien die Stimmung eines barocken Pessimismus geweckt haben.

Jedenfalls berichtet er im 40. Kapitel des ersten Teils des *Don Quijote* über die Behandlung von Gefangenen. Zur Arbeit waren sie nicht gezwungen, zumal dann nicht, wenn sie gute Empfehlungsschreiben bei sich hatten. Dennoch scheint es, daß Cervantes immer wieder an Flucht dachte. Dies geht jedenfalls aus dem *Don Quijote*-Kapitel hervor. Mehrere Fluchtversuche mißlangen. So scheiterte er, als er 1577 mit 15 weiteren Gefangenen die Freiheit erzwingen wollte, nahm aber die Verantwortung für das Unternehmen auf sich. Gerade dies schien seinen Herren so viel Respekt einzuflößen, daß er mit fünf Monaten Kerkerhaft davonkam. 1580 konnte Cervantes schließlich freigekauft werden. Zu verdanken hat er dies Juan de Gil, einem Mitglied des Trinitarierordens, der sich seit dem Mittelalter um den Freikauf christlicher Sklaven bemühte. Cervantes kehrte nach Spanien zurück im Gefühl, endlich wieder die Freiheit erlangt zu haben. Doch triumphal war die Aufnahme nicht, die ihn erwartete.

Welche Möglichkeiten standen ihm als Invalide und Heimkehrer offen? In den Staatsdienst konnte er nicht eintreten, da es – zumindest für ihn – keine Stellen gab. Militärdienst kam für ihn nach seiner Verwundung nicht mehr in Frage. Nach verschiedenen kleineren Aufträgen überlegte er, ob er in die Neue Welt auswandern sollte. 1582 bewarb er sich zum ersten Mal um eine Stelle in Amerika. Einen solchen Versuch sollte er acht Jahre später ebenso vergeblich wie beim ersten Mal erneut unternehmen.

Aus einem Brief vom 17. Februar 1582 geht hervor, daß er zu dem Zeitpunkt an seinem Roman *Galatea* arbeitete. Diese Schäfererzählung wird er später im *Don Quijote* (I, 6) beurteilen lassen. Dabei wird seine gute Grundidee lobend hervorgehoben, jedoch hinzugefügt, daß das Werk nicht beendet sei und man noch den zweiten Teil erwarten müsse, der allerdings nie erscheinen sollte.

Cervantes, der kein Staatsamt erhielt und nicht nach Übersee ging, arbeitete zunächst literarisch. Neben *La Galatea* schreibt er Theaterstücke. Am 12. 12. 1584 führt er Doña Catalina de Salazar y Palacios, wie aus den Pfarrdokumenten der Kirche von Esquivias, einem Ort bei Toledo, hervorgeht, vor den Traualtar. Es verbinden sich eine Landadlige und der Schriftsteller, der in den Heiratsakten ohne jeden Titel als „vecino de Madrid" bezeichnet wird. Spätere Familiendokumente der Frau belegen eine gewisse Vorsicht, das bescheidene Vermögen den Händen des Schriftstellers anzuvertrauen.

Zum Problem wurde möglicherweise Isabel de Saavedra, seine im selben Jahr geborene uneheliche Tochter aus seiner Verbindung mit der 19 Jahre jüngeren Ana Franca de Rojas. Um einen derart dunklen Punkt in Cervantes' Biographie zu entfernen, ist man auf die noch nicht widerlegte Vermutung gestoßen, in Isabel die uneheliche Tochter von Magdalena, der Schwester von Cervantes zu sehen, die ein Verhältnis mit Juan de Urbina gehabt habe. Dafür jedenfalls spräche, daß 1608, als Isabel ihrerseits Luis de Molina y Castilla heiratete, sich Cervantes und Juan de Urbina im Eheschließungsdokument verpflichteten, eine beträchtliche Summe als Aussteuer zu zahlen, die in Cervantes' Fall weit über seine Verhältnisse ging. Die Verantwortung für die uneheliche Tochter könnte Miguel seiner Schwester abgenommen haben, da im damaligen Spanien die Ehrenverhältnisse in dieser Hinsicht bei Männern großzügiger als bei Frauen gehandhabt wurden. Endgültig geklärt ist dieser Sachverhalt jedenfalls nicht. Erstaunlich bleibt jedoch, daß lange Zeit Isabel, die uneheliche Tochter, die Ehefrau und die beiden Schwestern Magdalena und Andrea friedlich zusammengelebt haben.

Schon im Herbst 1585 ging Cervantes nach Sevilla und ließ seine Frau zu Hause zurück. Seine dichterische Tätigkeit gab er nun auf, vielleicht unter dem Zwang, Geld zu verdienen, vielleicht störte ihn aber auch die ständige behördliche Schikanierung des Theaters. Vielleicht war ihm das ländliche Esquivias nicht abwechslungsreich genug; oder seine Ehe entsprach nicht ausreichend den idealistischen Vorstellungen, die er in der *Galatea* – 1585 in Alcalá veröffentlicht – zum Ausdruck gebracht hatte. In den nächsten zwanzig Jahren ruhte seine schriftstellerische Tätigkeit. Im Jahr 1587 wurde er zum königlichen Kommissar berufen. Darauf ließ er sich in Sevilla nieder, um in Andalusien für die Flotte Öl und Getreide einzukaufen, die 1588 gegen England antrat. Mißernten waren für den Unwillen auf der Seite der Bauern verantwortlich. Weil sich Cervantes deswegen gezwungen sah, hart durchzugreifen, schuf er sich Feinde. Immer wieder beschuldigte man ihn, unangemessene Methoden anzuwenden oder die Einnahmen zu veruntreuen. Nachdem er exkommuniziert und die Exkommunikation zurückgenommen worden war, zitierte man ihn vor Gericht. Da er sich rechtfertigen konnte, blieb er noch nach der Niederlage der Armada im Amt. Es ist verständlich, daß er nunmehr nach Alternativen suchte. Im Jahr 1592 verpflichtete er sich gegenüber einem Verleger, sechs *Comedias* zu schreiben. Zwei Wochen später wurde er erneut in Haft genommen, als man ihm vorwarf, er habe das angekaufte Getreide nach seinem eigenen Gutdünken weiterveräußert. Durch Niederlegung einer Kaution kam er jedoch schon nach wenigen Tagen wieder frei und konnte seinen Aufgaben als Aufkäufer erneut nachgehen. Es folgte eine staatlicherseits großangelegte Kontrolle aller Aufkäufer und ihrer Tätigkeiten, die zahlreiche Verhaftungen unter Cervantes' Kollegen zur Folge hatte. Ihm selbst wurde eine korrekte Amtsführung bescheinigt. Als er 1594 im Raum von Granada und Malaga nunmehr als Steuereinnehmer Gelder eintrieb, hatte er das Pech, die für die Staatskasse eingenommenen Beträge dem Bankier Simon Freire de Lima anzuvertrauen, der im darauffolgenden Jahr Bankrott machte und mit 60 000 Dukaten floh. Die Staatskasse klagte Cervantes wegen nicht abgeführter Steuergelder an. Hinzu kamen Reklamationen über die Buchhaltung in seinen Getreideaufkäufen von 1591 und 1592. Im Oktober 1597 mußte er ins königliche Gefängnis von Sevilla. Da er diesmal die für seine Freilassung geforderte hohe Kaution nicht stellen konnte, mußte er bis zum April des darauffolgenden Jahres bleiben. Man ließ ihn erst frei, als man sich davon überzeugt hatte, daß der größte Teil der Anschuldigungen unberechtigt war.

Im Vorwort des *Don Quijote* heißt es, der Roman sei in einem Gefängnis konzipiert worden. Als Möglichkeiten bieten sich hierzu die Gefängnisaufenthalte von 1592 und 1597/1598 an. Gemeint sein könnte andererseits ein späterer, nicht eindeutig belegter von 1602. Für 1592 spricht, daß bei der Bücherbeurteilung im *Don Quijote* (I, 6) die *Arcadia* von Lope de Vega fehlt, die 1598 erschienen ist. Sinnvoller scheint es aber dennoch, von dem längeren Aufenthalt von 1597/1598 in Sevilla auszugehen.

Wenig weiß man über die Zeit zwischen 1600 und 1604. Cervantes war in Toledo und wird wohl oft in Esquivias gewesen sein, um dort an seinem *Don Quijote* weiterzuarbeiten. 1602 erscheint ein Sonett von Cervantes zum Lob von Lope de Vega, den er schon zuvor in der *Galatea* gepriesen hatte und der ihn seinerseits in *Arcadia* als hochstehenden Geist bezeichnete. Dennoch waren die guten Beziehungen der beiden zueinander nicht von Dauer: In Valladolid kommt es 1603 zur Entzweiung. Während im *Don Quijote* Lope angegriffen wird, rächt Lope sich seinerseits mit der Verurteilung des *Don Quijote* in einem Brief von 1604. Dieser Brief läßt darauf schließen, daß eine erste Ausgabe des *Don Quijote* bereits vor der ersten bekannten von 1605 existiert haben muß. Dafür spricht zumindest der Bericht des Morisken Juan Pérez, der 1609 aus Spanien vertrieben wurde und von dem ein Manuskript erhalten ist, aus dem hervorgeht, daß im Sommer 1604 in Alcalá der *Don Quijote* bereits bekannt war.

In der Nacht vom 27. Juni 1605 wurde vor Cervantes' Haus ein Mann namens Gaspar de Ezpeleza erstochen. Alarmiert von dessen Hilferufen, eilte Cervantes herbei, konnte aber nur den bereits Erstochenen zu sich in sein Haus bringen. Es kam der Verdacht auf, es handele sich um Ehrenstreitigkeiten im Zusammenhang mit Cervantes' Schwester. Daher nahm man am 30. Juni die gesamte Familie in Haft, entließ sie aber bereits einen Tag später, da sich die Verdachtsmomente zerstreut hatten. Vielleicht weil immer noch Gerüchte blieben, eher aber weil der Hof von Valladolid nach Madrid zog und man sich in der Nähe des Hofes bessere Aufträge versprach, verlegte die Familie Cervantes 1606 ihren Wohnsitz von Valladolid nach Madrid. Auch dort ist sie verschiedentlich umgezogen. Die unterschiedlichen Adressen lassen auf wechselnde finanzielle Verhältnisse schließen, denen man Rechnung trug. Mitte Januar 1605 kam die erste gedruckte Fassung des ersten Teils des *Don Quijote* in den Handel. Das Buch war sofort ein Tageserfolg. Schon im April desselben Jahres gab es einen Raubdruck aus Lissabon und einen zweiten unautorisierten Lissabonner Druck mit zahlreichen Fehlern und Kürzungen. Die Madrider Originalausgabe wurde im Mai und Juni neu aufgelegt. Ein weiterer Raubdruck aus Valencia folgte im August. Der Erfolg war so groß, daß bereits im Frühjahr 84 Exemplare und im Sommer weitere 262 Exemplare nach Südamerika gebracht wurden. So groß der Erfolg war, konnte er Cervantes nicht zufriedenstellen. Denn einerseits fühlte er sich von denen mißverstanden, die nur die Komik seines Buches interessierte, andererseits hatten ihn die zahlreichen Raubdrucke um seinen finanziellen Erfolg gebracht.

In Madrid kam 1608 die dritte Auflage des *Don Quijote* heraus. Aus dem In- und Ausland gab es Erfolgsmeldungen, Festlichkeiten, in die Verkleidungen oder Abbildungen von Don Quijote und Sancho einbezogen wurden. Cervantes entfaltete nun, wohl durch den Erfolg angeregt, in seinen letzten zehn Jahren eine außergewöhnliche Produktivität. Bis er 1616 starb, schrieb er noch den zweiten Teil des *Don Quijote* (1615), in dem er auf die unerbetene Fortsetzung seines ersten Teils durch Avellaneda (1614) reagierte. Er schrieb das Werk *Persiles y Sigismunda*, das posthum 1617 erschien. Zudem stellte er die *Novelas ejemplares* (1613), acht *Comedias* (1615) und acht *Entremeses* (1615) sowie den *Viaje del Parnaso* (1614) fertig. Man kann also feststellen, daß er in diesem kurzen Zeitraum sieben Achtel seines Gesamtwerkes realisierte.

1608 forderte der Rechnungshof von Cervantes erneut eine Schlußabrechnung für seine Tätigkeit als Steuereinnehmer im Jahr 1594. Cervantes scheint der immer wiederholten Beschuldigungen überdrüssig geworden zu sein, wenn er 1610 hofft, in Begleitung des Conde de Lemos nach Neapel reisen zu können – ein Wunsch, der allerdings nicht in Erfüllung ging, wie die Deutung seines *Viaje del Parnaso* im nächsten Kapitel zeigen wird.

In den letzten Jahren seines Lebens wurde Cervantes sehr fromm. 1609 trat er in die Bruderschaft der Sklaven des heiligsten Altarsakraments ein. Am 2. April 1616 legte er die Gelübde des Laienordens der Franziskaner ab. Unterstützt durch den Grafen von Lemos und den Kardinal Primas von Toledo konnte Cervantes nach 1613 eine neue Wohnung beziehen, in der er mit seiner Frau und einem Dienstmädchen bis zu seinem Tod am 22. April 1616 wohnte. Er hatte an mehreren Krankheiten gelitten, insbesondere an Diabetes. Schon bei der kurz vor seinem Tod erfolgten Fertigstellung des Manuskriptes zu *Persiles y Sigismunda*, dessen Widmungsschreiben er wohl am 19. oder 20. April verfaßt hat, hatte er gegen die Krankheit zu kämpfen.

II. Cervantes in seinen weniger erfolgreichen Werken

A. Von den frühen Gedichten zur Viaje del Parnaso

Cervantes Saavedra, Miguel de, *Viaje del Parnaso,* M. Herrero García (hg.), Madrid 1983 (CSIC)

Rojas, Ricardo (hg. und Einleitung), Poesías de Cervantes, Buenos Aires 1916 [Diese gut eingeleitete Anthologie enthält sowohl *Viaje del Parnaso* als auch die an anderen Orten eingefügten lyrischen Texte von Cervantes]

Blecua, José Manuel: Sobre la poesía de la edad de oro, Madrid 1970 [Darin: „La poesía lírica de Cervantes", S. 161–195; Überblick insbesondere über die in Cervantes' Werken eingefügte Lyrik, die unter Berücksichtigung der Einflüsse durch einzelne Autoren und Strömungen vorgestellt wird]

Correa, Gustavo: La dimensión mitológica del *Viaje del Parnaso* de Cervantes, in: Comparative literature (The University of Oregon) 12, 1960, S. 113–124 [Allegorische und mythische Elemente zur Darstellung der Ansprüche des Dichters auf unsterblichen Ruf; sein Pferd ist Pegasus und seine Rückkehr nach Madrid dem Sturz des Bellerophon vergleichbar]

Garcia García, Jordi: Intención y crítica del *Viaje del Parnaso:* en torno a la adulación y la vanagloria, in: Anthropos. Revista de documentación científica de la cultura 98–99, Juli/August 1989, S. 81–84 [Kritik des Schriftstellertums vor dem Hintergrund der Thematik von Schmeichelei und Ruhm]

Gitlitz, David M.: Cervantes y la poesía encomiástica, in: Annali dell' Istituto Universitario Orientale, Napoli, Sezione romanza, 14, 2, 1972, S. 191–218 [*Canto de Calíope* und *Viaje del Parnaso* vor dem Hintergrund der im 16. und zu Beginn des 17. Jahrhunderts beliebten enkomiastischen Autorenverzeichnisse]

Rivers, Elias L.: Cervantes' Journey to Parnassus, in: Modern Language Notes 85, 1970, S. 243–248 [Die zentrale autobiographische Dimension des Werkes ist bewußt durch mythologische und pikareske Elemente verschleiert]

Ruiz Peña, Juan: Al margen del *Viaje del Parnaso,* in: Anales cervantinos 25–26, 1987/8, 365–370 [Cervantes hielt sich für einen geborenen Lyriker und kannte genau den hohen Wert und die Eigenart seiner Lyrik]

Von den Konkurrenten Lope de Vega und Esteban Manuel de Villegas wurde Cervantes als schlechter Versschreiber bezeichnet. So entstand ein Vorurteil, das sich lange Zeit hielt. Denn schwer vorstellbar ist, daß ein Autor gleichermaßen als Verfasser von Romanen, Novellen, Theaterstücken und Gedichten in der gesamten Vielfalt der literarischen Gattungen zu Hause war. Dem ist entgegenzuhalten, daß Cervantes seine dichterische Laufbahn mit der Veröffentlichung eines Gedichtes begonnen hatte. Im weiteren Verlauf seiner schriftstellerischen Entwicklung fügte er immer wieder Lyrik in seine Prosawerke ein. Cervantes' Hochachtung vor der Poesie findet einen Niederschlag in den lobenden Worten des Don Quijote über die Dichter und ihre Kunst (II, 16). Wenig später jedoch (II, 18) erklärt Don Quijote im Gespräch mit dem Dichter Don Lorenzo, es gäbe keinen Dichter, der nicht anmaßend wäre und sich nicht für den ersten Poeten auf der Erde hielte. Umso mehr gefällt ihm die Bescheidenheit seines Gesprächspartners, der sich in dieser Hinsicht für eine Ausnahme hält und entgegnet, daß es hingegen wohl manchen gäbe, der ein großer Dichter ist und sich gar nicht dafür hält. Da also Cervantes den Dichter zwischen der Tugend der Bescheidenheit und dem Makel des Eigendünkels sieht, ist verständlich, daß er sich selbst als Poet vorzugsweise mit besonderer Bescheidenheit darstellt. So ist es nur als rhetorische „captatio benevolentiae" zu verstehen, wenn Cervantes in *Viaje del Parnaso* scheinbar selbstkritisch von sich sagt:

> Yo, que siempre trabajo y me desvelo
> por parecer que tengo de poeta
> la gracia que no quiso darme el cielo [...]

In ähnlicher Bescheidenheit hatte er bereits im Vorwort zum *Don Quijote* als „captatio benevolentiae" eine selbstkritische Haltung vorgegeben. Selbst wenn Cervantes im Prolog zu seinen *Comedias* die Meinung eines Theaterdirektors wiedergibt, nach der von der Prosa des Cervantes wohl etwas zu erwarten sei, von seinem Vers aber gar nichts, erwartet Cervantes eher das Kompliment des Lesers und will dessen Widerspruch provozieren, als daß er ernsthaft um Nachsicht bäte. In *Viaje del Parnaso* wird derartige Bescheidenheit noch dadurch relativiert, daß Cervantes bewußt die Perspektiven vervielfältigt und sich nicht nur von sich selbst, sondern zugleich von Apollo und Merkur beurteilen läßt.

Für eine positive persönliche Einstellung gegenüber seiner eigenen Lyrik spricht jedenfalls, daß er Tausende von Versen veröffentlichte. Von besonderer Bedeutung für seine Lyrik wurde Garcilaso de la Vega, nicht zuletzt, da die Zeit von Cervantes' Jugend jene der großen Garcilasoverehrung der spanischen Renaissance war. Zahlreich sind die Verse von Garcilaso, die man in der *Galatea,* dem *Persiles* und dem *Quijote* eingefügt findet. In der *Galatea* erinnert er an den Tod des letzten Vertreters von Garcilasos erster Schülergeneration, Diego Hurtado de Mendoza. Mit Garcilaso teilt Cervantes neuplatonistische Anschauungen und die pastorale Verbundenheit mit der Natur. Letztere allerdings wird bei Cervantes nicht selten relativiert. Die ideale Vollkommenheit des Pastoralen geht verloren, wenn Cervantes in der Novelle *Coloquio de los perros* Schäfer vorstellt, die ihren Tag damit verbringen, sich zu entlausen, oder wenn die Schäferin Marcela im *Don Quijote* mit ihren bedingungslosen Ungebundenheitsansprüchen den in sie verliebten Schäfer zum Selbstmord treibt.

Anlaß für Cervantes' erste lyrische Veröffentlichungen war der Tod von Isabel de Valois, der dritten Frau Philipps II., im Jahr 1568. Denn sein Lehrer Juan López de Hoyos gab unter dem Eindruck dieses Ereignisses einen Band heraus, in dem er lyrische Arbeiten seiner Schüler veröffentlichte. Auch der junge Cervantes gehörte zu den Mitarbeitern dieses Bandes. Insgesamt schrieb er anläßlich des Todes der Königin zwei Sonette, zwei Gedichte in Quintillas und eine Elegie in Terzetten. In allen diesen Fällen war Garcilaso sein Vorbild. Aus Cervantes' späterer Zeit in Italien sind keine Gedichte bekannt. Möglicherweise hatte er zu dieser Zeit sein Sonett zum Lob der Stadt Rom verfaßt, das er in den *Persiles* (IV, 3) eingefügt hat.

Davon, daß er mit italienischer Dichtung vertraut geworden war, zeugen Sonette und Oktaven, die er dann in algerischer Gefangenschaft zum Lob der dichterischen Werke seiner italienischen Mitgefangenen verfaßte. Zugeschrieben wird Cervantes die *Epístola a Mateo Vázquez* ein Text in Terzetten, den er während der algerischen Gefangenschaft geschrieben haben soll. Immerhin finden sich von diesem insgesamt 244 Verse umfassenden Werk 67 in der ersten „Jornada" des Stückes *Trato de Argel.* Cervantes' auf 1577 zu datierende *Epístola* ist thematisch mit der *Elegía a Boscán* von Garcilaso zu vergleichen. In beiden Fällen richtet sich ein Soldat fern der Heimat an einen zu Hause gebliebenen glücklicheren Freund. Cervantes hebt die großen Verdienste von Mateo Vázquez, der nach einer Zeit des Dienstes für den Kardinal Espinosa im Jahr 1573 zum Sekretär des Staatsrates geworden war, hervor und vergleicht dessen glänzende und sichere Position mit seinem eigenen armseligen Schicksal als Kriegsgefangener. Da er dabei nicht vergißt, ausführlich auf seine Heldentaten in der Schlacht von Lepanto und seine in der Gefangenschaft erduldeten Leiden einzugehen, liegt die Vermutung nahe, daß er sich mit seiner *Epístola* eine tatkräftige künftige Protektion durch Mateo Vázquez beim König versprach.

Nach seiner Rückkehr schrieb Cervantes einige Gedichte zum Lob von Werken, die seine Freunde publizierten. So findet man ein Sonett von Cervantes zu Beginn des *Romancero* (1583) von Pedro de Padilla. Da die meisten Romanzen anonym überliefert wurden, bevor sie im Jahr 1600 im *Romancero general* gesammelt wurden, ist es durchaus möglich, daß Cervantes an dieser Literatur einen nicht geringen Anteil hat. Dafür spricht nicht zuletzt, daß er von sich selbst aussagt, er habe unendlich viele Romanzen geschrieben. Anders als diese aus besonderer Gelegenheit entstandenen Werke ordnen sich die etwa siebzig Gedichte der *Galatea* in einen pastoralen Romankontext ein. Sie sind eingebunden in die von Liebe und Natur geprägte Stimmung des Romans und zeugen von großer Vertrautheit mit den Strömungen der Lyrik in der Renaissance.

Aus Cervantes' Zeit in Andalusien sind zwei Oden aus dem Jahr 1588 zur Ehrenrettung der bislang als unbesiegbar geltenden, dann aber von den Engländern besiegten, spanischen Armada erhalten. In der ersten Ode hält er die Niederlage der Armada nur für eine vorübergehende Laune des Schicksals, das sich bei einer heroischen Anstrengung der Spanier doch noch zum Sieg wenden könne. Als Sieger von Lepanto fällt es Cervantes leicht, die Details einer Seeschlacht realistisch darzustellen. In der zweiten Ode macht er für die Niederlage der Spanier das stürmische Meer verantwortlich. So rühmten sich die Engländer zu Unrecht ihres Heldenmuts und würden für diese Überheblichkeit in späteren Zeiten noch einmal zur Rechenschaft gezogen werden. Die geschlagenen Krieger ermutigt er abschließend mit dem Gedanken an diese künftige Entwicklung. Deutlich wird in diesen Gedichten nicht nur, daß er zu dieser Zeit durch seine Tätigkeit als Provianteinkäufer der spanischen Flotte diente, sondern auch daß er sich als ehemaliger Soldat nach wie vor mit ihr verbunden fühlte.

Den heroischen Oden folgen 1596 und 1598 zwei Sonette, die den Nationalstolz nur noch in burlesker Manier behandeln können. Die tatsächliche Überlegenheit der Engländer zur See konnte nicht mehr bezweifelt werden. Hinzu kam, daß englische Truppen die Stadt Cádiz im Juli 1596 vierundzwanzig Tage lang ungestört plündern konnten. Als die Spanier sich in Sevilla zum Gegenangriff gerüstet hatten, waren die Engländer bereits aus Cádiz verschwunden. Cervantes sieht nunmehr den spanischen Heroismus als falschen Schein und entlarvt ihn in seinem Sonett *Vimos en julio otra Semana Santa* im Zusammenhang mit dem Vorfall von Sevilla. Das zweite Sonett, *El túmulo del rey Felipe II en Sevilla,* geht auf die von Tausenden während der Vorbereitungen zu den Beisetzungsfeierlichkeiten von Philipp II. besichtigte gigantische Nachbildung des Escorial aus Pappmaché in der Kathedrale von Sevilla ein. Diese satirischen Sonette aus einer Zeit, in der Cervantes als Steuereinnehmer nicht wenige Probleme hatte, bilden den Übergang von seinem heroisch-idealistischen Ansatz zum burlesken, der sich etwa dann in den Sonetten zu Beginn und zu Ende des ersten Teils des *Don Quijote* zeigt, z.B. in den Sonetten über Sancho, Rocinante und das Gespräch zwischen Babieca und Rocinante.

Andererseits finden sich im *Don Quijote,* wie in den *Novelas ejemplares,* den *Comedias y entremeses* oder im *Persiles,* immer wieder Gedichte in Anlehnung an Cervantes' frühe Phase der Nachahmung von Garcilaso. Beispiele dafür sind etwa Grisóstomos Gesang (I, 14) oder der allegorische Tanz bei der Hochzeit des Camacho (II, 20). In diesem idealistischen Kontext stehen auch die neuerfundenen Romanzen im *Don Quijote* (I, 11; 43; II, 44, 46, 57). Sogar das Lied, das Cervantes anläßlich der Seligsprechung von Teresa de Ávila verfaßte, orientiert sich an Garcilaso, dessen erster Ekloge es ganze Verse entnimmt, die Cervantes der religiösen Thematik unterordnete.

Sein umfangreichstes Werk in Versform ist jedoch der *Viaje del Parnaso,* in dem er sich in 3300 Versen mit der Dichtung und den Dichtern beschäftigt. Gegen 1612 hatte Cervantes bereits die Verse des Textes fertig, während er die „Adjunta", den Zusatz in Prosa, erst 1614 schrieb. Im selben Jahr erschien das gesamte Werk. Um es zu verstehen, ist es erforderlich, kurz auf Cervantes' persönliche Situation einzugehen. Auf der Suche nach einem Mäzen war er auf den Grafen Lemos gestoßen, dem er die *Novelas ejemplares,* die *Comedias y entremeses,* den zweiten Teil des *Don Quijote* und den *Persiles* widmete. Im Jahr 1610 war dieser zum Vizekönig von Neapel ernannt worden. Als Begleiter nahm er einige Dichter, wie z.B. die Gebrüder Argensola und Mira de Amescua, mit. Nicht in sein Gefolge nahm er jedoch Góngora und Cervantes auf. Dies war gerade für letzteren umso mehr Anlaß zur Verbitterung, als er gern erneut Italien besuchte hätte.

1612 fand gerade in Neapel anläßlich der königlichen Hochzeit ein großes Fest mit zahlreichen geladenen Dichtern statt, von dem Cervantes in einigen Berichten und im *Viaggio in Parnasso* von Cesare Caporali di Perugia lesen konnte. Cervantes und Caporali befanden sich seinerzeit beide im Dienst der Familie Acquaviva. So erklärt Cervantes im Prolog zu den *Novelas ejemplares,* er sei in seinem *Viaje del Parnaso* von Cesare Caporali di Perugia als Vorbild ausgegangen. Dieser berichte in seinem Werk *Viaggio in Parnasso* (1582) von einer Reise zum Parnaß, die er auf einem Maultier unternommen habe und von der er zwar ohne Geld, aber berühmt zurückgekehrt sei. Der in Cervantes' *Viaje* als fiktionale Figur auftretende Cervantes will ihm nacheifern. Sein Abschied von Madrid wird zugleich zum Abschied vom Hunger, der ihn ständig begleitete, und erinnert in dieser Hinsicht an den Schelmenroman *Lazarillo de Tormes.* Das Thema des Hungers tritt erneut im „locus amoenus" des Apollo auf, wo keiner außer Cervantes vom Hunger gequält wird und er als einziger keinen Sitzplatz findet. Nicht weniger pikaresk ist die Vorstellung, daß der Ich-Erzähler an Hunger leidet, während die über ihm stehenden mythischen Götter sich über höhere geistige Dinge unterhalten. Die Allegorie der Poesie schließlich erscheint Cervantes nicht nur wohlerzogen und in allen Wissenschaften und Künsten gebildet, sondern auch mit kostbarer Kleidung geschmückt. Nicht zuletzt der Kontrast zwischen pikaresken und mythologischen Elementen erlaubt es, das Werk über Cervantes' persönliches Anliegen hinaus als Kritik an der Tatsache zu verstehen, daß der spanische Staat kein ausreichendes Mäzenatentum betrieb und seine verdienstvollsten Dichter hungern ließ.

Da aber Caporalis *Viaggio in Parnasso* in Inhalt und Aufbau wesentlich von Cervantes' Werk abweicht, kommen als weiteres Vorbild Caporalis *Avvisi di Parnasso* in Frage, wo von einem Krieg zwischen Apollo und unfähigen Dichtern die Rede ist. Ein entfernteres Vorbild dürfte Dantes *Divina comedia* abgegeben haben. Denn wie Dante hat Cervantes eine doppelte Rolle: Er ist zugleich erzählender Autor und auftretende Figur, wird von Merkur geführt, der somit an die Stelle des Vergil tritt, und begegnet der Allegorie der Poesie, deren Darstellung sich mit jener der triumphierenden Beatrice vergleichen läßt.

In insgesamt acht Kapiteln setzt sich Cervantes vor dem Hintergrund der persönlichen Enttäuschung mit seiner Lage als Schriftsteller auseinander. Daß nicht einmal die guten Schriftsteller immer ihren verdienten Lohn finden, weiß er selbst genau. Im Prolog fordert er daher die Dichterkollegen unter seinen Lesern auf, Apollo zu danken, gleichgültig, ob sie im Werk unter den guten oder unter den schlechten Dichtern genannt sind. Obgleich es aufgrund des satirischen und burlesken Stils nicht immer deutlich ist, ob Cervantes tatsächlich seine Beurteilungen und Verurteilungen ernst meint, ist sein Lob für Quevedo und Góngora doch eindeutig. Neben personenbezogenen Aussagen stehen auch allgemeinere Probleme. So beschäftigt Cervantes die Beziehung zwischen dem Ruhm der zeitgenössischen Dichter und dem bleibenden Wert ihrer Werke ebenso wie die Forderung nach Gelehrsamkeit und christlicher Moral in der Dichtung.

Im ersten Kapitel entschließt sich der Ich-Erzähler Cervantes zu einer Reise auf den Parnaß und bricht zunächst von Madrid nach Cartagena auf. Dort trifft er den Götterboten Merkur, der den *Don Quijote* lobt. Er bittet Cervantes um Hilfe bei der Verteidigung des Parnaß, der gerade von 20000 schlechten Dichtern angegriffen werde. Apollo hat nämlich Merkur den Auftrag erteilt, in Spanien nach Hilfe zu suchen, und ihm eine Liste mit Namen von Dichtern mitgegeben, die Cervantes durchsieht. Die Kommentare, die ihm bei der Lektüre einfallen, bilden den größten Teil des zweiten Kapitels. Seine Bewertungen erinnern an jene, die er lange Zeit zuvor im Gesang der Calíope in der *Galatea* vorgenommen hatte, unterscheiden sich aber von ihnen insofern, als er seine Meinungen zum Teil geändert hat und nunmehr zahlreiche persönliche Anspielungen hinzufügt. Als ihm die Liste aus der Hand fällt, bricht ein Sturm los, und es regnet Dichter. Da nicht nur die erwünschten kommen, ist es erforderlich, sich gegen den Ansturm der anderen zu verteidigen. Mit Beginn des dritten Kapitels sticht man in See und unterbricht die Reise in Valencia. Als sie an Italien vorbeifahren, weigert sich die Figur Cervantes, den Brüdern Argensola in Neapel eine Botschaft Merkurs zu überbringen, wobei der Autor eine autobiographische Anspielung auf sich selbst macht.

Am Morgen erreichen sie den Parnaß und werden von Musen und Horen ebenso wie von Apollo freudig begrüßt. Zur Erfrischung nach der weiten Reise trinken sie aus der Quelle Kastalia. Das vierte Kapitel beginnt damit, daß Cervantes nunmehr ohne falsche Bescheidenheit seine eigenen Werke aufzählt. Daß er trotz seines gewaltigen Beitrags zum literarischen Glanz Spaniens nicht viel Glück im Leben gehabt hat, findet Apollos Bedauern. Nun aber tritt die allegorische Figur der wahren Poesie, gefolgt von ernsten Ordensleuten, auf. Da sie nicht den Mut haben, offen zu ihren dichterischen Werken zu stehen, kritisiert sie Cervantes als heuchlerisch und spielt damit auf die Kontroverse zwischen religiöser bzw. ernster Literatur und bloß unterhaltender Dichtung an. Eine weitere, von gerade angekommenen Dichtern überreichte Liste wird begutachtet. Als ein Schiff, das mit Dichtern überladen ist, eintrifft und deren Sprecher Cervantes' Auswahl kritisiert, schreibt dieser die Verantwortung für die Auswahl Apollo zu. Dessen Bundesgenosse Neptun entfacht im fünften Kapitel ein Unwetter, in dem das Schiff kentert. Die Passagiere, die sich schwimmend retten wollen, verfolgt Neptun mit seinem Dreizack. Venus allerdings macht sich zur Verteidigerin der so Bedrängten und rettet sie, indem sie sie in Kürbisköpfe und Weinschläuche verwandelt, die von der Strömung an die spanische Küste getrieben werden.

Unterdessen ist es Nacht geworden, und Cervantes schläft ein. Sein Traum von allegorischen Gestalten, wie „Vanagloria" (eitle Ruhmsucht), „Adulación" (Schmeichelei) und „Mentira" (Lüge), ist Gegenstand des sechsten Kapitels. Zu Beginn des nächsten Tages richtet sich Apollo in einer feurigen Rede an die kampfbereiten Anwesenden. Das siebente Kapitel berichtet von der Schlacht, in der schwere Bücher, Novellen und Satiren als Geschosse dienen und aus der Apollo siegreich hervorgeht. Im letzten Kapitel schließlich werden bei der Siegesfeier den Dichtern Preise und Ehrungen verliehen, bis Morpheus sie mit einem Liqueur einschläfert. Nachdem man Cervantes, der zunächst in Neapel erwacht, aus der Ferne und im nachhinein von den Festlichkeiten des Vizekönigs und des Grafen von Villamediana berichtet hat, findet er sich auf einmal wieder in seine ärmlichen Verhältnisse in Madrid zurückversetzt. Dort wird er nun zum Abschluß wegen seiner Auswahl der guten Dichter zur Rechenschaft gezogen und kritisiert. Als Epilog schließt sich die in Prosa verfaßte „Adjunta" an. Sie berichtet, daß Cervantes nach einigen Tagen Pancracio de Roncesvalles, einen Bewunderer seiner Werke, kennenlernt. Mit ihm unterhält er sich über das Theater und die Literatur im allgemeinen. Er ist es, der Cervantes eine Botschaft von Apollo überreicht, den die Sorge um den Zustand der Dichtung quält. Daher überträgt er Cervantes die Vollmacht, die Herrschaft über die spanischen Dichter zu übernehmen.

Neben der rein biographischen Komponente erscheinen im *Viaje del Parnaso* Cervantes' Reflexion über die Dichtung und seine Bewertung der Dichter seiner Zeit besonders aufschlußreich. Cervantes' Autorenlisten in *Viaje del Parnaso* und im *Canto de Calíope* aus der *Galatea* erinnern an die im 16. und zu Beginn des 17. Jahrhunderts in Spanien beliebten Kataloge von Autorennamen. Derartige Verzeichnisse gab es in Italien seit dem 14. Jahrhundert. Sie wurden separat gedruckt oder fanden sich in umfangreicheren Werken integriert. Autoren derartiger Verzeichnisse waren z.B. Juan Boscán, Gaspar Gil Polo, Luis Zapata, Juan de la Cueva, Lope de Vega oder Juan Pérez de Montalbán. Charakteristisch für die dort angewandte Rhetorik sind nach Gitlitz (1972) superlative Epitheta, wie „grande", „ilustre" oder „famoso". Die genannten Autoren werden mit den großen Gestalten der Mythologie oder der Weltliteratur verglichen. Ihnen wird weltweite Bekanntheit und unsterblicher Ruhm zugeschrieben. Beliebt sind die Anwendung von Hyperbeln, die Bezugnahme auf die Beherrschung von „armas" und „letras", auf den Lorbeerkranz, das Goldene Zeitalter, die Lichtmetaphorik und das Motiv des Aufsteigens. Während Cervantes in seinem frühen *Canto de Calíope* gern auf diese Tradition zurückgreift, hat sie in dem späten *Viaje del Parnaso* eine weitaus geringere Bedeutung. Dies belegt schon die Tatsache, daß nicht mehr als zwanzig Prozent des Textes der Nennung von Dichtern gewidmet ist. Auch erfolgt deren Nennung nicht schematisch wie in der Tradition der enkomiastischen Literatur, sondern sie befindet sich im Kontext von Handlung und Satire. Daher greift Cervantes nur auf diejenigen Elemente der enkomiastischen Tradition zurück, die die Möglichkeiten der künstlerischen Entfaltung seiner allegorischen Reise nicht einschränken. Der äußere Rahmen einer Reise im Traum knüpft an die mittelalterliche Tradition der allegorischen Visionen und Reisen an. Allegorisch dargestellt erscheint das Thema des Kampfes zwischen guter und schlechter Dichtung. In dem Maß, wie die auftretenden antiken Götter infolge ihrer humoristischen und an der menschlichen Realität orientierten Darstellung durch Cervantes ihre ursprüngliche Erhabenheit verloren haben, erscheint die Figur der „Poesía" umso bedeutender. Sie ist es, die nunmehr gleich bei ihrem Auftreten auf dem Berg, umgeben von Nymphen, die ihr gegenüber von heiliger Ehrerbietung sind, als Gottheit erscheint. Im Zusammenhang mit ihr finden Wörter wie Heiligkeit oder Göttlichkeit häufige Verwendung. Die Heiligkeit geht sogar auf die mit ihr verbundenen Dichter über. Diese erscheinen nämlich im Vergleich mit der unwürdigen Menge als Auserwählte. Die Allegorie verbindet also die platonische Lehre vom göttlichen „furor" des Dichters mit der Vergöttlichung der Dichtung, wie sie, im Mittelalter von San Isidor vertreten, im 16. Jahrhundert erneut Aufnahme in der Literaturtheorie findet. In diesem Zusammenhang erklärt sich die Allwissenheit und Universalität, die der „Poesía" im *Viaje del Parnaso* zugeschrieben wird. Wenn nun die auftretenden antiken Götter ihren ursprünglichen Sinn verloren haben und ihre Namen in erster Linie für Sterne und astronomische Konstellationen stehen, durch die sie Tag und Nacht symbolisieren, dann könnte man mit Correa (1960) das gesamte Geschehen zudem als Kampf zwischen Licht und Schatten und den Triumph der „Poesía" als Sieg des Lichtes verstehen.

So kann in *Viaje del Parnaso* einerseits eine dichtungstheoretische Erörterung in allegorischer Form gesehen werden, andererseits aber zugleich eine persönliche Auseinandersetzung des Autors Cervantes mit anderen Schriftstellern seiner Zeit. Er definiert sein eigenes Anliegen, indem er sich in ähnlicher Weise von anderen abgrenzt und diese mit seinen Kriterien bewertet, wie er es bereits in seinem frühen Gedicht *Canto de Calíope* unternommen hatte. Es zeigt sich dabei, daß das Verhältnis des Dichters Cervantes zu seinen Dichterkollegen nicht ungetrübt ist. Es ist ebenso problematisch wie die Situation des Dichters, der sich die Gunst des Publikums verschaffen muß, bzw. des Dichters, der als ungebundener Schriftsteller für seinen Lebensunterhalt sorgen muß. Dessen materielle Schwierigkeiten spricht Cervantes mit dem mehrfachen Erwähnen des Hungers deutlich an. So wird die im *Don Quijote* zentrale allgemeine Problematik des Individuums gegenüber der Gesellschaft hier übertragen auf die besondere Situation des Schriftstellers gegenüber der Gesellschaft und erhält somit spezifisch autobiographische Züge.

B. Cervantes als Theaterautor und Lopes Publikumserfolg

1. *Cervantes' acht Comedias*

Cervantes, Miguel de: *Los baños de Argel,* J. Canavaggio (hg.), Madrid 1984

Casalduero, Joaquín: Sentido y forma del teatro de Cervantes, Madrid 1966 [Ausführliche, die einzelnen Stücke gesondert würdigende Interpretation]

Correa, Gustavo: El concepto de la fama en el teatro de Cervantes, in: Hispanic Review 27, 1959, S. 280–302 [„Fama" als gesellschaftliche Auszeichnung, als Allegorie und Ruf in: *La Numancia, El gallardo español, La casa de los celos* und *El laberinto de amor*]

Diez Borque, José María (hg.): Historia del teatro en España, Madrid 1988, 3 Bde.

Friedmann, Edward H.: The Unifying Concept: Approaches to the Structure of Cervantes' *Comedias,* York, South Carolina 1981 [Die Entwicklung der comedia bei Cervantes von typischen Strukturelementen des 16. Jahrhunderts in *Numancia* bis zur barocken Thematik der Welt als Bühne (*El laberinto de amor* und *La entretenida*) und der Bühne als Welt (*La casa de los celos*)]

Monleón, José (hg.): *Los Baños de Argél.* Un trabajo teatral de Francisco Nieva, Madrid 1980 [Dokumentation und Text einer neueren Aufführung]

Müller-Bochat, Eberhard: Las ideas de Cervantes sobre el teatro y su síntesis en *Pedro de Uremalas,* in: Arbor Bd. 119, Nr. 467/468, 1984, S. 81–92 (225–236) [Die Bedeutung der Theaterszenen in *Pedro de Uremalas* vor dem Hintergrund der Thematisierung des Theaters in anderen Werken und die Problematik der Klassifizierung von Cervantes' Stücken]

Varey, John E.: El teatro en la época de Cervantes, in: Lecciones cervantinas, Zaragoza, Caja de Ahorros y Monte de Piedad de Zaragoza 1985, S. 15–28 [Cervantes vor dem Hintergrund des spanischen Theaters von Lope de Rueda bis zum kommerzialisierten Theater des 17. Jahrhunderts]

Wardropper, Bruce W.: *Comedias,* in: J. B. Avalle-Arce und E. C. Riley (hg.), Suma Cervantina, London 1973, S. 147–169

Cervantes' *Comedias* fanden in der Rezeptionsgeschichte nicht mehr Beachtung als seine Lyrik. Ihre geringe Würdigung liegt nicht zuletzt in der mangelnden Resonanz begründet, die ihnen das Publikum des Siglo de Oro entgegenbrachte. Cervantes selbst schreibt im Vorwort zum Sammelband seiner nicht aufgeführten *Ocho comedias* (1615), daß früher einmal zwanzig oder dreißig *Comedias* von ihm mit Erfolg zur Aufführung gelangt seien. Er habe sich dann anderen Dingen gewidmet und das Theater aufgegeben, als Lope de Vega zum alleinigen Publikumsliebling wurde und die spanische Bühne beherrschte. Als er nun erneut einen Blick auf diese *Comedias* geworfen hätte, seien sie ihm nicht so schlecht vorgekommen, daß sie es verdienten, der Öffentlichkeit verborgen zu bleiben.

Im Laufe der Jahrhunderte jedoch gewann man keine positive Haltung gegenüber den *Comedias.* Im Gegensatz dazu steht die Beliebtheit der mit den *Comedias* zusammen veröffentlichten acht *Entremeses.* Es handelte sich um kurze Zwischenspiele für die Pausen während der Aufführung der größeren Theaterstücke. Besonderen Anklang fand in Zeiten politischer Bedrängnis Cervantes' an anderer Stelle veröffentlichte Tragödie *La Numancia.* Am ehesten wird man zu einer angemessenen Haltung gegenüber den *Comedias* gelangen, wenn man nach gemeinsamen Wurzeln und Elementen zwischen ihnen und Cervantes' Hauptwerken forscht.

Erste Schwierigkeiten stellen sich bereits bei der Suche nach dem Originaltext ein. Die acht *Comedias* sind nur in der sehr fehlerhaften Ausgabe von 1615 überliefert. Demgegenüber gibt es von den beiden separaten Stücken, *Los tratos de Argel* und *La Numancia*, die 1784 von Antonio de Sancha in Madrid herausgegebene Ausgabe und einige erhaltene Manuskripte. *Los tratos de Argel* geht nicht nur auf biographische Erfahrungen des Autors, sondern zugleich auf die Darstellung des Lebens der Gefangenen in *Topografía e Historia General de Argel* von P. Haedo zurück. In jedem Fall zeigen beide Stücke von Cervantes, unter welchen Verhältnissen er in der algerischen Gefangenschaft gelebt hat.

Nur wenige Beispiele für die editorischen Schwierigkeiten seien genannt. Unklar ist, ob *Los tratos de Argel* fünf oder vier Akte hat. Für ersteres spricht, daß eine erste Fassung wahrscheinlich 1577 entstanden ist, als das Theater noch in den Kinderschuhen steckte und Cervantes Gefangener in Algier war. Da aber in einem vor einiger Zeit gefundenen Manuskript die Akte 1,2,3,4,4 gezählt werden, geht Canavaggio davon aus, daß der Herausgeber des 18. Jahrhunderts die letzte 4 einfach durch eine 5 ersetzt hat. Dagegen meint er, die 3 beziehe sich nicht auf den 3. Akt, sondern auf die 3. Szene, so daß 2 und 3 den zweiten Akt bilden, die erste 4 eigentlich eine 3 sein müßte, da sie sich auf den 3. Akt bezieht, und die zweite 4 ihre Richtigkeit hat.

Der Fund des genannten Manuskripts erlaubte es, die Vermutung zu widerlegen, die in demselben Stück eingeschobene *Epístola a Mateo Vázquez* sei eine Fälschung des 19. Jahrhunderts. Für die Comedia *Pedro de Urdemalas* wurde der Austausch zweier Szenen vorgeschlagen, da dies die Logik der Handlung gebiete. Wenn nämlich Pedro sich betrügerisch die Ersparnisse einer Witwe aneignet, um einer Zigeunerin eine angemessene Kleidung für ihren Tanz vor dem König zu verschaffen, könne der Tanz nicht vor dem Betrug stattfinden.

Wenig Klarheit herrscht über den Zeitraum der Entstehung dieser Stücke. Nichts ist bekannt über jene zwanzig bzw. dreißig Stücke, die Cervantes nach seinen eigenen Angaben im Vorwort geschrieben haben will und deren Titel er angegeben hat. Handelt es sich um weitere Stücke, die verlorengegangen sind, oder um frühere Fassungen von Werken, die uns in der endgültigen Form unter anderem Titel erhalten sind?

Als sicher gilt dagegen, daß Cervantes den neuaristotelischen Dialogtraktat *Philosophia antigua poetica* (1596) von Alonso López Pinciano kannte, in dem die klassischen Regeln der Komödie und Tragödie im Hinblick auf das zeitgenössische Theater erörtert werden. Pincianos Theorien erkennt man im *Don Quijote* (I, 48) im Gespräch zwischen dem Kanonikus und dem

Pfarrer. Dort opponiert der Kanonikus gegen das damalige Theater, das nicht auf die Regeln der Kunst, sondern auf den Geschmack der Masse der Zuschauer Rücksicht nimmt. Dem Kanonikus wäre es lieber, wenn die Regierung die Schauspiele reglementierte und einer offiziellen Zensur unterzöge. Der Pfarrer schließlich bekräftigt die Kritik an den Unwahrscheinlichkeiten des zeitgenössischen Theaters. Auf der anderen Seite läßt Cervantes in *El rufián dichoso* zu Beginn der zweiten Jornada die Figuren „Curiosidad" und „Comedia" auftreten. Von der „Curiosidad" befragt, warum sie nicht mehr fünf, sondern drei Aufzüge habe und dazu zahlreiche Veränderungen erfahren habe, antwortet die „Comedia", daß die Zeit die Kunst verändert und verfeinert, daß sie zwar früher gut, aber jetzt nicht schlechter sei, obwohl sie sich von einem Teil der alten Regeln abgewandt habe. Sie bringe heute vieles als Handlung auf die Bühne, was zuvor nur von einzelnen Figuren berichtet wurde, und müsse daher häufiger den Ort wechseln und von einem Land zum anderen springen. So konnte der „Rufián dichoso", der in Spanien als Pikaro gelebt hat, in Mexiko als Heiliger bekehrt enden. Möglicherweise hat Cervantes mit dieser Stelle die herbe Kritik im *Don Quijote* zurückgenommen.

Welche Aufmerksamkeit Cervantes dem Theater schenkte, kann man seinen zahlreichen Regieanweisungen entnehmen, die auf seinen Willen schließen lassen, die Gestaltung der Aufführung nicht einem Regisseur zu überlassen, sondern in die eigene Hand zu nehmen. Seine wechselnde Einschätzung des Theaters läßt sich erklären, wenn man ihn als Anhänger universaler Prinzipien sieht, die wechselnden Bedingungen unterworfen sein können. Möglicherweise ist es aber ein Irrtum anzunehmen, daß der Kanonikus die Meinung von Cervantes ausdrückt. Unsicher ist, ob Cervantes Lope de Vegas *Arte nuevo de hacer comedias en este tiempo* aus dem Jahr 1609 gekannt hat, als er seine eigenen Schauspiele veröffentlichte. In einem satirischen Ton stellt darin Lope die traditionellen Regeln des Theaters vor und gesteht, sie mit Rücksicht auf den Geschmack der großen Menge nicht zu befolgen. Wahrscheinlich jedoch ist, daß der Theaterfreund Cervantes Zuschauer bei Schauspielen von Lope war.

So ist die Behauptung möglich, daß Cervantes mit seinen acht *Comedias* über Lopez Ansatz hinausgegangen ist und daß er sich zugleich an sie angelehnt hat. In *La entretenida* konnte man nämlich einen Kommentar zu Lopes Neuerungen der Gattung entdecken, den man als offensichtliche Ironie gegenüber Lope oder aber als bewußte Nachahmung Lopes mit parodistischen Effekten sah. Die besondere Errungenschaft seines Theaters, die moralischen Figuren, die Cervantes kommentierend auftreten läßt, fehlen bei Lope und finden in der Folgezeit keine Fortsetzung. Der Wert dieser abstrakten Figuren bleibt nach wie vor umstritten. Ihr unpersönlicher und allgemeiner Charakter wird eher als Schaden denn als Nutzen für das Handlungsganze gewertet.

Unterscheiden läßt sich bei Cervantes zwischen den Theaterstücken, die auf reiner Erfindung beruhen, und jenen, die historische Stoffe oder Figuren verarbeiten. Zur letzten Gruppe gehören *La Numancia* und *El rufián dichoso*. Im Fall von *Numancia* – das Stück wird im folgenden Kapitel ausführlicher vorgestellt – handelt es sich um eine Stadt, die sich bereits vor der eigentlichen Belagerung jahrzehntelang erfolgreich gegenüber den Römern behauptet hat. Auch der Selbstmord zahlreicher Bewohner und die völlige Zerstörung der Stadt im Jahr 133 vor Christus sind geschichtlich belegte Fakten. Cervantes konnte sie Juan de Timonedas Romanze *Enojada estaba Roma* in *Rosa gentil* (1573) oder aber den *Epístolas familiares* des Antonio de Guevara entnehmen.

Man hat Cervantes den novellenhaften Einschlag seines Theaters vorgeworfen. Als Vorbild für *La casa de los celos* und *El laberinto de amor* hat man Ariost, für *La entretenida* Boccaccio, für *Los baños de Argel* Bandello angegeben. *Los tratos de Argel* scheinen nicht wenig den Novellen von Aquiles Tacio zu verdanken. Die Tatsache, daß Cervantes nicht nur mit seinen Novellen, sondern ebenso mit seinen *Entremeses* großen Erfolg hatte, führte zu der Suche nach deren Elementen in den *Comedias*. Sie fand man z. B. im ersten Akt von *El rufián dichoso*. Ein Teil aus *La entretenida* wurde sogar unabhängig vom gesamten Werk als Entremés herausgegeben.

Auch Spuren des Ritterromans kann man nachweisen. So wird in der *Comedia famosa de la casa de los celos* die durch Bojardo und Ariost wiederbelebte Ritterwelt dargestellt, wie ein Blick auf die Figuren Reynaldos, Malgesi, Roldán, Galalón, Angélica, Ferraguto, Bernardo del Carpio, Espíritu de Merlín und Karl den Großen zeigt.

Pedro de Urdemalas dagegen gilt als Schelmenstück. Zunächst arbeitet die Titelfigur Pedro mit einem einfältigen Bürgermeister zusammen und fällt Urteile über einige heiratswillige Paare, von denen auch die Tochter des Bürgermeisters betroffen ist. Diese Handlung im Bereich des Schelmischen wird ergänzt durch andere typische Stationen des Pikaros. So begibt er sich in das Milieu von Zigeunern, weil er eine Zigeunerin liebt, bittet um Almosen, tritt als Blinder auf, verkleidet sich als Eremit und begeht zahlreiche Gaunereien. Er erscheint als Student und wird bei passender Gelegenheit abschließend zum Schauspieler. Auf der Bühne sieht Pedro nunmehr seine Erfüllung darin, daß er als Schauspieler einmal Patriarch, dann Pontifex und schließlich Student, mal Herrscher und noch vieles anderes sein kann. Damit reflektiert die Theaterfigur über die Möglichkeiten einer Theaterfigur und eines Schauspielers, und das Theaterstück hat seine eigene Gattung zum Thema. Es handelt sich also, ähnlich wie im *Don Quijote*, um die Selbstreflexion einer literarischen Figur über ihre Identität.

In seine Schranken zurückgewiesen wird Pedro, als er erfährt, daß seine geliebte Zigeunerin als wirkliche Prinzessin dem vornehmen Publikum jenseits der Bühne angehört und damit aufgrund ihres Standes in unerreichbare Ferne für Pedro gerückt ist, der das Schauspiel schließt, indem er für den kommenden Tag zu einer neuen Comedia einlädt, die frei von den Regelverstößen der gegenwärtigen sei. Bemerkenswert ist die Aufwertung des Schauspielerberufes, die durch die Gestaltung der Figur des Pedro erfolgt. Auf der anderen Seite ist die Vorstellung vom Leben als Schauspiel und von der Metapher der Rolle, die dem einzelnen in seinem Leben zukommt, im Barock durchaus verbreitet.

Der große Kontrast zwischen beiden Teilen erklärt sich aus der in den Schauspielen über Heilige verbreiteten Vorstellung, daß nur die größten Sünder einer großen heroischen Tugend fähig sind, die geistig Lauen jedoch schwerlich zu Heiligen werden.

Eine religiöse Dimension charakterisiert den *Rufián dichoso*. Dieses Bekehrungsdrama hat zwar in seinem ersten Teil, in dem der Held noch Leitbild der Sevillaner Unterwelt ist, pikareske Züge und erinnert an die Novelle *Rinconete y Cortadillo*. Die religiöse Bekehrung im zweiten Teil läßt das Stück aber zu einer kontrastreichen Gegenüberstellung zweier heterogener Elemente werden. Als Quelle für *El rufián dichoso* gilt der Wunderbericht eines gewissen Fray Augustín Dávila über den in Mexiko lebenden heiligen Christoph vom Kreuz. Daß Cervantes sich bei jedem Wunder, das sein bekehrter Held in Mexiko vollbringt, in den Regieanweisungen auf die Authentizität und die geschichtliche Wirklichkeit des Dargestellten beruft, ist Anzeichen für das zwiespältige Verhältnis, das Cervantes zu den „Comedias divinas" und ihren Wundern hatte, die er im *Don Quijote* (I, 48) als Mittel entlarvt, um unwissende Menschen zu verblüffen und ins Theater zu locken. Im ersten Teil wird der Protagonist Lugo unter dem Schutz seines Protektors, des Inquisitionsrates Don Tello de Sandoval, der ihm eigentlich ein Theologiestudium ermöglichen will, in der Halb- und Unterwelt Sevillas zum Schrecken der Polizei. Gelage mit leichten Mädchen und Einbrüche in Konditoreien tragen zur Turbulenz ebenso bei wie die Befreiungsabenteuer, die sein Freund Lagartija anstiftet. In Mexiko ist nun im zweiten Teil des Stückes aus Lugo der fromme Dominikaner Fray Cristóbal de la Cruz geworden, der die vornehme Dame Doña Ana von ihren Sünden erlöst, die er gegen seine guten Taten austauscht. In hagiographischer Tradition übernimmt Cristóbal als Lastenträger fremde Sünden. Diese führen bei ihm zu einer Hautkrankheit, die sein Gesicht bedeckt, aber nach seinem Tod plötzlich verschwindet.

Cervantes' Erfolg als Theaterautor endete, als Lope de Vega mit seinen Stücken die spanischen Bühnen eroberte. Lope de Vega hatte mit seinem volkstümlichen Theater die Versuche scheitern lassen, auch in Spanien – wie in Frankreich – ein an den aristotelischen Regeln orientiertes Theater einzuführen. In Spanien wurden nun die Einheiten von Handlung, Zeit und Ort nicht mehr berücksichtigt. Die spanische Comedia ist daher handlungsreicher und besonders unterhaltsam. Nicht zuletzt dies mag der Grund für ihre Beliebtheit in breiten Volksschichten gewesen sein. Mit Lope hatte die spanische Comedia eine neue Gestaltung gefunden, die die bisherigen Theaterstücke als nicht mehr zeitgemäß erscheinen ließ: Cervantes sah sich zur Publikation seiner Comedias in Buchform gezwungen, da man sie nicht aufführen wollte. Dies ist insofern ein Kuriosum, als gerade das Theater für die große Zahl der Analphabeten einziger Zugang zur Kultur war.

Theaterstücke wurden selten wiederholt. Daher war Lope de Vega gezwungen, insgesamt mehr als 1000 Comedias zu schreiben. In seinem *Arte nuevo de hacer comedias* will er die in der klassischen Tradition übliche Zahl von fünf Akten durch drei Akte (Jornadas) ersetzen. Nunmehr sollte der Exposition der Voraussetzungen für die Handlung im ersten Akt der Konflikt im zweiten Akt folgen, um dann im dritten Akt in eine möglichst erfreuliche Lösung einzumünden. Er verbindet komische mit tragischen Elementen, wechselt die Versart je nach Inhalt und führt die lustige Figur des „gracioso" ein. Neben Themen nationalen Interesses stehen bei ihm rein religiös geprägte Werke. Häufigstes Thema seiner Comedias aber ist die Ehre, ihre Verletzbarkeit und ihre Wiederherstellung. Es steht im Mittelpunkt der beliebten Mantel- und Degenstücke.

In dem Maß, wie Lope sich im Volkstheater auf einfachen Bühnen, die in den Innenhöfen von Häusern aufgebaut waren, durchsetzte und schulbildend wurde, geriet das vorausgehende, noch an den Vorstellungen des 16. Jahrhunderts orientierte Theater – und mit ihm der Theaterautor Cervantes – in Vergessenheit. Er sah sich nunmehr genötigt, die Gattung zu wechseln, und schrieb Erzählungen. Bevor aber auf Cervantes' Romane, seine Novellen und sein Prosaepos eingegangen werden soll, seien im folgenden noch als Beispiel eines seiner heroischen Dramen und seine *Entremeses* vorgestellt.

2. *La Numancia, ein heroisches Stück*

Armas, Frederick A. de: Classical Tragedy and Cervantes' *La Numancia,* in: Neophilologus 58, 1974, S. 34–40 [Analogien zwischen Cervantes' *Numancia* und Aischylos' *Die Perser:* Xerxes ist mit Scipio hinsichtlich seiner Hybris, seiner moralischen Zerstörung und Katharsis vergleichbar]

Avalle-Arce, Juan-Bautista: Poesía, historia, imperialismo: *La Numancia,* in: Anuario de letras 2, 1962, S. 55–75

Güntert, Georges: La poética del primer Cervantes: desde *La Numancia* al *Quijote,* in: Cuadernos hispanoamericanos 430, 1986, S. 85–96

Hermenegildo, Alfredo: La *Numancia* de Cervantes, Madrid 1976 [Interpretation und Textkommentar]

Stroud, Matthew D.: *La Numancia* como auto secular, in: M. Criado de Val (hg.): Cervantes, su obra y su mundo. Actas del I congreso internacional sobre Cervantes, Madrid 1981, S. 303–307 [Versuch der Charakterisierung des Stückes als „sermón dramatizado" mit den Merkmalen des Auto sacramental]

Zimic, Stanislav: Visión política y moral de Cervantes en *Numancia,* in: Anales cervantinos 18, 1979/80, S. 107–150

Numancia

Numancia schildert den heldenhaften Untergang der spanischen Stadt Numancia nach jahrelanger Belagerung durch den römischen Feldherrn Scipio Africanus im Jahre 133 v. Chr. Im 1. Akt läßt Scipio Africanus sein Heer zusammenrufen, um diesem zu erklären, wie er den schon Jahre dauernden Krieg gegen die Numantier zu beenden gedenkt. Scipio wirft seinen Soldaten vor, zu viele Feste zu feiern und ein zu angenehmes Leben zu führen. So verlangt er von ihnen die Bereitschaft, auf die Genüsse des Lebens zu verzichten, um die Ehre des römischen Heeres zu retten und Numancia endlich zu besiegen. Cajus Marius verspricht im Namen aller anderen, man wolle sich besinnen und mit Fleiß und unter Einsatz aller verfügbaren Kräfte für Rom kämpfen. Das gesamte Heer leistet daraufhin den Eid auf dieses Versprechen.

Anschließend kommen zwei numantinische Gesandte herbei, die Scipio ein Friedensangebot überbringen wollen. Sie seien bereit, Roms Untertan zu werden, wenn der römische Konsul Numantias Freiheitsliebe respektiere und nicht mit zu harter Hand regiere. Scipio schlägt das Angebot jedoch ab.

Als die Gesandten gegangen sind, beschließt Scipio, einen Graben um die Stadt Numancia ziehen zu lassen, um seine Gegner auszuhungern. Er hält alle Soldaten, gleich welchen Standes oder Ranges, dazu an, bei diesem Vorhaben mitzuhelfen. So will er vermeiden, daß noch mehr römisches Blut vergossen wird.

Währenddessen tritt eine Jungfrau, die Hispania darstellt, auf. Sie klagt, weil sie es nicht hinnehmen kann, daß Spanien stets Sklave fremder Völker sein soll. Sie sieht, daß die Söhne Spaniens durch Zwietracht viel zum eigenen Leid beigetragen haben, und lobt deshalb besonders den Freiheitswillen Numancias. Dagegen verwirft sie die Feigheit der Römer, die den offenen Kampf gegen die Numantier scheuen. Hispania fleht den Duero, den Fluß, der um die Stadt Numancia herum verläuft, an, ihr zu helfen. Der Duero-Strom antwortet ihr auf ihr Flehen, doch weiß er dennoch nicht, wie er Numancia noch helfen soll. Er kann Hispania nur damit trösten, daß niemand den Heldenmut Numancias vergessen werde und daß eines Tages Spanien nicht mehr Knecht Roms sein werde, sondern dessen Herrscher.

Zu Beginn des 2. Aktes erkennt der Numantier Theogenes die schwierige Lage seiner Stadt. Der breite Graben verhindert eine offene Schlacht mit den Römern. Ein Ratsherr macht den Vorschlag, den Ausgang des Krieges durch einen Zweikampf zu entscheiden. Er bittet den Zauberer Marquino, die Sterne und das Schicksal vorher nach dem Los Numancias zu befragen, wenngleich er davon ausgeht, daß ein Numantier es leicht mit drei Römern aufnehmen kann. Theogenes bietet sich zum Zweikampf an, bei dem Caravino der Herold des Kampfes sein wird. Unterdessen trifft Marandro seinen Freund Leonico. Dieser wirft ihm vor, in Kriegszeiten dem Gott Amor blind hinterherzulaufen. Marandro weigert sich jedoch, der Liebe die Regeln der Vernunft aufzuerlegen. Außerdem könne man ihm seine Liebe zu Lira nicht vorwerfen, weil er stets seine Pflicht als Wachtposten erfüllt habe. Leonico macht seinem Freund daraufhin Mut, daß der Krieg sicherlich bald sein Ende finden werde und er dann Lira zur Frau nehmen könne. Um Jupiter günstig zu stimmen, nehmen auch die beiden Freunde an der folgenden Opferfeier teil. Doch schon auf dem Weg durch die Stadt sehen die beiden Priester nur schlechte Vorzeichen. Als zum Schluß auch noch das Opfertier, ein Widder, von einem Dämon gestohlen wird, deutet das Urteil der Götter schon eindeutig auf den Untergang Numancias hin. Dennoch bittet Theogenes Marquino, es zu versuchen, um das Schicksal Numancias aus dem Jenseits zu erfahren. Als Marquino dann hört, daß keine der beiden Parteien als Sieger aus diesem Krieg hervorgehen werde, sondern daß es die Schwerter der Numantier sein werden, die den Untergang der Stadt herbeiführen, stürzt er sich ins Grab.

Im 3. Akt rechtfertigt Scipio vor Jugurtha und Cajus Marius sein Vorgehen gegen die Numantier. Er ist der Ansicht, er bringe keine Schande über Rom, wenn er Numancia aushungere, denn die Freude und der Ruhm könnten doch nur noch größer sein, wenn der Feind ohne Blutvergießen bezwungen werde. Wenig später überbringt Caravino Scipio von der Mauer aus eine Botschaft der Numantier: er bietet den Römern einen alles entscheidenden Zweikampf an. Scipio, der sich jedoch schon als Sieger des Krieges fühlt, weist den Vorschlag entschieden zurück. Caravino wirft Scipio und seinem ganzen Heer daraufhin Feigheit vor.

Theogenes schlägt danach Caravino, Marandro und den anderen Numantiern vor, die Römer zum Kampf zu zwingen, indem sie den Graben zu überwinden versuchen. Die Frauen bitten jedoch die Männer, sie nicht schutzlos zurückzulassen, damit sie nicht von den Römern geschändet werden. Auch Numancias Kinder dürfen den Römern nicht als Sklaven zurückgelassen werden. Theogenes veranlaßt, daß alle Numantier ihr Hab und Gut in einem Feuer auf dem Hauptplatz verbrennen sollen, damit den Römern nichts in die Hände falle. Des weiteren will er die römischen Gefangenen töten lassen und mit deren Fleisch eine letzte Mahlzeit bereiten. Marandro und Lira bleiben, von Leonico beobachtet, zurück. Lira quält der Hunger und sie fürchtet, bald sterben zu müssen. Marandro will sie von ihrem Leiden befreien, indem er ihr verspricht, ins Lager der Römer einzudringen, um dort Nahrungsmittel zu stehlen. Lira weist dies jedoch entschieden zurück, weil sie nicht will, daß Marandro sein Leben für sie einsetzt, schließlich nütze seine Stärke und sein Mut Numancia mehr als ihr. Marandro ist jedoch fest entschlossen, sein Vorhaben auszuführen, bei dem ihn dann sein Freund Leonico begleitet.

Zu Beginn des 4. Aktes wird im Lager der Römer Alarm geschlagen. Scipio, Jugurtha und Cajus Marius eilen bestürzt herbei. Quintus Fabius berichtet ihnen, daß zwei Numantier – ihr Heldenmut stehe außer Zweifel – in das Lager der Römer eingedrungen seien, um Lebensmittel zu stehlen. Dabei hätten sie so wild gekämpft, daß einige Römer ihr Leben lassen mußten. Einer der beiden Eindringlinge sei getötet worden, der andere jedoch mit einem Korb voll Brot, verwundet, entkommen. Wenig später kommt Marandro verwundet in Numancia an und muß erkennen, daß er das gestohlene Brot mit dem Blut seines Freundes bezahlt hat. Dort trifft er Lira, die auf dem Hauptplatz einige Kleidungsstücke ins Feuer werfen will. Marandro kann ihr gerade noch das Brot überreichen, bevor er in ihren Armen stirbt. Zuvor bekennt er, er bedauere seinen Tod nicht, weil er glaubt, durch seinen Heldenmut ihrer Liebe würdig zu sein. Dies sollte auch für Lira ein Trost sein. Sie weigert sich jedoch, auch nur einen Bissen von dem Brot zu essen, das für sie durch den Tod des Geliebten vergiftet ist.

Anschließend wendet sich der „Krieg“ in Gestalt einer Frau mit einer Lanze und einem Schild an die „Krankheit“ und die „Qual des Hungers“. Der Krieg entschuldigt sich, momentan gerade in Diensten der Römer zu stehen, doch versichert er, daß sich eines Tages das Blatt wenden wird, wenn in Spanien die Könige Ferdinand, Karl und Philipp regieren. Auch die Krankheit versichert, sie hätte Numancia allzu gerne vom Leiden befreit, doch sei es dazu schon zu spät. Auch die Qual des Hungers kann das Schicksal Numancias nicht mehr abwenden, schließlich seien die Numantier schon dabei, ihre Häuser in Brand zu setzen, um in den Flammen zu sterben. In der Zwischenzeit versucht Theogenes, vor seiner Frau und seinen Kindern den Senatsbeschluß zu rechtfertigen. An einer anderen Stelle in der Stadt versucht Variato, seinen Freund Servio zu überreden, vor den „Mördern" zu fliehen und sich im Turm seines Vaters zu verstecken. Servio ist jedoch vom Hunger schon zu sehr geschwächt, so daß Variato alleine fliehen muß. Unterdessen hat Theogenes seine Familie getötet und bittet voll Entsetzen über seine Tat einen vorbeikommenden Numantier, ihn in einem Kampf als Feind zu töten, weil er nicht durch das eigene Schwert sterben will.

Im Lager der Römer ist Scipio unterdessen über das ungewohnte Lärmen, das Feuer und die plötzliche Stille in der Stadt beunruhigt. Als Cajus Marius sich bereit erklärt, über die Mauer zu steigen, muß er voll Entsetzen auf ein Meer von Blut und Leichen blicken. Daraufhin durchquert er mit einigen anderen Römern die Stadt auf der Suche nach Überlebenden, denn Scipio glaubt, wenn er auch nur einen einzigen Numantier als Gefangenen nach Rom bringen könne, seien ihm Triumph und Ruhe gewiß. Cajus Marius kehrt aus der Stadt zurück und berichtet, er habe gerade noch beobachten können, wie Theogenes sich in die Flammen stürzte und zuvor noch die Römer verspottete, weil diese nunmehr nur noch Schutt und Asche vorfinden würden. Scipio begreift die Tat der Numantier nicht, schließlich glaubt er, stets ein gerechter Sieger gewesen zu sein, der seinen Feinden verziehen habe. Jugurtha ist in der Zwischenzeit auf Variato gestoßen, der sich im Turm versteckt hält. Mit Schmeichelei und vielen Versprechungen versuchen die Römer, ihn davon abzuhalten, sich vom Turm aus in den Tod zu stürzen. Trotzdem stürzt Variato, so daß Scipio dem Jungen auch noch Anerkennung für seine heldenhafte Tat zollen muß, denn dadurch habe er ganz Spanien ewigen Ruhm gesichert und ihm soweit den schon sicher geglaubten Lorbeer entrissen.

Zum Schluß wendet sich die „Fama" mit der Bitte an die Römer, den Jungen zu begraben. Sie will indes Numancias tugendhaften Heldenmut und Freiheitswillen in alle Welt zum Ruhm und zur Ehre Spaniens verbreiten.

La Numancia wurde zusammen mit dem Drama *Los tratos de Argel* erst im Jahr 1784 gedruckt. Im heroischen Nationalstück *Numancia* kommen jene patriotischen und militärischen Tugenden zum Ausdruck, die dem ehemaligen Vertreter der „armas", Cervantes, geläufig waren. Anders als im *Don Quijote,* wo er das Waffenhandwerk der literarischen Beschäftigung gegenüberstellt, läßt sich im Stück auf den ersten Blick nur militärische Aktion erkennen. Er wählt dafür einen historischen Rahmen und stellt die Belagerung der Stadt Numancia durch die Römer dar, die mit der Selbstopferung im Jahr 133 vor Christus endet. Obgleich der Stoff im 17. und 18. Jahrhundert mehrfach literarisch verarbeitet wurde, hatte Cervantes' Stück nur sporadischen Erfolg. Im Jahr 1937 jedoch ließ Rafael Alberti eine aktualisierte Fassung in Madrid aufführen, als die Truppen des Generals Franco die Hauptstadt umzingelt hatten. Damit wollte er denjenigen Mut einflößen, die auf der Seite des republikanischen Spanien standen.

Als übermenschliche Wesen bzw. Allegorien treten der Hunger, die Seuche, der Ruhm, Spanien und der Fluß Duero auf. Auf der einen Seite hat Cervantes tatsächlich einen in den Chroniken überlieferten historischen

Stoff bearbeitet, auf der anderen bedient sich seine dichterische Erfingungsgabe zahlreicher Reminiszenzen aus Seneca, Lukanus, Juan de Mena und enthält Elemente von Vergil und Garcilaso. Man hat *La Numancia* auf die politischen Verwicklungen Spaniens in den Jahren zwischen 1560 und 1580 bezogen. So nannte man die berühmten Belagerungen von Leiden und Haarlem während der Kriege in Flandern oder die Eroberung der Neuen Welt, wie sie von den Chronisten erzählt wird und mit Bezug auf die Eroberung von Chile durch Ercilla y Zúñiga im Epos *La Araucana* beschrieben ist. Hermenegildo (1976) sieht in dem Stück eine Darstellung der Niederschlagung der Morisken durch die Spanier, die durch die Römer verkörpert werden, während die Numantier auf der Bühne die Situation der in Alpujarras geschlagenen Morisken darstellen.

Schon diese unterschiedlichen Deutungen zeigen, daß sich angesichts des Aufeinandertreffens zweier gegnerischer Welten die Frage nach der Wertung und nach der Position des Autors im dargestellten Konflikt stellt. Avalle-Arce (1962) sieht das römische Reich – wie Spanien zur Zeit von Cervantes – in einen gerechten Krieg verwickelt. Die Legitimation des gerechten Krieges beschäftigte die zeitgenössischen Feldherrn, Politiker und Moralisten so sehr, daß es scheint, als habe Cervantes mt Scipio den Anführer eines solchen Krieges darstellen wollen, dessen Mut sogar auf seiten seiner Gegner, der Numantier, Bewunderung fand. Hermenegildo (1976) geht mit seinen Hypothesen noch darüber hinaus, indem er die Numantier und den gegnerischen Feldherrn Scipio positiv und als tragische Figur, das römische Heer dagegen aber negativ dargestellt sieht. Eine entgegengesetzte Deutung schlägt Zimie (1979/80) vor, der Cervantes nicht auf seiten der Römer sieht und Scipio als unmoralischen Machiavellisten einstuft. Bereits ein Blick auf die geschichtliche Situation belege, daß die überlieferten geschichtlichen Berichte von der Belagerung die Grausamkeit der Römer ablehnen. Scipio stand unter extremem Erfolgszwang, da bereits vor ihm zahlreiche Feldherren an Numantia gescheitert waren. Alle Hoffnungen der Römer waren nun auf ihn gesetzt. Bei seiner Ankunft fand er ein durch den Müßiggang der Belagerung, durch Laszivität und Trinkgelage verkommenes Heer vor, das er zunächst in einer Rede zu geistiger und moralischer Erneuerung aufforderte. Dies hat aber nach Zimic nicht wie für Avalle-Arce die geradezu sakramentale Bedeutung einer Art von Taufe, sondern vielmehr die Intention der Steigerung der Effizienz der Kriegsmaschine. Es zeigt den Feldherrn als einen die Adäquatheit von Mittel und Zweck abwägenden Anhänger Machiavellis, mit dessen „Principe" er zahlreiche Charakterzüge teilt. Zwar hört er die Botschafter der Numantier an, um etwas über ihre Vorgehensweise auszukundschaften, lehnt aber kategorisch das geringste Zugeständnis ab. So erscheinen die Numantier nach ihren Verhandlungsangeboten als die Vertreter eines gerechten Verteidigungskrieges. Die Voraussage des Flusses Duero, daß einmal die Zeit kommen wird, in der die Römer von denen unterdrückt werden, die sie heute unterdrücken, läßt an die Plünderung

Roms durch die spanischen Truppen im Jahr 1527 denken. Insofern hätte Cervantes mit seinem Stück wie A. de Guevara in *Marco Aurelio* die Römer kritisiert und wie der Humanist Alfonso de Valdés die Plünderung legitimiert und als Akt ausgleichender Gerechtigkeit gedeutet. So erscheint für Zimic die Darstellung Spaniens in *Numancia* dank der moralischen Tugenden und unverdorbenen christlichen Wertvorstellungen seiner Bewohner als „laus Hispaniae". Demgegenüber ist das degenerierte römische Heer mit dem ebenso degenerierten Rom unter Papst Clemens VII. zu vergleichen, das sich nicht als Führer der Christenheit, sondern als Macht des Bösen zeigt.

Kann man *Numancia* auch unabhängig von einer Anspielung auf Rom religiös interpretieren? Dies ist durchaus möglich, wenn man das Thema des Opfers in den Vordergrund stellt. Schließlich haben die Numantier zunächst versucht, ihr Leben, dann aber ihren Ruhm durch Opfer zu retten. Allerdings wurde ihr Opfertier durch Jupiter abgewiesen. Den Kämpfer, der, sich opfernd, eine Entscheidung in einem Einzelkampf angeboten hatte, wies Scipio zurück. Daß sich alle Bewohner der Stadt freiwillig opfern, hat man in Zusammenhang gebracht mit dem Opfer, das Christus zur Erlösung der gesamten Menschheit auf sich genommen hat. So problematisch wie diese Interpretation erscheint auch jene, die in Scipios Aufforderung zu einer nationalen und individuellen Erneuerung einen Appell der Spanier zu moralischer Regeneration in der Zeit von Philipp II. sieht, da doch der machiavellistisch kalkulierende Scipio auf der Seite der Gegner der Numantier steht, die ihrerseits als Vorfahren der Spanier angesehen werden können.

G. Güntert (1986) erkennt im Werk eine poetologische Metaebene. Der Klugheit des von Cicero und in der Kultur der Renaissance gepriesenen Scipio, die ein durch die strategischen Regeln der Kriegskunst geleitetes Handeln verspricht, steht das vom „furor" getriebene Verhalten des Gegners gegenüber. So erscheint in der Gegenüberstellung von Numantiern und Römern ein Gegensatz, der jenen von „cordura" und „locura" im *Don Quijote* vorwegnimmt. Wie im *Don Quijote* entbehrt hier die Seite des „furors" nicht eines heroischen Idealismus mit den Werten von Glaube, Freundschaft, Liebe und Leidenschaft. Demgegenüber erscheint die Rede des Scipio nicht nur als Sammlung stoischer Argumente der Humanisten, sondern zugleich als poetologisches Programm für den tragischen Stil und die Tragödie. So hat Güntert nachgewiesen, daß die Bearbeitung des Gegensatzes von „ars" und „furor" zugleich in einer poetologischen Dimension in die zeitgenössischen Auseinandersetzungen zwischen Aristotelikern und Platonikern eingreift. Es zeigt sich, daß *Numancia,* das vordergründig nur dem Bereich der „armas" anzugehören scheint und als bloß biographisches Zeugnis für Cervantes' nationales und heroisches Denken gelten könnte, in Wirklichkeit zugleich, ähnlich wie auch der *Viaje del Parnaso* (vgl. Kapitel II. A.), neben der biographischen Dimension eine poetologische Ebene aufweist.

III. Cervantes' Beitrag zu traditionellen Gattungen

A. Die Zwischenspiele

Cervantes Saavedra, Miguel de: *Entremeses,* J. Canavagio (hg.), Madrid 1982

Asensio, Eugenio: *Entremeses,* in: J. B. Avalle-Arce und E. C. Riley (hg.), Suma Cervantina, London 1973, S. 171–197

König, Bernhard: Miguel de Cervantes Saavedra. *Entremeses,* in: V. Roloff und H. Wentzlaff-Eggebert (hg.): Das spanische Theater. Vom Mittelalter bis zur Gegenwart, Düsseldorf 1988, S. 53–69

Molho, Mauricio: Cervantes: Raíces folklóricas, Madrid 1976 [Volkstümliche Elemente im entremés *Retablo de las Maravillas* und in der Gestaltung des Sancho Panza]

Rozenblat, W.: Cervantes y los conversos. Algunas reflexiones acerca del *Retablo de las maravillas,* in: Anales cervantinos 17, 1978, S. 99–110

Zimic, Stanislav: *La cueva de Salamanca:* Parábola de la tontería, in: Anales cervantinos 21, 1983, S. 135–152 [Konsequent parodiert Cervantes Odysseus und Penelope, ihren Abschied und die Rückkehr des Helden. Bewußt verbindet er den Aberglauben an Magie mit der Dummheit des betrogenen Ehemanns]

Zimic, Stanislav: Sobre dos entremeses cervantinos: *La elección de los alcaldes de Daganzo* y *El rufián viudo,* in: Anales cervantinos 19, 1981, S. 119–160 [Während im ersten Stück in erasmischer Manier das naive Vorzeigen orthodoxer Religiosität mit mangelnder Bildung verknüpft und Gegenstand der Satire wird, fallen beim zweiten parodierende Anknüpfungen an die Eklogen von Garcilaso auf]

Das Zwischenspiel *El rufián viudo* handelt von dem Gauner und Zuhälter Trampagos, dessen Ehefrau Pericona soeben gestorben ist. Er trauert nicht zuletzt deshalb, weil sie seine beste Einnahmequelle war. Ein anderer Zuhälter namens Chiquiznaque besucht Trampagos, was diesen sofort dazu veranlaßt, sich ein neues Gaunerstück auszudenken.

Vademecum, der Diener Trampagos', sieht Juan Claros, einen weiteren Gauner und Zuhälter, zusammen mit drei seiner Mädchen, Repulida, Pizpita und Mostrenca, herbeikommen. Gemeinsam versuchen sie, Trampagos aufzuheitern. So bieten sich die drei Mädchen nacheinander an, künftig in Trampagos' Dienste zu treten. Doch Juan erhebt Ansprüche auf Pizpita und Chiquiznaque auf Repulida. Mitten in diesen Streit platzt ein weiterer Gauner hinein, der die anderen aufgeregt vor einem Polizisten warnt, der in der Nähe sei. Trampagos weiß die anderen jedoch zu beruhigen, indem er ihnen versichert, er habe ihn bestochen.

Vademecum schlägt vor, sein Herr solle den Streit beenden, indem er einfach eines der Mädchen auswähle. Trampagos wählt Repulida und schickt Vademecum mit dem Trauergewand zum Pfandleiher, damit er es versetze und von dem Geld Wein kaufe. Schließlich müsse seine Hochzeit mit Repulida gebührend gefeiert werden. Da keine Gläser vorhanden sind, müssen seine Gäste den Wein aus den Nachttöpfen trinken. Als das Fest gerade begonnen hat, taucht ein Christensklave in Ketten auf, den Repulida als Escarramán wiedererkennt. Dieser berichtet seinen Freunden, wie er als Galeerengefangener in die Hände der Türken geraten ist. Aus der Sklaverei konnte er jedoch schon zwei Monate später entkommen. Dennoch hatte er sich geschworen, solange die Ketten zu tragen, bis er wieder in seiner Heimat sei. Seine Freunde berichten ihm, daß seine Abwesenheit schon Stoff für Dichter, Straßenjungen und viele andere gegeben habe, dessen Gestaltung teils positiv, teils negativ gewesen sei.

Escarramán erklärt sich bereit, zu den Liedern der Musiker zu tanzen, schließlich sei es gerade sein Tanz, der ihn so berühmt gemacht hat. So singen und tanzen sie eine Weile zusammen, bis Trampagos sich bei Escarramán dafür bedankt, daß dieser ihm ein solch schönes Hochzeitsfest bereitet habe.

Die auch *Pasos* genannten kleinen Stücke von Lope de Rueda, die Cervantes in seiner Jugend gesehen haben mag, motivierten ihn zu seinen *Entremeses*, Theaterstücken, die in einer Viertelstunde Anekdoten, Satiren und Milieuschilderungen verbinden. Im deutschen Sprachgebrauch ist die Gattung unter der Bezeichnung „Posse" bekannt. Während sie im Mittelalter komische Einlagen in geistlichen Spielen waren, entwickelten sie sich in Frankreich zu Farcen. In Italien bediente sich die Commedia dell'arte ihrer Tradition, in Deutschland griff man seit dem 15. Jahrhundert bei den Fastnachtsspielen auf sie zurück.

Cervantes veredelt die bei den Vorläufern derben und, wie der Hund Berganza in der Novela ejemplar *El coloquio de los perros* beobachtet, in Prügelei ausartenden szenischen Darstellungen. Nach Casalduero sind in den ersten vier Entremeses die Figuren dem Dialog und der Milieuschilderung untergeordnet, während in den vier folgenden die um einen Scherz angeordnete Handlung im Mittelpunkt steht. In ähnlicher Weise unterscheidet E. Asensio zwischen drei Gruppen, wenn er zwischen handlungslosen und handlungsreichen Stücken differenziert und beiden Typen als Mischform jenen dritten Typ gegenüberstellt, der Handlung und Milieuschilderung verbindet.

Cervantes' *Entremeses* dienten in erster Linie der Belustigung. Sie entsprachen daher auf den ersten Blick nicht der Horazschen Forderung nach der Verbindung von Unterhaltung und Belehrung. Dies erklärt, warum sie sich erst seit dem 19. Jahrhundert uneingeschränkter Beliebtheit erfreuten. Da im Siglo de oro Entremeses häufig ohne Angabe des Verfassers verbreitet wurden, kann man nicht ausschließen, daß einige, im Zusammenhang mit Lope de Vega und Tirso de Molina überlieferte Entremeses der Feder von Cervantes entstammen. Die Gattung des Entremés als komisches Stück wurde zwischen zwei Akte einer Comedia eingeschoben. Im Zentrum des Entremés stehen Figuren der unteren Schichten, prosaische Handlungen und wenig edle Bedürfnisse.

Dasselbe Publikum, das von der Comedia erwartet, daß der beleidigte Ehemann sich rächt, um den Makel seiner Ehre auszugleichen, applaudiert im Entremés bei den heimlichen Betrügereien unter Eheleuten. Vorherrschend ist eine der alltäglichen Unterhaltung nahestehende Prosa und eine naturgetreue Beobachtung der Realitäten der Straße und des Marktes. So erscheint in *El juez de los divorcios* eine Reihe von schlecht verheirateten Paaren, die sich scheiden lassen wollen. Die überlegene Heiterkeit des Richters kontrastiert mit der Leidenschaftlichkeit der Streitenden. Bei den vier Prozessen wird das Publikum mit den unterschiedlichsten Typen, Berufsgruppen und Charakteren vertraut gemacht: So wird das traditionelle Motiv der jungen, unpassend verheirateten Frau durch Mariana und ihren alten Ehemann verkörpert, während es Guiomar als Frau eines armen und dichtenden Soldaten am Nötigsten zum Leben fehlt.

Es folgen die beiden einzigen Entremeses der Sammlung in Versform, *El rufián viudo llamado Trampagos* und *La elección de los alcaldes de Daganzo*. Bei beiden Stücken ist der Hauptteil im „endecasilabo suelto" und der Schluß in der Versform des „romance" verfaßt.

Die Versform in *El rufián viudo* ermöglicht eine besonders kunstvolle Ausdrucksweise, die den Kontrast zur dargestellten Realität des Zuhälter- und Gaunermilieus besonders deutlich werden läßt. B. König (1988) sieht in dieser wenig realistischen Präsentation eine Karikatur, in der die Parodie durch die Inadäquatheit des pathetischen hohen Verses gegenüber der dargestellten Welt entsteht. Dabei finden insbesondere Verse in Anlehnung an die petrarkistische und pastorale Tradition Verwendung. S. Zimic (1981) hat zahlreiche Übernahmen aus den Eklogen von Garcilaso, insbesondere aus der zweiten Ekloge, nachgewiesen, deren allgemeine Bekanntheit dem zeitgenössischen Leser die parodistische Absicht verdeutlichte. Parodistisch erscheint bereits der Titel des Entremés, der den Protagonisten, der seine beste Einnahmequelle und Hure verloren hat, als verwitwet ausweist. Die sprachliche Gestaltung bewegt sich nach B. König im Kontrast zwischen hyperbolischen Metaphern, kunstvollen Stellungs- und Wiederholungsfiguren und gaunersprachlichen Elementen. In der sich an die Wahl der neuen „Gattin" anschließenden Feier tritt Escarramán auf, der es während seiner Gefangenschaft in der Fremde zu einem „literarischen" Ruhm gebracht hat, der an jenen des Don Quijote im zweiten Teil erinnert. Wenn das Stück nun mit dem Gesang und Tanz des Hochzeitsfestes als schwungvolles Variétévergnügen schließt, dann ist es die im Titel erfolgte Ankündigung eines verwitweten Gauners, die parodiert wird.

La elección de los alcaldes de Daganzo hat keinen ausgeprägten Handlungsrahmen und besteht aus einer Reihe von typischen Darstellungen des Dorflebens und seiner Bewohner. Die Wahl von vier Kandidaten für das Bürgermeisteramt durch zwei „Regidores" gibt dazu den Anlaß. Der vierte Kandidat, Pedro Rana, entfaltet in einer wohlgesetzten Rede sein politisches Programm, das er im Fall seiner Wahl zu realisieren gedenkt. Mit seinen Ausführungen erinnert er an die Ratschläge des Don Quijote an Sancho vor der Übernahme der Herrschaft auf der Insel. Alle Kanditaten außer ihm legen großen Wert darauf, die Reinheit ihrer Abstammung zu belegen und sich als „cristianos viejos“ darzustellen. Damit belegen sie die gesellschaftliche Bedeutung dieses Nachweises. Möglicherweise hat sich Cervantes in seiner Darstellung der dörflichen Welt von Pedro de Padilla leiten lassen, dessen *Tesoro de poesías* er im *Don Quijote* bei der Bücherbeurteilung loben läßt. In diesem Werk findet man nämlich eine *Romance pastoril de la elección del alcalde de Bamba.*

In *La guarda cuidadosa* werben ein Soldat und ein Künstler um die Hand von Cristina. Da sie den Künstler wählt, bleibt dem Soldaten am Ende nur die Klage über eine Zeit, in der nicht der Mut, sondern das Geld geehrt wird. Schon Juan del Encina hatte in der vorletzten Ekloge des *Cancionero* von 1496 ein junges Mädchen zwischen einem Schäfer und einem Schildknappen wählen lassen, das sich aber im Gegensatz zu Cristina für den Schildknappen entschied. Besonders in Italien war die Wahl einer Frau zwischen mehreren Bewerbern geläufiges literarisches Thema, das gern bei Festlichkeiten zu Hochzeiten oder bei den Festen des Monats Mai zur Aufführung gebracht wurde. Auch die Wechselfälle des Ehestandes sind beliebte Themen der *Entremeses.* Während *El vizcaíno fingido* in einer Anekdote in Dialogform darstellt, wie Solórzano die Sevillanerin Cristina betrügt, widerlegt er damit das in der antifeministischen Literatur allgemein verbreitete und in seiner Novelle *El casamiento engañoso* bestätigte Vorurteil, daß die Frau als Meisterin der Verführung und Täuschung dem Mann überlegen ist.

Die Reinheit der Abstammung ist das Thema in *El retablo de las maravillas.* Das heute aus dem Märchen *Des Kaisers neue Kleider* geläufige Motiv konnte Cervantes aus Juan Manuels *El Conde Lucanor* (Sevilla 1575) entnehmen, wo die „magische“ Kleidung für uneheliche Kinder unsichtbar bleibt. Er konnte sie ebenso der 49. Erzählung des ersten Teils von *El buen aviso* von Timoneda entlehnen, wo ein Maler ein Bild zeichnet, das für gehörnte Ehemänner unsichtbar ist. Auch in der 27. Geschichte von *Till Eulenspiegel* wird für den Landgrafen von Hessen ein Bild gezeichnet, das derjenige, der illegitimer Herkunft ist, nicht sehen kann. Cervantes ändert den Stoff, indem er ihn in den Kontext eines kastilischen Dorfes situiert und als Hinderungsgrund für die Sichtbarkeit des Gegenstandes die unreine, d.h. nicht altchristliche Herkunft angibt. In ähnlicher Form hatte er das Thema im *Don Quijote* auf den Helm des Mambrin bezogen, der den Uneingeweihten nur als Barbierbecken erschien. Die einheimischen Zuschauer der Theaterdarbietung geben so lange vor, das zu sehen, was nicht zu sehen ist, bis ein fremder Quartiermacher kommt, der für seine Truppe um Unterkunft bittet und versichert, daß er nichts erkennen kann.

In *La cueva de Salamanca* handelt es sich um eine Anekdote in Dialogform, die an italienische Novellen erinnert: Sobald der Ehemann Pancracio für eine Reise von fünf Tagen das Haus verlassen hat, beginnt die Ehefrau Leonarda, ihn zu verwünschen. Sie und ihre Dienerin Cristina, bereiten ein üppiges Essen für ihre beiden Geliebten, den Küster und den Barbier vor. Als es sich nun die beiden bequem gemacht haben, erscheint – wie nicht anders zu erwarten – der Ehemann Pancracio, dessen Kutsche eine Panne hatte, um die Nacht zu Hause zu verbringen. Einem armen Studenten, dem man für die Nacht im Haus Kost und Logie gewährt hatte, ist es zu verdanken, daß das Schlimmste verhindert wird. Denn er tritt nun auf und behauptet, über magische Kräfte zu verfügen und als Beweis für seine Behauptung zwei Teufel hervorzaubern zu können. Diese erscheinen dann tatsächlich in Gestalt des Küsters und des Barbiers. Zimic (1983) hat darauf hingewiesen, daß die Verabschiedung und die Rückkehr des Ehemannes im deutlichen Rückgriff auf die *Odyssee* erfolgt, die in diesem Kontext bewußt von Cervantes parodiert wird. Die Dummheit des Ehemannes, der tatsächlich an die auftretenden Teufel glaubt, korrespondiert mit seinem naiven Vertrauen in seine intakte Ehe. Bewußt baut Cervantes diese Korrespondenz auf, um wie Erasmus jegliche Art von Aberglauben zu diskreditieren.

Auf den letzten Entremés, *El viejo celoso,* braucht nur kurz eingegangen zu werden, da er denselben Stoff gestaltet wie *El celoso extremeño* im *Don Quijote.* Das Motiv der unnötigen Vorsichtsmaßnahme, das Cervantes der fünften Novelle des ersten Teils bei Bandello entnommen haben konnte, wird hier auf das Wesentliche reduziert. Psychologische Prozesse werden zu Handlungsabläufen und Überraschungseffekten umstrukturiert. Der Liebhaber, der die allzu vorsichtig vom Ehemann bewachte junge, schöne Ehefrau erfolgreich verführt, erscheint nur kurz.

Wie im Karneval wird z.B. in *La cueva de Salamanca* eine Gesellschaft dargestellt, die über ihr eigenes, sonst ernsthaft gepflegtes Wertesystem lacht und sich über ihre eigenen Konventionen hinwegsetzt. Cervantes begnügt sich dabei aber nicht mit bloßer Komik. Bei ihm kommen Satire und Parodie hinzu, die entlarvende Wirkung haben. Die gesellschaftskritische Perspektive seines Entremés geht nicht selten so weit, daß sie jener vergleichbar wird, die die Torheit in *Encomium moriae* von Erasmus einnimmt und die im Kapitel V.C.1. im Zusammenhang mit dem *Don Quijote* von Cervantes noch einmal genauer vorgestellt wird.

B. Der Schäferroman La Galatea

Cervantes, Miguel de: *La Galatea,* Bd. 1, Avalle-Arce, Juan Bautista (hg.), Madrid 1968 (Clásicos Castellanos)

Avalle-Arce, Juan Bautista (hg.): *La Galatea* de Cervantes – cuatrocientos años después (Cervantes y lo pastoril), Newark, Delaware 1985 [Neue Aspekte der internationalen Forschung]

Blecua, José Manuel: Garcilaso y Cervantes, in: Miguel de Cervantes Saavedra. Homenaje de „Insula“ en el cuarto centenario de su nacimiento. 1547–1947, Madrid 1948, S. 141–150 [Angabe von direkten und indirekten Übernahmen aus Garcilaso in zahlreichen Werken von Cervantes]

Chevalier, Maxime: *La Diana* de Montemayor y su público en la España del siglo XVI, in: Botrel, Jean François, und S. Salaün (hg.): Creación y público en la literatura española, Madrid 1974, S. 40–55 [Erfolg beim Publikum aufgrund der nicht-pastoralen Elemente des Werkes]

Close, Anthony: Ambivalencia del estilo elevado en Cervantes, in: *La Galatea* de Cervantes – cuatrocientos años después (Cervantes y lo pastoril), Newark, Delaware 1985, S. 91–102 [Landschaftsbeschreibungen auf hoher Stilebene, die sich problemlos in die *Galatea* eingliedern, kontrastieren im *Quijote* mit der Parodie]

Egido, Aurora: El sosegado y maravilloso silencio de *La Galatea,* in: Anthropos. Revista de documentación científica de la cultura 98–99, Juli/August 1989, S. 85–89 [Frühe narrativische Funktionalisierung des Schweigens, die auch in späteren Werken wiederkehrt]

Egido, Aurora: Topografía y cronografia en *La Galatea,* in: Lecciones cervantinas, Zaragoza 1985, S. 49–93 [Lob des Tajo und Reisen; der Ort als Korrelat der Liebe; Variationen in Zeit und Raum als narrative Mittel]

El Saffar, Ruth: *La Galatea:* The Integrity of the Unintegrated Text, in: M. Criado de Val (hg.): Cervantes, su obra y su mundo, Madrid 1981, S. 345–353

López Estrada, Francisco: La *Galatea* de Cervantes, La laguna de Tenerife 1948 [Interpretation und literaturgeschichtliche Einordnung]

Rivers, Elias L.: Pastoral, Feminism and Dialogue in Cervantes, in: *La Galatea* de Cervantes – cuatrocientos años después (Cervantes y lo pastoril), Newark, Delaware 1985, S. 7–16 [Elemente des Pastoralen, Streit der Geschlechter]

Sánchez, Alberto: Los sonetos de *La Galatea,* in: *La Galatea* de Cervantes – cuatrocientos años después (Cervantes y lo pastoril), Newark, Delaware 1985, S. 17–36 [Von den 21 eingeschobenen eigenen Sonetten sind einige von höchster Qualität. Die meisten befinden sich am Ende und sind nicht nur dekorativer Zusatz, sondern haben eine eigene Funktion im Rahmen des Werkes. Einfluß von Figueroa und Herrera]

Wellington, M. Z.: La *Arcadia* de Sannazaro y la *Galatea* de Cervantes, in: Hispanófila 3, 1959, Nr. 137, S. 7–18

Ynduráin, Francisco: Relección de *La Galatea,* in: Miguel de Cervantes Saavedra. Homenaje de „Insula“ en el cuarto centenario de su nacimiento. 1547–1947, Madrid 1948, S. 105–116

Mit seinem ersten Roman, der *Galatea,* knüpft Cervantes an den erfolgreichen Schäferroman an. Seine Beliebtheit verdankt der Schäferroman einer utopischen Gestaltung des Landlebens, bei der die Zwänge und Mühen des Repräsentierens bzw. des Erwerbslebens an den Höfen und in den Städten fehlen. Die Schäfer der Romane leben fern von den Intrigen der absolutistischen Höfe und benötigen keinen hohen Geburtsadel, wenngleich sie im allgemeinen keine Schafe hüten und die vornehmen Umgangsformen des Hofes übernehmen. Das Land wird zur Metapher der Unverdorbenheit und Freiheit. Eine derartige Idealisierung des ländlichen Ortes tritt nicht nur im Schäferroman auf. In der Lyrik wurde sie mit dem topischen „beatus ille“ oder dem „locus amoenus“ verknüpft. Auch im *Don Quijote* hat Cervantes zahlreiche Elemente des Schäferromans eingefügt. Sein eigener Schäferroman ist allerdings nicht wie der *Don Quijote* eine parodistische Auseinandersetzung mit der Tradition. Jedoch gelingt es Cervantes bereits mit seinem ersten Roman in einer traditionellen Gattung, neue Akzente zu setzen.

Cervantes beginnt seinen Roman mit den Klagen des liebenden Elicio, wie es auch andere Schäferromane in der Art der byzantinischen Novelle tun: „medias in res“. Ungewöhnlich für einen Schäferroman ist jedoch der Gegensatz zwischen dem gattungsgerechten Schäfer Elicio und dem naturgetreuen, wirklichkeitsgerechten Schäfer Erastro, der sich bald trotz seines Unterschieds von den anderen Schäfern nicht anders als diese den Gewalten von Liebe, Natur und Schicksal ausgesetzt sieht. Das Lob des Landlebens gegenüber den Nachteilen des Hofes entspricht zwar der Gattung des Schäferromans, ungewöhnlich jedoch ist die höfische Eleganz der Erörterung der Vorzüge des Landlebens durch den Höfling in der *Galatea*, die Zweifel an seiner Argumentation aufkommen läßt. Relativiert wird zudem die platonische Idealisierung der Frau, indem ihr eine entgegengesetzte Position gegenübergestellt wird, die die Schwächen des weiblichen Geschlechts hervorhebt. Heterogen erscheinen die religiösen Vorstellungen, die zwischen dem paganen und dem christlichen Pol pendeln, z.B. wenn einerseits die Kirche Tempel genannt wird und andererseits die dort tätigen Priester als Pfarrer bezeichnet werden.

J.B. Avalle-Arce (1968) sieht in derartigen Gegensätzen ein bewußtes Spiel mit einer neuen „ars oppositorum“, mit der es gelingt, die idealistische Tradition der Gattung durch die Realität des Lebens zu relativieren. So stehen die eingeschobenen Erzählungen jenseits der Schäferidylle. Mit der Vorgeschichte, die Lisandro zur Erklärung seines Mordes an Carino erzählt, dringt Rache, Haß und Verbrechen in die Welt der Schäfer ein. Die Geschichte des Silerio erinnert mit den Schauplätzen Jerez, Barcelona und Neapel an die byzantinische Novelle. Jede der zahlreichen eingeschobenen Erzählungen bietet andere Schattierungen der Liebesthematik und ergänzt so das Geschehen der Schäferwelt aus anderer Perspektive. J. B. Avalle-Arce vergleicht sie mit Planeten, die infolge der Anziehungskraft zwar um ein Zentrum kreisen, jedoch eigene Welten darstellen.

Neben der pastoralen Thematik der Liebe findet man besonders in den eingeschobenen Erzählungen Hochzeiten, Selbstmordversuche und Liebende, die sich selbst von ihrer Liebe befreien. Die Charaktere der Hauptfiguren bleiben unscharf, das vieldiskutierte Problem der Liebe bleibt ungelöst. El Saffar (1981) hat belegt, daß gerade die eingeschobenen Erzählungen spiegelbildlich Probleme und alternative Lösungen der Schäfer darstellen.

Noch über Avalle-Arce hinaus geht Ynduráin (1948), wenn er den pastoralen Rahmen nur als Vorwand für eingeschobene Novellen im byzantinischen Stil sieht, die, wie später die *Novelas ejemplares,* problemlos ohne ihn auskommen könnten. Byzantinisch sind die infolge ihrer verwickelten Zufälle mit einer Häufung von Verwechslung, Verschwinden und Wiedererkennen. Widerlegt erscheint so die verbreitete Annahme, die *Galatea* sei eine getreue Nachahmung der *Arcadia* von Sannazaro, deren Geschlossenheit des Aufbaus es lediglich sei, die bei Cervantes fehle. Daß trotz zahlreicher Übernahmen im einzelnen die *Galatea* hinsichtlich des ausgeprägten Handlungscharakters eine stärkere Verwandtschaft mit der *Diana* von Montemayor als mit der *Arcadia* von Sannazaro aufweist, wurde bereits von Wellington (1959) hervorgehoben.

Bereits der Vorläufer, die *Diana,* hat zahlreiche Elemente, die der pastoralen Welt fremd sind. Gerade diese macht Chevalier (1974) für den Erfolg des Werkes verantwortlich, da die pastorale Welt der damaligen durch die beliebten Ritterromane geprägten Mentalität diametral entgegengesetzt sei. Wie konnte ein Verehrer des Amadís Gefallen an der Liebe zu einer Dame finden, deren Gunst nicht durch heroische Taten gewonnen werden kann, oder an einer jammernden und schmachtenden Leidenschaft, die sich, zur Passivität verdammt, platonischen Vorstellungen und einer vom Schicksal diktierten Leidenschaft fügt? Erfolgreich konnte daher die *Diana* nur dank ihrer Konzessionen an den Publikumsgeschmack sein. Vielleicht war sie es dank ihrer Anspielungen, die man als Schlüssel verstand, vielleicht dank der Feste, anläßlich derer sich Ritter als Schäfer verkleideten. Nicht zuletzt mag sie beliebt gewesen sein, da man sie als Sammlung von Gedichten lesen konnte. Mit dem erfolgreichen Ritterroman teilt sie die Atmosphäre des Magischen und Wunderbaren. Die Konversationen von Felis, Felismena und Celia haben höfischen und modellhaften Charakter und erinnern an höfische Romane und Lopes städtische Schauspiele. So zeigt sich, daß Montemayor mit seinem Schäferroman bereits in jene Richtung weist, in der Cervantes weitergehen sollte.

Über die *Arcadia* von Sannazaro, die Cervantes kannte, ist er indirekt von Vergil beeinflußt. Die Metamorphosen von Ovid dagegen übten zum Teil einen direkten und indirekten Einfluß aus. Welche hohe Wertschätzung spanische Dichter, wie Boscán und Garcilaso, in Cervantes' Augen genießen, geht in der *Galatea* aus den Ausführungen von Kalliope zu Beginn des sechsten Kapitels hervor. Erwähnung finden dort Fray Luis de León, Figueroa und Laínez, deren Einfluß auf die Lyrik in der *Galatea* deutlich ist. In eigener Sache läßt Cervantes im Anschluß an die Rede von Kalliope Telesio beklagen, daß man die spanischen Autoren zu Unrecht unterschätzt. Dies hat besonderes Gewicht, da Cervantes an die pastorale Tradition Spaniens anknüpft, die ihm nicht nur in der *Diana* (1559) Montemayors, sondern auch in der Nachahmung der *Diana* durch Gil Polo und dem *Pastor de Fílida* (1582) von Gálvez de Montalvo zur Verfügung steht. Anders als diese Werke sieht er von einer Übernahme der magischen Welt der Felicia aus der *Diana* ab. Einziges übernatürliches Element ist bei Cervantes das Erscheinen von Kalliope.

Pastorale Gedanken und Argumente für das Leben der Schäfer konnte er nicht nur dem Schäferroman, sondern ebenso der einschlägigen humanistischen Dialogliteratur, wie z.B. den *Diálogos satíricos* von Antonio de Torquemada, entnehmen. Cervantes *Galatea* folgt daneben dem Vorbild italienischer Autoren: Neben der *Arcadia* von Sannazaro sei nur an Petrarca, an Torquato Tassos *L'Aminta,* das 1551 in spanischer Übersetzung erschienene Werk *Los Asolanos* von Pietro Bembo oder die Erörterungen zum Thema Liebe von Castiglione und León Hebreo erinnert.

Psychologisch läßt sich der pastorale Mythos nach E. L. Rivers (1985) bei Cervantes aus einem Wunsch nach Unschuld und Glück erklären, der jenseits der christlichen Vorstellung von Selbstaufopferung in Tagträumen moralische Entspannung sucht. Das „negotium" (Unrast) des Erwerbslebens bleibt ebenso ausgeklammert wie die Vorstellung der Sünde, obgleich die Vergänglichkeit sogar die Schäferidylle mit Melancholie überzieht. Der Rückzug aus dem männlichen Erwerbsleben, wie er durch Horaz' „beatus ille qui procul negotiis" zum Topos geworden ist, erscheint als psychologischer Hintergrund ebenso deutlich wie die Tatsache, daß die traditionelle Schäferidylle von maskuliner Dominanz geprägt ist, in der Schäferinnen und Nymphen zu Objekten männlicher Erotik werden. Umso krasser heben sich Ausnahmen, wie z.B. Marcela im *Don Quijote* oder Gelasia in der *Galatea* ab, die gegenüber den Anstrengungen ihrer Liebhaber kalt, ichbezogen und frei bleiben. Nicht zuletzt daraus ergibt sich die männliche Kritik an der Frau im Schäferroman, die bis auf die frühen scholastischen Streitgespräche zwischen Klerikern und höfischen Liebenden zurückgeht, in denen man debattierte, ob die Frau ein Übel, oder ob sie verehrungswürdig ist. Zugunsten der Frau steht das Argument mit Tradition, daß die Frauen, gleichgültig, wie sie sich verhalten, in jedem Fall Anlaß zur Kritik bieten: Sprechen sie den Männern gegenüber freundlich, gelten sie als verliebt. Sprechen sie nicht freundlich, erscheinen sie hochmütig. Schweigen sie, dann schimpft man sie unwissend. Suchen sie die Gesellschaft ihres Geliebten, sagt man ihnen Übles nach, meiden sie sie, wirft man ihnen Unbeständigkeit vor.

Die *Galatea* ist Cervantes' erstes größeres Werk, in dem zugleich Prosa und Verse vorkommen. Die Schäferwelt bildet den Rahmen der Erzählung, in dem einzelne Figuren auftreten, die Fragmente ihrer Lebensgeschichte erzählen. Dies erinnert an Novellen von Boccaccio, Bandello und Plautus. Treibende Kräfte im Schäferroman sind die Natur, die Liebe und das Schicksal mit seinen Wechselfällen. Die Natur, in der sich die Figuren des Schäferromans bewegen, ist als Gegensatz zur Stadt bzw. zum Hof konzipiert. Das Land dient als Ort der Einsamkeit der geistigen Sammlung und dem ungestörten Leiden an einer unglücklichen Liebe. Für Marcela im *Don Quijote* ist es dagegen der Ort, wo sie ihre Unabhängigkeit und Freiheit von der Liebe bewahren konnte. Das Land ist der geistige Raum, in dem diese beiden gegensätzlichen Positionen und alle zwischen ihnen angesiedelten Möglichkeiten der Einstellung gegenüber der Liebe von Randbedingungen ungestört vorgeführt werden können. Die Musik der Schäfer korrespondiert mit den Lauten der Natur wie dem Rauschen des Baches und dem Gesang der Vögel. Die Darstellung der Natur als Hintergrund verleiht den Tageszeiten besondere Bedeutung für den Handlungsablauf. So bietet die Mittagsruhe Anlaß zu geselligem Beisammensein unter schattigen Bäumen, während das nächtliche Zusammentreffen seine geheimnisvolle Atmosphäre durch jene Dunkelheit erhält, die nur durch das Licht des Mondes gemildert wird. In pastoraler Tradition werden in der *Galatea* die Reize einer spanischen Landschaft vorgeführt, wobei der Darstellung der Umgebung des Flusses Tajo das Lob der Schönheit der dort lebenden Schäferinnen folgt.

Die Figuren in der *Galatea* bilden eine Vielfalt, da sie im wesentlichen durch ihre Art zu lieben bzw. nicht zu lieben bestimmt sind und jede einzelne Figur auf andere Weise liebt. López Estrada (1948) geht den meist sehr spekulativen Versuchen nach, die Namen der einzelnen Figuren zu entschlüsseln und auf lebende Persönlichkeiten zu beziehen. Eine im Schäferroman ungewöhnliche Gestalt ist die des grobschlächtigen Landbewohners Erastro, der an den wirklichen Schäfer erinnert und sich daher in Verhaltens- und Denkformen von den fiktiven Schäfern unterscheidet. Er ist sich seines niedrigen Standes bewußt und hat daher keine Hoffnung auf Erwiderung seiner Liebe. Da seine Leidenschaft ungestüm bleibt und nicht sublimiert wird, ist er nicht in der Lage, an den philosophischen Diskussionen über Fragen der Liebe teilzunehmen. Elicio findet bis zum Ende des ersten Teils des unvollendeten Romans in seiner Liebe zu Galatea keine Erfüllung, selbst wenn diese ihn um Hilfe bittet, um nicht auf Wunsch ihres Vaters einen von ihr nicht geliebten Bewerber heiraten zu müssen.

Als Gegner der Liebe tritt Lenio auf, als er mit Tirsi einen philosophischen Streit führt, in dem er die Liebenden als von einem Übel Befallene darstellt, von dem man sich mittels der Vernunft befreien soll. Als er aber auf die ähnlich denkende Gelasia trifft und beschließt, mit ihr eine freundschaftliche Verbindung ohne die Qual der Leidenschaft einzugehen, muß er an sich schon die unerwünschten Symptome der Liebe entdecken und seine Meinung ändern. Dies bringt ihn nun aber in Gegensatz zu Gelasia.

Anders als Lenio kommt Lauso nicht vor Beginn, sondern nach Abschluß seiner Liebesbeziehung zur Verurteilung der Liebe. Wenn Lauso im nachhinein seine Leidenschaft als Verblendung ablehnt, dann erscheint seine nunmehr gewonnene Vernünftigkeit jener des Don Quijote vergleichbar, der am Ende seine „locura" verurteilt. Nicht selten treten ältere Personen auf, für die die Zeit der Liebe vorbei ist. Sie bereichern die Gespräche der Liebenden mit ihren Erfahrungen und Ratschlägen. Nebenfiguren, wie Tirsi und Damón, deren Liebesprobleme gelöst sind, spielen nur in den Diskussionen eine Rolle. Die Figuren, die von außen die Szene des Schäferromans betreten, unterbrechen die bisherige Handlung, da sie in langen Monologen ihr Leben bis zum Moment ihres Auftretens erzählen. Dadurch erhält der Leser ein Fragment einer komplexeren Geschichte, deren Auflösung in der Folge durch das Erzählen weiterer Fragmente durch andere beteiligte Figuren ermöglicht wird.

Da es sich bei den Handlungen der Schäfer um Stilisierungen adligen Lebens handelt, liegt es nahe, daß der Gegensatz zwischen dem Höfling und dem Schäfer erörtert wird. Während der Schäfer weder über einen Stammbaum noch über Reichtümer verfügt, verteidigt der Höfling die überlieferte und ererbte Tradition mit den aus seiner Geburt abgeleiteten Privilegien. Wenn Darintho die Schäfer beneidet oder Damón Falschheit und Schmeichelei des Hofes ablehnt, dann wird auf Gedanken zurückgegriffen, die im 16. Jahrhundert bereits A. de Guevara in *Menosprecio de Corte y alabanza de aldea* (1539) zum Ausdruck gebracht hatte. Die Natürlichkeit des Land- bzw. Schäferlebens wird erstrebenswert vor dem Hintergrund der Geziertheit und Künstlichkeit des Hofes. Letztere sind für Verschleierung der Wahrheit, fehlende Echtheit der Gefühle und Mangel an Spontaneität verantwortlich.

Die Leidenschaft der Liebe ist konstitutiv für alle Figuren des Romans, gleichgültig, ob sie zu den Liebenden gehören oder im Gegensatz zu ihnen stehen. Ein Unterschied besteht jedoch darin, daß diejenigen, die frei von der Leidenschaft der Liebe sind, die Leiden der Liebenden von ihrem Standpunkt aus kühl betrachten und ihre eigene Position damit bekräftigt sehen können. Ihre Freiheit vergleichen sie mit der Knechtschaft der unglücklich Liebenden, die mit ihrer gelben Gesichtsfarbe und ihrer körperlichen Erschlaffung Symptome der Krankheit der Melancholie zeigen. Deren Krankheitsbild wurde nach damaligen Vorstellungen von einer Persönlichkeitsveränderung begleitet: Das traurige Klagen über die eigene Liebe mündete in Passivität und Willensschwäche in allen sonstigen Belangen.

In der *Galatea* stehen unterschiedliche Situationen der Liebe einander gegenüber: Die Freude der erwiderten Liebe bei Tirsi kontrastiert mit den Leiden des Crisio an der Trennung, der Verzweiflung des Orompo angesichts des Verlustes seiner Geliebten, der Geringschätzung des Marsilio und der Eifersucht des Orfinio.

Elicio jedoch gilt die Liebe als hoher Wert, wie sein Loblied zeigt, in dem er sie als durch die Schönheit hervorgerufene Tugend sieht, als Glück, das uneingeschränkt anzunehmen ist, das zur moralischen Vervollkommnung beiträgt und grenzenlos ist. Diese uneingeschränkte Bejahung der Liebe wird im sechsten Buch Gegenstand einer Auseinandersetzung zwischen Lenio und Tirsi. Lenio lehnt sie mit rationalen Argumenten ab. Er unterscheidet zwischen körperlicher und nicht-körperlicher Schönheit. Erstere sei entweder belebten Wesen oder unbelebten Werken der bildenden Kunst zuzuordnen, letztere sei in Tugenden oder Seelenfähigkeiten verkörpert. Während erstere mit den Augen des Körpers wahrgenommen werde, sei letztere nur dem Verstehen zugänglich. Unglück ergebe sich nun daraus, daß die Liebe zu körperlicher Schönheit nicht vom eigenen Willen, sondern von zufälligen Umständen abhängt und sich so einem sicheren und vollkommenen Besitz entzieht. Daraus ergeben sich als Verwirrungen des Seelenfriedens die unvernünftige Übertreibung von Begehren und Freude, die Furcht vor künftigem Elend und der Schmerz angesichts gegenwärtigen Mißgeschicks. So leicht in der Liebe der Anfang ist, so schwerwiegend und verhängnisvoll sind ihre Folgen.

Dem hält Tirsi entgegen, daß Liebe und Begehren zwei unterschiedliche Willensäußerungen sind. Die Liebe sei besonders ehrenhaft, wenn sie sich auf das Ewige und Göttliche richte; sie sei nützlich bezogen auf Reichtum und Macht und angenehm schließlich im Vergnügen. Keine der drei Arten sei abzulehnen. Der natürliche Charakter der zweiten und dritten erscheint bei Tirsi als Folge der Erbsünde und dient der Erhaltung und Sicherung der menschlichen Existenz. Da das oberste Prinzip der Liebe Gott selbst ist, kann ein mögliches Übel nicht aus der Substanz der Liebe, sondern nur aus möglichen Akzidentien abgeleitet werden. Die Liebe wird zu einem wichtigen Element der Schöpfung. Sie stellt einen unstreitbaren Wert dar, von dem nichts Schlechtes auszusagen ist. Von Übel ist für Tirsi nicht die Liebe, sondern derjenige, der von ihr einen falschen und zügellosen Gebrauch macht, der es nicht versteht, durch Mäßigung zwischen den möglichen Extremen einen mittleren Weg zu beschreiten.

Das Streitgespräch findet einen Ausgang zugunsten Tirsis, als Lenio von seinen eigenen Argumenten geschlagen wird, die er sich, nunmehr selbst verliebt, von seiner Geliebten anhören muß. Hier wird die Theorie durch die persönliche Erfahrung einer Romanfigur widerlegt. Nicht selten wird im Roman auf die Steuerung des Geschehens durch das Schicksal, den Zufall oder die göttliche Vorsehung hingewiesen. Hier, wie beim Auftreten eines Einsiedlers oder der Betrachtung der weiblichen Schönheit als göttliches Abbild oder engelhaftes Attribut, deutet sich eine religiöse Dimension an, die jedoch auf Anspielungen beschränkt bleibt.

Noch in den letzten Tagen seines Lebens wünscht sich Cervantes im Widmungsschreiben des *Persiles,* der Himmel möge ihm die Gelegenheit geben, den Schlußteil seiner *Galatea* zu schreiben. Schon in der Bücherbeurteilung im *Don Quijote* wurde vom Pfarrer beanstandet, daß der Autor Cervantes etwas ankündigt, was er nicht zu Ende bringt. So habe man auf den zweiten Teil zu warten, den er verspricht.

C. Persiles y Sigismunda, ein Epos in Prosa

Cervantes, Miguel de: *Los trabajos de Persiles y Sigismunda, historia Setentrional,* J. B. Avalle-Arce (hg.), 2 Bde., Madrid 1969

Avalle-Arce, J. B.: *Los trabajos de Persiles y Sigismunda, historia setentrional,* in: J. B. Avalle-Arce und E. C. Riley (hg.): Suma cervantina, London 1973, S. 199–212 [Synthese]

Blecua, Alberto: Cervantes y la retórica (Persiles III,17) in: Lecciones cervantinas, Zaragoza, Caja de Ahorros y Monte de Piedad de Zaragoza 1985, S. 131–147 [Cervantes' Berücksichtigung der rhetorischen Regeln des Aristoteles und Quintilian anhand eines Beispiels]

Forcione, Alban K.: Cervantes, Aristotle and the *Persiles,* Princeton, New Jersey 1970 [Während Cervantes seine zeitgemäße Auffassung des Epos in Prosa im ersten Buch noch ernsthaft vertritt, beginnt er mit dem zweiten Buch, insbesondere in eingestreuten Kommentaren, gegen die aristotelische Theorie zugunsten größerer Unabhängigkeit ironisch und humorvoll zu polemisieren]

Forcione, Alban K.: Cervantes' Christian Romance. A Study of *Persiles y Sigismunda,* Princeton, New Jersey 1972 [Überarbeitete und erweiterte Fassung des letzten Teils von: Cervantes, Aristotle and the *Persiles,* 1970]

Lapesa, Rafael: En torno a *La española inglesa* y el *Persiles,* in: Homenaje a Cervantes, F. Sánchez-Castañer (hg.*), Bd. 2, Valencia 1950, S. 365–388* [Zur Datierung von *La española inglesa* um 1609–1611 und zu ihrem Bezug zum *Persiles*]

Meregalli, Franco: Relectura del *Persiles,* in: Anales cervantinos XXV–XXVI, 1987–88, S. 327–337 [Das Werk als Buch für den Geschmack der gehobenen weiblichen Leserschaft]

Sánchez, Alberto: El *Persiles* como repertorio de moralidades, in: Anales cervantinos 4, 1954, S. 199–223 [Beziehungen zwischen *Persiles* und der humanistischen Traktatliteratur hinsichtlich Liebe und Eifersucht, Religion und Aberglaube, aber auch in bezug auf Hoffnung]

Stegmann, Tilbert Dídac: Cervantes' Musterroman *Persiles.* Epentheorie und Romanpraxis um 1600 (El Pinciano, Heliodor, Don Quijote), Hamburg 1971 [Ausführliche und überzeugende Studie, die das Werk vor dem Hintergrund der zeitgenössischen Epentheorie und Romanpraxis deutet und in Cervantes' Einschätzung als besonders hochstehend erscheinen läßt]

Daß *Persiles y Sigismunda* Cervantes besonders beschäftigte, geht schon daraus hervor, daß er immer wieder davon spricht. Im Jahr 1613 kündigt er in seinem Vorwort zu den *Novelas ejemplares Los trabajos de Persiles y Sigismunda* als ein Werk an, das mit Heliodor wetteifert. Im Jahr darauf versichert er im vierten Kapitel des *Viaje del Parnaso,* er stehe kurz vor dem Abschluß seiner Arbeiten am *Persiles,* den er bald zum Druck geben wolle. 1615 bezieht er sich gleich zweimal auf den *Persiles.* Während er im Widmungsbrief seiner *Ocho comedias y ocho entremeses* den *Persiles* als ein Vorhaben neben anderen, wie z.B. dem zweiten Teil der *Galatea* oder den *Semanas del jardín,* nennt, wird er im auf den 31. Oktober 1615 datierten Widmungsschreiben zum zweiten Teil des *Don Quijote* konkreter. Dort versichert er, er werde *Los trabajos de Persiles y Sigismunda* innerhalb von vier Monaten beendet haben. Es erscheint ihm als ein Unterfangen der Superlative. Das Resultat könne entweder nur das beste oder aber das schlechteste literarische Werk in spanischer Sprache sein. Nachdem Cervantes nach schwerer Krankheit im April 1616 gestorben war, wurde das Werk von seiner Frau zum Druck gegeben und erschien posthum 1617. Es ist anzunehmen, daß Cervantes trotz seines schlechten Gesundheitszustandes bis zuletzt am *Persiles* gearbeitet hat. Wie erklärt es sich, daß dieses heute kaum noch gelesene Werk für Cervantes auch nach den Erfolgen, mit dem *Don Quijote* eine derartige Bedeutung hatte? Anders als der *Don Quijote* oder die *Novelas ejemplares* konnte *Persiles* für sich beanspruchen, in der verbreiteten aristotelischen Hierarchie literarischer Gattungen ganz oben angesiedelt zu sein. Als Epos nahm es den gleichen Rang ein wie die Tragödie, während Entremeses, Novellen, Ritter- und Schäferromane im traditionellen Gattungsgebäude nicht einmal theoretischer Erörterung und Bewertung würdig waren.

Die Haupthandlung des *Persiles,* die durch zahlreiche Episoden bereichert wird, ist mit wenigen Worten zusammengefaßt: Persiles und Sigismunda, zwei Königskinder aus dem Norden, lieben sich. Dies widerspricht den ursprünglichen Vorstellungen ihrer Familien, die eine Heirat von Sigismunda mit Persiles' Bruder Maximino geplant hatten. Um nun weitere Verwicklungen zu vermeiden, fliehen sie und pilgern nach Rom. Dort sollen sie sich im katholischen Glauben unterweisen lassen, der in Rom anders als in den nördlichen Breiten noch unverfälscht sei. Für die Zeit der Pilgerschaft geloben sie Keuschheit. Um nicht erkannt zu werden, geben sie sich als Geschwister Auristela und Periandro aus. Zahlreiche Fahrten zu Schiff und zu Land führen sie auseinander und wieder zusammen, was aber ihre Beziehung im Grunde unberührt läßt. Während im ersten Buch zahlreiche von Barbaren bewohnte oder unbewohnte Inseln, Meerfahrten und Schiffbrüche den Rahmen bilden, ist der Schauplatz des zweiten Buches der Hof des Königs Policarpo. Hier berichtet Periandro ausführlich von den Begebnissen, die ihm auf seiner Fahrt zustießen. Mit dem dritten Buch, in dem die Reise von Lissabon nach Rom erzählt wird, betritt man südliche Sphären. Im vierten Buch schließlich findet das Paar in Rom zusammen und kann gemeinsam die Thronfolge in Frislandia und Thule antreten.

Das Handlungsschema läßt mehrere Teile erkennen, die zu unterschiedlichen Zeiten entstanden sind. Die ersten beiden Bücher (1 und 2) unterscheiden sich von denen der zweiten Hälfte (Buch 3 und 4) in charakteristischer Weise. Im Gegensatz zur zweiten Hälfte zeigt sich in der ersten ein deutlicher Einfluß von Heliodor und Vergil. Anders als der zweite Teil hat der erste zum Beispiel keine komischen Elemente. Im zweiten Teil läßt sich zudem eine auffallende Zunahme der Erzählereinschübe feststellen, deren Häufigkeit an den *Don Quijote* erinnert. Wenn man nun davon ausgeht, daß *Persiles* seit 1613 in einem fortgeschrittenen Stadium vorlag, stellt sich die Frage, wann der Einschnitt anzusetzen ist, der den Unterschied zwischen den beiden Hälften erklärt.

Einen Anhaltspunkt bietet das 22. Kapitel des 8. Buches der Naturgeschichte des Plinius, den Cervantes im 18. Kapitel des ersten Buches des *Persiles* ausführlich zitiert. Dabei bedient er sich wahrscheinlich der spanischen Übersetzung von Jerónimo de Huerta aus dem Jahr 1599. Avalle-Arce (1973) schließt daraus, daß der im *Persiles* diesem Kapitel folgende Text nicht vor 1599 entstanden sein kann. Einen zweiten Anhaltspunkt sieht er in der Beurteilung der Ritterbücher durch den Kanonikus aus Toledo im *Don Quijote* (I,48). Dort wird die stoffliche Vielfalt der Abenteuer und Ereignisse der Ritterbücher in einer Weise hervorgehoben, die an den Inhalt des *Persiles* denken läßt. Diese enthielten nämlich nicht nur Schiffbrüche, Stürme, Schlachten und Szenen unverhofften Wiedersehens, bedauerliche und tragische Ereignisse neben freudigen Überraschungen, sondern zudem eine überaus schöne Dame, die ebenso ehrenhaft wie vornehm ist, und einen tapferen christlichen Ritter ebenso wie einen furchterregenden Barbaren, dem ein edler und angesehener Fürst gegenübergestellt wird. Eben davon ist aber in der ersten Hälfte des *Persiles* die Rede. Sogar der Barbar tritt im vierten Kapitel des ersten Buches des *Persiles* in der Gestalt des Bradamiro auf. Nun aber fügt der Kanonikus im *Don Quijote* hinzu, daß er nicht nur die Versuchung verspürt hätte, mit den von ihm angeführten Ereignissen als Material einen Roman zu schreiben, sondern bereits mehr als hundert Seiten dieses Romans fertiggestellt habe. Diese Aussage könnte man als Indiz dafür werten, daß Cervantes bei der Abfassung dieser Stelle des *Don Quijote* bereits die ersten beiden Bücher des *Persiles* vollendet hatte. Deren Entstehung wäre dann auf die Zeit zwischen 1599 und 1605 zu datieren.

Wenn nun, wie Lapesa (1950) behauptet, *La española inglesa* zwischen 1609 und 1611 entstanden ist, dann ist es Cervantes' Arbeit an dieser religiös geprägten exemplarischen Novelle gewesen, die den unterschiedlichen Charakter der zweiten Hälfte des *Persiles* (Buch 3 und 4) gegenüber der ersten Hälfte (Buch 1 und 2) bedingte. Nunmehr stehen im *Persiles* Religiosität und geistige Vollkommenheit im Vordergrund. Wie im *Persiles* spielen in den wechselvollen Reisen in *La española inglesa* Religion und Liebe eine tragende Rolle. Wie im *Persiles* gelangt dort das liebende Paar trotz zahlreicher Widerstände und Versuchungen zum glücklichen Ende. So kommt Avalle-Arce (1973) zum Schluß, daß die neue Perspektive im zweiten Teil von *Persiles* auf die Novelle *La española inglesa* zurückzuführen ist. Wenn man nun den zweiten Teil des *Persiles* als ausführlichere Neubearbeitung des Stoffes von *La española inglesa* ansieht, dann liegt die Zeit seiner Entstehung zwischen 1612 und 1616. So erklärt sich die Unterschiedlichkeit der beiden Teile des Textes.

Welche Beziehung haben aber die zahlreichen, in beide Hälften eingestreuten Erzählungen zur Haupthandlung? El Pinciano war es, der dem Romanautor empfahl, einer Kernhandlung, einem „argumento", verschiedenartige Episoden hinzuzufügen. Deren ausgewogenes Verhältnis zur Haupthandlung und deren geschickte Einordnung sei das Merkmal eines jeden guten Autors. Gerade im ersten Buch des *Persiles* erzählen neu auftretende Figuren immer wieder, von den Umstehenden nach ihrem Schicksal befragt, ihre Geschichte. Dies ist eine Technik, die, wie sich bei der Betrachtung der *Galatea* gezeigt hat, in der Tradition der Schäferromane stand, die im Laufe der Zeit Impulse von Heliodor erhielten. Im *Persiles* dienen die Episoden nicht selten als Exempel. So heterogen sie aber sind, auf höherer Ebene sollen sie nach aristotelischer Tradition mit der Kernhandlung eine Gesamtheit bilden. Kohärenz wird nicht zuletzt angesichts chronologischer Umkehrungen erstrebt, z.B. wenn bei einem Anfang „in medias res" die Vorgeschichte zu einem späteren Zeitpunkt nachgeholt wird, ein Verfahren, das als Vorläufer der selbständigen Episoden gelten kann.

Aristotelisch ist die durchgehende Korrespondenz von Stilhöhe, gesellschaftlichem Rang und sittlicher Vollkommenheit der beiden Protagonisten. Daher kann man *Persiles* nicht als Erziehungsroman bezeichnen. Denn gemäß der epischen Tradition begehen die Protagonisten von Anfang an keine stilistischen oder moralischen Fehler, aus denen sie lernen könnten. Meregalli (1987/8) erscheinen sie als Abstraktionen und Resultate eines poetologischen Programmes. Ihr Charakter braucht nicht erst schön, edel und gut zu werden. Er ist es schon und muß dies im Laufe der einzelnen Verwicklungen nur regelmäßig unter Beweis stellen.

Nicht ohne Konsequenzen für den *Persiles* ist die aristotelische Forderung nach Wahrscheinlichkeit. Sie zog das Unmögliche, das wahrscheinlich ist, dem Möglichen vor, das unglaubhaft ist. Sie führte dazu, daß man zugunsten größerer dichterischer Freiheit gern auf einen historischen Kern verzichtete und die Handlung in geographisch weit entfernte Ländereien oder historisch entlegene Epochen verlegte, da sie dann einer kritischen Nachprüfung nicht standzuhalten brauchte. Nicht immer einfach war es, das Postulat der Wahrscheinlichkeit mit dem der „admiratio" des Neuen und Wunderbaren in Einklang zu bringen. Nicht weniger schwierig erschien die Harmonisierung der aristotelischen Forderung nach Einheitlichkeit mit der „variatio", ebenso wie die gleichzeitige Berücksichtigung der Forderung nach Unterhaltung und des Anspruchs auf Belehrung.

Im Gegensatz zum *Quijote,* der sich in humoristischer Distanz und Freiheit zur Romantradition bewegt, erscheint *Persiles* als Werk, das die Nähe zur aristotelischen Tradition des Epos sucht und gemäß den poetologischen Normen des Pinciano diese in exemplarischer Form aktualisiert. Die Ehrfurcht, die Cervantes vor dem *Persiles* hatte, zeigt sich nicht zuletzt darin, daß er sich für seine Ausarbeitung weit mehr Zeit ließ als etwa für den zweiten Teil des *Don Quijote,* den er in zwei Jahren abschloß. Cervantes' Vorteil im *Don Quijote* bestand darin, daß sich das „argumento" auf das Faktum eines anachronistisch durch die Lande ziehenden Lesers von Ritterromanen reduzierte und er in der Wahl von Episoden dieses Ritters und weiterer Gestalten frei war. Im *Persiles* ist demgegenüber die komplexe, von Anfang an feststehende Haupthandlung dominant. Auch die perspektivische Darstellung von Meinungen und Anschauungen im *Don Quijote* wird im *Persiles* einer einheitlichen Sicht geopfert, die von vornherein die Perspektive des Autors ohne jede Distanz mit der der Protagonisten und des Lesers in Einklang zu bringen versucht.

Schließlich unterscheidet sich der *Persiles* hinsichtlich seiner potentiellen Leserschaft vom *Quijote.* Meregalli (1987/8) sieht mit dem *Persiles* den Geschmack der wohlerzogenen Töchter aus gutem Haus angesprochen. Sie konnten sich mit der Heldin und ihrem Verhalten identifizieren, da sie ihrerseits keinen anderen Wunsch hatten, als sich mit einem heldenhaften und wohlerzogenen Persiles zu verheiraten. Nicht weniger konnten die zahlreichen anderen weiblichen Schicksale ebenso wie die Könige, die wunderschöne Damen ehelichen wollen, die Abenteuer und die Schiffbrüche die weibliche Phantasie beflügeln. Den unmittelbaren Erfolg des Buches schreibt Meregalli der Tatsache zu, daß im *Persiles* Lissabon, Valencia und

Mailand Schauplätze und Gegenstände ausdrücklichen Lobes sind: Dies waren nämlich Städte, in denen bereits der erste Teil des *Quijote* veröffentlicht war und die Gunst des Publikums gefunden hatte.

Derartige Überlegungen mögen Cervantes nicht fremd gewesen sein. Zentral waren sie sicherlich nicht. Kam es ihm doch darauf an, mit dem *Persiles* seinen Platz in der Reihe der großen abendländischen Epiker zu sichern. Wenn er nämlich im Vorwort zu den *Novelas ejemplares* ankündigt, daß er mit seinem *Persiles* das Wagnis unternehmen wolle, mit Heliodor in Wettstreit zu treten, dann wird daraus die Hochachtung deutlich, die er gegenüber diesem Autor und seinem Werk *Aithiopika* hatte. Die Ehrfurcht gegenüber Heliodor scheint er dann tatsächlich auf den *Persiles* übertragen zu haben.

Die *Aithiopika* wurden zwischen 233 und 240 nach Christus abgefaßt. Es handelt sich um den Kurztitel der *Zehn Bücher der äthiopischen Geschichte von Theagenes und Charikleia* des Heliodor. Sie wird im 12. Jahrhundert zum Vorbild des byzantinischen Liebesromans in Versen. Nachdem in Basel 1534 eine neue griechische Ausgabe erschienen war, wurde das Werk zur Zeit der Renaissance erneut berühmt und schon bald zusätzlich noch durch zahlreiche Übersetzungen ins Lateinische und in die Sprachen des damaligen Europa verbreitet. Der Humanist Francisco de Vergara soll die erste, verlorengegangene Übersetzung ins Spanische vorgenommen haben. Weitere Übersetzungen folgten 1554 und 1581. Die Übersetzung von Francisco de Mena erschien an verschiedenen Orten 1614, 1615 und 1616. Die *Philosophia Antigua Poética* (1596) des Pinciano hebt immer wieder hervor, welch hohes Ansehen Heliodor genießt. Sie ist es, die die *Aithiopika* als Epos in Prosa definiert und damit an die Seite der Versepen *Ilias* und *Odyssee* stellt. Der Unterschied zwischen Vers und Prosa wurde nicht mehr als ausschlaggebendes Kritierium gesehen, da Herodots geschichtliche Werke selbst in Versform keine Dichtung wären. Auch wenn damit der Bezug zur zeitgenössischen Literatur nur indirekt hergestellt ist, wird es dennoch nunmehr möglich, das zeitgenössische Epos in Prosa an den *Aithiopika* zu messen.

Eben von dieser Möglichkeit macht Cervantes Gebrauch. Da er ja mit dem *Persiles* das beste Erzählwerk in spanischer Sprache zu schreiben beabsichtigte, lag es nahe, daß er sich nach den zeitgenössischen poetologischen Maßstäben richtete. Diese aber lehnten auf der hohen Stilebene Ritterromane ebenso wie Schäferromane ab. Schelmenromane hingegen waren schon aufgrund ihrer niedrigen Stilebene nicht geeignet, in die Reihe der besten Werke der spanischen Literatur aufzurücken. Selbst der Roman gegen die Ritterromane *Don Quijote* konnte nicht den Ruhm bringen, den Cervantes sich von einem Prosaepos im Stil der *Aithiopika* versprach. Seine Hoffnungen wurden noch dadurch gesteigert, daß er als erster ein solches Werk nicht nur in spanischer Sprache, sondern zugleich in einem christlich-religiösen Rahmen konzipiert hatte.

Cervantes' Modell wird daher das Prosaepos der *Aithiopika.* Er imitiert es in verschiedenen Punkten. Ebenso wie *Persiles* bewegt sich Heliodors Werk auf einer Nord-Süd-Achse, da die beiden Liebenden im Laufe ihrer Erlebnisse von Delphi nach Meroe, der Hauptstadt von Äthiopien, gelangen. Eine weitere Parallele besteht zwischen Heliodors *Historia Etiópica* und Cervantes' *Historia Septentrional* insofern, als durch die fernen Länder auf die die Untertitel anspielen, der Unterhaltung des Lesers Neues und Erstaunliches dargeboten wird. Während jedoch bei Cervantes der Ausgangspunkt der seinen Lesern unbekannte Norden mit seinen unberechenbaren Meeren und der Endpunkt der bekanntere Süden ist, war die Abfolge bei Heliodor umgekehrt vom bekannten Griechenland und Kleinasien hin zum fremden Äthiopien.

Da Cervantes das antike Modell in einen christlich-religiösen Kontext stellen wollte, erscheint bei ihm der Weg der Protagonisten als Lebensweg und Pilgerschaft. In der Bibel ist die Wanderschaft ein Symbol für das menschliche Leben. So ist z. B. im Hebräerbrief (11,13) die Rede von „peregrini" und „hospites super terram". Während in den „Klageliedern" (1,12) alle angerufen werden, die auf ihrem Weg vorbeikommen, konzipiert Dante in einem Sonett (*Vita nuova,* Kap. 7 und 9) Weg und Wanderschaft als Ausdruck der Liebe, so daß sich bei ihm der christliche Gedanke der Pilgerschaft zu dem einer durch Liebe ausgelösten Wanderschaft modifiziert. Im *Persiles* schließlich werden beide Aspekte miteinander verknüpft. So zeigt sich im Bereich der Liebe ein Aufsteigen von der rohen Liebe der Barbaren über zahlreiche weitere Beispielsfälle bis hin zur Liebe zwischen Persiles und Sigismunda, die geläutert in Rom im Schoße der Kirche ihre Vollendung findet.

Als wichtiges biblisches Motiv zur Verdeutlichung einer verallgemeinerten Sphärenhierarchie im *Persiles* sieht Avalle-Arce (1973) die Lebensleiter der Bibel, die sich Jakob im Traum vorstellt (Genesis 28, 12). In popularisierter Form wurde sie erbaulicher Belehrung dienstbar gemacht und spielte im Mittelalter und in der Renaissance eine große Rolle. Sie veranschaulichte die neuplatonische Vorstellung von der Einheit des Seins, dessen Elemente eine Kette bilden und in ihrer Vollkommenheit von den niedrigen und unbelebten Wesen bis hin zum göttlichen Wesen ansteigen. So kann man im *Persiles* einzelne Sphären von unterschiedlicher Vollkommenheit unterscheiden. Die auftretenden Protagonisten, die der untersten Stufe angehören, sind Barbaren. Ihnen überlegen erscheinen trotz aller Unvollkommenheit Clodio und Rosamunda, die wiederum von Arnaldo übertroffen werden; und auch Persiles und Sigismunda sind trotz ihrer physischen und moralischen Vollkommenheiten dem Papst unterlegen, auf den sie zu Ende der Erzählung in Rom treffen. In Einzelfällen ist durch persönliche Vervollkommnung der Wechsel von einer Sphäre in die nächste, höhere möglich. Beispiel für ein solches Aufsteigen sind die ehemaligen Barbaren Cloelia und Ricla. Sogar geographisch läßt sich eine aufsteigende Bewegung mehrerer Sphären beobachten.

Sie führt von der mythischen Insel Bárbara zu Beginn über die zwar genauer, aber noch in wenig Einzelheiten dargestellten Länder Dänemark und Irland hin zu den scharf umrissenen Ländern Portugal, Spanien, Frankreich und Italien. In Italien schließlich gelangen die Titelhelden an ihr Ziel, in die Stadt Rom, die folgerichtig als „Himmel auf der Erde“ bezeichnet wird.

Mit diesem Schluß war nicht nur das Ziel erreicht, durch die Erhabenheit des Stoffs und die Stilhöhe der Figuren den Postulaten eines Prosaepos in spanischer Sprache zu genügen. Zugleich schien durch Einführung der religiösen Komponente die Übertragung des Epos aus der Welt der Antike in die christliche Neuzeit gelungen. Für einen Verehrer der aristotelischen Poetik, wie Cervantes, mußte dies eine nicht zu überbietende Leistung gewesen sein. Da die meisten zeitgenössischen und späteren Leser das Werk jedoch nicht vor dem Hintergrund poetologischer Postulate, sondern zur Unterhaltung lesen wollten, wird verständlich, daß es in der Publikumsgunst weit hinter *Don Quijote* und den *Novelas* zurückblieb.

IV. Die exemplarischen Novellen

Cervantes, Miguel de: *Novelas ejemplares,* Harry Sieber (hg.), Madrid 1980, 2 Bde. [Nach der Ausgabe von 1613 mit modernisierter Zeichensetzung und Rechtschreibung]

Alvarez Barrientos, Joaquín: Sobre la institucionalización de la literatura: Cervantes y la novela en las historias literarias del siglo XVIII, in: Anales cervantinos 25–26, 1987–1988, S. 47–63 [Gesellschaftsbezogene Legitimation der Literaturgeschichte im Spanien des 18. Jahrhunderts am Beispiel von Cervantes' Novellen und dem *Quijote*]

Atkinson, William C.: Cervantes, el Pinciano, and the *Novelas ejemplares,* in: Hispanic Review 16, Juli 1948, S. 189–208 [Der „exemplarische" Charakter ist weniger auf Rücksichtnahme gegenüber der Gegenreformation, eher auf Befolgung der ästhetischen Regeln des Pinciano zurückzuführen]

Aylward, E. T.: Cervantes: Pioneer and Plagiarist, London 1982 [These, daß die Erzählungen aus dem Porras-Manuskript nicht von Cervantes sind, der sie 1613 aber als Vorlage benutzt hat. Widerlegung dieser These: Stagg, Geoffrey: The Refracted Image: Porras and Cervantes, in: Cervantes, Bulletin of Cervantes Society of America IV, 1, Herbst 1984, S. 139–153]

Blecua, Alberto: Las *Novelas ejemplares,* in: Anthropos. Revista de documentación científica de la cultura 98–99, Juli/August 1989, S. 73–76 [Evolution der Gattung im Gesamtwerk zwischen Idealismus und Realismus]

Brockmeier, Peter: Lust und Herrschaft. Studien über gesellschaftliche Aspekte der Novellistik: Boccaccio, Sacchetti, Margarete von Navarra, Cervantes, Stuttgart 1972 [sieht die Erfahrung der Diskrepanz zwischen der subjektiven und der objektiven Ordnung in den Novellen als ohnmächtig erduldetes Liebesleid und tragische Einsamkeit hervortreten und betrachtet als Hintergrund den Konflikt zwischen absoluter spanischer Monarchie und adligen Großgrundbesitzern]

Bustos Tovar, José Jesús de (hg.): Lenguaje, ideología y organización textual en las *Novelas ejemplares.* Actas del Coloquio celebrado en la Facultad de Filología de la Universidad Complutense 1982, Madrid 1983 [Beiträge zu zahlreichen Einzelaspekten; mehrere Studien zu *La ilustre fregona:* S. 101–206]

Casalduero, Joaquín: Sentido y forma de las *Novelas Ejemplares,* Buenos Aires 1943, 2. Aufl. Madrid 1969 [Umfassende Interpretation mit eigenwilliger geistesgeschichtlicher Begrifflichkeit]

Castro, Américo: *El celoso extremeño* de Cervantes, in: Hacia Cervantes, Madrid 1960, S. 325–352 [Vergleich zwischen Porras-Manuskript und endgültiger Fassung; Erklärung der Änderungen aus moralischen und künstlerischen Motiven]

Drake, Dana B.: Cervantes' *Novelas ejemplares.* A Selective, Annotated bibliography, New York, London 1981, 2. Auflage [Verläßliche Bibliographie]

El Saffar, Ruth S.: Novel to Romance: A Study of Cervantes's *Novelas ejemplares,* Baltimore, London 1974 [Romantisch-idealistischere Novellen sind nach 1606 verfaßt, nachdem Cervantes seinen Perspektivismus zugunsten einer absoluten Wahrheit aufgegeben hatte]

Entwistle, William J.: Cervantes, the Exemplary Novelist, in: Hispanic Review 9, 1941, S. 103–109 [Unterschiedlicher Grad der Belehrung in den einzelnen Novellen]

Forcione, Alban K.: Cervantes and the Humanist Vision: A Study of Four *Exemplary Novels,* Princeton 1982 [Über A. Castro hinausgehende Konzeption des Humanismus in: *El celoso extremeño, La gitanilla, El licenciado Vidriera* und *La fuerza de la sangre;* Rez. dazu: Márquez Villanueva, Francisco: Erasmo y Cervantes, una vez más, in: Cervantes, Bulletin of Cervantes Society of America, IV, 2, Herbst 1984, S. 123–137]

Hainsworth, G.: Les *Novelas ejemplares* de Cervantes en France au XVIIe siècle, Paris 1933 [Realismus und Idealismus der Novellen im Wandel der Publikumsgunst]

Hatzfeld, Helmut A.: Das Stilproblem bei Cervantes, in: Spanische Philosophie und spanischer Unterricht 6, 1926, S. 1–8 [In Cervantes' gesamter literarischer Karriere finden sich idealistische und realistische Elemente im Wechsel, die dem griechischen Abenteuerroman, dem Pastoralroman, dem Ritterroman und der italienischen Novelle im Stil Boccaccios entstammen]

Hilty, Gerold: Zur Struktur der *Novelas ejemplares* von Cervantes, in: Typologia litterarum. Festschrift für Max Wehrli, Zürich, Freiburg i.B., 1969, S. 367–386 [Vorschlag eines Strukturmodells, in dem sich die Novelle aus dem Rahmen einer „gesetzten Ordnung" abhebt]

Jauralde Pou, Pablo: Los diálogos de las *Novelas ejemplares,* in: Bustos Tovar, José Jesús de (hg.): Lenguaje, ideología y organización textual en las *Novelas ejemplares.* Actas del Coloquio celebrado en la Facultad de Filología de la Universidad Complutense 1982, Madrid 1983, S. 51–58 [Weiterentwicklung des humanistischen Dialogs]

Krauss, Werner: Cervantes und der spanische Weg der Novelle, in: Neue Beiträge zur Literaturwissenschaft 8, 1959, S. 93–133 [Epische Komponente durch Eindurck von Bewegungen und Verwandlungen]

Pabon, Thomas A.: Viajes de peregrinos: La busqueda de la perfección en *El amante liberal,* in: Criado de Val, Manuel (hg.): Cervantes, su obra y su mundo. Actas del I congreso internacional sobre Cervantes, Marid 1981, S. 371–375 [Die zu See und zu Land erlebten Abenteuer stehen symbolisch für das barocke Ideal der Erlösung durch Läuterung]

Pabst, Walter: Novellentheorie und Novellendichtung. Zur Geschichte ihrer Antinomie in den romanischen Literaturen, 2. Auflage, Heidelberg 1967 [Die *Novelas ejemplares* von Cervantes im Kontext der romanischen Novelle; Kontrast zwischen Märchenatmosphäre und Realität in den Novellen von Cervantes führt zum „desengaño", der in der letzten Novelle deutlich wird]

Pineche Vallado, Leopoldo: La sustancia teatral en las novelas de Cervantes, in: Cuadernos Americanos 178, 1971, S. 153–159 [Bedeutung des Theaters für die Gestaltung der *Novelas ejemplares*]

Rodríguez-Luis, Julio: Novedad y ejemplo de las *Novelas* de Cervantes, Madrid 1980, Bd. 1 und 2 [Interpretationen der einzelnen Novellen hinsichtlich Figuren, Struktur und Gang der Handlung]

Sobejano, Gonzalo: Sobre tipología y ordenación de las *Novelas ejemplares* (Artículoreseña), in: Hispanic Review 46, Winter 1978, S. 65–75 [Bei Cervantes sind keine idealistischen und realistischen Phasen zu trennen]

Spieker, J. B.: La novela ejemplar: „Delectare – prodesse“, in: Iberoromania 2 (1975), S. 33–68

Spitzer, Leo: Das Gefüge einer cervantischen Novelle, in: Zeitschrift für romanische Philologie 51, 1931, S. 194–225 (Vergleich zwischen der Novelle *El celoso extremeño* und dem Sainete *El viejo celoso;* psychologische Entwicklungen gibt es bei Cervantes noch nicht wie später bei Dostojewski]

Tieck, Johann Ludwig: Schriften XI, Berlin 1829, S. LXXXV–LXXXVII [Wahl des Wortes „exemplarisch“ mit Rücksicht auf die Inquisition zur Unterscheidung von italienischen Novellen]

Virumbrales, Pablo: Aproximaciones a la visión de la sociedad española en las *Novelas ejemplares* de Cervantes, in: Anales cervantinos 16, 1977, S. 187–203 [Darstellung der einzelnen Stände und Randgruppen im urbanen Bereich der *Novelas*]

Wentzlaff-Eggebert, Harald: Zur Topographie der *Novelas Ejemplares,* in: Iberoromania 18 (1983), S. 163–196 [Häufigkeit exakter geographischer Angaben mit religiös motivierter Auswahl, die protestantische und nichtchristliche Länder bewußt ausklammert und damit im katholischen Spanien für Konsolidierung optiert]

Wetzel, Hermann H.: Die romanische Novelle bis Cervantes, Stuttgart 1977 [Gesellschaftsbezogene Geschichte der Gattung mit Versuch einer historischen Typologie]

Die *Novelas ejemplares* sind 1613 veröffentlicht worden. Es handelt sich um eine Sammlung von Kurzgeschichten. Cervantes sieht sich als erster, der sich dieser Gattung in der spanischen Literatur bedient. In seinem Vorwort hebt er hervor, daß im Gegensatz zu seinen Novellen die übrigen in Spanien verbreiteten nur Übersetzungen und Nachahmungen ausländischer Vorlagen sind. Darüber geht er hinaus, selbst wenn er in Erzähltechnik und Wirklichkeitsdarstellung von seinen italienischen Vorläufern Boccaccio, Bandello und Giraldi Cinthio lernen konnte. Der Einfluß des Boccaccio auf ihn ist umstritten. Demgegenüber sind gemeinsame Charakteristika zwischen der Comedia des Siglo de oro und den Novellen des Cervantes herausgestellt worden. Cervantes erscheint nämlich trotz der Mißerfolge, die er mit seinen Theaterstücken erfahren mußte, unvermindert theaterbesessen. Einen Anhaltspunkt dafür sieht Pineche Vallado (1971) in der Komik und der flüssigen und realitätsgetreuen Dialogführung der Novellen.

Jauralde Pou (1983) hat für die zahlreichen Dialoge eine weitere Erklärung. Er sieht gegen Ende des 16. Jahrhunderts den humanistischen Dialog durch neue Traktatformen und durch die Novelle überwunden, die sich seiner bedient und ihn in die Fiktion integriert. Man hat die Novellen mit zahlreichen Gattungen in Verbindung gebracht. Parallen gibt es zwischen den Ritterromanen bzw. den Romanzen und den Novellen. Hainsworth (1933) sieht sie in den langen Monologen und Abschweifungen. Die epische Atmosphäre der Novellen ist es, die W. Krauss (1959) hervorhebt, wenn er bei den Helden zahlreiche Metamorphosen beobachtet: So wird in *La gitanilla* aus einem jungen Adligen ein Zigeuner, in *La ilustre fregona* werden zwei junge Edelleute zu Knechten, und der *Licenciado Vidriera* wird zumindest in seiner eigenen Vorstellung zu Glas. Eine märchenhafte Atmosphäre konstatiert W. Pabst (1967) ebenso in der Auswahl der Charaktere und in der gleichsam magischen Auflösung der Verwicklungen.

Wenn Cervantes beansprucht, als erster Novellen in kastilischer Sprache zu schreiben, dann drückt er damit nichts anderes als die Überzeugung aus, verglichen etwa mit den *Diálogos de apacible entretenimiento* von Gaspar Lucas Hidalgo oder den *Noches de invierno* von Antonio de Eslava etwas völlig Neues geschaffen zu haben. Die Neuartigkeit seiner Novellen wird eigens in den „aprobaciones" zur Ausgabe von 1613 hervorgehoben. Sie erscheinen den begutachtenden Zensoren als gelungene Mischung von vollendeter Unterhaltung und moralischer Belehrung anhand von Beispielen. In der neueren Forschung wurde dieser erste Eindruck bestätigt. Insbesondere wurde Cervantes' Technik des Dialogs gewürdigt, die es ihm erlaubt, geschickt von einer zur anderen Ebene zu springen und schnell von der Realität zur Illusion oder von der Objektivität zur Subjektivität überzugehen. Dabei gelingt es Cervantes, zugleich eindringliche Charaktere zu zeichnen und sehr genaue Details darzustellen. Neuartig scheint tatsächlich sein Versuch einer neuen Ästhetik, die moralischen und ästhetischen Ansprüchen gleichermaßen genügt. Als weitere neue Eigenart läßt sich beobachten, daß er allzu schnelle Pointen und Auflösungen der Handlungsverwicklungen vermeidet. Anders als bei seinem großen Vorgänger Boccaccio verschwindet bei Cervantes die Bedeutung der Rahmenhandlung so sehr, daß jede einzelne Novelle eine geschlossene Einheit bildet.

Den moralischen Wert seiner Novellen hatte Cervantes schon im Vorwort hervorgehoben. Dort schloß er nicht nur aus, daß seine Erzählungen den Leser auf schlechte Gedanken bringen könnten, sondern unterstrich den Anspruch, mit positiven Beispielen zur Nachahmung anzuregen. Dies sei der Grund, weshalb er seine Novellen als „exemplarisch" bezeichne. Neu allerdings war die Idee, einzelne Erzählungen mit moralisierenden Kommentaren auszustatten, nicht. So erörtern z. B. in Antonio de Eslavas *Noches de invierno* (1609) die Erzähler im Anschluß an jede Geschichte deren moralischen Wert. Auch Mateo Alemáns *Guzmán de Alfarache* bringt in seinem ersten Teil von 1599 zahlreiche belehrende Kommentare. Nicht anders schließen Cervantes' Novellen *La española inglesa* und *El celoso extremeño* mit expliziten moralischen Belehrungen. In *Rinconete y Cortadillo* sagt sich zwar Rinconete von der Welt der Gauner, in der er sich bewegt, los, ohne aber deutlich werden zu lassen, zu welchem Zeitpunkt er sie verläßt. In allen genannten Fällen bleibt unsicher, ob die moralische Belehrung so zentral ist, daß sie den Leser tatsächlich erreicht.

Die moralische Dimension ergab sich für Cervantes aus den poetologischen Lehren von Horaz, die man zu seiner Zeit gern mit der Poetik des Aristoteles verband und christlich umdeutete. So kam es bei der Darstellung einer Handlung nicht nur auf die Wahrscheinlichkeit an, sondern darauf, daß sie nichts enthielt, was gegen die guten Sitten oder den christlichen Glauben verstoßen könnte. Für die *Novelas ejemplares* bedeutete dies, daß sich Cervantes gegenüber den freizügigen italienischen Novellen und gegenüber der spanischen *Celestina* durch besondere Betonung der moralischen Dimension abgrenzen mußte. Explizit hatte er bereits die *Celestina* im *Don Quijote* vom „celoso extremeño" als allzu unverhüllt kritisieren lassen, wenngleich man ihm selbst im Hinblick auf den *Entremés del viejo celoso* denselben Vorwurf gemacht hat. Kann man aber aus der zeitweiligen Untreue gegenüber seinen Prinzipien den Schluß ziehen, er sei von ihnen nicht überzeugt? Eine der umstrittenen Fragen in der Forschung ist, wie ernst Cervantes die Exempelhaftigkeit und die moralische Belehrung wirklich nimmt. Während die einen, wie Entwistle (1941), ihm Ernsthaftigkeit unterstellen, schreiben andere, wie A. Castro (1960) in der Folge von Tieck (1829), die moralische Dimension der bloßen Rücksichtnahme auf mögliche Reaktionen der Kirche zu, die allen Novellen in der italienischen Tradition skeptisch gegenüberstand. Während Atkinson (1948) den exemplarischen Charakter der Novellen rein literarisch aus Cervantes' Versuch ableitet, Pincianos poetologischen Vorschriften und Bemühungen um die Wahrheit zu folgen, vermutet Walter Pabst (1967) skeptisch, daß er sich nur an Boccaccio anlehnt, der es für günstig hielt, seinen Novellen einen didaktischen Wert zuzuschreiben, der in Wirklichkeit überhaupt nicht existierte.

Über die Chronologie der Entstehung der *Novelas ejemplares* weiß man wenig, obwohl man versucht hat, Schauplätze und Motive der Erzählungen mit einzelnen Abschnitten aus Cervantes' Leben in Beziehung zu setzen. So läßt die Abfolge der Erzählungen in der Sammlung keinen Rückschluß auf die Reihenfolge ihrer Entstehung zu, wenngleich ein solcher Schluß von der Anordnung auf die Entstehungsgeschichte verschiedentlich gezogen wurde. Während man zunächst die idealistisch geprägten Novellen als zeitlich vorausgehende und die realistischeren als nachfolgende angenommen hatte, konnte Ruth El Saffar (1974) Argumente für das Gegenteil vorbringen. War doch Cervantes in seiner späten Phase, als er *Persiles* schrieb, durchaus nicht realistisch orientiert. Schließlich muß die realistische Geschichte *Rinconete y Cortadillo,* die im Kapitel 47 des ersten Teils des *Don Quijote* genannt wird, vor 1605, also in der vermeintlich idealistischen Phase, entstanden sein. Derartigen Argumenten tritt Gonzalo Sobejano (1978) entgegen, der jede chronologische Einordnung für bloß hypothetisch hält. Er schließt sich damit H. Hatzfeld (1926) an, der idealistische und realistische Komponenten gleichermaßen über die gesamte schriftstellerische Laufbahn des Cervantes verteilt beobachtet hat.

Für die Entstehung der Novellen muß man sich also mit dem groben Zeitraum zwischen 1590 und 1612, als Cervantes das Genehmigungsverfahren einleitete, begnügen. Sicherlich sind sie verschiedentlich überarbeitet worden. Dafür zumindest spricht das im 18. Jahrhundert entdeckte, heute verlorengegangene Manuskript der *Miscelánea* von Francisco Porras de la Cámara, das frühere Fassungen der Novellen *Rinconete y Cortadillo* und *El celoso extremeño* enthielt, die mit jenen der 1613 veröffentlichten nicht identisch sind. So wird in der bei Porras erschienenen Fassung der Ehebruch der jungen Frau in *El celoso extremeño* explizit einbezogen, während er in der endgültigen Fassung fehlt. Während bei Porras die Szene im Heim des Monipodio als getrennte Einheit mit besonderem Titel behandelt wird, ist deren Material in der späteren Fassung in die übrige Erzählung integriert. Das wahrscheinlich 1604 entstandene Manuskript von Porras enthielt zahlreiche Erzählungen, darunter die Novelle *La tía fingida*. Da starke Zweifel daran bestehen, daß Cervantes der Autor dieser Novelle ist, bleibt sie im folgenden unberücksichtigt. Bestimmt war die Anthologie von Porras für die Unterhaltung des Erzbischofs von Sevilla, Don Fernando Niño de Guevara.

Bald nach ihrem Erscheinen im Jahr 1613 erfreuten sich die *Novelas ejemplares* großer Popularität. Dies belegen die sechs Auflagen, die noch zu Lebzeiten des Autors erschienen sind, und die elf Auflagen in den ersten neun Jahren nach seinem Tod. Insgesamt gab es 23 Auflagen im 17. Jahrhundert und 13 im 18. Jahrhundert. Die erste französische Ausgabe von Rosset und d'Audiguier erschien bereits 1615. Sie wurde in den Jahren 1618, 1620–1621, 1633, 1640 und 1655 erneut aufgelegt. Die erste italienische Ausgabe erschien 1626 und hatte in den Jahren 1627 und 1629 Neuauflagen. Eine Teilübersetzung ins Deutsche von Harsdörffer erschien im Jahr 1650, eine weitere 1752. Die erste englische Teilübersetzung erschien 1640.

Untereinander sind die Novellen sehr verschieden. Während *El amante liberal, Las dos doncellas* und *La española inglesa* handlungsreiche Abenteuer mit Flucht, Rettung und Vereinigung der Liebenden in der Ehe enthalten, haben *Rinconete y Cortadillo* und *Coloquio de los perros* satirische und pikareske Elemente mit realistischer Gesellschaftsbeschreibung. Während *El licenciado Vidriera* zu einem guten Teil aus der Tradition der Apophthegmensammlungen schöpft, überwiegt in *El celoso extremeño* die psychologische Charakterstudie. Nicht weniger unterscheiden sich die einzelnen Novellen hinsichtlich der Länge. Während *El casamiento engañoso* mit 5034 Wörtern, wie man nachgerechnet hat, auskommt, umfaßt *La gitanilla* immerhin 23469 Wörter.

Es ist daher nicht leicht, die Novellen nach gemeinsamen Kriterien zu beurteilen. Man hat die idealistischen von den stärker realistischen unterschieden. In diesem Zusammenhang hat Ortega y Gasset (1914), eine Bemerkung des Cipión im *Coloquio de los Perros* aufgreifend, die Klärung vorgenommen, daß die Novellen mit Liebesthematik wegen ihrer Unwahrscheinlichkeit, wegen der Charaktere der Protagonisten und ihrer Taten, aber auch wegen der seltenen Erzählerintervention Spannung erzeugen und ästhetischen Genuß bieten. Demgegenüber treten bei den realistischeren Novellen Intrige und Taten der Figuren zugunsten der Details der Beschreibungen in den Hintergrund. Diese Unterscheidung ist später von denjenigen aufgegriffen worden, die im ersten Typ einen besonders starken italienischen Einfluß sehen. Zur „idealistischen" und italienisch beeinflußten

Gruppe zählt man im allgemeinen *Las dos doncellas, El amante liberal, La española inglesa, La señora Cornelia* und zum Teil auch *La fuerza de la sangre.* Nur bedingt gehören zu dieser ersten Gruppe *La gitanilla* und *La ilustre fregona.* Sie heben sich bereits von den anderen einerseits durch die Musikalität und Lebensfreude der „gitanilla", andererseits durch gute Charakter- und farbenprächtige Szenendarstellung ab.

Auf der anderen Seite steht die realistisch-satirische Gruppe der Novellen, die sich bei den literaturwissenschaftlichen Interpreten besonderer Beliebtheit erfreut. Zu ihr gehören *El licenciado Vidriera, Rinconete y Cortadillo, El celoso extremeño, El casamiento engañoso* und *El coloquio de los perros.* In den Beschreibungen und Erörterungen dieser Novellen hat man verläßliche Auskünfte über die damalige spanische Gesellschaft zu finden erhofft. Daß deren Verläßlichkeit aber nur bis zu einem gewissen Grad gegeben ist, darauf hat Casalduero (1943) hingewiesen, für den die scheinbar realistischen Novellen zahlreiche Elemente der idealistischen haben. So erscheint ihm z.B. *Rinconete y Cortadillo* als Studie der Idee des „demoníaco en la tierra" im barocken Kontext.

Trotz der Unterscheidung zwischen realistischen und idealistischen Novellen ist man versucht, eine gemeinsame Struktur zu suchen, die alle Novellen charakterisiert. W. Pabst (1967) belegt mit seiner Analyse der verschiedenen Klassifizierungsversuche vor allem deren Vielschichtigkeit. Dominant erscheint ihm jedoch die märchenhafte Atmosphäre der meisten Novellen und das Thema des „desengaño", das besonders im *Coloquio de los perros* deutlich wird. G. Hilty (1969) weist darauf hin, daß in jeder der zwölf Novellen zunächst etwas Neues und Unerhörtes auftritt, das die bisher bestehende Weltordnung stört. Zu Ende der jeweiligen Erzählung erscheint es dann als überwunden. Dies wird sogar in den Novellen deutlich, in denen man es am wenigsten vermutet. So entscheiden die beiden Titelfiguren in *Rinconete y Cortadillo* am Ende, dem kriminellen Leben wieder den Rücken zu kehren. Der „licenciado Vidriera" wird von seiner Krankheit wieder geheilt und auch der betrogene Campuzano aus *El casamiento engañoso* überwindet seine eigene Täuschung durch die Erzählung seiner Traumvision in dem mit dieser Novelle zusammenhängenden *Coloquio de los perros.* Dennoch überwiegen die Unterschiede gegenüber den Gemeinsamkeiten. Daher soll im folgenden auf einzelne Novellen eingegangen werden. Von den italienisch geprägten Novellen werden als Beispiele *La española inglesa, La fuerza de la sangre* und *La ilustre fregona* vorgeführt. Auf *Las dos doncellas* und *El amante liberal* wird nicht gesondert eingegangen.

A. La gitanilla

Avalle-Arce, Juan Bautista: *La gitanilla,* in: Cervantes, Bulletin of the Cervantes Society of America 1, Herbst 1981, S. 8–17 [Novela amorosa y de aventuras]

Güntert, Georges: *La Gitanilla* y la poética de Cervantes, in: Boletín de la Real

Academia 52, 1972, S. 107–134 [Literarische Vorläufer der Figur der Preciosa und ihre Zuordnung zum barocken Leitmotiv „joya", „piedra preciosa" und „perla", die sie als Bild der Dichtung erscheinen lassen]

Güntert, Georges: Discurso social y discurso individual en *La Gitanilla,* erscheint in den Akten des internationalen Kongresses über Cervantes in Alcalá 1988 [Die beiden „discursos sociales" Stadt/Adel und Land/Zigeuner gegenüber dem einzig authentischen „discurso individual" des Paares; als „joya polifacética" verkörpert Preciosa auch den neuen cervantinischen Diskurs]

Meier, Harri: Personenhandlung und Geschehen in Cervantes' *Gitanilla,* in: Romanische Forschungen 51, 1937, S. 125–186 [Subjekt-Prädikat-Wortstellung im Satz als Zeichen für Autorität oder den Willensakt einer Figur gegenüber Inversion bei normaler Handlungsdarstellung]

Pabst, Walter: Die zweifache Präsenz des Dichters in der Novelle *La gitanilla,* in: Beiträge zur romanischen Philologie, Sonderheft 1967, S. 61–70 [Der dichtende Page hat biographische Gemeinsamkeiten mit Cervantes. Der kommentierende Erzähler bewirkt durch seine die Handlung unterbrechenden Einschübe beim Leser Spannung]

Selig, Karl-Ludwig: Concerning the structure of Cervantes' *La gitanilla,* in: Romanisches Jahrbuch 13, 1962, S. 273–276 (auch in: W. Eitel (hg.): Die romanische Novelle, Darmstadt 1977, S. 214–219) [Erörterung der Dichtkunst als zentrales Thema der Novelle]

Preciosa wurde von einer alten Zigeunerin als deren Enkelin aufgezogen. Sie singt und tanzt auf Festen. Man schätzt sie, da sie niemals unschickliche Lieder vorträgt. Eines Morgens, als sie mit ihren Gefährtinnen und der Alten auf dem Weg nach Madrid ist, trifft sie einen reich gekleideten jungen Mann, der erklärt, er sei ein Adliger, Don Juan, und wolle Preciosa heiraten. Sie vereinbaren eine Probezeit von zwei Jahren, während derer er bei den Zigeuern leben muß. Andrés, wie man Don Juan nennt, wird in das Lager der Zigeuner geführt. Um nicht stehlen zu müssen, kauft er die Dinge, die er vor den Zigeunern als seine „Beute" ausgibt. Preciosa verliebt sich allmählich in ihn. Eines Abends gelangt der als Müller gekleidete Alonso Hurtado, ein Page, der Preciosa Gedichte gewidmet hat, in das Lager. Andrés ist eifersüchtig, erfährt jedoch schließlich, daß dieser mit seinem früheren Herrn auf der Flucht ist, um nicht verhaftet zu werden. Die Zigeuner nehmen ihn bei sich auf und nennen ihn Clemens. Sie gelangen in das Haus einer Witwe, deren Tochter sich in Andrés verliebt; da er sie abweist, schmuggelt sie einige Münzen und ihren Schmuck in sein Gepäck und beschuldigt ihn des Diebstahls. Daraufhin soll Andrés verhaftet werden. Ein Soldat beleidigt und ohrfeigt ihn, Andrés ersticht ihn, da er sich erinnert, der adlige Don Juan zu sein, der eine Ehre zu verteidigen hat. Er wird verhaftet. Die Stadtrichterin hört von der großen Schönheit Preciosas und läßt sie zu sich bringen. Es stellt sich heraus, daß Preciosa Constanza, die von der alten Zigeuenerin entführte Tochter des Stadtrichters ist. Dieser erfährt von Andrés' wahrer Identität und erklärt sich mit einer Heirat einverstanden. Dem Onkel des Getöteten verspricht man 2000 Dukaten, damit er die Anklage fallen lasse. Preciosa und Don Juan heiraten, von Clemens, der seine Flucht fortgesetzt hatte, erfahren sie, daß er in Sicherheit ist. Don Juans Vater kommt zur Hochzeit; die Wirtstochter gesteht ihren Betrug.

Warum hat Cervantes *La gitanilla* an den Anfang seiner Novellensammlung gestellt? Da die Zigeuner im 15. Jahrhundert in großer Zahl nach Spanien gekommen waren, erließen die Katholischen Könige am 4. 3. 1499 eine restriktive Verfügung gegen sie. Im 16. und zu Beginn des 17. Jahrhunderts war die Antipathie gegen sie in Literatur und Gesellschaft weit verbreitet. Wahrscheinlich will sich Cervantes gegen diese Abneigung wenden, indem er die positiven Seiten der Zigeuner herausstellt und die Natürlichkeit ihres Lebens vorführt. Dabei stellt er der pikaresken Atmosphäre des Zigeunerlebens die ideale und damit dem Pikaresken entgegengesetzte Liebe von Andrés und der „Zigeunerin" Preciosa gegenüber, die nicht anders als im *Persiles* zahlreichen Prüfungen ausgesetzt wird, um schließlich siegreich zu triumphieren.

Wie konnte eine derart unwahrscheinliche Novelle wie *La gitanilla* beim Publikum Gefallen finden? Besondere Bedeutung hat die damals beliebte Vorstellung vom Geburtsadel und von der „Reinheit des Blutes", wenn in der Novelle die wechselvolle Verbindung eines Adligen mit einer „Zigeunerin" erzählt wird. Diese wird umso brisanter, als in *La gitanilla* eine Reihe von Prüfungen der Protagonisten hinsichtlich ihres moralischen Ranges und ihrer Liebe vorgenommen wird. In ihnen sieht F. Rauhut (1953) den gesellschaftlich akzeptierten Kodex zugrundegelegt. Dieser verbindet neuplatonische Ideen von der Liebe mit den Idealvorstellungen der Ritterromane und dem Renaissanceideal der vollkommenen Persönlichkeit. Vor diesem Hintergrund erscheint es als Irrtum, in *La gitanilla* angesichts der emphatischen Herausstellung des freien Lebens jenseits der etablierten Gesellschaft in der „Natur" eine Art Vorwegnahme von Rousseau zu sehen. Gerade die unwahrscheinliche Tatsache, daß die Erprobung erhabener Tugenden im Zigeunermilieu erfolgt und daß überhaupt eine Person von Stand wie Preciosa in einem solchen Milieu vorgestellt wird, ist ein Grund für den märchenhaften Charakter und den Erfolg der Novelle.

Schon allein topographisch zeigt sich der Kontrast zwischen der Stadt und dem Bereich der Zigeuner, die auf der Straße und auf Feldern im Freien und auf Wanderschaft dargestellt werden. Wenn die Zigeuner zu Beginn als Diebe erscheinen, wird zugleich der Gegensatz zwischen den Normen der Stadt und den anderen im Bereich der Zigeuner deutlich. Während am Hof von Madrid alles verkauft und gekauft werden kann, ist es bei den Zigeunern nur Preciosa, die durch ihren Gesang der alten Zigeunerin Geld verschafft.

Preciosas Schönheit wird von vornherein als unübertrefflich in beiden Bereichen, dem der Zigeuner und dem außerhalb der Zigeunerwelt, hingestellt. Allein schon ihr Name evoziert die Vorstellungen von Schönheit und Reichtum. Die Dichtung, die in der Novelle als „joya preciosísima" bezeichnet wird, findet in bezug auf Schönheit genauso wie als Gegenstand von Kommunikation und Kommerz in Preciosa eine Repräsentantin.

B. Rinconete y Cortadillo

Alonso, Damaso: La novela cervantina, Santander 1969 [*Novelas ejemplares* und *Quijote* im Kontext der zeitgenössischen Erzählformen; zum pikaresken Realismus in *Rinconete y Cortadillo*]

Baader, Horst: Die Pikareske als Formproblem bei Cervantes, in: Beiträge zur romanischen Philologie, Sonderheft 1967, S. 35–45 [Sinn der Ich-Erzählung]

López Estrada, Francisco: Apuntes para una interpretación de *Rinconete y Cortadillo*. Una posible resonancia de la inversión creadora, in: Bustos Tovar, José Jesús de (hg.): Lenguaje, ideología y organización textual en las *Novelas ejemplares*. Actas del Coloquio celebrado en la Facultad de Filología de la Universidad Complutense 1982, Madrid 1983, S. 59–68 [Entwicklung vom „Porras"-Manuskript zur Fassung von 1613]

Maravall, José Antonio: La literatura picaresca desde la historia social (siglos XVI y XVII), Madrid 1986 [Wirtschaftliches und soziales Konfliktpotential auch als Hintergrund der Novellen mit pikaresken Elementen]

Rauhut, Franz: Influencias de la picaresca española en la literatura alemana, in: Revista de filología hispánica 1, 1939, S. 237–256 [Benutzung des Räuberrotwelschs in der deutschen Übersetzung von 1617 durch Ulenhart]

Ynduráin Muñoz, Domingo: *Rinconete y Cortadillo*. De entremés a novela, in: Boletin de la Real Academia Española, Bd. 46, 177, 1966, S. 321–333 [Gestaltung der Novelle ist eher dramatisch als erzählerisch]

In der Nähe von Alcudia treffen sich zwei Jungen, die ihr Geld mit Kartenspielen und kleinen Diebstählen verdienen. Sie werden Freunde und reisen gemeinsam nach Sevilla. Dort arbeiten sie als Korbträger, da sie auf diese Weise Zutritt zu vielen Häusern bekommen. Cortado stiehlt einem Theologiestudenten den Geldbeutel und ein Taschentuch. Ein anderer Korbträger beobachtet sie und erklärt ihnen, daß alle Diebe in der Stadt dem Herrn Monipodio unterstehen. Außerdem klärt er sie über die tiefe Religiosität der Diebe auf, die beispielsweise freitags nicht stehlen. Er begleitet sie zur Audienz bei Monipodio. Monipodio nennt sie Rinconete und Cortadillo und erklärt ihnen die strengen Regeln der Gemeinschaft. Es kommt der Landstreichervogt, der sich über den Raub eines Geldbeutels beschwert. Monipodio befragt seine „Schüler", droht ihnen, der Beutel müsse unbedingt zurückgegeben werden, da der Vogt den Dieben sehr viele Gefälligkeiten erweise. Rinconete gibt ihn in Cortadillos Namen zurück. Die beiden erfahren, daß die Diebe und die Straßenmädchen sehr an ihrem Seelenheil interessiert sind, häufig beten und ihren Heiligen Kerzen anzünden. Sie erfahren auch von den Schnüfflern, deren Aufgabe es ist, in Erfahrung zu bringen, wo sich ein Einbruch lohnt. Ein junger Mann kommt mit einer Beschwerde über einen schlecht ausgeführten Auftrag. Monipodio beruhigt ihn. Anschließend läßt er aus seinem Notizbuch die erteilten Aufträge vorlesen und kontrolliert, ob sie ausgeführt worden sind. Schließlich verteilt er neue Aufgaben. Rinconete und Cortadillo werden in die „Kartei" aufgenommen. Ein Schnüffler kommt mit seinem Bericht. Rinconente und Cortadillo sind erstaunt über das Gesehene; sie wundern sich über die Andachtsübungen und den Gehorsam der Diebe ihrem Herrn gegenüber. Die beiden beschließen, ihr verworfenes Leben in einer solchen Gesellschaft nicht lange zu führen, bleiben jedoch mehrere Monate bei Monipodios Gruppe.

Wegen der realistischen und farbenreichen Beschreibung des Gaunermilieus von Sevilla ist *Rinconete y Cortadillo* besonders beliebt. In welcher Haltung wurde diese Novelle von Cervantes geschrieben? Während die frühere Literaturkritik von einer moralisierenden Absicht, also von einer Kritik an den Gaunern, ausging, sah man zunehmend in der Novelle eine Satire der falschen Frömmigkeit der Diebe. Man kam zum Schluß, daß sich Cervantes, der selbst in Sevilla gelebt hat, mit den Dieben identifizieren wollte. Dafür zumindest spricht, daß die Novelle, wie Hainsworth (1933) gezeigt hat, als eine sehr subtile indirekte Kritik gerade der wohlhabenden und nicht der untersten Schichten der Gesellschaft gelesen werden kann. Denn ihr ungewöhnliches und überraschendes Moment besteht darin, daß in *Rinconete y Cortadillo* die Welt der Räuber eine perfekte Ordnung hat, die aufgrund des gemeinsamen Einverständnisses ihrer Mitglieder aufrechterhalten wird. Diese erscheint kurioserweise – wie die Resultate der Organisation belegen – effizienter als die damalige offizielle spanische Administration.

So kommt López Estrada (1983) zu dem Schluß, daß Cervantes mit dem Topos der „verkehrten Welt“ spielt, in der alles in das Gegenteil der alltäglichen Wirklichkeit umgekehrt ist. Die Räuberzunft in dieser Novelle hätte insofern sogar den Charakter eines utopischen Gesellschaftsentwurfs, wenn sie nicht zugleich der Satire der etablierten Gesellschaft diente. So aber kontrastieren die idealen Werte der Gesellschaft des Monipodio wie Freundschaft, Liebe, Harmonie und religiöse Frömmigkeit mit ihren kriminellen Aktivitäten auf groteske Weise. Grotesk ist nicht weniger, daß die Harmonie unter den Räubern, die utopisch erscheint und in der pastoralen Literatur eines „locus amoenus“ verdient hätte, in einem äußerlich häßlichen Haus und unter einem „disforme bárbaro“ als Oberhaupt stattfindet. Die so evozierte Atmosphäre des Schäferromans wird zusätzlich verstärkt durch Gesänge und Gedichte, aber auch durch das „carpe-diem“ Motiv, auf das die alte Pipota anspielt, wenn sie die jungen Leute daran erinnert, daß sie noch die Zeit in ihrem Leben haben, deren Verlust sie beklagen werden, wenn sie älter sind.

Wie die Protagonisten des Schäferromans sind Rinconete und Cortadillo ihrer gewohnten Umgebung entflohen und beobachten die Welt des Monipodio im Bewußtsein ihrer gesellschaftlichen und intellektuellen Überlegenheit aus einer gewissen Distanz. Deutlich wird diese Distanz gleich zu Beginn, wenn ihre höfische Art zu sprechen mit dem Jargon der Räuber kontrastiert. D. Fox (1983) sieht sie als Pikaros in einem pastoralen Handlungsschema. Die Novelle scheint ihm die aus Garcilasos Ekloge, der *Diana* von Montemayor und Cervantes' eigener *Galatea* bekannten Konventionen mittels der Groteske ad absurdum führen zu wollen.

Doch nicht nur die Dimension des Schäferromans ist präsent. Charakteristika des Theaters lassen sich ebenso antreffen. *Rinconete y Cortadillo* hat eine Struktur, die für das Theater geeigneter erscheint als für die Novelle. Es handelt sich eher um eine Darbietung als um eine Erzählung. Dies zeigt sich in den zahlreichen Dialogen, die der Erzähler nur unterbricht, um anzukündigen, wer der nächste Sprecher ist. Weitere Erzählereinschübe beschränken sich darauf, den Dialog zeitlich und räumlich zu situieren oder die im Theater durch Schauspieler verkörperte Handlung zu veranschaulichen. Letzteres wird gerade durch die von Cervantes gebrauchte Formel „veis aqui" deutlich. Wie szenische Anweisungen erscheinen die Beschreibungen der Kleidung der Protagonisten, bevor diese in die Handlung eintreten. Dem Entremés zugehörig ist die Darstellung unterer Gesellschaftsschichten in der alltäglichen Umgangssprache mit komischer Wirkung. So kommt Ynduráin Muñoz (1966) zum Schluß, daß es sich bei *Rinconete y Cortadillo* um einen Entremés handelt, der zur Novelle umgearbeitet wurde.

Einen weiteren Hintergrund bildet der pikareske Roman. So ist in *Rinconete y Cortadillo,* wie in der Tradition des Schelmenromans, von zahlreichen moralisch zu verurteilenden Themen die Rede. Allerdings hat Cervantes hier die im Schelmenroman übliche autobiographische Erzählung in der ersten Person nicht verwendet. Nun ist es aber in der Ich-Erzähung leichter, über verwerfliche Taten zu berichten, als für einen auktorialen, allwissenden Erzähler. Es ist daher nach H. Baader (1967) möglich, daß Cervantes aus seiner Erfahrung mit *Rinconete y Cortadillo* gelernt hat und deswegen den *Coloquio de los perros* als halb autobiographischen Dialog angelegt hat.

Auf der anderen Seite hat die Novelle keineswegs durchgängig pikaresken Einschlag. Sie hat zwei Teile: Während die beiden jungen Leute im ersten aktiv handeln und selbst Streiche spielen, werden sie im zweiten Teil zu Beobachtern des Lebens und der Gesellschaft des Monipodio. Dabei kann man sich einzelne Szenen als ganz realistische Bilder vorstellen, die an die Gemälde eines Murillo oder Velázquez erinnern.

Uncharakteristisch für den Schelmenroman sind jedenfalls die in der Novelle verbreitete Fröhlichkeit, das Fehlen des Hungers, das mangelnde Schuldbewußtsein der Gauner und schließlich das hinsichtlich der Veränderung der Helden offene Ende. Untypisch ist nicht weniger der Rückgriff auf Ironie, die durchaus geeignet ist, die Unmoral zu läutern. Dennoch erschien der Text nicht ganz jugendfrei. Dies zeigt seine Übersetzung durch Ulenhart im Jahr 1617, der, wie F. Rauhut (1939) bemerkt, das ursprüngliche Alter der beiden Helden von 14 und 17 Jahren auf 21 und 22 Jahre heraufgesetzt hat.

C. La española inglesa

Lapesa, Rafael: En torno a *La española inglesa* y el *Persiles,* in: Ders.: De la edad media a nuestros días, Madrid 1967, S. 242–263 [Cervantes' Beziehung zum anglikanischen England]

Zimic, Stanislav: El „Amadís" cervantino. Apuntes sobre *La española inglesa,* in: Anales cervantinos 25/26, 1987/88, S. 469–483 [Novelle als neue Form des Ritterromans]

Der englische Ritter Clotaldo nimmt als Beute aus Cádiz ein 7jähriges Mädchen mit, Isabela. Er zieht sie gemeinsam mit seinem 12jährigen Sohn Ricaredo auf. Dieser verliebt sich später in Isabela und will sie heiraten, obwohl die Eltern ihn schon einer anderen versprochen haben. Die Königin, die um ihre Einwilligung zu bitten man vergessen hatte, befiehlt Ricaredo, sich zuerst als Ritter zu bewähren. Zwei Schiffe stechen in See; Ricaredo ist Kapitän des einen. Er überlegt, wie er als Katholik es vermeiden könne, gegen Katholiken zu kämpfen, ohne Verdacht zu erregen. Am Eingang der Straße von Gibraltar stoßen sie auf drei Schiffe. Der Admiral des zweiten Schiffes ist gestorben, somit übernimmt Ricaredo die Führung über beide Schiffe. Es kommt zum Kampf gegen die drei türkischen Galeeren: mit Hilfe der an Bord dieser Schiffe befindlichen Christensklaven gelingt Ricaredo der Sieg. Die Christensklaven – ehemalige Indienfahrer – schickt er nach Spanien. Einer der Christen bittet Ricaredo, ihn und seine Frau mit nach England zu nehmen, da ihm nach dem Verlust seiner Tochter Isabela nichts mehr an seiner Heimat liege. Nach neun Tagen erreichen sie London, und Ricaredo erstattet der Königin seinen Bericht. Nun soll er Isabela zur Frau bekommen. Die Königin wünscht, die Spanier zu sehen: Es kommt zu einem Zusammentreffen, bei dem Tochter und Eltern einander erkennen. Der Sohn der Oberkammerfrau der Königin, Graf Ernesto, verliebt sich in Isabela und fordert Ricaredo zum Duell. Die Königin läßt den Grafen festnehmen. Die Kammerfrau will Isabela vergiften; diese stirbt zwar nicht, ihre Schönheit verwandelt sich jedoch in Häßlichkeit. Ricaredos Eltern schicken Isabela nach Spanien zurück und lassen die frühere Verlobte rufen. Ricaredo steht zu Isabela; er bittet sie, zwei Jahre auf ihn zu warten. Seinen Eltern sagt er, er müsse nach Rom gehen, um sein Gewissen zu beruhigen. Ernesto wird für sechs Jahre aus England verbannt. Nach zwei Monaten ist Isabelas frühere Schönheit zurückgekehrt. Nach anderthalb Jahren erhält sie von Ricaredos Mutter die Nachricht von dessen Tod. Daraufhin will sie Nonne werden, wartet jedoch erst den Ablauf der zweijährigen Frist ab. Sie will gerade ihr Gelübde ablegen, als sie von einem ehemaligen Sklaven daran gehindert wird: von Ricaredo, der in Florenz auf Ernesto gestoßen und schwer verwundet worden war. Auf der Reise nach Genua war er von Türken gefangengenommen, aber von einem Pater der allerheiligsten Dreifaltigkeit freigekauft worden. Nun wird doch noch Hochzeit gefeiert.

Im letzten Jahrhundert, wie in den ersten Jahrzehnten dieses Jahrhunderts, hatten die Novellen *El amante liberal, La española inglesa, Las dos doncellas* und *La señora Cornelia* einen gleichermaßen schlechten Ruf. Man sah in ihnen eine bloße Dominanz äußerer Ereignisse, bei der die Darstellung der Sitten oder der Charaktere zu kurz gekommen war. Sie erschienen mit ihren ebenso zufälligen wie unwahrscheinlichen Ereignissen als Ausgeburt eines kindlichen Geistes. Zumindest hinsichtlich *La española inglesa* konnte dieses Urteil in der letzten Zeit gründlich revidiert werden. Bekanntlich ließ Cervantes im ersten Teil des *Don Quijote* bei der Bücherbeurteilung nicht alle Ritterromane verurteilen. Seine Kritik galt den schlechten Nachahmungen der frühen Ritterromane. So hat man nach einer guten Nachahmung der Ritterromane aus Cervantes' eigener Feder gesucht. Diese glaubt Zimic (1988) in der längsten Novelle aus Cervantes' Novellensammlung, *La española inglesa,* gefunden zu haben. Anders als im *Persiles,* dessen an die byzantinische Novelle erinnernde Episodenfolge mit Elementen des Heldenepos und des Ritterromans vermischt ist, ordnen sich in *La española inglesa* die byzantinischen Elemente den Charakteristika des Ritterromans unter. Auf die Bedeutung der Novelle für die Gestaltung des *Persiles* ist bereits im Kapitel III. C. hingewiesen worden.

Während die Liebe zwischen Amadís und Oriana am schottischen Hof bereits in der frühen Kindheit der beiden Figuren beginnt und lange Zeit nicht erklärt wird, treffen in der Novelle Ricaredo und Isabela noch als Kinder am englischen Hof zusammen und wagen es nicht, ihre gegenseitigen Gefühle einander zu erklären. Wie Amadís zu Wasser und zu Land zahlreiche Heldentaten ausführen muß, so soll Ricaredo sich Isabela durch seine Stärke und seinen persönlichen Mut als würdig erweisen. Das glänzende Aussehen des Amadís kehrt in den Beschreibungen von Ricaredo wieder. Während Amadís die mächtigen und übelwollenden Gegner Acalaus und Dardán zu überwinden hatte, muß sich Ricaredo mit dem Grafen Ernesto auseinandersetzen. Wie die Übeltäter im *Amadís* ihre mit magischen Fähigkeiten ausgestatteten Komplizen hatten, so findet Ernesto in seiner Mutter eine Verbündete, die Isabela vergiftet, so daß sie zu einem Monstrum voller Häßlichkeit wird. Auch derartige durch magische Künste hervorgerufene Verwandlungen waren in den Ritterromanen üblich, um den Handlungsgang komplizierter zu gestalten. Die Handlung als solche, in der jede Art der Konfrontation zwischen dem anglikanischen England und dem katholischen Spanien vermieden wird, läßt sich als Modell der Toleranz zwischen den Völkern verstehen, in dem das Rittertum nicht dem Kampf gegen Heterodoxie dienstbar gemacht wird.

Cervantes' Verhältnis zu England war nicht immer vom Gedanken der Toleranz gekennzeichnet. Dies zeigen seine nach der Gefangenschaft in Algier entstandenen Theaterstücke, die durch Religiosität und Patriotismus geprägt sind. Lange Zeit weigerte er sich, an die Niederlage der katholischen Armada Spaniens durch die Engländer zu glauben. Dann aber sah er Unverletzlichkeit und Größe Spaniens durch England bedroht und hoffte eine Zeitlang auf Vergeltung, bis er enttäuscht zwischen Schein und Realität der spanischen Macht zu unterscheiden lernte. In seiner späten religiösen Phase jedoch, als er den *Persiles* und die Novelle *La española inglesa* schrieb, hatte er seine Haltung geändert. Dies zeigt sich schon darin, daß er die Königin sympathisch und gegenüber dem Katholizismus der Titelheldin tolerant darstellt. Auch der Engländer Ricaredo, der im Kampf gegen feindliche Schiffe seinen Mut unter Beweis stellen soll, möchte nicht gegen katholische spanische Glaubensverwandte kämpfen und freut sich, auf Türken zu stoßen.

Das Bild wäre unvollständig, würde Ricaredo nicht nach Rom gehen, um dort vor dem Papst seine Sünden zu bereuen und in der katholischen Kirche Zuflucht zu nehmen. Vor diesem Hintergrund kann seine Geliebte, Isabela, ihre Schönheit zurückgewinnen, ohne die sie nicht der platonischen Vorstellung einer Verbindung von ethischer und ästhetischer Vollkommenheit genügt hätte. Lapesa nimmt an, daß die Novelle nach dem Frieden mit England von 1604 geschrieben wurde, zu einer Zeit, als man in Spanien hoffte, England könnte bald wieder zum Katholizismus zurückkehren.

D. El licenciado Vidriera

Riley, E. C.: Cervantes and the Cynics (*El licenciado Vidriera* und *El coloquio de los perros*), in: Bulletin of Hispanic Studies 53, Juli 1976, S. 189–199 [Einfluß der zynischen Lehren auf die beiden Novellen]

Sampayo Rodríguez, José Ramón: Rasgos erasmistas de la locura del licenciado Vidriera, Kassel 1986 [Über Bataillon hinausgehende Studie]

Schrader, Ludwig: El vidrio como metáfora. Observaciones acerca de un lugar común místico, in: F. Gewecke (hg.): Estudios de literatura española y francesa. Siglos XVI y XVII. Homenaje a Horst Baader, Frankfurt 1984, S. 37–51 [Das Motiv, seine Ursprünge und Erscheinungsformen in der romanischen Literatur]

Valesio, Paolo: The Language of Madness in the Renaissance, in: Year Book of Italian Studies 1, 1971, S. 199–234 [Zu folkloristischen Elementen im *Don Quijote* und im *Licenciado*]

Zwei Studenten finden an den Ufern des Tormes einen elfjährigen Jungen, Tomás Rodaja, den sie zur Schule schicken. Tomás studiert Rechte und die schönen Wissenschaften. Nach acht Jahren haben die Herren ihre Studien beendet; sie nehmen ihn mit nach Andalusien. Er kehrt aber bald nach Salamanca zurück. Auf der Reise lernt er einen Edelmann, Don Diego de Valdivia, kennen, der Tomás mit seinen Schilderungen des Soldatenlebens so sehr begeistert, daß dieser sich entschließt, mit ihm nach Italien zu ziehen, um sich das Land anzusehen. Dann kehrt er nach Salamanca zurück, wo sich eine Dame in ihn verliebt. Diese gibt ihm ein Zaubermittel, das die Liebe auch in ihm erwecken soll. Stattdessen verliert er jedoch den Verstand: Er glaubt, aus Glas zu sein. Erst lebt er aus Angst zu zerbrechen sehr zurückgezogen; doch schließlich wagt er auszugehen; er wird überall von Gassenjungen belästigt. Seine Klugheit hat nicht unter dem „Zaubermittel" gelitten. Bald kennt man ihn allerorts nicht nur wegen seiner Verrücktheit, sondern auch aufgrund seiner klugen Ratschläge und Antworten. Er kritisiert die Dichter, Buchhändler, die Sänftenträger, Maultiertreiber, Apotheker und Ärzte, Richter, Schneider, Schuster, Pastetenbäcker. Anerkennend spricht er von den Schauspielern. Er kritisiert Fechter, Leute, die sich den Bart färben, Kammerfrauen, Prokuratoren, Verleumder, Spielhausbesitzer und Falschspieler. Er respektiert Gerichtsschreiber und -diener. Nach zweijähriger Krankheit wird der zuvor als Lizenziat Vidriera bezeichnete Tomás von einem Mönch geheilt. Er nennt sich nunmehr Lizenziat Rueda. Die Leute sehen aber weiterhin in ihm den Irren und verfolgen ihn überall. So reist er nach Flandern, wo er an der Seite des Freundes Valdivia kämpft und stirbt.

El licenciado Vidriera wurde zum Anlaß für eine Vielfalt von Interpretationen. Man sah in der Erzählung einen bloßen Vorwand, der es erlaubte, kluge Überlegungen und Bemerkungen zusammenzustellen. Diese erschienen weitgehend der Weisheit der Apophthegmen entnommen. Sie wurden auf der anderen Seite aber als Ausdruck der persönlichen Lebensphilosophie des Autors Cervantes gedeutet. In der Krankheit des Protagonisten hat man ein Symbol für außergewöhnliche Aufnahmefähigkeit gegenüber der ihn umgebenden Welt gesehen. Seine übersteigerte Sensitivität sei es, die zu einem besonders scharfsinnigen Urteil über Vorzüge und Fehler der menschlichen Gesellschaft befähige. Vor diesem Hintergrund galt der Held als Symbol für die Wahrheit. Gegenüber seiner gesellschaftlichen Umgebung konnte er dagegen als frustriert gedeutet werden. Bedauernswert erschien er, da er aus seinem vertrauten Umkreis gerissen wird und isoliert ist.

So läßt sich der *Licenciado Vidriera* auf Cervantes selbst als Schriftsteller beziehen. Biographische Reminiszenzen hat man in der Darstellung der glänzenden Renaissance Italiens gesehen, die der Autor in seiner Jugend kennengelernt hat und die nun mit dem Niedergang Spaniens kontrastiert. Nicht anders als dem *Licenciado Vidriera,* der zunächst den physischen Zusammenbruch fürchtet und dann nach seiner Heilung psychisch zusammenbricht, ist es schließlich dem als Soldaten physisch verwundeten Cervantes gegangen, als er, genesen, wieder einen Anknüpfungspunkt an das bürgerliche Leben suchte.

Die Novelle läßt sich in drei Abschnitte unterteilen. Der erste Teil erstreckt sich vom Auftreten des Rodaja an den Ufern des Tormes bis zu seiner geistigen Verwirrung, der zweite umfaßt seine Geisteskrankheit in Salamanca und Valladolid, während der dritte in seiner Heilung und seinem Aufbruch nach Flandern als Soldat besteht. Auffallend ist die Kürze des ersten Teils, der gerafft die Erfolge der Titelfigur als Student und seine Reisen nach Italien und Flandern erzählt, und des letzten Teils. Im zweiten Teil dagegen treten zahlreiche Figuren auf, die den Anlaß für kluge Bemerkungen bieten. Von den dabei eingestreuten Apophthegmen sind einige neu erfunden, andere aber den verbreiteten Sammlungen, wie *Las seiscientas apotegmas* von Juan Rufo entnommen. Die zynische Betrachtungsweise geht nach Riley (1976) auf Pedro Mexías weitverbreitetes Buch *Silva de varia lección* zurück, dessen 27. Kapitel des ersten Teils zahlreiche Gedanken des Zynikers Diogenes Laertius enthält. Mit den Zynikern gemein hat der Licenciado seine Entfremdung von der Gesellschaft, seine kritische und verachtende Haltung gegenüber ihren Werten, den Wunsch nach persönlicher Freiheit und ein ebenso unstetes wie asketisches Leben ohne besondere Bedürfnisse. Auf der anderen Seite betont Valesio (1971), daß es nicht zuletzt der Rückgriff auf volkstümliche Sprichwörter, Rätsel, abergläubische Erzählungen und Volkslieder ist, durch den stilistisch und sprachlich die Verrücktheit des „Licenciado" deutlich wird.

Während der Protagonist im ersten Teil Rodaja heißt, nennt er sich im zweiten Licenciado Vidriera und im dritten Licenciado Rueda. Nicht nur die klugen Auslassungen des Licenciado Vidriera im zweiten Teil erlauben es, ihn mit dem Don Quijote zu vergleichen. Auch die Tatsachen, daß der Ort der Geburt beider im unklaren bleibt, daß beide halb verrückt, halb scharfsinnig denken, und schließlich, daß beide am Ende ihren gesunden Geist wiedererlangen, gehören zu den Gemeinsamkeiten. Zu dieser Novelle wie bezüglich des *Don Quijote* hat man sich gefragt, inwieweit die Analysen des Mediziners Huarte auf Cervantes einen Einfluß haben nehmen können. Vergleichen läßt sich das Krankheitsbild des „Licenciado Vidriera" auch mit jenem des Rogerio in *El melancólico* von Tirso, das seinerseits auf Huartes *Examen de ingenios* basiert. Einer solchen Deutung ist jedoch mit Recht entgegengehalten worden, daß die Krankheit des „Licenciado" nach Einnahme eines Getränks auftritt. Es ist durchaus möglich, daß Cervantes durch seinen als „cirujano" tätigen Vater einige medizinische Kenntnisse hatte und wußte, daß eine Strychninvergiftung mit Verwirrung und gesteigerter Geistesschärfe verbunden sein kann.

E. La fuerza de la sangre

Dünnhaupt, Gerhard: Kleists *Marquise von O.*, and its Literary Debt to Cervantes, in: Arcadia 10, 1975, S. 147–157 [Trotz äußerlicher Gemeinsamkeiten wesentliche Unterschiede]

Selig, Karl-Ludwig: Some Observations on *La fuerza de la sangre,* in: Modern Language Notes 87, Jan. 1972, 1, S. 121–125 [Zur bildlichen Darstellung und Beschreibung]

Leocadia, die schöne Tochter eines Toledaner Edelmannes, wird auf einem Spaziergang am Fluß von dem jungen Ritter Rodolfo und seinen vier Freunden geraubt. Rodolfo bringt die Ohnmächtige in das Haus seiner Eltern und vergewaltigt sie. Sie erwacht schließlich und bittet ihn, den sie mit ihren verbundenen Augen nicht sieht und nicht sehen will, sie zu töten. Er läßt sie allein, um sich mit seinen Freunden zu beratschlagen. Leocadia sucht vergeblich eine Fluchtmöglichkeit, merkt sich aber die Einrichtung des Zimmers und nimmt von einem Tisch ein Kruzifix an sich. Rodolfo kehrt unverrichteter Dinge zurück; er bringt Leocadia in der Nacht zur Kathedrale. Von dort geht sie zu ihren Eltern. Gemeinsam mit ihnen überlegt sie, was zu tun sei. Sie kommen zu der Überzeugung, daß es das Beste sei, nichts zu tun, um die Schande nicht öffentlich werden zu lassen. Rodolfo geht nach Italien und vergißt das Vorgefallene. Leocadia bringt einen Jungen zur Welt, den ihre Eltern als ihren Neffen in ihrem Haus behalten. Als dieser sieben Jahre alt ist, wird er von einem Pferd verletzt, von Rodolfos Vater gefunden und in dessen Haus gebracht, da ihn die Ähnlichkeit des Kleinen Luifico mit seinem Sohn verblüfft. Leocadia erkennt das Zimmer wieder, in das sie Rodolfo damals gebracht hatte, und schließlich erzählt sie dessen Mutter ihre Geschichte. Rodolfo wird verständigt. Man läßt ihm sagen, eine wunderschöne Frau warte auf ihn; er solle sie heiraten. Er eilt nach Hause. Seine Mutter hatte zwei der Freunde ihres Sohnes, die an Leocadias Entführung teilgenommen hatten, befragt und so ihre letzten Zweifel beseitigt. Sie zeigt ihrem Sohn das Bild einer häßlichen Frau und beschreibt diese als äußerst tugendhaft, klug und reich. Rodolfo wünscht sich jedoch eine schöne und unterhaltsame Frau. Da holt seine Mutter Leocadia. Rodolfo verliebt sich sogleich in sie, und auch sie liebt jetzt ihren Vergewaltiger. Beide fallen in Ohnmacht. Als er wieder zu sich kommt, erklärt ihm seine Mutter, wer das schöne Mädchen sei. Die beiden werden sogleich getraut. Alle sind glücklich und bleiben es. Die beiden leben noch lange und bekommen viele Kinder.

Die Novelle *La fuerza de la sangre* läßt sich in drei Abschnitte untergliedern: Den ersten bildet die Entführungsepisode, der zweite Teil beschreibt Geburt, Reitunfall und Aufenthalt im Haus der Großeltern väterlicherseits, und der abschließende dritte Teil ist durch die Rückkehr des Rodolfo und die Versöhnung mit seinem Opfer Leocadia geprägt. Es ist nicht zuletzt die Lichtmetaphorik, die die Abschnitte voneinander unterscheidet. Während im ersten Teil eine die Sünde und die blinde Leidenschaft symbolisierende Dunkelheit sowie Vermummung und Ohnmacht dominieren, ist der zweite Teil durch das deutliche Erkennen der Ähnlichkeit zwischen dem verletzten Gast und dem eigenen Sohn oder das allmähliche Erkennen des Hauses von Rodolfos Eltern als Ort der Tat gekennzeichnet. Im letzten Teil schließlich erscheint der Glanz der Schönheit von Leocadia im hellsten Licht.

Daß überhaupt das entführte und vergewaltigte Opfer sich am Ende in den Täter verlieben kann, muß der zeitgenössischen Leserschaft vor dem Hintergrund der verbreiteten Ehrvorstellungen plausibel erschienen sein. Die Idealität des gesellschaftlich akzeptierten Ehrenkodex ist es, die die unwahrscheinliche Tatsache möglich macht, daß in *La fuerza de la sangre* das Opfer der Vergewaltigung, Leocadia, später den Täter heiratet: Mit der Heirat ist nämlich nach der damals in Spanien geläufigen aristokratischen Vorstellung die verlorene Ehre des Opfers wiederhergestellt und die Sünde gelöscht. Daneben wird die besondere Rolle der spanischen Familie im Siglo de oro betont. Dies zeigt der ausführliche Dialog zwischen Rodolfo und seiner Mutter, Doña Estefanía. Daß ein derartiges Handlungsschema im deutschen Kontext zahlreiche Veränderungen erforderlich machte, hat G. Dünnhaupt (1975) gezeigt. Dennoch läßt sich festhalten, daß Kleists Werk *Marquise von O.* durch Cervantes' *La fuerza de la sangre* beeinflußt ist.

F. El celoso extremeño

Abad, Francisco: Muestra de la lengua literaria de las *Novelas ejemplares,* in: Bustos Tovar, José Jesús de (hg.): Lenguaje, ideología y organización textual en las *Novelas ejemplares.* Actas del Coloquio celebrado en la Facultad de Filología de la Universidad Complutense 1982, Madrid 1983, S. 13–17 [Stil und literarische Rhetorik in *El celoso extremeño*]

García Martín, Manuel: *El celoso extremeño* y su influencia en la comedia del siglo XVII, in: Criado de Val, Manuel (hg.): Cervantes, su obra y su mundo. Actas del I congreso internacional sobre Cervantes, Madrid 1981, S. 409–421 [Wirkung auf Antonio Coello auf *El castigo del discreto* und *El mayor imposible* von Lope de Vega und auf *No puede ser ... guardar una mujer* von A. Moreto]

Güntert, Georges: Contestando a Américo Castro: Cervantes no se nos desliza en *El celoso extremeño,* in: Christoph Strosetzki, Jean François Botrel, Manfred Tietz (hg.): Akten des deutsch-französischen Hispanistentags in Mainz 1989, Frankfurt

1991 [Nach einem Forschungsüberblick: Die Figuren im zeitlichen und räumlichen Spannungsfeld zwischen Jugend, Leidenschaft, Reichtum und Adel]

Spitzer, Leo: Das Gefüge einer Cervantinischen Novelle: *El celoso estremeño,* in: W. Eitel (hg.): Die romanische Novelle, Darmstadt 1977, S. 175–213

Werle, Peter: *El celoso extremeño.* Überlegungen zu Text und Kontext in den *Novelas ejemplares* des Cervantes, in: Romanistisches Jahrbuch 35 (1984), S. 258–277 [Die mittelalterliche Tradition des belehrenden Beispiels und die Bedeutung des freien Willens und der Affekte in beiden Versionen von *El celoso extremeño*]

Felipe Carrizales, ein Edelmann aus Extremadura, vergeudet all sein Geld und geht schließlich im Alter von 48 Jahren nach Indien, wo er in 20 Jahren ein großes Vermögen erwirbt. Dann kehrt er nach Sevilla zurück und heiratet die junge Leonora. Da ihm die Eifersucht keine Ruhe läßt, baut er sein Haus zum Gefängnis um. Dort leben sie mit einigen Sklavinnen und einer Kammerfrau. Der einzige Mann dort ist ein alter schwarzer Eunuch, der zwischen zwei Toren außerhalb des Hauses wacht. Leonora darf das Haus nur zum Kirchgang verlassen. Loaisa, ein reicher, junger, nicht eben tugendhafter Mann, ein Virote, hört von der schönen jungen Frau und beschließt, in das Haus eindzudringen. Er verkleidet sich als armer Krüppel und singt jeden Abend Romanzen vor dem Haus, bis er den Neger überreden kann, ihm Zugang zum Haus zu verschaffen. Er gibt vor, ihm Gitarrenunterricht geben zu wollen; dieser läßt ihn in den Heuboden, in dem er schläft. Am nächsten Tag, als Carrizales ausgeht, spielt der Neger auf der Gitarre, bis schließlich die Mädchen neugierig werden und den Lehrer, von dem er berichtet, spielen hören wollen. Am Abend nimmt er Unterricht; er „überredet" seinen Lehrer, doch einmal für die Mädchen zu spielen. Loaisa läßt sich durch seine Freunde ein Schlafmittel für Carrizales bringen, und nachdem er geschworen hat, daß er keine schädlichen Absichten habe, läßt Leonora sich dazu bewegen, ihrem Mann das Schlafmittel zu geben, damit Loaisa im Haus für alle spielen könne. Die Opiumsalbe läßt Carrizales in tiefen Schlaf fallen. Loaisa wird ins Haus geführt. Dort muß er vor den Mädchen erneut schwören; er sagt einen unsinnigen Spruch auf, der die Sklavinnen aber tief beeindruckt. Endlich sieht er Leonora. Er singt, die Mädchen tanzen, bis eine der Sklavinnen, die Wache steht, Alarm schlägt, da sie glaubt, ihr Herr sei erwacht. Die Kammerfrau schickt Loaisa in ein Zimmer, und als sie feststellt, daß ihr Herr tief schläft, geht sie zu Loaisa, der ihr gefällt und mit dem sie sich vergnügen will. Die Mädchen lauschen an der Tür und erfahren, daß dieser sich bereit erklärt, unter der Bedingung, erst mit Leonora allein gelassen zu werden. Die Kammerfrau überredet diese einzuwilligen. Leonora wehrt sich jedoch gegen ihren Verführer. Schließlich schlafen beide ein. Carrizales erwacht, sucht Leonora und findet sie in Loaisas Armen. Er will einen Dolch holen, bricht aber in seinem Zimmer ohnmächtig zusammen. Am Morgen erwachen Leonora und Loaisa ahnungslos. Sie sieht nach ihrem Mann, der in diesem Augenblick erwacht. Carrizales, der sich dem Tode nahe fühlt, läßt seine Schwiegereltern rufen und eröffnet ihnen, er habe ihre Tochter mit einem jungen Mann gefunden; er sehe ein, daß er zu alt für sie sei. Er macht sein Testament, bedenkt dabei Leonora und ihre Eltern und wünscht, daß Leonora Loaisa heiraten solle. Sieben Tage später stirbt er, Leonora wird Nonne, Loaisa geht nach Amerika.

Besonderes Ansehen unter den realistischen Novellen genießt *El celoso extremeño.* Zwar hat das Thema eines eifersüchtigen älteren Ehemanns mit seiner sehr jungen Ehefrau eine alte Tradition. Hier jedoch ist er in seiner Enttäuschung psychologisch feinfühlig als tragische Figur beschrieben, selbst wenn Spitzer (1931) dagegen Zweifel anmeldete.

Drei Teile hat die Novelle *El extremeño celoso.* Den ersten großen Teil bildet die Darstellung der Eifersucht und der Vorsichtsmaßnahmen des Ehemanns. Es folgt die Intrige, die zu Loaisas Eindringen ins Haus führt. Den Abschluß bilden die Auflösung und die Moral von der Geschichte. Im Gegensatz zur Novelle enthält Cervantes' vergleichbarer Entremés *El viejo celoso* zahlreiche anstößige Stellen. Daß diese für Cervantes in der Gattung der Novelle unakzeptabel waren, belegt die Tatsache, daß er die in der ersten Fassung erzählte Ehebruchsszene in der endgültigen Fassung seiner Novelle gestrichen hat. Möglicherweise handelt es sich aber nur um eine Konzession an den Publikumsgeschmack. Während in der ersten Fassung der Ehemann Carrizales weiß, daß seine Frau schuldig ist, ohne daß sie wiederum weiß, daß er darüber unterrichtet ist, hält er sie in der endgültigen Fassung für schuldig, obwohl sie es nicht ist. Damit verliert er natürlich einen großen Teil des Mitgefühls des Lesers. Während in der ersten Fassung die übertriebene Vorsicht des Ehemanns eine Rechtfertigung findet, erscheint sie in der zweiten Fassung angesichts der Unschuld der Ehefrau als widerlegter Pessimismus.

Eine mögliche Quelle für das Motiv des widerwärtigen ältlichen Mannes und seiner Eifersucht sind Ovids *Amores* und *Ars amatoria.* Beeinflußt haben könnten Cervantes Castiglione oder Bandello, aber auch die *Historia septem sapientum* in der Übersetzung von Diego de Cañizares, Marguerite de Navarras *Heptameron* oder die *Historia de Flores y Blancaflor.* Ein Bezug besteht des weiteren zwischen Ariosts *Orlando innamorato* (VIII, 48–50) und der nicht vollzogenen „Verführung" in der endgültigen Fassung. Ihrerseits beeinflußt von Cervantes' Novelle ist demgegenüber Madame de Lafayettes *La princesse de Clèves.*

G. La ilustre fregona

Chauchaudis, Claude: Los caballeros pícaros: contexto e intertexto en *La ilustre fregona,* in: Bustos Tovar, José Jesús de (hg.): Lenguaje, ideología y organización textual en las *Novelas ejemplares.* Actas del Coloquio celebrado en la Facultad de Filología de la Universidad Complutense 1982, Madrid 1983, S. 191–197 [Novelle als Parodie der Ritterromane]

Johnston, Robert M.: Picaresque and Pastoral in *La ilustre fregona,* in: Michael D. McGaha (hg.): Cervantes and the Renaissance. Papers of the Pomona College Cervantes Symposium, November 16–18, 1978, Easton, Pennsylvania 1980, S. 167–177 [Platonische Liebe und adlige Herkunft der „fregona" lassen das Pastorale als seelische Landschaft und innere Stimmung gegenüber der pikaresken Außenwelt erscheinen]

Parker, Alexander: La filosofía del amor en la literatura española, 1480–1680, Madrid 1986 [Zur idealen neuplatonischen Liebe vor dem realistisch gestalteten gesellschaftlichen Hintergrund in *La ilustre fregona*]

Selig, Karl-Ludwig: The Metamorphosis of the *Ilustre Fregona*, in: Filología y Crítica hispánica. Homenaje al Profesor Sánchez Escribano, Madrid 1969, S. 115–120 [Gleichzeitigkeit einer idealistisch-platonischen und einer realistischen Ebene]

In Burgos leben zwei Ritter, Don Diego de Carriazo und Don Juan de Avendaño. Deren Söhne, Carriazo und Avendaño, ziehen unter dem Vorwand, in Salamanca studieren zu wollen, miteinander los, um in Zahara einen Sommer als Fischer zu verleben. Den Haushofmeister, den man ihnen zur Aufsicht mitgibt, täuschen sie, so daß sie allein und im Besitz von 400 Goldtalern weiterreisen können. [Hinweis des Erzählers auf den Verfasser der Novelle.] Die beiden jungen Männer gelangen nach Illescas. Sie hören von einer außerordentlich schönen, aber widerspenstigen Scheuermagd, die im „Gasthof des Sevillaners" arbeiten soll. Als Avendaño sie sieht, verliebt er sich sofort in sie; die beiden Freunde quartieren sich in dem Gasthof ein. Carriazo will bald weiterreisen, doch schließlich bleiben beide: Avendaño als Knecht Tomás Pedro und Carriazo als Lope, der Asturier – als Wasserträger. Lope gerät in einen Streit mit einem anderen Wasserträger, er erschlägt diesen beinahe und wird ins Gefängnis gesteckt. Tomás Pedro kauft ihn mit Hilfe des Wirtes frei. Tomás hat in der Zwischenzeit erfahren, daß der Sohn des Korregidors sich ebenfalls vergeblich um Costanza, die Magd, bemüht. Tomás erklärt sich endlich seiner Geliebten, die jedoch abweisend reagiert. Lope wird auf dem Markt, wo er einen Esel gekauft hat, von Falschspielern betrogen. Um sein Geld gebracht, spielt er um den Esel und verliert ihn ebenfalls. Mit einer List betrügt er aber die Betrüger, erhält Esel und Geld zurück: Er spielt um jeweils ein Viertel des Esels, und als er alle vier Viertel verloren hat, sagt er, der Schwanz sei noch in seinem Besitz und ihn müßten sie ihm geben. Die Straßenjungen der gesamten Stadt erfahren bald von dieser List, er heißt nur noch der „Wasserträger mit dem Schwanz" und wird ständig belästigt. Der Korregidor hat von der Liebe seines Sohnes Periquito zu Costanza erfahren; er will das Mädchen sehen. Bei ihrem Anblick ist er davon überzeugt, daß sie edler Herkunft sein müsse. Da erklärt ihm der Wirt, daß vor 15 Jahren eine Dame in seinem Haus Costanza zur Welt gebracht habe. Sie habe ihm Geld gegeben und ihn gebeten, für das Kind zu sorgen und es wie ein Bauernmädchen aufzuziehen. Sie habe es bald holen lassen wollen. Als Erkennungszeichen habe sie ihm eine halbe Kette und ein geteiltes Papier hinterlassen; die anderen Teile sollte der Bote, den sie schicken würde, mit sich führen. Der Korregidor nimmt die beiden Dinge an sich und bittet den Wirt, es ihn wissen zu lassen, falls jemand nach Costanza fragen sollte. Am nächsten Tag kommen zwei Ritter, Carriazos und Avendaños Väter. Sie erkundigen sich nach Costanza. Der Wirt läßt den Korregidor holen, der sogleich in dem einen Ritter seinen Vetter Don Juan de Avendaño erkennt. Don Diego de Carriazo hat die fehlenden Teile der Kette und des Papiers bei sich; er erklärt, der Vater Costanzas zu sein. Er habe deren Mutter in ihrem Haus überfallen und vergewaltigt. Von dem Kind habe er erst lange nach dem Tod der Dame, vor drei Wochen nämlich, erfahren. Die Erzählung wird von der Mitteilung unterbrochen, Lope sei erneut verhaftet worden; der Korregidor läßt den Gefangenen kommen, der sich mit einem Tuch das Gesicht verbirgt, um nicht von Avendaños Vater erkannt zu werden. Lope wurde verhaftet, weil er einen Jungen, der nicht aufhörte, ihn mit der Eselsgeschichte zu belästigen, geprügelt hatte. Er muß nun das Tuch vom Gesicht nehmen; sein eigener Vater erkennt ihn; man ruft auch Tomás herbei. der Korregidor stellt Costanza ihrem Vater vor und lädt alle in sein Haus ein. Man einigt sich darauf, daß Tomás Costanza und Lope die Tochter des Korregidors heiraten sollen, Don Pedro aber, der Sohn des Korregidors, eine Tochter Don Juans de Avendaño.

La ilustre fregona ist weder einfach der realistischen noch der idealistischen Gruppe der Novellen zuzuordnen. Die Schäferdichtung gilt im allgemeinen als idealistisch, der Schelmenroman mit seinem Zynismus hingegen als realistisch. Während der Schäferroman von Höflingen handelt, die sich als Schäfer verkleidet haben und Probleme der Liebe und der Philosophie erörtern, entstammen die pikaresken Figuren der Unterschicht.

In dieser Novelle wird nun eine Mischung aus pastoralen und pikaresken Elementen vorgenommen: Don Diego de Carriazo und Don Juan de Avendano sind Ritter, bevor sie auf Wanderschaft gehen und für eine Zeitlang Pikaros werden. Anders als Don Quijote sind sie sich ihres Rollenwechsels bewußt. Über Carriazo wird erzählt, er habe im Laufe der Zeit Landstreicherei und Schelmenwesen so gut gelernt, daß er auf der Fakultät des Schelmen von Alfarache hätte Vorlesungen halten können. Auf der anderen Seite stehen als „pastorale" Elemente die platonische Liebe von Avendaño zu Costanza, die adlige Herkunft der Magd und die Rückkehr der beiden Hauptfiguren zu ihrem angestammten hohen Rang in der Gesellschaft. Auf arkadisches Wohlbefinden verweist die Beschreibung der Stimmung der Hauptfiguren, wenn Carriazo alle Jahreszeiten als milder und gemäßigter Frühling erscheinen und er die glücklichen Zeiten hervorhebt, in der die Schönheit der Geliebten bei seinem Freund Avendaño eine Liebe ohne Arglist hervorruft.

Der Gegensatz zwischen Idealismus und Realismus wird in *La ilustre fregona* zugleich durch zwei unterschiedliche Zeitstrukturen verdeutlicht. Einerseits wird das Leben der „ilustre fregona" mit ihrem Hintergrund und ihrer geheimnisvollen Herkunft vorgestellt, andererseits werden in relativ chronologischer Abfolge die Abenteuer von Avendaño und Carriazo erzählt. Beiden Ebenen entsprechen nach Selig (1969) unterschiedliche Formen des Stils. Während in den Reden über die „ilustre fregona" der erhabene Stil mit Konventionen und Konzepten vergeistigter Liebe im Sinne des Neuplatonismus und des Petrarkismus zur Anwendung kommt, wird im Zusammenhang mit Avendaño und Carriazo ein realistischer, volkstümlicher und dem Milieu der Wasserträger entsprechender Stil benützt. Dieser Gegensatz spiegelt sich in gleicher Weise in den eingeschobenen Gedichten.

H. El casamiento engañoso und El coloquio de los perros

Carrasco, Félix: *El coloquio de los perros* v. *El asno de oro:* Concordancias temáticas y sistemáticas, in: Anales cervantinos 21, 1983, S. 177–200 [Zahlreiche Parallelen]

El Saffar, Ruth: Cervantes: *El casamiento engañoso* and *El coloquio de los perros,* London 1976 [Zur Thematik und Struktur; Beziehungen zum *Don Quijote*]

Huet, Pierre Daniel: Traité de l'origine des romans, Paris 1670 [Einfluß der „Esel" von Lukian und Apuleius auf den *Coloquio*]

Krauss, Werner: Cervantes und die Jesuiten, in: Ders.: Gesammelte Aufsätze zur Literatur- und Sprachwissenschaft, Frankfurt 1949, S. 177–184 [Die Jesuiten zwischen Lob und satirischer Distanzierung in *El coloquio de los perros*]

Rüegg, August: Die literarischen Voraussetzungen des *Hunddialogs* und des *Don Quijote* des Cervantes, in: K. Baldinger (hg.): Festschrift Walther von Wartburg zum 80. Geburtstag 1968, I, Tübingen 1968, S. 293–315 [Beziehungen zwischen *Don Quijote* und *Coloquio*; Einflüsse und Quellen]

Sobejano, Gonzalo: Un perfil de la picaresca: el pícaro hablador, in: Studia hispanica in honorem R. Lapesa, III. Madrid 1975, S. 467–485 [Der pikareske Charakter des *Coloquio*]

Der Fähnrich Campuzano verläßt als Rekonvaleszent das Auferstehungshospital in Valladolid und trifft einen Freund, den Lizentiaten Peralta, dem er erzählt, er habe eine Frau kennengelernt, die ihm am ersten Tag erklärt habe, sie besitze nichts außer der Einrichtung ihres Hauses. Dies sei ihm nicht wenig erschienen, und so habe er sie geheiratet. Er habe ihr sein gesamtes Vermögen überlassen. Eines Tages habe ihm seine Frau eröffnet, sie müßten das Haus für einige Zeit räumen, da eine Freundin es für einen Heiratsschwindel benötige. Die beiden seien zu einer anderen Freundin gezogen. Endlich habe ihn die neue Wirtin darüber aufgeklärt, daß der betrogene Ehemann er sei, daß seine Frau das Haus keinesfalls besessen, sondern nur vorübergehend bewohnt habe. Er habe danach nichts von seinen Sachen mehr wiedergefunden; Ketten, Hutbänder etc. Dies sei nicht von großer Bedeutung gewesen, da die Dinge ohnehin alle falsch gewesen seien. Schließlich sei er krank geworden und habe zur Kur ins Hospital gehen müssen. Dort habe er zwei Hunde miteinander sprechen hören: Cipión und Berganza. Er habe geglaubt, zu träumen, und habe dann das Gespräch aufgeschrieben. Er gibt es Peralta zu lesen.

Die Hunde wundern sich über ihre Fähigkeit, zu sprechen; da sie nicht wissen, wann sie die Sprache wieder verlieren werden, wollen sie so rasch wie möglich einander ihre Lebensgeschichten erzählen.

Berganza beginnt: Er wurde in Sevilla in einem Schlachthaus geboren. Seinem ersten Herrn Nicolás, einem Fleischer, half er bei der Arbeit und gewann so Einblicke in dieses Handwerk. Er bezeichnet die Schlachter als gefühl- und gewissenlos. Er mußte für seinen Herrn Botengänge ausführen. Als er einmal auf einem solchen Gang überfallen wurde, floh er und gelangte zu einer Schafherde. Er wurde nun ein Hirtenhund. So konnte er feststellen, daß das Leben der Hirten, wie es in den Büchern erzählt wird, nichts mit der Realität zu tun hat. Als er bemerkte, daß nicht die Wölfe, sondern die Schafe selbst die Schafe töten, kehrte er nach Sevilla zurück und fand durch seine Demut, die Grundlage aller Tugenden, einen neuen Herrn, einen Kaufmann. Er wurde dort gut behandelt, durfte sogar nach einiger Zeit die Söhne zur Schule begleiten. Dort bewunderte er die Barmherzigkeit, den Sanftmut und die Klugheit der Lehrer. Als jedoch die Schüler sich mehr ihm als ihren Studien widmeten, wurde er wieder an die Kette gelegt. Cipión unterbricht Berganza häufig, weil dieser seiner Ansicht nach zu viel lästert.

Berganza mußte schließlich das Haus verlassen, da er nicht bereit war, die Bestechungsversuche einer Hausangestellten, die sich nachts mit ihrem Geliebten traf und sich das Schweigen des Hundes mit Geschenken erkaufte, länger hinzunehmen. Auf der Straße traf er einen Polizeidiener, einen Freund von Berganzas erstem Herrn Nicolás. So erhielt er eine neue Arbeit als Hetzhund. Dieser Polizeidiener arbeitete mit einem Notar zusammen; gemeinsam mit ihren Frauen, zwei Dirnen, nahmen sie Fremde aus, die auf den Jahrmarkt kamen, und, sobald sie sich mit den „Damen" einließen, verhaftet wurden. Alle kauften sich los. Dieser Polizeidiener nahm auch fingierte Verhaftungen vor, die mit Freunden arrangiert waren, um sich Respekt zu verschaffen. Berganza verließ auch diesen Herrn und lief nach Mayrena, wo er eine Kompanie Soldaten traf, deren Trommler ihn bei sich aufnahm und ihm einige Kunststücke beibrachte. Sie kamen eines Tages nach Montilla, wo sie von einer Hexe hörten. Diese nahm Berganza mit sich in ihr Haus, nannte ihn Montiel und erzählte ihm, seine Mutter, Montiela, sei neben Camacha die größte Zauberin gewesen. Die Hexe salbte sich und verfiel erst in einen todesähnlichen Zustand, dann fiel sie über Berganza her. Er rannte davon und traf eine Gruppe Zigeuner, die in ihm den Hund des Trommlers erkannten und ihn bei sich behielten, um mit seinen Kunststücken Geld zu verdienen. Berganza kritisiert die Zigeuner, ihre Faulheit, ihre Betrügereien und Diebstähle, und erzählt, daß sie nach Granada kamen und er dort von ihnen wegging. Danach kam er zu einem Morisken, dessen Garten er bewachen sollte. Er kritisiert auch die Morisken, deren Raffgier und Geiz. In diesem Garten lernte er einen Dichter kennen, einen ärmlich gekleideten Jüngling, der eifrig Verse dichtete. Ein anderer kam hinzu, ein Schauspieler, und beide unterhielten sich über ein neues Stück. Als Berganza den Morisken verließ, traf er in der Stadt den Dichter, der ihn freudig begrüßte. Durch ihn kam er zum Theaterdirektor. Mit den Schauspielern gelangte er nach Valladolid, wo er Cipión, seinen Bruder, fand. Im Hospital schließlich, in dem Zimmer, in dem sie sich gerade aufhalten, hört er noch, wie ein Alchimist, ein Dichter, ein Mathematiker und ein Projektmacher ihre jeweiligen Schicksale beklagen. In der folgenden Nacht soll Cipión sein Leben erzählen.

Der Lizentiat lobt den Fähnrich für das erdichtete Gespräch und sagt, er erkenne den Zweck der Unterhaltung und allgemein auch jenen der Dichtung. Die beiden gehen.

Die letzten beiden Novellen der Sammlung, *El casamiento engañoso* und *Coloquio de los perros,* bilden insofern eine Einheit, als erstere den Rahmen für das Gespräch zwischen den beiden Hunden darstellt. Dieses Gespräch kann ohne Handlungsstruktur allein durch seine subtile Ironie und Dialogführung beeindrucken. Es lassen sich drei Teile unterscheiden: die Erzählung der Heirat, das Gespräch in Dialogform und schließlich die abschließenden Bemerkungen von Campuzano und besonders von Peralta, die sich auf die vorausgegangenen Teile beziehen und deren literarische „inventio" und das „artificium" reflektieren. Der Anfang des ersten Teils bildet mit den Schlußbemerkungen einen Rahmen. Zu Anfang wie am Schluß wird die Erkenntnis zum Ausdruck gebracht, daß die Dinge nicht sind, was sie zu sein scheinen. Während der erste Teil bis zu einem gewissen Grad der italienischen Novelle nachempfunden ist, beobachtet und analysiert der zweite wie ein Schelmenroman, so daß im Sinne von Horaz der eine die Unterhaltung und der andere den Nutzen bringt. In beiden Teilen gibt es einen Erzähler und einen kritischen Zuhörer. Dieses Gegenüber wird ergänzt durch die Antithetik von Gegenwart und Vergangenheit, Fiktion und Realität, Literatur und Traum sowie ästhetischer Wahrscheinlichkeit und historischer Wahrheit.

Wie bei den verschiedenen „Autoren" im *Don Quijote* verknüpft Cervantes in dieser Erzählung verschiedene Ebenen miteinander. Eine Ebene nimmt der Erzähler ein, wenn er von Campuzano und Peralta spricht, eine weitere nehmen diese gegenüber den sprechenden Hunden ein. Eine dritte Ebene entsteht, wenn dann die Hunde ihrerseits die Welt betrachten und kritisch würdigen. Eine Konstante, die die drei Betrachtungsebenen miteinander verbindet, ist die Desillusionierung.

Man hat vermutet, in *El coloquio de los perros* könnten die Namen der beiden sprechenden Hunde Anagramme sein. Da diese miteinander über Literatur reden, ist es nicht unberechtigt, im Namen „Berganza" ein verkürztes Anagramm von „Zerb(=v)an(tes)" und in „Cipión" ein anderes für „Pinciano" zu vermuten. Wenn man bedenkt, wie groß der Einfluß von López Pinciano auf Cervantes war, dann scheint es verlockend, im Gespräch eine ebenso amüsante wie belehrende Auseinandersetzung mit literarischen Themen zu sehen.

In der Tat wird im Übergang von *El casamiento engañoso* zum *Coloquio de los perros* die offenkundige und Pincianos aristotelischen Forderungen widersprechende Unwahrscheinlichkeit eines Gesprächs zwischen zwei Hunden gemildert. So hat der Fähnrich Campuzano das Gespräch auf dem Krankenbett in der Nacht und während einer Schwitzkur phantasierend mitgehört und erst am folgenden Tag niedergeschrieben. Während Peralta nach anfänglichem Zögern bereit ist, das Manuskript zu lesen, legt sich Campuzano zum Schlaf nieder. Sobald Peralta mit der Lektüre fertig ist, wird Campuzano wach. Dadurch, daß Peralta den niedergeschriebenen Traum liest, während Campuzano gleichzeitig erneut träumt, hat man den Eindruck einer symmetrischen Struktur beider Novellen. Eine Parallelität besteht zudem in der Erzählhaltung des Ich-Erzählers, die sich in der ersten Novelle trotz eines auktorialen Beginns durchsetzt und die ebenso die Erzählung von Berganza in der zweiten Novelle trotz des Dialograhmens kennzeichnet. Bemerkenswert ist, daß Peralta nach der Lektüre von der Wahrheit der Ausführungen der Hunde überzeugt ist. Eine ähnliche Konstellation findet sich im zweiten Teil des *Don Quijote* (II, 22–23), wenn Don Quijote in die Cueva de Montesinos hinabsteigt und im Traum zahlreiche Gestalten beobachtet, von denen er später einer ungläubigen Zuhörerschaft berichtet.

Die zynischen (von griech. kyon, Hund) Betrachtungen des Hundes Berganza lassen an die griechischen Kyniker denken, die die Gesellschaft aus der Perspektive des Hundes beurteilten. Berganzas Gegenüber, Cipión, relativiert den Pessimismus Berganzas und wehrt sich explizit dagegen, als schmähsüchtiger Kyniker verleumdet zu werden. Einen großen Einfluß auf die kritischen Anmerkungen im Gespräch zwischen den beiden Hunden hat nach Sobejano (1975) der Schelmenroman ausgeübt. Zwar fehlt der Schelm im traditionellen Sinn, jedoch kennzeichnet Berganza die Redefreudigkeit des Pikaros und die Perspektive einer Gesellschaftsbetrachtung von unten. Zahlreiche Texte lassen sich als mögliche Quellen für den *Coloquio de los perros* anführen. Neben Apuleius' goldenem Esel und Lukians Dialogen sind Alfonso de Valdés' Werke *Diálogo de Mercurio y Carón* und *Diálogo de Lactancio y un arcediano,* Cristóbal de Villalóns *El crotalón* und Baltasar de Alcázars *Diálogo entre dos perrillos* zu nennen.

Der Franzose Pierre Daniel Huet war es, der bereits im 17. Jahrhundert die Beziehung zwischen *El coloquio de los perros* und dem *Goldesel* von Apuleius herstellte. Zwar sind Elemente von Apuleius' Werk in die italienische Literatur z.B. Boccaccios eingegangen, der sie Cervantes entnehmen konnte. Auf der anderen Seite hatte er die Möglichkeit, neben den lateinischen Ausgaben des *Goldesels* spanische Übersetzungen einzusehen. Eine erste Auflage von ihnen erschien 1513. Ihr folgen bis 1601 acht weitere. F. Carrasco (1983) hat im Anschluß an H. Petriconi gezeigt, daß sich im gesamten Werk von Cervantes zahlreiche Parallelen zu Apuleius aufweisen lassen. Unterschiede jedoch zwischen der Apuleiusrezeption bei Boccaccio und Cervantes, z.B. in der Behandlung der Sexualität, ergeben sich durch den verschiedenen gesellschaftlichen Kontext.

Eine späte Wirkung hat der *Coloquio de los perros* von Cervantes auf E. T. A. Hoffmann ausgeübt. Dieser stellte Cervantes' Hund in seinen *Neuen Abenteuern des Hundes Berganza* in die eigene Zeit und in seinen eigenen geographischen Raum. Allerdings handelt es sich hier nur um die Übernahme einer Figur, nicht um die Nachahmung der gesamten Novelle. Schließlich treten bei Cervantes zwei Hunde auf, bei Hoffmann nur einer. Der zweite Hund, Cipión, wird durch den Autor ersetzt, der seinerseits als Erzähler und Figur auftritt, die mit Berganza ein Gespräch anknüpft. Während bei Cervantes die Belehrung durch zahlreiche Sentenzen einen großen Raum einnimmt, steht sie bei Hoffmann im Hintergrund.

Nicht nur das parodistische Element in den letzten beiden Novellen, sondern auch die deutliche Verknüpfung verschiedener Erzählperspektiven ist ein aus dem *Don Quijote* bekanntes Gestaltungsmittel. Sie werden in anderen Novellen ergänzt durch zahlreiche Motive, wie z.B. die „locura" beim *Licenciado,* die gleichfalls auf Anliegen hinweisen, die Cervantes in seinem *Don Quijote* verfolgt hatte. Vor allem aber die Tatsache, daß zwischen idealistischen und realistischen Novellen unterschieden werden kann und in einzelnen Novellen die realistische Ebene der idealistischen bewußt gegenübergestellt ist, weist auf den Gegensatz zwischen Idealität und Realität hin, der im Zentrum des *Don Quijote* steht.

V. Don Quijote

A. Inhalt

Im *Don Quijote* gibt es Reden und Dialoge, so zahlreiche Episoden, Novellen, daß nach beendeter Lektüre des Gesamtwerkes leicht der Überblick zur Lokalisierung einzelner Stellen verlorengegangen ist. Da aber in unserer folgenden Analyse des Romans immer wieder auf einzelne Kapitel unter Angabe des Buches und der Kapitelnummer Bezug genommen wird, sei es gestattet, der Deutung des Werkes einen Überblick über die äußere Handlung vorauszustellen.

Erstes Buch
Prolog

Der Erzähler berichtet von seinen Schwierigkeiten beim Verfassen des Prologs. Er bezeichnet sich als „padrastro" des Quijote, eines häßlichen Sohnes, sein Buch als trocken, in schlechtem Stil geschrieben, ohne Gelehrsamkeit und Ideen, ohne Anmerkungen. Ein Freund rät ihm, Anmerkungen und Sonette zu erfinden bzw. irgendwelche Sentenzen anzuführen, die ihm gerade einfallen. Schließlich wird erklärt, daß all dies nicht nötig sei, da das Buch einen anderen Zweck verfolge. Es richte sich nämlich gegen die Ritterbücher.

Lobgedichte; Sonette

1. Don Quixada, ein Edelmann von 50 Jahren, Frühaufsteher, Freund der Jagd, arm und mager, liest ständig Ritterromane. Darüber verliert er den Verstand. Er hält die Geschichten für wahr. Schließlich glaubt er, als fahrender Ritter umherziehen zu müssen. Er bereitet sein klappriges Pferd vor, das er Rocinante nennt. Sich selbst nennt er Don Quijote de la Mancha. Nun sucht er eine Dame, in die er verliebt ist, und findet sie in Adonza Lorenzo, einem Bauernmädchen, das er Dulcinea de Toboso nennt.

2. Eines Morgens im Juli macht er sich gerüstet und mit seiner Rocinante auf den Weg. Es fällt ihm ein, daß er noch nicht zum Ritter geschlagen worden ist, und er beschließt, dies von dem ersten, der ihm über den Weg läuft, erledigen zu lassen. Abends erreicht er eine Schenke, die ihm als eine Burg erscheint. Zwei Dirnen hält er für edle Damen. Er spricht sie an, sie lachen ihn aus und verstehen seine Sprache nicht. Der Wirt kommt dazu, hat ein wenig Angst und antwortet in der gleichen Sprache der Ritterbücher. Don Quijote hält ihn für den Burgherrn.

3. Don Quijote bittet den Wirt, in der Nacht die Waffen bewachen zu dürfen, um sich zu bewähren, so daß der Wirt ihn am nächsten Tag zum Ritter schlagen könne. Der Wirt ist einverstanden und will sich einen Spaß mit ihm machen. Er rät ihm noch, sich Geld, Arzneien und einen Knappen zu besorgen. Don Quijote „kämpft" mit zwei

Eselstreibern, die ihre Tiere zum Trog führen wollen, wozu sie die Waffen von demselben herunternehmen müssen; dies sieht Don Quijote als Bedrohung an. Andere Eselstreiber bewerfen ihn mit Steinen, der Wirt ruft sie zurück. Er will Don Quijote loswerden und schlägt ihn noch in der Nacht zum Ritter. Don Quijote zieht los.

4. Es bietet sich die erste Gelegenheit, ritterlich zu handeln: Don Quijote sieht einen Mann, der einen Jungen schlägt – seinen Knecht, der schlecht auf das Vieh aufpaßt. Quijote will das angebliche Unrecht aus der Welt schaffen, nimmt dem Herrn das Versprechen ab, mit den Schlägen aufzuhören. Er reitet fort, der Herr schlägt den Knecht weiter und läßt ihn schließlich gehen. Don Quijote bietet sich eine zweite Gelegenheit: Er trifft Kaufleute und verlangt von ihnen, zu schwören, daß Dulcinea de Toboso die schönste Dame der Welt sei. Die Kaufleute machen sich über ihn lustig, er geht auf einen von ihnen los, Rocinante stürzt. Don Quijote schimpft, ein Maultiertreiber prügelt auf ihn ein, bis er sich nicht mehr bewegen kann.

5. Er liegt am Boden; ein Bauer aus seinem Dorf geht vorbei, findet und erkennt ihn. Quijote ist noch verwirrter, spricht in Romanzen. Zu Hause rätseln Nichte, Haushälterin, Barbier und Pfarrer über sein sechstägiges Fortbleiben. Sie wollen seine Bücher verbrennen, Quijote erklärt ihnen, er sei im Kampf mit zehn Riesen verwundet worden.

6. Der Pfarrer und der Barbier gehen in das Zimmer, in dem über 100 Bücher stehen. Der Pfarrer will erst die Titel sehen. Der *Amadís de Gaula* wird verschont; dies sei das erste und beste Ritterbuch. Die *Sergas de Esplandián* werden verbrannt. Das gleiche Schicksal erleiden zahlreiche andere Bücher. Die *Historia del famoso caballero Tirante el Blanco* nimmt der Barbier auf Anraten des Pfarrers mit nach Hause – zum Zeitvertreib; es sei zwar voller Albernheiten, aber zumindest realistisch geschrieben. Die *Diana* von J. de Montemayor und andere, ähnliche Bücher seien nicht schädlich und werden gerettet. Quijotes Nichte fürchtet, ihrem Onkel könne es einfallen, als Schäfer durch die Gegend zu ziehen; daher sollen die Schäferromane außer Reichweite geschafft werden, und der *Diana* soll alles weggeschnitten werden, was von der weisen Felicia und dem verzauberten Wasser handelt sowie die meisten Verse in längeren Silbermaßen. Die *Galatea* von Miguel de Cervantes „tiene algo de buena invención, propone algo, y no concluye nada". Der Pfarrer will das Werk vorerst aufbewahren lassen und den zweiten Teil abwarten. Die *Araucana* von Don Alonso de Ercilla, die *Austríada* von Juan Rufo und der *Monserrate* von Christóbal de Virués seien die besten in achtzeiligen Stanzen geschriebenen Bücher in spanischer Sprache; sie könnten sich mit italienischer Dichtung messen.

7. Pfarrer und Barbier vermauern das Zimmer, in dem die Bücher gestanden hatten. Don Quijote wollen sie sagen, ein Zauberer habe Zimmer und Bücher verschwinden lassen. Zwei Tage später steht Don Quijote auf. Man erzählt ihm von dem Zauberer, der sich der weise Muñatón genannt habe. Quijote korrigiert – er müsse Frestón geheißen haben, der ein weiser Zauberer und großer Feind von ihm sei. Er bleibt nun 14 Tage zu Hause und führt mit dem Pfarrer und dem Barbier Gespräche über die fahrenden Ritter, derer die Welt am meisten bedürfe; außerdem behauptet er, in ihm werde das fahrende Rittertum wiederaufstehen. Er versucht, einen Bauern, einen guten, aber dummen Kerl, zu überreden, mit ihm als Schildknappe umherzuziehen. Er verspricht ihm, ihn als Statthalter über eine Insel einzusetzen, woraufhin dieser – Sancho Panza – Frau und Kinder verläßt. Don Quijote verkauft und verpfändet Acker, um Geld aufzutreiben. Sancho nimmt einen Esel mit; so ziehen sie eines Nachts los, ohne sich zu verabschieden. Sie ziehen, wie Don Quijote zuvor, über das

Gefilde von Montiel. Don Quijote sagt Sancho, es sei möglich, daß er ihn sogar zum König mache. Dieser bezweifelt dies, da ihm seine Frau als Königin ungeeignet vorkommt.

8. Sie sehen dreißig oder vierzig Windmühlen, die Don Quijote als dreißig Riesen erscheinen. Sancho will ihn aufklären, aber vergeblich. Sein Herr sagt ihm, er kenne sich in Sachen Abenteuer eben nicht aus. Er greift die erste Mühle an, wobei sein Speer zerbricht und er mit seinem Pferd durch die Luft geschleudert wird. Er ist nun überzeugt, der Zauberer habe die Riesen verwandelt, damit er sie nicht besiegen könne. Sie ziehen weiter zu dem Gebirgspaß Lápice. Am nächsten Morgen klärt er Sancho darüber auf, daß dieser seinem Herrn nur in Streitigkeiten mit dem Volk beistehen dürfe – nicht gegen Ritter. Es nähern sich zwei Brüder vom Benediktinerorden, eine Kutsche, vier oder fünf Leute zu Fuß und zwei Maultierjungen. In der Kutsche eine Dame aus Biscaya. Don Quijote ist der Überzeugung, die Brüder seien Zauberer, die eine geraubte Prinzessin wegbrächten. Er greift sie an, stürzt einen Mönch vom Maultier, den Sancho auszieht, weil er dessen Kleidung als Beute ansieht. Die Maultierjungen stürzen sich deshalb auf ihn und prügeln ihn. Don Quijote stellt sich der Dame vor und verlangt, sie solle nach Toboso gehen und Dulcinea von ihrer Befreiung berichten. Einer ihrer Kammerjunker will Don Quijote vertreiben, sie streiten, Don Quijote geht auf ihn los. Dieser schützt sich mit einem Kissen; schlägt ebenfalls los. Das Manuskript ende dort, bemerkt der Erzähler.

9. Der Herausgeber schreibt, er habe weitere Angaben gesucht und schließlich auf dem Alcaná in Toledo einige Hefte in arabischer Schrift entdeckt. Das Buch habe den Titel *Historia de Don Quijote de la Mancha, escrita por Cide Hamete Benengeli, historiador arábigo*. Er habe das Buch übersetzen lassen, obwohl er anfänglich ein wenig an der Ehrlichkeit des arabischen Geschichtsschreibers gezweifelt habe. Schließlich habe er jedoch festgestellt, daß dieser eher zuwenig als zuviel geschrieben habe. Der Kampf zwischen Don Quijote und dem Biskayer endet damit, daß letzterer sich schließlich ergibt. Don Quijote nimmt der Dame das Versprechen ab, nach Toboso zu fahren und Dulcinea Bericht zu erstatten.

10. Sancho rät, in eine Kirche zu fliehen, um der Heiligen Brüderschaft, die der Biskayer sicher benachrichtigen werde, nicht in die Hände zu fallen. Don Quijote beruhigt ihn, Ritter wie er bräuchten solche Ängste nicht zu haben. Sancho nennt ihn vermessen. Quijote schwört wie der große Markgraf von Mantua, an keinem Tisch zu essen noch sich mit seinem Weibe zu vergnügen etc., bis er sich an dem Biskayer gerächt hätte. Außerdem schwört er, ein solches Leben zu führen, bis er einem Ritter den Helm abgenommen hätte. Er erzählt von dem Helm des Mambrin. Sie wollen die Nacht bei Ziegenhirten verbringen.

11. Don Quijote preist das Goldene Zeitalter als ein Zeitalter der Unschuld, in dem man die Worte „mein" und „dein" noch nicht gekannt habe. Alles sei Friede gewesen, die Mädchen hätten sich auf natürliche Weise verschönt, Liebesworte seien einfach und unschuldig gewesen, es hätte noch keinen Betrug gegeben, nur Wahrheit und Einfalt. Die Mädchen seien nicht angegriffen worden und seien unkeusch nur aus eigenem Willen geworden. Der Orden der fahrenden Ritter sei u. a. gegründet worden, um die Jungfrauen zu verteidigen.

12. Ein Junge kommt hinzu und erzählt vom Tod des gelehrten Schäfers Grisóstomo, der aus Liebe zu Marcela gestorben sei. Der Tote sei ein reicher vornehmer Herr gewesen, der lange Zeit in Salamanca studiert habe und von seiner Wissenschaft, der Astrologie, gelebt habe, indem er den Bauern Ratschläge für ihre Ernten gegeben

habe. Außerdem sei er ein Dichter gewesen. Aus Liebe zu Marcela sei er Schäfer geworden, um ihr – ebenfalls einer Schäferin – nahe sein zu können. Marcela, außergewöhnlich schön, sei von vielen umworben worden, der Vater aber habe sie nicht zur Ehe gedrängt. Sie habe nicht heiraten wollen, weil sie sich aufgrund ihrer Jugend für die Lasten einer Ehe nicht geeignet gesehen habe. Um ihren Bewerbern zu entgehen, sei sie schließlich Schäferin geworden, wodurch sie die jungen Männer zur Verzweiflung getrieben habe, die sie undankbar und grausam genannt hätten.

13. Am nächsten Tag begegnen Don Quijote und Sancho etwa sechs Schäfern und zwei Edelleuten, die auf dem Weg zur Beerdigung Grisóstomos sind. Einer der Fremden, Vivaldo, fragt Don Quijote nach dem Grund für seine merkwürdige Erscheinung. Dieser klärt ihn über seinen Beruf auf, darüber, was es bedeute, zu den fahrenden Rittern zu gehören. Er spricht von „Geschichtsbüchern", von König Artus, Lanzelot, von Amadís de Gaula etc., bezeichnet die Ritter als Beamte Gottes auf Erden, den Ritterstand als mühselig, hungernd und dürstend, zerlumpt und lausig, dem Zauberer und Weise den Weg geleiteten. Vivaldo mißfällt dabei, daß die Ritter sich nie Gott empfählen, bevor sie in den Kampf zögen, sondern nur ihren Damen. Don Quijote erwidert, es gebe keine wirklichen Ritter ohne Dame. Vivaldo führt an, Amadís de Gaula habe nie eine Dame gehabt, worauf Don Quijote entgegnet, er sei allerdings heimlich verliebt gewesen. Vivaldo fragt nach dem Stand der Dame seines Herzens. Quijote antwortet, sie sei aus dem Geschlecht derer von Toboso von der Mancha. Außer Sancho glaubt ihm allerdings niemand. Aus einer Schlucht kommen zwanzig Schäfer mit dem Leichnam Grisóstomos. Ambrosio, dessen Freund, hat einige Schriftstücke bei sich, die er auf Anweisung Grisóstomos verbrennen soll. Auf diesen Blättern wird von dessen unglücklicher Liebe zu Marcela berichtet. Vivaldo überredet Ambrosio, einige der Papiere aufzubewahren. Eines der Gedichte heißt *Canción desespereda.*

14. Marcela erscheint auf einem Felsen. Sie will darlegen, warum sie nicht, wie ihr vorgeworfen wird, die Schuld an Grisóstomos Tod trage. Sie sagt, sie sehe nicht ein, warum Liebe zu Gegenliebe verpflichten solle. Man nenne sie grausam und undankbar, die sie nur ihre Tugend bewahrt habe. Sie habe Grisóstomo erklärt, sie wünsche lediglich, allein mit der Natur zu sein. Nach ihrer Erklärung dreht sie sich um und geht; einige der Anwesenden – beeindruckt von ihrem Verstand und ihrer Schönheit – wollen ihr folgen. Dies bewegt Don Quijote dazu, seiner Pflicht, bedrängten Jungfrauen beizustehen, nachkommen zu wollen. Er bedroht also die Männer; zugleich bittet Ambrosio, die Beerdigung zu beenden. Don Quijote will Marcela seine Dienste anbieten.

15. Sie suchen Marcela. Rocinante bringt eine Koppel Stuten durcheinander und wird daraufhin von den Treibern geprügelt. Don Quijote will dafür Rache nehmen, Sancho soll ihm helfen, da es sich bei den Gegnern nicht um Ritter handele. Die Treiber, die sich in der Überzahl befinden, schlagen zurück und bringen die beiden zu Boden. Don Quijote zieht daraus die Lehre, daß er in Zukunft nur noch gegen Ritter vorgehen wird, mit den anderen soll Sancho sich schlagen. Schließlich entdecken sie eine Schenke, die Don Quijote als Burg bezeichnet.

16. Dort befinden sich der Wirt, dessen Frau und eine Magd und in dem Raum, der ihnen als Schlafstätte zugewiesen wird, ein Maultiertreiber. Don Quijote, der übel zugerichtet ist, wird von der Wirtin verarztet, Sancho von der Magd Maritornes. Letztere hat in der Nacht ein Rendezvous mit dem Maultiertreiber. Don Quijote bildet sich nun ein, die Tochter des Burgherrn (des Schankwirts) habe sich in ihn

verliebt und habe beschlossen, in der Nacht zu ihm zu kommen. Er nimmt sich vor, seiner Dame nicht die Treue zu brechen. Die Tür öffnet sich, und herein kommt Maritornes, die er sofort zu sich zieht; nun ist er überzeugt, eine Prinzessin vor sich zu haben. Er erklärt ihr, er sei zu müde und zerschlagen, ihren Wünschen zu entsprechen, und zudem der Dulcinea von Toboso zur Treue verpflichtet. Der eifersüchtige Maultiertreiber versetzt ihm einen Schlag, unter dem das Bett zusammenbricht. Dadurch wacht der Wirt auf, kommt zu dem Zimmer, die Magd flüchtet vor Angst in Sanchos Bett. Dieser hatte geschlafen, nun glaubt er, angegriffen zu werden und schlägt um sich. Maritornes schlägt zurück, der Maultiertreiber unterstützt sie, der Wirt schlägt die Magd. In der Schenke war ein Landreiter der Brüderschaft von Toledo, der nun Ordnung schaffen will. Don Quijote, der sich nicht bewegt, hält er für tot; er macht sich auf die Suche nach dem Mörder.

17. Don Quijote erzählt seine Version der Geschehnisse: von dem verliebten Burgfräulein und einem Riesen, der ihn niedergeschlagen habe. Er schließt daraus, das Fräulein sei nicht für ihn bestimmt. Sancho berichtet von den Prügeln, die er bezogen hat, Don Quijote tröstet ihn damit, daß er sagt, er werde einen Heilbalsam zubereiten. Ein erneutes Zusammentreffen mit dem Landreiter führt zu weiteren Prügeln. Der Trank wird zubereitet und getrunken; seine Wirkung ist die, daß Don Quijote sich erbricht, dann drei Stunden schläft und sich anschließend besser fühlt. Sancho probiert ihn auch, nur wird ihm davon lediglich übel, er wird ohnmächtig und fühlt sich elend. Schließlich kommt es doch noch zur Entleerung – aus sämtlichen Öffnungen, zwei Stunden lang, so daß es ihm noch schlechter geht als vorher. Don Quijote aber, der sich wohl fühlt, will sofort auf Abenteuersuche losziehen. Bezahlen will er nicht, da kein Ritter je für die Aufnahme in einer Burg bezahlt habe. Er reitet davon. Sancho hingegen wird auf eine Bettdecke gelegt, auf der er von den Leuten immer wieder in die Höhe geschleudert wird. Don Quijote, von Sanchos Schreien zurückgerufen, beschimpft die Leute und droht ihnen; sie hören schließlich auf. Sancho kann gehen, seinen Sack vergißt er allerdings mitzunehmen.

18. Don Quijote ist der Überzeugung, die Schenke sei verzaubert. Sancho meint, die Leute seien alle sehr real gewesen, er nennt deren Namen und rät Don Quijote, in ihr Dorf zurückzukehren. Dieser mahnt zu Geduld. Don Quijote beschließt, sich ein gutes Schwert zu besorgen, wie Amadís es als „Caballero de la Ardiente Espada" hatte. Sie begegnen zwei Schafherden – für Don Quijote zwei feindliche Kriegsheere: das des Kaisers Alifanfarón, Herr der Insel Taprobana, und das des Königs der Garamanter, Pentapolín. Ersterer, ein Heide, habe sich in die christliche Tochter des zweiten verliebt, deren Vater sei aber gegen eine Ehe mit einem Heiden. Er beschreibt detailliert die beiden Heere. Sancho sieht und hört nichts als Schafe. Don Quijote greift an und wird von den Knechten und Herren der Herde mit Steinen begrüßt. Übel zugerichtet geht er aus dem Kampf hervor, er hat sieben Schafe getötet, die Herden ziehen weiter. Don Quijote erklärt alles mit Zauberei, die Sancho blind gemacht habe für die Realität. Sancho beschließt, seinen Herrn zu verlassen.

19. In der Nacht sehen sie eine Menge Lichter, die sich auf sie zubewegen. Don Quijote wittert ein Abenteuer. Weißgekleidete Gestalten kommen ihnen mit einer Tragbahre entgegen. Für Don Quijote handelt es sich um einen verwundeten oder erschlagenen Ritter, den er rächen will. Ein Bursche schimpft auf Don Quijote, dieser greift ihn und alle Begleiter an, die ihn für einen Teufel halten. Einem droht er, ihn umzubringen, falls er sich nicht zu erkennen gebe. Dieser stellt sich als Alonso López aus Alcobendas vor und erklärt, er sei mit elf anderen Geistlichen auf dem Weg nach

Segovia, wo sie den toten Ritter beerdigen wollten. Der Geistliche beschwert sich, Don Quijote habe ihm das Bein gebrochen und so gerade das Gegenteil dessen erreicht, was dieser als seine Pflicht als fahrender Ritter erklärt hatte. Sancho stellt ihn vor als den „Caballero de la Triste Figura", weil er ihm so jämmerlich erscheine. Daran hätten die Zauberer Schuld, sagt Don Quijote, aber dennoch will er den Beinamen annehmen.

20. Sie ziehen weiter und hören ein mächtiges Wasserrauschen, dazu ein taktmäßiges Stampfen. Sancho fürchtet sich, aber Don Quijote weist ihn an, drei Tage auf ihn zu warten, weil er dem Abenteuer entgegengehen wolle. Sancho hält das für zu gewagt und zwingt seinen Herrn schließlich, bei ihm zu bleiben, indem er Rocinantes Beine zusammenschnürt. Don Quijote glaubt, verzaubert zu sein. Am Morgen will er es erneut versuchen, Sancho bindet das Pferd los, und beide machen sich auf den Weg, an dessen Ende sie feststellen, daß es eine Walkmühle war, deren Lärm sie derartig in Angst versetzt hat. Beide können ein Lachen nicht unterdrücken, aber als Don Quijote merkt, daß Sancho sich über ihn lustig macht, gerät er in Wut und schlägt auf ihn ein. Später entschuldigt er sich, ermahnt ihn allerdings zu mehr Respekt.

21. Sie begegnen einem Reiter, der ein glänzendes Ding auf dem Kopf trägt – für Don Quijote der Helm des Mambrin. Es handelt sich um einen Barbier mit einer Messingschüssel auf dem Kopf, die seinen Hut schonen soll. Don Quijote greift ihn an, dieser flüchtet und läßt sein Barbierbecken und seinen Esel zurück. Don Quijote nimmt die Schüssel als Beute an sich. Sancho möchte den Esel gegen seinen tauschen; Don Quijote erlaubt es nicht; das Geschirr aber darf er nehmen. Sie ziehen weiter. Sancho ist der Meinung, es sei wenig sinnvoll, so ziellos durch die Gegend zu ziehen, und er sähe es lieber, wenn sie einem Kaiser oder einem großen Fürsten dienten. Don Quijote erwidert, zuvor müßten sie sich bewähren, damit ihr Ruf bis zu jenem Kaiser gelange. Dann sei es so gut wie sicher, daß der Ritter eine Prinzessin zur Frau bekomme, weil er bei Hofe seine Tapferkeit beweisen könne. Hindernd sei lediglich, daß er nicht von adligem Stand sei, wenn auch ein Edelmann.

22. Es begegnen den beiden ca. zwölf aneinandergekettete, gefesselte Männer mit vier Männern Begleitung. Sancho erkennt, daß es sich um Galeerensklaven handeln muß. Don Quijote ist sich nur einer Sache sicher, nämlich daß die Leute gegen ihren Willen weggeführt werden, also seines Beistandes bedürfen. Er will die Ursachen für die Verurteilung hören. Diese erscheinen ihm nicht zureichend für eine derartige Behandlung. Er meint vielmehr, die Leute seien im Recht gewesen. Er stürmt auf die Wächter zu, diese auf ihn, und in der Zwischenzeit befreien sich die Sträflinge. In dem entstehenden Aufruhr flüchten die Wärter. Ein gewisser Ginés de Pasamonte, der im Gefängnis seine Lebensgeschichte niedergeschrieben hat, führt die übrigen Gefangenen an. Sancho fürchtet, daß die Wärter die Heilige Brüderschaft benachrichtigen werden. Don Quijote verlangt zum Dank für die Befreiung, daß die Sklaven zu Dulcinea von Toboso ziehen und ihr von ihrer Rettung durch ihn berichten sollen. Ginés de Passamonte weist dies als unmöglich zurück, Don Quijote beschimpft ihn, weshalb man ihn schließlich mit Steinen bewirft. Auch Sancho bleibt nicht verschont.

23. Auf Sanchos Rat hin begeben sie sich in die Berge der Sierra Morena. Dort wollte Sancho, daß sie sich versteckten, um bei Viso oder Almodóvar del Campo wieder herauszukommen. Don Quijote findet einen Packen auf dem Boden – einen Mantelsack, in dem sich feine Hemden und Gold befinden, außerdem ein Notizbuch mit verschiedenen Gedichten und ein Brief. Die Sachen gehören einem unglücklich

Liebenden, der sich offenbar in diese Gegend zurückgezogen hat, um zu sterben. Es erscheint in der Nähe ein halbnackter Mann, der von Fels zu Fels springt und verschwindet. Don Quijote vermutet, es könnte sich um den Besitzer der Sachen handeln. Er will sie ihm zurückerstatten. Sie suchen ihn, Don Quijote zu Pferd, Sancho zu Fuß. Sein Maultier ist offenbar verschwunden – dank Ginés de Pasamonte, wie es heißt. Sie finden ein totes Maultier und treffen einen Ziegenhirten, der erzählt, sechs Monate zuvor sei auf jenem Maultier ein feiner Herr gekommen, der nach der wildesten Gegend gefragt habe. Daraufhin sei der Herr in die Berge geritten und habe sich seitdem nur selten sehen lassen. Er habe gesagt, er müsse eine Buße vollbringen; sie hätten ihm zu essen angeboten, was er manchmal angenommen habe, manchmal jedoch sei er auf den Überbringer losgegangen. Er sei verrückt geworden, sei aber manchmal auch völlig normal. Don Quijote beschließt, den Verrückten kennenzulernen. Er will ihn suchen, als dieser plötzlich auftaucht.

24. Er fragt den Verrückten, wer er sei und warum er in jener Gegend lebe; er bietet ihm seine Dienste an. Der Mann stellt die Bedingung, daß man ihn in seiner Erzählung nicht unterbrechen solle. Er stellt sich als Cardenio vor, als einer reichen Familie angehörig; er erzählt, er sei in ein schönes Fräulein verliebt gewesen, Luscinda, die ihn ebenfalls geliebt habe. Seine Geschichte ist folgende: Sie wollten heiraten, als Cardenios Vater einen Brief erhält, in dem der Herzog Cardenio zu sich ruft. Der Vater beschließt, daß Cardenio die Hochzeit verschieben solle; dieser fügt sich. Der Sohn des Herzogs, Fernando, liebte ein Bauernmädchen, dem er die Ehe versprach, um es verführen zu können. Cardenio beschließt, den Herzog davon zu unterrichten. Fernando ist davon überzeugt, daß es für seine „Heilung“ am besten sei, sich von dem Mädchen zu entfernen. Die beiden wollen Cardenios Vater besuchen. Cardenio erfährt, daß Fernandos Version nicht der Wahrheit entspricht, daß dieser vielmehr das Mädchen schon verführt hat und sein Interesse an ihr erloschen ist. Cardenio, der Luscinda immer noch liebt, erzählt Fernando von ihr, von ihrer Schönheit und Klugheit. Als Fernando sie schließlich sieht, verliebt er sich in sie. Cardenio wird mißtrauisch. Es geschieht, daß Luscinda, die sehr gern Ritterbücher liest, Cardenio um den *Amadís de Gaula* bittet. An dieser Stelle kann Don Quijote sich nicht zurückhalten: er unterbricht Cardenio, woraufhin dieser in seinen Wahn verfällt. Die beiden streiten sich, Cardenio wirft mit einem Stein nach Don Quijote; Sancho will ihn rächen und bekommt auch Prügel. Der Ziegenhirt bleibt auch nicht verschont; Cardenio zieht sich zurück. Sancho und der Ziegenhirt geraten in Streit darüber, wen die Schuld an dem Vorfall treffe; sie schlagen sich.

25. Sancho fragt Quijote nach dem Grund des Streites mit Cardenio. Darüber beginnen die beiden zu streiten, bis Quijote ihm befiehlt, zu schweigen. Don Quijote erklärt, es sei sein vordringlichster Wunsch, eine Großtat zu vollbringen. Er singt ein Loblied auf Amadís, den man nachahmen müsse. Dieser habe, als er von dem Fräulein Oriana zurückgewiesen wurde, auf einem Felsen Buße getan. Quijote will ihn in dieser Weise nachahmen, weil dies leichter sei, als dessen kämpferische Leistungen nachzuvollziehen. Der Ort scheint ihm passend für die Buße, so will er also einen Verzweifelnden, Verrückten und damit gleichzeitig den Roland nachahmen. Er schickt Sancho mit einem Brief zu Dulcinea von Toboso, der dieser Bericht erstatten soll von den Taten, die Quijote um ihretwillen vollbringt. Sancho zweifelt am Verstand seines Herrn, da dieser immer noch nicht einsieht, daß sein Helm nur eine Barbierschüssel ist. Quijote klärt ihn auf, daß alles, was Rittern zustoße, den Anschein von Verrücktheiten habe, da die Zauberer stets alles ins Gegenteil verkehrten.

Quijote erzählt von Dulcinea. Er habe stets eine platonische Liebe zu ihr empfunden, da sie von ihren Eltern Lorenzo Corchuelo und Aldonza Nogales in großer Zurückgezogenheit erzogen worden sei. So erfährt Sancho, daß Dulcinea das Bauernmädchen Aldonza Lorenzo ist; er sagt, er kenne sie gut, sie sei sehr kräftig, habe Haare auf den Zähnen und sei keineswegs zimperlich. Sancho meint, wer in dieses Mädchen verliebt sei, dem stehe es zu, Verrückheiten zu verüben, er solle sich am besten erhängen – jeder würde es verstehen. Quijote erklärt, Dulcinea sei ihm so viel wert wie eine Prinzessin. Er schreibt den Brief und eine Anweisung an seine Nichte, Sancho drei Esel zu geben.

26. Don Quijote, allein, überlegt, daß er den rasenden Roland nicht nachahmen kann, weil bei ihm der Anlaß zu Eifersucht fehle. Er will sich mehr an Amadís halten, der lediglich von seiner Dame zurückgewiesen wurde. Dieser habe zumeist gebetet und gebeichtet; darin nun will Don Quijote ihn nachahmen. Er schreibt außerdem viele Verse in den Sand und in die Rinde der Bäume. Sancho gelangt indessen zu der Schenke, in der man ihn so schlecht behandelt hatte. Er trifft den Pfarrer und den Barbier seines Dorfes, die glauben, er hätte seinen Herrn getötet und ihm das Pferd abgenommen. Sancho erklärt, wo sich Don Quijote befindet. Der Pfarrer bittet, den Brief sehen zu dürfen; da fällt Sancho ein, daß er ihn nicht mitgenommen hat. Sancho ist außer sich vor Wut wegen der drei Esel, die er nun nicht bekommen wird. Er berichtet von dem Verlust seines Esels (worüber wir nichts Näheres wissen).

27. Um Don Quijote von seiner Verrücktheit zu heilen, wollen der Pfarrer und der Barbier sich verkleiden, und zwar als ein hilfesuchendes Fräulein und deren Knappe. Das Fräulein soll ihn dazu bringen, mit ihr zu ziehen – unter dem Vorwand, daß ein böser Ritter ihr Unrecht getan habe; die beiden wollen ihn in ihr Dorf bringen und versuchen, ihn zu heilen. Sancho soll ihm außerdem von Dulcinea ausrichten, er solle zu ihr kommen. Sancho geht erst allein zu seinem Herrn, weil er glaubt, diese Botschaft werde schon genügen, um Don Quijote von dort wegzuholen. Der Pfarrer und der Barbier hören indessen eine Stimme, die wunderschön singt. Es ist Cardenio, diesmal bei Verstand. Er erzählt ihnen seine Geschichte, bei der er durch Quijote unterbrochen wurde. Er fährt fort: Fernando verliebt sich in Luscinda und schickt Cardenio unter einem Vorwand zu seinem älteren Bruder. Cardenio verabschiedet sich von Luscinda und reist ab – mit einer Nachricht Fernandos an den Bruder. Dieser verlangt von Cardenio, acht Tage zu warten. Er gehorcht, bis er am vierten Tag einen Brief von Luscinda bekommt, der besagt, daß Fernando um ihre Hand angehalten und ihr Vater eingewilligt habe, so daß sie sich zwei Tage später mit Fernando vermählen müsse. Cardenio reist sofort ab, sieht Luscinda, die ihm verspricht, sich eher selbst zu töten, als Fernando zu heiraten. Cardenio beobachtet heimlich die Zeremonie, hört, wie Luscinda dem Pfarrer antwortet, sie wolle Fernandos Frau werden; dann sieht er noch, wie sie in Ohnmacht fällt und aus ihrem Kleid ein Brief fällt, den Fernando an sich nimmt. Cardenio ist verzweifelt, will sich rächen, schließlich entscheidet er sich aber anders: Er will sterben. Als er in jener Gegend angekommen ist, bricht sein Maultier zusammen. Er geht in die Berge, fällt schließlich in Ohnmacht, aus der er erwacht und sich in Gesellschaft einiger Ziegenhirten sieht, die ihm berichten, was er geredet hatte – woraus er schließt, er müsse wohl den Verstand verloren haben. Sich selbst zu töten, dazu ist er nicht fähig, und gesund zu werden ohne Luscinda, darin sieht er keinen Sinn.

28. Der Pfarrer hört nun eine weitere Stimme, die ihr Unglück beklagt. Sie entdekken einen schönen Jüngling in Bauernkleidung, der sich als junge Frau entpuppt. Es

stellt sich heraus, daß sie das von Don Fernando betrogene Bauernmädchen ist, Dorotea, das sich nun auf die Suche nach ihm gemacht hat. Sie erzählt, sie habe erfahren, daß Fernando verheiratet sei, daß ihm aber seine Frau in einem Brief mitgeteilt habe, sie sei schon vergeben – an Cardenio – und habe vor, sich eher zu töten als Fernandos Frau zu werden. Dieser habe die Stadt verlassen, Cardenio ebenfalls, und Luscinda sei verschwunden. Sie selbst sei mit einem Diener aus dem Haus ihrer Eltern geflüchtet. Diesen habe sie totgeschlagen, weil er ihr Gewalt habe antun wollen. Sie werde nach ihrer Flucht überall gesucht und sei deshalb als Jüngling verkleidet.

29. Cardenio gibt sich zu erkennen und bietet ihr seine Hilfe an; Sancho kehrt zurück und erzählt, sein Herr sei nicht bereit, sich vor Dulcinea zu zeigen, bevor er nicht durch entsprechende Taten sich ihrer Gunst würdig erwiesen habe. Nun kommt der Plan des Pfarrers zur Ausführung, allerdings mit Dorotea in der Rolle des Fräuleins. Sie sagt, sie habe viele Ritterbücher gelesen und kenne sich daher mit der Art, in der hilfesuchende Damen sprechen, aus. Der Pfarrer stellt Sancho die verkleidete Dorotea als Prinzessin Micomicona des Reiches Micomicón vor, der ein böser Ritter Unrecht getan habe. Quijote gewährt Dorotea seinen Beistand, man macht sich auf den Weg. Er erkennt den Pfarrer, der ihm erzählt, er sei mit dem Barbier auf dem Weg nach Sevilla gewesen und von vier Räubern überfallen worden – Galeerensklaven, die wohl ein Verrückter befreit haben müsse.

30. Sancho hatte ihm davon berichtet und sagt nun noch einmal, der Verrückte sei sein Herr gewesen. Dieser versucht, sich zu rechtfertigen. Er fragt Dorotea – die Prinzessin – nach der Art ihres Unglücks, sie erfindet eine Geschichte von einem Riesen, der sie zur Frau wolle. Sie habe beschlossen, nach Spanien zu gehen und die Hilfe des berühmten Ritters Don Quijote zu erbitten, mit dem sie sich zum Dank vermählen wolle. Dies muß Don Quijote zurückweisen, da er der Dulcinea von Toboso verpflichtet sei. Sancho will davon nichts hören und sagt, diese sei doch wohl nicht so schön wie die Prinzessin.

31. Quijote fragt nun Sancho nach Dulcineas Reaktion auf seinen Brief, woraufhin der Knappe gestehen muß, daß er den Brief nicht überbracht hat, er sagt aber, er habe ihr den Inhalt mündlich mitgeteilt, als er sie fand, wie sie Weizen siebte. Er beschreibt eine Bäuerin; Quijote ist überzeugt, einer seiner Feinde müsse sie verzaubert haben. Er will erst der Prinzessin zu ihrem Recht verhelfen und anschließend zu seiner Dame eilen. Sie treffen einen Burschen, der sich als der Junge zu erkennen gibt, der von seinem Herrn geprügelt wurde, bis Don Quijote dazukam. Er berichtet den Ausgang der Geschichte und gibt Quijote die Schuld an den erneuten Schlägen, die er erleiden mußte. Quijote verspricht, ihn zu rächen, nachdem er der Prinzessin geholfen hätte.

32. Sie kehren wieder in der Schenke ein. Quijote verspricht, diesmal zu bezahlen; der Pfarrer gibt die geliehenen Kleidungsstücke zurück. Er und der Wirt streiten über Ritterbücher; letzterer ist der Meinung, es gebe nichts Vergnüglicheres zu lesen. Die Wirtstochter findet sie ebenfalls vergnüglich, nur verstehe sie die Ziererei nicht, mit der die geschilderten Damen ihre Ritter hinhielten. Der Pfarrer bittet den Wirt, ihm seine Ritterbücher zu zeigen. Der Wirt zeigt sich in seiner Begeisterung für die Ritterbücher annähernd so verrückt wie Don Quijote. Der Pfarrer sagt ihm, es handele sich doch nur um Erfindungen müßiger Geister; der Wirt hingegen glaubt an die Geschichten. Der Wirt hat ein weiteres Buch, ein Manuskript mit dem Titel *Novela del Curioso impertinente,* das den Pfarrer interessiert.

33. Die Novelle vom törichten Vorwitz.

In Florenz lebten zwei befreundete Edelleute, Anselmo und Lotario. Anselmo heiratet Camila, die Freunde sehen sich seltener, weil Lotario der Ansicht ist, daß er in dem Hause des nun Verheirateten sich nicht allzu häufig aufhalten dürfe, um die Ehefrau nicht in schlechten Ruf zu bringen. Eines Tages kommt Anselmo zu seinem Freund mit einer seltsamen Bitte: Lotario soll die Tugendhaftigkeit Camilas prüfen, indem er ihr den Hof macht. Lotario ist dagegen, weil er meint, eine Frau besitze in keinem Fall genügend Tugend und Stärke, einer Versuchung zu widerstehen; die Prüfung hält er überdies für unnötig, da Camila doch tugendhaft sei, und für schädlich für Ehre und Leben aller Beteiligter. Anselmo gibt nicht nach, und Lotario willigt schließlich ein, um den Freund nicht zu verlieren. Allerdings beschließt er, Camila nicht wirklich nachzustellen und Anselmo Bericht zu geben von deren unerschütterlicher Sittsamkeit. Dies geht eine Zeitlang gut, bis Anselmo den Schwindel entdeckt. So muß Lotario doch sein Versprechen erfüllen, wobei er sich tatsächlich in Camila verliebt. Anselmo geht zu einem Freund aufs Land.

34. Camila fühlt sich bedrängt; sie ist entschlossen, sich von Lotarios Liebesworten nicht beeindrucken zu lassen, doch schließlich gibt sie sich ihm hin. Leonela, das Hausmädchen, ist die einzige, die davon erfährt. Anselmo kehrt zurück, Lotario berichtet ihm von der Tugendhaftigkeit Camilas. Anselmo will seine Prüfung noch weiter treiben; er erfindet eine Dame, in die Lotario verliebt sei und der er Gedichte widmen soll. Camila plagen Gewissensbisse wegen ihrer zu schnellen Hingabe. Leonela beruhigt sie und erzählt ihr von ihrem Geliebten, den sie, wie Camila bemerkt, des öfteren mit ins Haus bringt. Lotario entdeckt eines Tages den Geliebten des Mädchens und hält ihn für den Camilas. Aus Eifersucht erzählt er dem Freund, Camilas Standhaftigkeit sei längst besiegt und spricht mit diesem ab, er solle sich in einem Camilas Zimmer benachbarten Raum verstecken, um so mit eigenen Augen sehen zu können, was er sonst vielleicht nicht glauben möchte. Sofort nach dieser Eröffnung bereut er sie wieder und erzählt Camila alles. Diese erklärt ihm, wer der Mann sei, den Lotario gesehen hatte und denkt sich einen Plan aus, mit dessen Hilfe sie Anselmo von ihrer Unschuld überzeugen will. Am Abend – sie weiß, daß Anselmo sich in der Nähe aufhält – spielt sie die Verzweifelte, die versucht, ihre Ehre zu retten, sich von Lotario bedrängt sieht und die schließlich eher sterben will, als entehrt zu sein. Sie verletzt sich leicht mit einem Dolch, Anselmo fürchtet um ihr Leben, ist aber völlig von ihrer Unschuld überzeugt. Lotario durchschaut nun den Betrug und spielt mit. Anselmo entschuldigt sich bei dem Freund, einige Monate lang wird er betrogen, ohne das Geringste zu ahnen.

35. Quijote kämpft schlafwandelnd mit Weinschläuchen, die er für den Riesen hält, von dem er die Prinzessin befreien will. Den auslaufenden Rotwein hält er für Blut und glaubt daher, gesiegt zu haben. Man weckt ihn auf, er erzählt von seinem Abenteuer; alle außer Sancho, der ihm glaubt, lachen ihn aus. Der Wirt ist außer sich wegen all der Kosten, die ihm Don Quijote verursacht. Der Pfarrer will ihn abfinden. Die Novelle wird zu Ende gelesen:

Eine Zeitlang geht alles gut, bis Anselmo den Geliebten Leonelas entdeckt und das Mädchen bedroht. Diese kündigt ihm aus Angst sehr interessante Informationen an, die sie ihm am nächsten Tag eröffnen will. Er ist einverstanden, berichtet Camila von dem Vorfall, diese erkennt die Gefahr und flüchtet noch in der Nacht zu Lotario, der sie in einem Kloster versteckt. Anselmo entdeckt die Flucht und versteht (fast) alles. Er will seinen Freund Lotario um Rat bitten, aber als er erfährt, daß auch dieser verschwunden ist, weiß er endlich Bescheid. Er macht sich auf den Weg zu einem anderen Freund. Unterwegs trifft er einen Mann, der ihm erzählt, Lotario habe Camila entführt. Bei seinem Freund angekommen, fühlt er, daß er dem Tod nahe ist. Anselmo stirbt, Camila bleibt im Kloster, und nachdem sie die Nachricht von Lotarios Tod erhalten hat, der in einer Schlacht gefallen ist, stirbt auch sie.

36. Vier Herren, eine Dame und zwei Diener kommen zur Schenke. Die Dame ist Luscinda, einer der Herren Don Fernando. Dorotea beschwört ihn, Luscinda freizugeben und sie selbst zu sich zu nehmen als seine Frau, die sie ja schon ist. Sie erreicht, daß er nachgibt, Luscinda und Cardenio kommen wieder zusammen. War Fernando zuerst noch unwillig, so läßt er nun sein Herz erweichen, und schließlich entdeckt er noch seine aufrichtige Liebe zu Dorotea. Fernando erzählt, wie er Luscinda aus dem Kloster entführt habe und daß diese seitdem ohne Pause ihr Unglück beweint habe.

37. Alle außer Sancho sind erfreut über den Ausgang der Sache – er weiß nun, daß die Prinzessin eine Bürgerliche ist. Quijote ist der Meinung, hier könne es sich nur um Zauberei handeln. Don Fernando wünscht, daß Dorotea weiterhin die Prinzessin spiele, damit der Ritter in sein Dorf gebracht werde. So zerstreut Dorotea Sanchos und Quijotes Bedenken und besteht darauf, die Reise fortzusetzen. Ein Maurensklave mit einer maurisch gekleideten Frau betritt die Schenke. Der Sklave berichtet, sie sei im Herzen eine Christin, aus Algier, und heiße Zoraida bzw. María. Beim Nachtessen hält Don Quijote einen Vortrag über das Waffenhandwerk, das viel bedeutender sei als die Wissenschaften. Es verlange ebenfalls Geist und habe zum Ziel, Frieden zu schaffen, während Zweck der Wissenschaften nur sei, Gerechtigkeit überall obenan zu stellen.

38. Die körperlichen Anstrengungen, Mühsale und Armut des Soldaten seien in jedem Fall größer als die des Studierenden. Wenn die Wissenschaften behaupten, das Waffenhandwerk sei von ihnen abhängig, so sei die Umkehrung ebenso der Fall, und zwar in größerem Maße. Außerdem koste es mehr Mühe, ein guter Soldat zu werden als ein guter Wissenschaftler. Der Pfarrer stimmt ihm in allem zu. Don Fernando bittet den Maurensklaven, seine Lebensgeschichte zu erzählen.

39.–41. Der Maurensklave erzählt, sein Vater, ein reicher Mann, habe sein Vermögen unter seinen drei Söhnen aufgeteilt, von denen er als der älteste Soldat geworden sei. Er sei nach allerlei Kriegswirren als Gefangener des Uludsch-Alí erst nach Konstantinopel und schließlich nach Goleta gekommen. Dort habe er einen gewissen Don Pedro de Aguilar kennengelernt, über dessen Schicksal er nichts mehr wisse. Don Fernando beruhigt ihn, dieser Don Pedro sei sein Bruder, und es gehe ihm gut. Nach dem Tode Uludsch-Alís sei der Sklave einem venezianischen Renegaten „vererbt" worden, mit dem er nach Algier gekommen sei, da dieser König von Algier geworden sei. In der Gefangenschaft habe er Botschaften von einer Maurin erhalten, die nach Spanien habe fliehen wollen und ihn um Hilfe gebeten habe. Mit ihrem Geld und seiner Initiative sei ihnen die Flucht gelungen, nur seien sie unterwegs überfallen worden, so daß sie nun arm seien. Sie wolle sich taufen lassen, und er sei wieder von der Kirche aufgenommen worden. Jetzt suchten sie seinen Vater.

42. Es kommt ein Oberrichter in die Schenke mit einem jungen Mädchen, seiner Tochter. Der Renegat vermutet, daß der Oberrichter sein Bruder sei, aber da er nicht weiß, ob er von diesem gut aufgenommen würde, gibt er sich nicht zu erkennen. Er hält sich im Hintergrund. Der Pfarrer erzählt dem Richter, er habe einmal einen Herrn seines Namens gekannt; er erzählt dessen Geschichte, um die Reaktion des Richters zu prüfen. Als sich herausstellt, daß dieser seit langem auf Nachricht von seinem Bruder wartet, wagt sich der Renegat aus seinem Versteck. Die Brüder wer-

den so wieder vereint und beschließen, ihren Vater aufzusuchen, Zoraida taufen zu lassen und anschließend die Hochzeit der Maurin mit dem ehemaligen Sklaven zu feiern. Don Quijote bietet an, die „Burg" zu bewachen. Am Morgen erklingt ein Gesang. Ein Maultiertreiber ist der Sänger.

43. Clara de Viedma, die Tochter des Richters, wird von Dorotea geweckt und zeigt sich durch den Gesang sichtlich beunruhigt. Sie erzählt, der Sänger sei der Sohn eines Edelmannes, der sich in sie verliebt habe und ihr überallhin folge. Auch sie habe sich schließlich in ihn verliebt, wisse jedoch, daß eine Heirat aufgrund des Standesunterschiedes nicht möglich sei, da der junge Mann weit über ihr stehe. Dorotea verspricht, ihr zu helfen. Die Wirtstochter und Maritornes wollen sich einen Spaß mit Don Quijote erlauben, der auf seinem Pferd Wache hält. Die Wirtstochter spielt ein in ihn verliebtes Burgfräulein, Maritornes erreicht durch einen Vorwand, daß er seine Hand zur Dachluke hinaufhält, hinter der sie sich aufhält; sie bindet seine Hand mit einem Strick fest und läßt ihn allein. Er ist überzeugt, ein Zauberer habe seine Hand im Spiel. Am Morgen kommen vier Reiter zu der Schenke.

44. Die Männer fragen nach einem Jüngling – dem Sänger der vergangenen Nacht. Es sind Diener von dessen Vater, die ihn mitnehmen wollen. Der junge Mann, Don Luis, erklärt dem Oberrichter, weshalb er dessen Tochter folge; dieser will mit dem Vater Don Luis' wegen einer Eheschließung sprechen. Zur Schenke kommt nun der Barbier, den Don Quijote in die Flucht geschlagen hatte; er verlangt seine Schüssel und die übrigen Sachen, die man ihm gestohlen hat.

45. Don Quijote will nicht zugeben, daß er nicht den Helm des Mambrin, sondern nur eine Barbierschüssel besitzt; ebenso bezeichnet er das Sattelzeug des Esels als Pferdegeschirr. Der Barbier verlangt von den übrigen eine Klarstellung der Dinge; diese jedoch stellen sich blind. Nur ein dazugekommener Landreiter sagt die Wahrheit, woraufhin eine Prügelei entsteht. Schließlich wird Frieden geschlossen. Don Fernando erklärt den Dienern des Vaters von Don Luis, er wolle den jungen Mann zu seinem Bruder mitnehmen. Einer der Diener will ihn begleiten. Einer der Landreiter erkennt nun Don Quijote als einen von der Heiligen Brüderschaft gesuchten Verbrecher; er soll verhaftet werden.

46. Der Pfarrer überzeugt die Landreiter davon, daß es zwecklos sei, Don Quijote mitzunehmen, da er nicht bei Verstand sei. Der Streit zwischen Sancho und dem Barbier wegen des Eselsgeschirrs wird beigelegt, und der Pfarrer bezahlt die Schüssel. Don Quijote will sofort mit der Prinzessin Micomicona aufbrechen; Sancho äußert Zweifel an deren Echtheit; sie habe sich mit Don Fernando intimer gezeigt, als es sich für eine Prinzessin gehöre. Diese erklärt alles durch Zauberei. Pfarrer und Barbier fertigen einen Käfig an, in dem sie Don Quijote einsperren, um ihn so sicher nach Hause bringen zu können. Er glaubt, verzaubert zu sein.

47. Sancho glaubt nicht an den Zauber; man bricht in Begleitung der Landreiter auf. Sie treffen sechs oder sieben Berittene – u. a. einen Domherrn. Mit diesem spricht der Pfarrer über Don Quijote, über die Ritterbücher. Der Domherr sagt, diese Geschichten seien alle gleich und gehörten zu der Art von schädlichen Milesischen Märchen, die im Gegensatz zu den Äsopischen Fabeln nicht belehren wollten. Nur ein roher Geist könne sich an ihnen erfreuen. Die Verfasser sollten darauf achten, Wahrscheinliches zu erzählen. Die Geschichten seien hart im Stil, unwahrscheinlich, unzüchtig, weitschweifig, albern und ungereimt. Allerdings sei ein Buch akzeptabel, das in anmutigem Stil geschrieben sei und Wahrscheinliches erzähle. Schließlich lasse sich epische Dichtung auch in Prosa schreiben.

48. Der Domherr erzählt, er habe selbst einmal ein Ritterbuch schreiben wollen, dann aber darauf verzichtet, da er sich nicht dem Urteil Einfältiger habe unterwerfen wollen. Denn die Leser wollten ja schließlich keine guten Ritterbücher. Er habe vergeblich versucht, die Schauspieler davon zu überzeugen, daß es besser sei, Komödien darzustellen, die den Regeln der Kunst folgen. Die Schuld liege also bei den Darstellern, die nichts Gutes zu spielen in der Lage seien. Unter den guten Komödien nennt er auch *Numancia*. Der Pfarrer spricht sich gegen Bühnenstücke aus, die gegen die Einheit von Ort, Zeit und Handlung verstoßen, außerdem gegen geistliche Schauspiele, die von falschen Wundern erzählen. Er empört sich darüber, daß selbst in weltlichen Stücken Wunder dargestellt würden. Dies mache den spanischen Dichtern Schande. Da Bühnenstücke zur Ware geworden seien, müßten die Dichter sich dem allgemeinen (schlechten) Geschmack anpassen. Er wünscht sich, daß es einen Mann gäbe, der die Bühnenstücke zu prüfen hätte. Das gleiche sollte für Ritterbücher geschehen. Sancho glaubt noch immer nicht, daß sein Herr verzaubert ist, da dieser doch – anders als bei Verzauberten üblich – noch ganz normale menschliche Bedürfnisse habe.

49. Er will ihm zur Flucht verhelfen und bittet den Pfarrer, ihn für eine Weile aus dem Käfig zu lassen, da er austreten müsse. Don Quijote schwört, er werde wieder zurückkommen. Der Domherr befragt ihn zu den Ritterbüchern: diese Bücher seien doch offensichtlich schädlich und hätten ihn um den Verstand gebracht. Don Quijote bezeichnet daraufhin den Domherrn als einen Mann ohne Verstand. Er spricht von den in den Büchern dargestellten Helden, wobei er Wahrheit und Erfindung durcheinandermischt.

50. Die beiden sprechen weiter über Ritterbücher und über deren Vor- und Nachteile, bis sich ihnen ein Ziegenhirt nähert, der mit seiner Ziege spricht. Er will ihnen seine Geschichte erzählen, um diesen merkwürdigen Umstand zu erklären.

51. Er erzählt, er habe sich in ein reiches Mädchen, Leandra, verliebt und gleich um ihre Hand angehalten. Ihr Vater habe sich nicht entscheiden wollen. In das Dorf sei ein italienischer Soldat gekommen, der prächtig gekleidet gewesen sei und interessant erzählt habe. Alles an ihm sei nur Prahlerei und billiger Schwindel gewesen, aber Leandra sei darauf hereingefallen, habe sich in ihn verliebt und sei mit ihm geflohen. Man habe sie drei Tage später im Wald gefunden, beraubt, aber nicht entehrt. Ihr Vater habe sie in ein Kloster geschickt, der junge Mann und sein Mitbewerber Anselmo seien als Schäfer in die Wälder gegangen. Er nun sei erbost über den Leichtsinn und die Unbeständigkeit der Frauen; deshalb habe er seine Ziege gescholten – eben weil auch sie ein Weibchen sei.

52. Der Ziegenhirt bezeichnet Don Quijote als Verrückten, woraufhin dieser ihn als Sohn einer Hure beschimpft; die beiden schlagen sich, bis eine Menge Leute, wie Pilger weiß gekleidet, sich nähern. Sie tragen eine Bildsäule, die Madonna, die Don Quijote für eine entführte Dame hält. So greift er die Pilger an und verlangt, daß sie die Dame freigeben, woraufhin die Männer in Lachen ausbrechen. Es kommt zu einem Kampf, Don Quijote wird bewußtlos geschlagen, und der Pfarrer erklärt die Situation. Don Quijote will zurück in seinen Käfig; man bricht auf. Nach sechs Tagen erreichen sie ihr Dorf, Don Quijote wird bei seiner Nichte und der Haushälterin deponiert. Der Erzähler schreibt, an dieser Stelle habe das Manuskript geendet. Allerdings habe er schließlich Pergamentrollen gefunden, auf denen Don Quijotes Heldentaten in kastilischen Versen geschildert würden, außerdem dessen Tod. Auch seien einige Verse wiedergegeben. Diese werden dann angeführt.

Zweites Buch
Vorrede

Der Verfasser beklagt sich über den Autor des zweiten Don Quijote, der in Tordesillas erzeugt und in Tarragona geboren worden sei, der ihn wegen seines Alters und seiner verkrüppelten Hand verschmähe, der ihn neidisch nenne. Er bedankt sich bei seinen Wohltätern, dem Grafen von Lemos und Don Bernardo de Sardoval y Rojas. Schließlich versichert er, es folge der einzig echte zweite Teil des *Don Quijote.*

1. Der Pfarrer und der Barbier halten Don Quijote einen Monat nach seiner Rückkehr für geheilt, doch bald erkennen sie, daß er noch ebenso verrückt ist wie zuvor.

2. Don Quijote fragt Sancho nach der Meinung der Leute über ihn; dieser berichtet, die meisten hielten ihn für einen Narren. Auch erzählt er von Sansón Carrasco, der in Salamanca studiert habe und von einem Buch mit dem Titel „Don Quijote" berichtet habe.

3. Sancho holt Sansón Carrasco, der von der weiten Verbreitung des Buches berichtet. Er spricht von den Pflichten eines Geschichtsschreibers – im Gegensatz zu denen eines Dichters – und lobt das Buch. Er weist allerdings auf einen Fehler hin: Daß nämlich nicht erzählt wird, auf welche Weise Sancho seinen Esel verliert und warum er plötzlich wieder auftaucht.

4. Sancho erklärt, Ginés de Pasamonte, einer der Galeerensklaven, habe ihm den Esel gestohlen. Carrasco sagt, der Verfasser verspreche einen zweiten Teil, der nur noch nicht erschienen sei. Don Quijote beschließt, wieder auf Abenteuersuche zu gehen.

5. Unterhaltung zwischen Sancho und seiner Frau über die versprochene Statthalterschaft und die daraus entstehenden Konsequenzen für beide. Der Übersetzer merkt an, er zweifle an der Echtheit dieses Kapitels, da Sancho in ihm ungewohnt scharfsinnige Dinge sage.

6. Die Haushälterin merkt, wie es Don Quijote drängt, loszuziehen. Sie fragt, warum er nicht ein Ritter am Hof eines Königs sein könne. Er erläutert den Unterschied zwischen einem solchen und dem wahren, dem fahrenden Ritter.

7. Die Haushälterin ruft Bakkalaureus Carrasco und erzählt ihm von ihren Befürchtungen. Dieser beruhigt sie. Sancho stellt Don Quijote einige Forderungen, die dieser erfüllen müsse, da er ansonsten nicht mit ihm ziehen wolle. Don Quijote weist alles zurück. Carrasco bietet seine Dienste als Schildknappe an. Schließlich einigen sich doch Don Quijote und Sancho, es wieder miteinander zu versuchen. Es wird angedeutet, daß Carrasco etwas plant.

8. Don Quijote will zuerst zu Dulcinea reiten. Er spricht von den Pflichten und Ehrungen eines Ritters; Sancho ist der Ansicht, es sei besser, Heiliger zu werden.

9. In der Nacht erreichen sie Toboso. Sancho soll Don Quijote zu Dulcinea führen; er sagt, er wolle zuerst allein gehen und ihr eine Botschaft übermitteln.

10. Er zieht los und überlegt sich unterwegs, daß er, der ja keine Ahnung hat, wo die „Dame" lebt, seinem Herrn die erste beste Bäuerin, die sie treffen, als Dulcinea vorstellen will, da dieser bestimmt an eine Verzauberung glauben werde. Am Nachmittag kehrt er zurück und berichtet Don Quijote, er habe Dulcinea angetroffen. Gerade wollen sie losreiten, als sich ihnen drei Bäuerinnen nähern. Sancho schildert seinem Herrn drei prächtig gekleidete Damen. Don Quijote ist schließlich davon überzeugt, ein böser Zauberer hindere ihn daran, seine Geliebte in ihrer wirklichen

Gestalt sehen zu können. Beide werfen sich vor den „Damen" auf die Knie. Die Bäuerinnen sind empört, da sie meinen, man erlaube sich mit ihnen einen Scherz.

11. Sie reiten weiter und begegnen einem Wagen, auf dem einige merkwürdig gekleidete Gestalten fahren – Schauspieler, die ihre Kostüme tragen. Rocinante scheut, Don Quijote stürzt zu Boden, ein „Teufel" verjagt Sanchos Esel. Don Quijote zieht daraus den Schluß, man solle sich mit solchen Leuten nicht einlassen. Er beschimpft sie, sie bewaffnen sich mit Steinen, Don Quijote will sie angreifen, aber Sancho kann ihn zurückhalten, indem er ihn darauf hinweist, daß sich unter den Schauspielern kein einziger Ritter befinde.

12. Quijote spricht über den Nutzen der Komödie. Sie begegnen einem Ritter, der ein Liebeslied singt.

13. Die beiden Ritter sprechen über ihre jeweiligen Schicksale, Sancho und der Schildknappe des Fremden unterhalten sich ebenfalls.

14. Der Fremde rühmt sich, den heldenhaften Don Quijote besiegt zu haben; hierüber geraten die beiden in Streit. Der fremde Schildknappe eröffnet Sancho, daß sie es ihren Herren gleichtun müßten. Sancho weigert sich. Am nächsten Morgen kommt es zum Kampf zwischen den beiden Rittern, der fremde verliert aufgrund eines Mißverständnisses. Don Quijote löst ihm den Helm und erkennt Sansón Carrasco. Der Schildknappe entpuppt sich als Tomé Cecial, ein Nachbar Sanchos. Don Quijote zwingt den „Ritter", zu Dulcinea zu ziehen und ihr zu berichten, wer ihn besiegt habe. Dann solle er zurückkehren und Don Quijote wiederum berichten, worüber er mit ihr gesprochen habe. Er will sehen, ob Dulcinea noch immer verzaubert sei. Don Quijote kann nicht glauben, daß es sich bei dem Ritter um Carrasco handelt; seiner Ansicht nach ist auch er verzaubert.

15. Carrasco hatte geplant, Don Quijote zu besiegen und ihm abzuverlangen, nach Hause zurückzukehren und zwei Jahre lang dort zu bleiben. So dachte er, ihn heilen zu können. Nun aber sinnt er auf Rache.

16. Ein Mann holt sie ein; Don Quijote stellt sich ihm vor. Sie sprechen über Ritterbücher, bis der Fremde, der sich als Don Diego de Miranda vorstellt, ihn für verrückt hält. Don Diego beschwert sich über seinen ungeratenen Sohn, der in Salamanca studiert habe und Dichter werden wolle. Die beiden reden über Sinn und Unsinn der Dichtkunst. Don Quijote spricht sich gegen Satiren aus, die nicht in der Art des Horaz geschrieben sind. Es nähert sich ihnen ein geschmückter Wagen.

17. In dem Wagen befinden sich zwei Löwen, mit denen Don Quijote unbedingt kämpfen will. Er drängt den Wärter, die Löwen freizulassen. Dieser öffnet die Käfige, es passiert allerdings nichts – die Löwen rühren sich nicht. Der Wärter sagt, Don Quijote habe den Kampf gewonnen, da der Gegner nicht erschienen sei. Dieser ist zufrieden und will sich von nun an „Caballero de los Leones" nennen. Er hält Don Diego einen Vortrag über die fahrenden Ritter; dieser lädt ihn zu sich nach Hause ein.

18. Don Quijote spricht mit dem Sohn Don Diegos, Don Lorenzo, über die Wissenschaft des fahrenden Rittertums. Don Lorenzo will eine Glosse vortragen; Don Quijote äußert seine Meinung über Glossen, die zu strengen Regeln unterworfen seien. Er zieht dann weiter.

19. Sie begegnen zwei Studenten und zwei Bauern. Diese laden Quijote und Sancho zur Hochzeit eines gewissen Camacho, eines reichen Mannes, mit einer schönen Bäuerin ein. Es sei Interessantes zu erwarten, da Basilio, ein Bauernsohn, unsterblich in das Mädchen verliebt sei und sicherlich etwas unternehmen werde. Die beiden

Studenten geraten in Streit darüber, was wichtiger sei – die Grammatik oder die Fechtkunst. Sie fechten: Die Kunst siegt über die Stärke.

20. Auf der Hochzeitsfeier wird ein allegorischer Figurentanz aufgeführt mit dem Gott Cupido, mit dem Reichtum, Amor und Nymphen. Es treten auf: Poesie, Klugheit, edle Abkunft, Tapferkeit, Freigebigkeit, Geschenk, Schatz und Friedlicher Besitz.

21. Das Brautpaar wird begrüßt; jemand schreit, will sie zurückhalten: Basilio, der an Quiteria, die Braut, ein letztes Wort richtet und sich in einen Degen stürzt. Er liegt im Sterben, soll beichten, verlangt allerdings, mit Quiteria verheiratet zu werden. Sie ist einverstanden. Sancho wundert sich, wieviel der Sterbende noch spricht. Der Priester gibt den beiden seinen Segen, und sofort springt Basilio auf – unverletzt, denn alles war nur eine List. Camacho will sich rächen, schließlich gibt er aber nach, da sein Interesse für das Mädchen erloschen ist. Basilio zieht mit Quiteria in sein Dorf; Don Quijote und Sancho werden zur Feier eingeladen.

22. Man erfährt, daß Basilio allein die List erdacht hat. Quijote macht die Bekanntschaft eines Vetters des fechtkundigen Studenten; dieser sagt, er beschäftige sich mit den schönen Wissenschaften. Er habe schon mehrere Bücher geschrieben. Er geleitet Quijote zur Höhle des Montesinos, in die dieser einsteigen will. Quijote wird von Sancho und dem Vetter hinuntergelassen, verschwindet eine Zeitlang und wird schließlich wieder heraufgezogen. Er schläft.

23. Quijote berichtet, er sei eingeschlafen, aber wieder aufgewacht und habe dann die merkwürdigsten Dinge gesehen: Montesinos persönlich habe ihn begrüßt. Er habe außerdem Durandarte gesehen, den Merlin, ebenso wie alle anderen dort Anwesenden, verzaubert habe. Er ist überzeugt, sich drei Tage lang in der Höhle aufgehalten zu haben, während es in Wirklichkeit nur eine Stunde war. Er erzählt, er habe auch drei Bäuerinnen gesehen, eine von ihnen sei Dulcinea gewesen. Montesinos habe ihm gesagt, er werde ihm Nachricht geben, auf welche Weise er alle dort Lebenden entzaubern könne.

24. Anmerkung des Übersetzers: Er glaube nicht an das Höhlenabenteuer; außerdem sei bekannt, daß Don Quijote vor seinem Tod zugegeben habe, es sei erfunden. Die drei machen sich auf den Weg zu einem Einsiedler, bei dem sie die Nacht verbringen wollen. Unterwegs treffen sie auf einen Mann, der auf einem Esel Waffen befördert. Er verspricht, Wunderbares zu erzählen, wenn sie ihm folgen wollen. Sie reiten zuerst zum Einsiedler, treffen diesen aber nicht an; so begeben sie sich zur Schenke, in der der Fremde eingekehrt ist. Auf dem Weg dorthin begegnen sie einem ärmlich gekleideten jungen Mann, der erklärt, er ziehe in den Krieg. Sie laden ihn zum Essen ein.

25. Der Fremde erzählt die versprochene Geschichte: In seinem Dorf sei der Esel eines Gemeinderates verschwunden; schließlich habe ein anderer Gemeinderat ihn gesehen, habe dem ersten davon berichtet, und gemeinsam seien sie in den Wald gezogen, ihn zu rufen. Beide hätten das Iahen so perfekt nachgeahmt, daß ständig der eine den anderen für den Esel gehalten habe. Diesen hätten sie schließlich gefunden – tot. Die Geschichte sei überall in der Gegend bekannt geworden, das ganze Dorf sei verspottet worden, und einige Male sei es schon zu Kämpfen gekommen. Nun sei es wieder soweit; deshalb bringe er die Waffen. Ein Mann betritt die Schenke – Meister Pedro, ein Schausteller, der einen Affen und ein Puppentheater bei sich führt. Der Affe sei in der Lage, Fragen zu beantworten; die Antworten sage er seinem Herrn ins Ohr. Sancho stellt ihm eine Frage und erhält eine Antwort, die ihn zufriedenstellt.

Don Quijote fragt, ob es Wirklichkeit sei, was er in der Höhle des Montesinos erlebt habe. Der Affe antwortet, zum Teil sei es wirklich, zum anderen falsch.

26. Ein Puppenspiel wird aufgeführt; Don Quijote hält alles für Wirklichkeit. So will er Don Gaiferos vor einer Übermacht Mauren beschützen und schlägt alles kurz und klein. Der Affe flüchtet. Don Quijote meint, daß er von Zauberern getäuscht wurde und will den Schaden bezahlen. Am Morgen verlassen sie die Schenke.

27. Es wird erzählt, wer Meister Pedro war: Ginés de Pasamonte, der Don Quijote sofort erkannt hatte und deshalb die Fragen der beiden beantworten konnte. Sein Trick wird erklärt. Don Quijote will nach Zaragoza, um dort an einem Turnier teilzunehmen. Am dritten Tag der Reise treffen sie ca. 200 schwer bewaffnete Leute. Es sind die Leute aus dem Iaher-Dorf. Don Quijote spricht mit ihnen und kann sie davon überzeugen, daß es keinen Grund gibt, in den Krieg zu ziehen, da ihre Ehre nicht gekränkt sei. Sancho will zeigen, daß auch er einen Esel nachmachen kann. Einer der Männer fühlt sich verspottet und schlägt ihn. Don Quijote will ihn rächen, sieht sich aber nicht in der Lage, gegen diese Übermacht zu siegen und flieht.

28. Sancho gelangt zu der Erkenntnis, daß es besser wäre, nach Hause zurückzukehren. Er verlangt, für seine Dienste entlohnt zu werden. Schließlich will er doch bleiben.

29. Sie erreichen den Ebro und entdecken einen Nachen ohne Ruder. Quijote wittert ein Abenteuer. Sie setzen sich in das Boot und fahren – in Quijotes Einbildung – 700 oder 800 Meilen. Die Strömung reibt sie auf die Räder einer Wassermühle zu. Die Müller rufen ihnen zu, sich zu retten; Don Quijote hält sie für Wegelagerer und beschimpft sie. Das Boot kippt um, die Müller ziehen die beiden aus dem Wasser. Die Eigentümer des Bootes verlangen Schadensersatz; Don Quijote zahlt.

30. Sie ziehen weiter und begegnen Falkenjägern, unter ihnen eine Dame. Sancho stellt ihr seinen Herrn vor; diese kennt ihn schon aus der *Historia del Ingenioso Hidalgo Don Quijote de la Mancha*. Die Dame ist eine Herzogin; sie und der Herzog laden die beiden auf ihr Schloß ein.

31. Der Herzog reitet voraus und befiehlt seiner Dienerschaft, Don Quijote als einen wahren Ritter zu behandeln. Quijote streitet beim Essen mit einem Geistlichen über das Rittertum.

32. Der Streit geht weiter. Der Herzog verspricht Sancho die Statthalterschaft über eine Insel. Die Diener des Herzogs treiben ebenfalls ihre Späße mit den beiden. Quijote erzählt, welch übles Spiel die Zauberer mit ihm getrieben hätten, indem sie seine Dulcinea zur Bäuerin gemacht hätten.

33. Sancho muß der Herzogin einige Dinge erklären, die sie bei ihrer Lektüre des *Quijote* nicht verstanden hatte. Auch von dem Abenteuer seines Herrn in der Höhle des Montesinos möchte sie hören. Herzog und Herzogin verabreden einen Plan, mit dem sie Don Quijote einen Streich spielen wollen.

34. Quijote wird auf die Jagd mitgenommen; Sancho kann der Sache nichts abgewinnen. Abends, auf dem Rückweg zum Schloß, hören sie Kriegsgeräusche; es nähert sich ihnen ein Bote in der Verkleidung eines Teufels. Er stellt seine Begleiter als Zauberer vor, die Don Quijote sagen wollten, wie Dulcinea zu entzaubern sei.

35. Ein Wagen rollt an; darauf sitzen zwölf Bußbrüder, ein Mädchen und eine verhüllte Gestalt, ein Gerippe, das sich als Merlin vorstellt und bekanntgibt, Sancho müsse sich 3300 Hiebe geben, damit Dulcinea entzaubert werde. Sancho ist entsetzt, das Mädchen beschimpft ihn. Der Herzog sagt schließlich, Sancho werde die Statthalterschaft nicht bekommen, wenn er sich weigere. Sancho ist einverstanden.

36. Sancho hat sich schon fünf Hiebe gegeben. Außerdem hat er seiner Frau einen Brief geschrieben, in dem er von der in Aussicht gestellten Statthalterschaft berichtet. Er bittet die Herzogin, ihn seiner Teresa zu schicken. Am Abend betreten zwei Männer in Trauerkleidung den Garten, außerdem ein Pfeifer und ein riesenhafter Mann. Dieser stellt sich als Trifaldín, Kammerjunker der Gräfin Trifaldi, auch genannt die „Dueña dolorida", vor. Er fragt nach Don Quijote, den seine Herrin suche.

37. Sancho erwartet nichts Gutes von einer Kammerfrau.

38. Etwa zwölf Kammerfrauen betreten den Garten. Eine Kammerfrau bittet Don Quijote um seine Dienste. Sie erzählt die Geschichte von Antonomasia, der Prinzessin des Königreiches von Candaya im Südmeer, in die sich viele junge Männer verliebt hätten, unter ihnen auch ein schlichter Edelmann, Don Clavijo. Dieser habe über sie, die Kammerfrau, den Weg zur Prinzessin gefunden. Schließlich habe sie, als Antonomasia schwanger geworden sei, Don Clavijo und die Prinzessin verheiraten lassen.

39. Die Königin sei vor Kummer gestorben. Ein Zauberer, der Riese Malambruno, habe die Prinzessin und Don Clavijo verzaubert; den Kammerfrauen habe er einen Bart gezaubert. Nur Don Quijote könne sie entzaubern, indem er den Riesen besiege.

40. Die Kammerfrau sagt, Malambruno werde ein hölzernes Pferd schicken, auf dem Quijote zu ihm fliegen solle. Das Pferd werde am Abend da sein.

41. Es wird Abend. Vier Männer, die das Pferd bei sich haben, betreten den Garten. Sie verlangen, Quijote solle mit Sancho auf ihm reiten, wobei den beiden die Augen verbunden werden sollen. Sancho will nicht, doch der Herzog überredet ihn. Quijote will, daß Sancho sich vorher noch ein paar hundert Hiebe gibt – vergeblich. Sie „fliegen"; aus Blasebälgen wird ihnen Luft zugeweht, Quijote ist sicher, sehr hoch am Himmel zu fliegen. Sancho merkt nichts. Schließlich wird das mit Raketen gefüllte Pferd angezündet, es explodiert, und Sancho und Quijote fliegen durch die Luft. Auf einem Pergament steht geschrieben, Don Quijote habe gesiegt, einfach dadurch, daß er sich dem Kampf habe stellen wollen. Das Königspaar und die Kammerfrauen seien entzaubert. Jetzt müsse nur noch Sancho sich geißeln, und so werde sich eine weitere Entzauberung vollziehen. Don Quijote und Sancho erzählen von ihren Erlebnissen während des Fluges.

42. Herzog und Herzogin planen weitere Scherze. Sancho wird angewiesen, sich auf die Abreise vorzubereiten: Am folgenden Tag soll er Statthalter werden. Quijote erklärt ihm seine Pflichten.

43. Weitere Ratschläge.

44. Der Übersetzer bemerkt, der Geschichtsschreiber habe zu Anfang einige Novellen in die Erzählung eingeflochten, die mit der eigentlichen Geschichte wenig zu tun hätten. Im zweiten Teil solle dies nun anders werden. Sancho reist mit dem Haushofmeister, der den Trifaldín gespielt hatte, ab. Quijote bleibt traurig zurück; er zieht sich zurück und bittet darum, von niemandem gestört zu werden, da er um seine Sittsamkeit fürchtet. Aus dem Garten hört er Stimmen; er erfährt, daß ein Mädchen namens Altisidora in ihn verliebt ist.

45. Sancho erreicht indessen seine „Insel" – einen Ort namens Baratária. Man übergibt ihm die Schlüssel der Stadt und erklärt ihm, es sei Brauch, den Statthalter eine schwierige Frage beantworten zu lassen. Er beantwortet sie zur Belustigung der Anwesenden in merkwürdiger Art. Alle weiteren Probleme jedoch löst er auf erstaunlich kluge Weise.

46. Altisidora spielt weiterhin die Verliebte. Die Herzogin sendet einen Boten zu Sancho Panzas Frau. Quijote, der beschlossen hat, Altisidora durch Enttäuschung zu

heilen, singt am Abend eine Romanze auf Dulcinea. Jemand läßt in seinem Zimmer einen Sack voll Katzen frei, mit denen er kämpfen muß. Altisidora verbindet ihn; er muß fünf Tage lang im Bett bleiben.

47. Sancho ist ein Arzt zugeteilt worden, der ihm in angeblicher Besorgnis um seine Gesundheit fast nichts zu essen gibt. Er erhält einen Brief, in dem der Herzog ihn warnt, Feinde von ihm und der Insel hätten einen Angriff auf diese geplant. Er solle vorsichtig sein und nichts essen. Sancho wird immer wütender.

48. Die Tür zu Don Quijotes Zimmer wird geöffnet – die Kammerfrau Doña Rodriguez will ihn sprechen. Sie erzählt ihre Lebensgeschichte und schließlich von ihrer Tochter, die sehr schön sei. Diese sei von einem Bauernsohn betrogen worden, der ein ihr gegebenes Eheversprechen nicht eingehalten habe. Sie bitten ihn um Hilfe. Als sie schlecht von Altisidora und der Herzogin spricht, wird die Tür aufgerissen, die Kammerfrau und schließlich auch er werden verprügelt, ohne daß sie feststellen könnten, von wem.

49. Sancho macht die Runde auf seiner „Insel“, wo er weitere Probleme auf erstaunlich kluge Weise löst: er schlichtet einen Streit zwischen zwei Spielern und lernt ein schönes Mädchen kennen, das von seinem Vater wie im Gefängnis gehalten wird und, um etwas von der Welt zu sehen, mit seinem Bruder, als Junge verkleidet, geflohen ist. Dieser Bruder gefällt Sancho sehr – er plant, seine Tochter mit ihm zu verheiraten.

50. Man erfährt, wer die Kammerfrau und Don Quijote geprügelt hat: Altisidora und die Herzogin, die durch die beleidigenden Bemerkungen der Doña Rodriguez in Zorn geraten waren. Es wird erwähnt, die Herzogin schicke einen Boten zu Teresa Panza. Diese ist erstaunt und glücklich; sie gibt dem Boten einen Brief an ihren Mann, einen anderen Brief und Geschenke an die Herzogin mit. Der Pfarrer und der Barbier, die auf diese Weise von Sanchos Aufstieg erfahren, wollen es nicht glauben.

51. Sancho leidet großen Hunger. Er erweist sich als barmherziger Richter. Don Quijote schickt ihm einen Brief mit weiteren Anweisungen. Sancho antwortet ihm, erzählt ihm von seinen Erlebnissen und bittet Gott darum, ihn von der Statthalterschaft zu entbinden. Dann erläßt er einige kluge Verordnungen.

52. Zu Don Quijote kommt die Kammerfrau Doña Rodriguez mit ihrer Tochter. Sie bittet ihn, den betrügerischen Bauernsohn zum Kampf zu fordern und ihn zu zwingen, ihre Tochter zu heiraten. Er verspricht es. Der Herzog will dafür sorgen, daß dieser junge Mann zum Schloß kommt. Der Bote kehrt von Teresa Panza zurück und überbringt den Brief und Eicheln als Geschenk. Der Brief wird verlesen.

53. Die „Feinde“ des Herzogs nähern sich der „Insel“; Sancho soll kämpfen. Er kann sich allerdings so, wie man ihn hergerichtet hat – mit einem Schild vorn und einem hinten – nicht bewegen; der Kampf findet ohne ihn statt. Es wird verkündet, er habe die Feinde besiegt. Sancho ist es leid – er holt seinen Esel, verabschiedet sich und zieht davon.

54. Der Herzog hat angeordnet, einen Lakaien namens Tosilos an Stelle des geflohenen Bauernsohnes gegen Don Quijote antreten zu lassen. Sancho trifft maurische Pilger aus seinem Dorf, die aus Spanien fliehen mußten, es aber nirgends hatten aushalten können. Einer der Mauren, Ricote, erzählt seine Geschichte. Er sei allein geflohen, nachdem er sein Vermögen vergraben hätte. Seine Familie sei nach Algier geflohen, er wolle nun den Schatz holen und sie in Frankreich treffen. Sancho erzählt, wie es ihm inzwischen ergangen ist.

55. Sancho zieht weiter; in der Dunkelheit fällt er mit seinem Esel in eine Grube. Er

entdeckt einen Gang, in dem er eine Weile marschiert; schließlich sieht er das Tageslicht. Don Quijote, der sich auf einem Ausritt befindet, hört Sanchos Schreien und holt Hilfe aus dem Schloß. Sancho wird aus dem Loch gezogen; im Schloß erklärt er seinen Entschluß, die Insel zu verlassen.

56. Der Kampf zwischen Don Quijote und dem vermeintlichen Bauernsohn (dem Lakaien) findet statt. Der Lakai sieht das Mädchen und verliebt sich in sie. Er erklärt sich für geschlagen und sagt, er wolle sie heiraten. Doña Rodriguez bemerkt, daß der Ritter nicht der richtige ist; Don Quijote ist der Ansicht, einer seiner Feinde habe diesen verzaubert. Die Tochter ist mit der Hochzeit einverstanden. Tosilos wird eine Zeitlang eingesperrt, damit man sehen könne, ob er sich in den Bauernsohn zurückverwandelt.

57. Quijote beschließt, wieder auf Abenteuersuche zu gehen. Sie ziehen los.

58. Sancho zeigt sich erstaunt über Altisidoras Verliebtheit in seinen Herrn und über dessen Zurückhaltung ihr gegenüber. Sie begegnen zwei schönen Schäferinnen, die erklären, sie hätten sich mit anderen Leuten aus ihrem Dorf getroffen, um Schäferspiele von Garcilaso und Camões aufzuführen. Don Quijote und Sancho werden zum Essen eingeladen. Quijote sagt, er werde zwei Tage lang auf der Landstraße allen erklären, die Schäferinnen seien – abgesehen von Dulcinea – die schönsten Fräulein auf der Welt. Er bricht sofort auf. Zuerst trifft er niemanden, doch dann nähert sich ihm eine Menge Leute, die, mit Speeren bewaffnet, Stiere antreiben. Don Quijote möchte seine Erklärung abgeben, die allerdings niemand hören will. Er und Sancho werden zu Boden geworfen und überrannt. Beschämt ziehen sie weiter.

59. Sancho soll sich 300 oder 400 Hiebe geben; er weigert sich. Am nächsten Tag kehren sie in einer Schenke ein. In seinem Zimmer hört Don Quijote, wie sich zwei Männer über das Buch *Don Quijote* unterhalten. Er mischt sich ein, als einer der beiden sagt, es heiße im zweiten Teil, Don Quijote habe seine Dulcinea vergessen. Er sieht sich das Buch an und findet einige Fehler, die er berichtigt. Außerdem erklärt er, seine Liebe zu Dulcinea habe keineswegs nachgelassen, wenn auch letztere verzaubert worden sei. Sancho kommt hinzu und beklagt sich darüber, daß er in dem Buch als Vielfraß und Trunkenbold dargestellt werde. Auf die Frage der beiden Herren, wohin Don Quijote reite, antwortet er, er sei auf dem Weg nach Zaragoza. Die Männer sagen, davon werde in dem Buch berichtet, allerdings in reichlich alberner Weise. Daraufhin beschließt Quijote, nach Barcelona zu ziehen, um den falschen Geschichtsschreiber Lügen zu strafen.

60. Don Quijote will die Geißelung Sanchos nun selbst vornehmen. Dieser wehrt sich, er versteckt sich zwischen Bäumen, an denen, wie er bemerkt, Räuber gehenkt worden sind. Am Morgen erscheinen etwa vierzig lebende Räuber, die Sancho ausplündern, bis der Räuberhauptmann, Roque Guinart, sie zurückruft. Don Quijote stellt sich diesem vor. Eine Reiterin erscheint, die Tochter eines Freundes des Hauptmannes. Sie erzählt, ihr Geliebter habe ihr und einer anderen die Ehe versprochen, und er habe nun die andere heiraten wollen. Draufhin habe sie ihn erschossen. Sie bittet Roque, ihr zur Flucht zu verhelfen. Dieser will nachsehen, ob der junge Mann tot ist: Tatsächlich ist er nur schwer verletzt. Es stellt sich heraus, daß er nie eine andere hat heiraten wollen. Er stirbt. Sie beschließt, in ein Kloster zu gehen. Eine Wache meldet Roque, auf der Straße kämen Leute. Roque erklärt Don Quijote, er lebe als Räuber, da er einmal auf Rache aus gewesen sei und seitdem Rache auch für Dritte auf sich nehme. Don Quijote will ihn überreden, Ritter zu werden. Die Knappen kehren zurück mit zwei Edelleuten, zwei Pilgern, einer Kutsche mit Frauen, etwa

sechs Dienern und Maultiertreibern. Alle müssen angeben, wer sie sind und wieviel Geld sie bei sich führen. Roque nimmt ihnen ein wenig Geld ab; außerdem schreibt er den Reisenden einen Geleitbrief und verteilt das Geld unter seinen Leuten, den Pilgern und Sancho. Seine Leute sind erbost. Er berichtet in einem Brief an einen Freund in Barcelona von Don Quijote.

61. Don Quijote bleibt drei Tage bei Roque, dessen Schicksal ihn zu immer größerem Mitgefühl bewegt. In Barcelona trennen sie sich. Don Quijote wird von Roques Freund willkommen geheißen und zu sich eingeladen.

62. Dieser Mann, Don Antonio Moreno, und seine Freunde behandeln Don Quijote als einen echten Ritter. Don Antonio heftet Don Quijote einen Zettel auf den Rücken, auf dem steht, wer er ist, und führt ihn in der Stadt herum, wobei sie großes Aufsehen erregen. Am nächsten Tag führt Don Antonio Don Quijote, Sancho, zwei Freunde und zwei Damen zu einem Wunder: zu einem Kopf, der durch einen Trick Fragen zu beantworten scheint. Don Quijote besucht am nächsten Tag eine Druckerei, in der er u.a. auch seine Geschichte findet.

63. Don Antonio Moreno und zwei seiner Freunde besichtigen mit Don Quijote und Sancho die Galeeren. Die Ruderer amüsieren sich auf Sanchos Kosten. Man sticht in See, und wenig später findet eine Schlacht mit einem algerischen Schiff statt. Unter den Algeriern, die gefangengenommen werden, befindet sich eine Christin, die sich als Mann verkleidet hat. Sie erzählt, sie sei die Tochter von Morisken. Ein Edelmann namens Don Gaspar Gregorio habe sich in sie verliebt und sie nach Algier begleitet, wohin sie mit einigen Verwandten habe gehen müssen. Der algerische König habe sich für ihr Geld und die Schönheit des jungen Edelmannes interessiert, woraufhin sie, um diesen zu retten, erklärt habe, er sei kein Mann, sondern eine Frau wie sie. Dann sei Don Gaspar zu vornehmen maurischen Damen gebracht worden. Sie selbst habe man nach Spanien zurückgeschickt. So sei sie auf das Schiff gekommen. Ein alter Pilger, der auf das Schiff gekommen war, erkennt in ihr seine Tochter; Sancho wiederum erkennt in diesem seinen Bekannten Ricote. Der General, der einige Leute der Besatzung des algerischen Schiffes erhängen lassen wollte, spricht das Mädchen frei. Ein spanischer Renegat bietet an, zurück nach Algier zu fahren, um Don Gaspar zu retten. Don Antonio Moreno nimmt Ricote und dessen Tochter Ana Felix zu sich.

64. Bei einem Strandspaziergang trifft Don Quijote einen Ritter – den „Caballero de la Blanca Luna" –, der ihn zum Kampf fordert und von ihm verlangt, im Falle einer Niederlage für ein Jahr in sein Dorf zurückzukehren. Don Quijote ist einverstanden. Er verliert und muß versprechen, in sein Dorf zu ziehen. Der Vizekönig weist Don Antonio an, herauszufinden, wer der fremde Ritter sei.

65. Dieser folgt dem Ritter bis in ein Wirtshaus, wo der Fremde sich ihm als Sansón Carrasco vorstellt und ihm seine Geschichte erzählt. Don Antonio bedauert, daß man den kurzweiligen Narren wieder zu Verstand bringen will; außerdem ist er der Meinung, Carrasco werde keinen Erfolg haben. Don Quijote ist traurig. Der Renegat ist mit Don Gaspar Gregorio zurückgekehrt; der Vizekönig und Don Antonio Moreno wollen Ricote und seiner Tochter ermöglichen, in Spanien zu bleiben. Don Antonio will mit dem Grafen von Salazar darüber verhandeln. Ana Felix bleibt bei Don Antonios Frau, Ricote beim Vizekönig.

66. Don Quijote und Sancho ziehen los. Nach fünf Tagen treffen sie auf eine Menge Leute, die vor einem Wirtshaus eine Wette abhalten wollen, wobei sich ein Problem ergeben hat, das Sancho, geübt in solchen Zweifelsfragen, löst. Am nächsten

Tag sehen sie Tosílos, den Lakaien des Herzogs, der erzählt, nach seinem Kampf mit Don Quijote habe ihn der Herzog prügeln lassen, da er sich nicht an ihre Abmachung gehalten habe. Das Mädchen sei in einem Kloster, Doña Rodríguez sei nach Kastilien zurückgekehrt.

67. Don Quijote beschließt, Schäfer zu werden. Er will sich Quijotiz nennen, Sancho soll Pancino heißen. Carrasco soll auch mitmachen, als Schäfer Sansonino oder Carrascón; ebenso der Barbier als Miculoso und der Pfarrer als Curiambro.

68. In der Nacht soll Sancho sich endlich ein paar Hiebe geben. Er will nicht. Es nähern sich einige Leute mit sechshundert Schweinen, die Sancho und Don Quijote überrennen. Sancho will sich rächen, aber Don Quijote hält ihn zurück. Am nächsten Tag begegnen sie einigen bewaffneten Leuten, die Don Quijote umringen und ihn mit ihren Speeren bedrohen. Sie führen die beiden zu einem Schloß.

69. Im Hof liegt eine junge Frau aufgebahrt. Auf einer Zuschauertribüne sitzen der Herzog und die Herzogin. Die Tote ist Altisidora. Es wird gesagt, Sancho könne sie wieder zum Leben erwecken, wenn er sich schlagen lasse. Er will nichts davon hören; schließlich gibt er doch nach. Altisidora erwacht und bedankt sich.

70. Der Übersetzer bemerkt, Cide Hamete schreibe in seiner Geschichte, Sansón Carrasco habe sich nach seiner ersten Niederlage an Don Quijote rächen wollen; er habe ihn gesucht und schließlich von dem Herzog Neuigkeiten erfahren. Nach dem zweiten Kampf sei er zu diesem zurückgekehrt und habe dort auf Don Quijote warten wollen. Der Herzog habe sich schließlich diesen neuen Scherz ausgedacht und habe Don Quijote suchen lassen. In der Nacht betritt Altisidora Don Quijotes Zimmer und erklärt sich ihm erneut. Sie erzählt, sie sei an der Pforte zur Hölle gewesen, wo ein Dutzend Teufel mit Büchern Pelota gespielt hätten. Eines der Bücher sei der falsche zweite Teil des *Quijote* gewesen. Als Don Quijote ihr wieder erklärt, er sei seiner Dulcinea verpflichtet, wird Altisidora wütend und sagt ihm, alles sei nur ein Spiel gewesen. Ein Musiker tritt ein, der bei der „Trauerfeier" zwei Stanzen von Garcilaso gesungen hatte; Don Quijote möchte wissen, in welchem Zusammenhang der Anlaß mit diesen Stanzen gestanden habe. Der Musiker äußert sich verächtlich über die Dichter jener Zeit. Don Quijote bittet den Herzog und die Herzogin, die hinzugekommen sind, um die Erlaubnis, abreisen zu dürfen. Sancho rät der Herzogin, Altisidora arbeiten zu lassen, damit sie nicht mehr auf dumme Gedanken komme.

71. Die beiden reisen ab. Don Quijote bietet Sancho an, ihn zu bezahlen, wenn er sich einige Hiebe gebe. Sie einigen sich auf den Preis, und Sancho erklärt sich bereit, noch in jener Nacht zu beginnen. Bald gelangt er zu der Erkenntnis, der Preis sei noch zu niedrig für die Schmerzen; Don Quijote erhöht ihn. Sancho schlägt schließlich auf die umstehenden Bäume ein und schreit dabei. Danach ziehen sie weiter und kehren in einer Schenke ein, die Don Quijote sogar als solche erkennt.

72. Ein Reisender, Don Alvaro Tarfe, kommt an der Schenke an. Er stellt sich vor, und Don Quijote fragt, ob er jener Edelmann sei, von dem im zweiten Teil des *Don Quijote* die Rede sei. Der Mann bejaht dies und erklärt, er sei ein guter Freund dieses Don Quijote und habe ihn nach Zaragoza gebracht. Sancho entgegnet, der wahre Don Quijote sei sein Herr, er sei Sancho. Don Alvaro glaubt ihm, da dieser Sancho im Gegensatz zu den anderen wirklich auf amüsante Weise rede. Er berichtet, er habe den anderen Don Quijote in Toledo ins Irrenhaus gesperrt. Don Quijote bittet Don Alvaro, vor dem Bürgermeister des Dorfes zu erklären, daß der Don Quijote, den er nun zum ersten Mal gesehen habe, nichts mit dem anderen zu tun habe.

So geschieht es, und am Abend ziehen die drei weiter, bis sie sich trennen müssen. Sancho will sich an diesem und dem folgenden Abend die restlichen Hiebe geben – er schlägt wieder auf die Bäume ein, bis er bei 3300 Hieben angelangt ist. Am Morgen danach erreichen sie ihr Dorf.

73. Beim Einzug in das Dorf begegnen ihnen merkwürdige Dinge, die Don Quijote als böse Vorzeichen erscheinen. Sie treffen dann Sansón Carrasco und den Pfarrer, die Don Quijote nach Hause begleiten. Sancho trifft seine Frau und seine Tochter. Don Quijote berichtet von seiner Niederlage und von seinem Entschluß, Schäfer zu werden. Der Pfarrer und Carrasco sind erstaunt, die Nichte und die Haushälterin entsetzt.

74. Don Quijote erkrankt schwer; kurz vor seinem Tode kommt er wieder zu Verstand. Er will beichten und sein Testament machen. Er erklärt vor dem Pfarrer, dem Barbier, Sancho und Carrasco, er habe seinen Irrtum eingesehen; er wolle nun Alonso Quijano, „el Bueno", heißen. Sancho redet auf ihn ein – er solle nicht sterben, Dulcinea sei doch nun entzaubert und an Quijotes Niederlage trage er, Sancho, die Schuld. Don Quijote will nichts davon hören. Er vermacht sein Geld seiner Nichte; allerdings dürfe sie nur einen Mann heiraten, der noch nie von Ritterbüchern gehört habe. Sollte jemand den Schriftsteller des echten zweiten Teils des *Don Quijote* treffen, so solle er ihn in seinem Namen um Verzeihung bitten dafür, daß er ihn veranlaßt habe, so viel Unsinn zu schreiben. In Quijotes Todesstunde ist ein Gerichtsschreiber zugegen; der Pfarrer bittet ihn, eine Urkunde anzufertigen, um zu verhindern, daß irgendein Schriftsteller weiter von Quijotes Taten berichte. Cide Hamete meldet sich noch einmal zu Wort und erklärt, Quijote sei nur für ihn geboren und er nur für Quijote; dessen beide Fahrten hätten genügt, um die Reisen der fahrenden Ritter lächerlich zu machen. Der Übersetzer fügt hinzu, seine Absicht sei es gewesen, in den Lesern Abscheu gegen die Ritterbücher zu erzeugen.

B. Die beiden Teile des Romans

1. *Strukturelle Unterschiede zwischen beiden Teilen*

Cervantes Saavedra, Miguel de: *Don Quijote de la Mancha,* Juan Bautista Avalle-Arce (edición, estudio y notas), 2 Bde., Madrid 1979 [Ausführlicher Kommentar in Fußnoten und Einleitung]

Avalle-Arce, J.B., und E.C. Riley: *Don Quijote,* in: Suma Cervantina, Avalle-Arce, J.B., und E.C. Riley (hg.), London 1973 [Prägnante Zusammenfassung des damaligen Forschungsstandes]

Bertrand, J.J.A.: Die Entstehung des Meisterwerkes, in: H. Hatzfeld (hg.): Don Quijote. Forschung und Kritik, Darmstadt 1968, S. 368-415 [Hypothese, daß die erste Ausfahrt zunächst als Novelle konzipiert war]

Bihler, Heinrich: Miguel de Cervantes Saavedra. *El ingenioso hidalgo Don Quijote de la Mancha,* in: V. Roloff und H. Wentzlaff-Eggebert (hg.): Der spanische Roman vom Mittelalter bis zur Gegenwart, Düsseldorf 1986, S. 82-108 [Wohldokumentierte, die unterschiedlichen Aspekte der Deutung des Werkes anschneidende Interpretation]

Casalduero, Joaquín: La composición de *El ingenioso hidalgo Don Quijote de la Mancha,* in: Revista de Filología Hispánica, II, 4, 1940, S. 323-369 [Strukturelle

und thematische Einheit widerlegt die These von der ersten Ausfahrt als unabhängig vom Roman entstandener *novela ejemplar*]
Koppen, E.: Gab es einen ‚Ur-Quijote'? Zu einer Hypothese der Cervantes-Philologie, in: Romanistisches Jahrbuch 27 (1976), S. 330-346
Mancing, Howard: The Chivalric World of *Don Quijote*. Style, Structure, and Narrative Technique, Columbia, London 1982 [An der Reihenfolge der einzelnen Kapitel orientierte Interpretation]
Meyer, Herman: Das Zitat in der Erzählkunst: zur Geschichte und Poetik des europäischen Romans, Stuttgart 1967 [Zum zitathaften Leben des Don Quijote]
Morales Oliver, Luis: Sinopsis de *Don Quijote,* Madrid 1977 [Stichwortartige Auflistung von Stellen nach angegebenen Kriterien]
Murillo, L. A.: A Critical Introduction to *Don Quixote,* New York, Bern, Frankfurt a. M., Paris 1988 [Kommentar der wichtigsten Kapitel]
Navarro González, Alberto: Las dos partes del *Quijote*. (Analogías y diferencias), Salamanca 1979 [1. Teil als manieristisch, 2. als barock; bereits im ersten liegt der Plan für den zweiten – allerdings nicht unbedingt für dessen Schluß – vor]
Riley, Edward C.: *Don Quixote,* London, Boston, Sydney 1986 [Kompetenter Leitfaden für die Interpretation]
Schrader Ludwig: Don Quijote: Der fahrende Ritter zwischen Ideal und Wirklichkeit, in: Forschungsinstitut für Mittelalter und Renaissance (hg.), Das Ritterbild in Mittelalter und Renaissance, Düsseldorf 1985, S. 149-173 [Umfassende Deutung]
Togeby, Knud: La composition du roman *Don Quijote,* Kopenhagen 1957
Zamora, José M. Jover (hg.): El siglo del *Quijote* (1580-1680), Madrid 1986, 2 Bde. (Historia de España, Bd. 26) [Historischer und literarischer Hintergrund des *Quijote*]

Ganz allgemein läßt sich feststellen, daß der Roman auf der Wirkung aufbaut, die literarische Texte ausüben. So läßt sich der erste Teil aus den Büchern ableiten, die Don Quijote gelesen hat. Der zweite Teil wiederum hat sein Fundament im ersten, dessen Wirkung den zweiten Teil ebenso bestimmt wie die Wirkung der Ritterromane den ersten.

Der erste Teil unterscheidet sich vom zweiten insofern, als Don Quijote im ersten Teil ohne bestimmte Absicht, nur auf der Suche nach Abenteuern auszieht. Demgegeüber verfolgt er im zweiten den Plan, zunächst nach El Toboso zu gehen und dann am Turnier in Zaragoza teilzunehmen. Im zweiten Teil gibt es im Gegensatz zum ersten zahlreiche Figuren an seiner Seite, die ihn bewußt betrügen. Er verliert damit seine Freiheit, die eigenen Vorstellungen von der Ritterwelt in der Realität umzusetzen. Kennzeichnend für die starke Strukturiertheit des zweiten Teils sind z. B. Parallelismen. Diese zeigen sich, wenn die Taten des Ritters ihren Anfang und ihr Ende im Bett nehmen, wenn Sancho zu Beginn Dulcinea betrügerisch verzaubert und am Ende seinen Herrn mit der Idee begeistern will, daß sie wieder entzaubert ist. Schließlich gibt es zwei Herausforderungen durch Sansón Carrasco: er verliert in der ersten und siegt in der zweiten.

Räumlich ist die Handlung konzentriert auf den Bereich um den nicht genannten Ort der Mancha bis zur Sierra Morena. Im zweiten Teil gelangt der Held bis nach Barcelona. Zeitlich beschränkt sich der Roman auf die letzten sechs Monate im Leben des Protagonisten: Die erste Ausfahrt dauert 6, die zweite 30, die dritte 90 Tage, während er nach der ersten Ausfahrt 14 Tage, nach der zweiten 30 und nach der dritten ungefähr zehn Tage zu Hause Pause macht. In seiner zeitlichen und räumlichen Beschränkung steht der Roman also im Gegensatz zum weit ausgreifenden Ritterroman.

Ein Bogen wird gespannt von I, 2, der ersten Ausfahrt, bis II, 74, der definitiven Rückkehr. Nur die erste Ausfahrt erfolgt noch ohne Sancho. Jede folgende Ausfahrt ist gegenüber der vorausgehenden eine Steigerung hinsichtlich des räumlichen und zeitlichen Umfangs und der Anzahl der auftretenden Figuren.

Die ersten sechs Kapitel des Romans bilden in sich eine geschlossene Handlung, die nicht unbedingt einer Fortsetzung bedarf. Daraus haben H. Hatzfeld und J. J. A. Bertrand geschlossen, sie bilde den ursprünglichen Kern, der zunächst einmal als Novelle konzipiert war. Die folgenden Ausfahrten wären in diesem Fall erst spätere Ergänzungen und Erweiterungen, die es dann ihrerseits erforderlich machten, den Anfang im nachhinein redaktionell darauf abzustimmen. Thema der ersten Ausfahrt wäre in diesem Fall die Parodie der Ritterbücher, die mit der Verbrennung der Bibliothek ein adäquates Ende gefunden hätte. Die Erwähnung Dulcineas im ersten Kapitel, die als Herzensdame vor allem in der dritten Ausfahrt von zentraler Bedeutung ist, wäre dann eine spätere redaktionelle Änderung, ebenso wie die Ankündigung einer späteren Ausfahrt bereits im vierten Kapitel.

Der These von einer ursprünglichen Kernnovelle, aus der sich später der Roman erst als Fortsetzung ergeben hat, wird von Casalduero (1940) die strukturelle und thematische Homogenität des Gesamtwerkes entgegengehalten. Da diese aber ebenso in der Anknüpfung an eine ursprüngliche Novelle möglich ist, ist mit Casaldueros Argument jene These nicht widerlegt, zumal da im Laufe der Entwicklung des Romans immer neue Dimensionen hinzukommen.

So ist von der Weisheit des Toren in der ersten Ausfahrt noch nichts zu spüren. Lichte Augenblicke, in denen seine nachdenklichen Bemerkungen durch Scharfsinn und universelles Wissen charakterisiert sind, findet man zunehmend in den späteren Ausfahrten. Im Kampf mit den Maultiertreibern erscheint er eher lächerlich. Die Episoden dieses Teils erinnern an die derbe Komik eines Schelmenromans. Daraus schließt Bertrand, daß das Werk von vornherein nicht als das kohärente Ganze, als das es nun vorliegt, konzipiert war. Er hält es für wahrscheinlich, daß der Autor nicht nur die erste Ausfahrt verfaßte, ohne an eine Fortsetzung zu denken, sondern auch in seinen großen Roman zahlreiche Passagen einarbeitete, die er zu früheren Zeitpunkten geschrieben hatte, als er noch nicht an den *Don Quijote* dachte.

Die im Text auftretenden Widersprüchlichkeiten erklärt er damit, daß der Autor offensichtlich mit längeren Unterbrechungen und unter unterschiedlichen moralischen und materiellen Bedingungen an seinem Werk gearbeitet hatte und nicht in jeder Phase die Möglichkeit der Einsicht in den bereits geschriebenen Text hatte. Als Beispiel nennt er den wirklichen Namen des Don Quijote, der als Quijada, Quesada, Quijana und Quijano angegeben wird. Oder er erwähnt die Tatsache, daß die für Sancho so charakteristischen Sprichwörter vom 7. bis zum 18. Kapitel fehlen. Schließlich gibt er mit Blick auf Cervantes' Biographie zu bedenken, daß in seiner andalusischen Zeit oder im Gefängnis andere Eindrücke und Einsichten maßgeblich waren als bei seinen Aufenthalten in der Nähe des Hofes oder nach seinem Eintritt in den Dritten Orden des Heiligen Franziskus zu Alcalá im Jahr 1613. Gerade letzteres konnte auf das Ende der Laufbahn des Don Quijote nicht ohne Einfluß bleiben.

Selbstkritisch drückt sich Cervantes selbst durch Sansón Carrasco zu Beginn des zweiten Teils (II, 4) aus, hinsichtlich der zu erwartenden Fortsetzung des ersten: „Nunca segundas partes fueron buenas." Dennoch erscheint der zweite Teil nicht nur als räumliche und zeitliche Vergrößerung des vorherigen Radius, sondern zugleich als Bekräftigung der Identität der Gestalten angesichts ihrer Usurpation und Veränderung in der Fortsetzung durch Avellaneda. Nicht zuletzt als Reaktion darauf ist die größere Tiefe in den Dialogen des zweiten Teils zu erklären. Dessen moralisch belehrende Dimension war es, die man später zur Zeit der Aufklärung am Werk besonders schätzen sollte.

2. *Bedeutung von Avallaneda für den zweiten Teil*

Fernández de Avellaneda, Alonso: *El ingenioso hidalgo Don Quijote de la Mancha que contiene su tercera y es la quinta parte de sus aventuras,* F. García Salinero (hg.), Madrid 1972 [Kritische Ausgabe mit Einleitung]

Bahner, Werner: Cervantes' Auseinandersetzung mit Avellaneda und ihre Konsequenzen für den Aufbau des *Don Quijote*, in: Ders.; Formen, Ideen, Prozesse in den Literaturen der romanischen Völker, Bd. 1: Von Dante bis Cervantes, Berlin 1977, S. 221–247 [Abgesehen von bewußten Anspielungen auf Avellaneda keine Änderung der Konzeption durch Cervantes]

Calabrò, Giovanna: Cervantes, Avellaneda y Don Quijote, in: Anales cervantinos 25/26, 1987/88, S. 87–100 [Diverse Wechselbeziehungen]

Día-Solís, Román: Avellaneda en su *Quijote,* Bogotá 1978 [Studie des Romans und seiner Unterschiede zu Cervantes' Roman]

Durán, Manuel: El *Quijote* de Avellaneda, in: J.B. Avalle-Arce und E.C. Riley (hg.); Suma Cervantina, London 1973, S. 357-376 [Stilistische und inhaltliche Analyse]

Gilman, S.: Cervantes y Avellaneda. Estudio de una imitación, México 1951 [Beschäftigt sich weniger mit der Frage nach der empirischen Person, sondern mehr mit seiner Mentalität, seinen Motiven und seinem Stil; der gegenreformatorische Aspekt in Avellanedas *Don Quijote*]

Der *Quijote* von Avellaneda ist ein mittelmäßiges Werk, das heute nur noch im Zusammenhang mit Cervantes von Interesse ist. Man kann daher fragen, inwiefern Avellaneda sich von Cervantes hat inspirieren lassen und inwiefern der zweite Teil von Cervantes' *Quijote* durch ihn beeinflußt ist. So könnte Avellanedas Text Cervantes' Arbeiten beschleunigt haben; er könnte einen negativen Einfluß ausgeübt haben, da Don Quijote aus Protest gegen die entsprechenden Passagen bei Avellaneda nicht, wie im ersten Teil geplant, zu einem Turnier nach Zaragoza zog. Dafür ging er nach Barcelona, in eine Stadt, die Cervantes selbst nicht kannte und über die er daher nicht aus eigener Erfahrung schreiben konnte. Ungeachtet dieser Tatsache erlaubt es der Vergleich mit Avellaneda, die Vollkommenheit des Werkes von Cervantes richtig einzuschätzen.

Plagiate waren zur Zeit Cervantes' nicht selten: Anonyme Romanzen oder Gedichte wurden verlängert oder umgearbeitet und ebenso anonym wieder publiziert. Anonym waren bekanntlich die *Celestina* und der *Lazarillo*. So kann Avellaneda in seinem Vorwort sagen, daß es nichts Neues ist, eine Geschichte fortzusetzen. Kannte er doch den Präzedenzfall des *Guzmán de Alfarache,* dessen erster Teil 1599 publiziert wurde und ein Bestseller war. Auch hier war vom Autor Mateo Alemán ein zweiter Teil angekündigt worden, bei dem ihm aber ein anderer zuvorkam, der unter dem Pseudonym Mateo Luján de Sayavedra einen nicht authentischen zweiten Teil im Jahr 1602 publizierte.

Cervantes hatte wohl ab 1612 mit den Arbeiten am zweiten Teil des *Quijote* begonnen, da die *Novelas ejemplares* bereits der Beurteilung durch die Zensur vorlagen und in ihrem Prolog im Jahr 1613 das Erscheinen des zweiten Teils des *Quijote* angekündigt wird. Wie sich zeigen wird, gibt es Gründe, die dafür sprechen, daß er bereits 59 Kapitel geschrieben hatte, als im September 1614 das Werk von Avellaneda erschien, das bereits im Vorwort persönliche Angriffe auf Cervantes und Lobsprüche auf seinen Feind Lope enthält.

Die Handlung von Avellanedas Werk beginnt damit, daß Don Quijote, nachdem er sich erholt hat, mit den Bewohnern seines Dorfes einem geregelten Lebenswandel nachgeht, bis dort einige Ritter ihre Reise nach Zaragoza unterbrechen. Einer vertraut seine schöne Rüstung Don Quijote zur Aufbewahrung an. Zu schwach, um der Versuchung zu widerstehen, legt er sie an, erlebt einen Sinneswandel, der nicht näher begründet wird, und plant eine neue Ausfahrt mit Sancho. Hier wie in den schematisch gestalteten, eingeschobenen Novellen mangelt es an der menschlichen Dimension, der internen Logik ebenso wie an einer Abstimmung mit der Umgebung. Don Quijote wird zur bloßen Marionette, die mit Sancho kaum noch Dialoge führt. Nach einiger Zeit gibt er Dulcinea, und damit eine seiner Grundmotivationen, auf und nennt sich „El caballero desamorado“. Gegen Ende dann verläßt Sancho seinen Herrn, der seinerseits ins Irrenhaus geht. Stilistisch bemüht sich Avellaneda, die Vielschichtigkeit von Cervantes nachzuahmen. Er benutzt viel Ironie und zahlreiche aragonesische Wörter, was einen Rückschluß auf seine Herkunft erlaubt. Dennoch weiß man nicht, wer er genau war.

Bis zum Kapitel 59 des zweiten Teils von Cervantes wird Don Quijote die Absicht zugeschrieben, er wolle sich nach Zaragoza begeben. In diesem Kapitel erfährt er, daß der Held des Buches von Avellaneda in Zaragoza war; er ändert seinen Plan und beschließt, als Reaktion auf diese Fälschung seinerseits nach Barcelona zu gehen. Zur Zeit der Abfassung dieses Kapitels könnte Cervantes nach der Lektüre von Avellanedas Buch bewußt einen Distanzierungsversuch unternommen haben. Cervantes selbst hatte ja im Schlußkapitel des ersten Teils von einem Gerücht berichtet, demzufolge eine dritte Ausfahrt den Helden nach Zaragoza zu einem Turnier geführt habe. Festliche Kampfspiele in dieser Stadt kündigt im 2. Teil erneut Sansón Carrasco an und rät Don Quijote, sich dorthin zu begeben. Die Absicht Don Quijote, nach dem Besuch von El Toboso nach Zaragoza zu gehen, scheint im zweiten Buch bis zum 59. Kapitel bestehen zu bleiben (vgl. II, 10, 13, 14, 18, 26, 52, 57, 58). Barcelona tritt also als neues Element recht spät in den Roman ein. Dies erklärt vielleicht, warum der nunmehr an einem zügigen Abschluß seines Romans interessierte Cervantes die lobende Beschreibung Barcelonas (II, 72) und den Schrecken angesichts der Leiden auf den Galeeren (II, 63) in Anlehnung an die ihm bereits fertig vorliegende Novelle *Las dos doncellas* konzipiert hat.

Avellanedas Parodie der Ritterbücher erscheint drastischer als die des Cervantes. Sie unternimmt eine besonders krasse Entgegensetzung der ritterlichen Welt und der trivialen Wirklichkeit, die ins Derbe abgleitet. Die Typen erscheinen als uniform und festgefügt, Don Quijote als bloßer Narr und Sancho Panza als gefräßiger Einfaltspinsel. Dulcinea wird entbehrlich. Denn Don Quijote kann nach erfolglosem Liebeswerben auf sie verzichten. Es könnte sein, daß Cervantes durch Avellaneda auf die Gefahren aufmerksam geworden ist, die sein Stoff für ihn barg. Vielleicht ist es nicht zuletzt Avellanedas Fehlern zu verdanken, daß Cervantes sie mied.

C. Die Hauptfiguren

1. *Don Quijote*

Castro, Américo: Cervantes y Pirandello, in: Hacia Cervantes, Madrid 1967, S. 477–485 [Figuren, die gegen ihren Autor rebellieren]

Couléon, Henri: L'étrange folie de Don Quichotte. Cervantes et la psychiatrie, in: Annales Medico-psychologiques, Paris XCCII. Jahr, Bd. 1, 4, 1964, S. 555–566 [Das Krankheitsbild aus der Sicht der neueren Psychiatrie]

Franzbach, Martin: Lessings Huarte-Übersetzung (1752). Die Rezeption und Wirkungsgeschichte des *Examen de ingenios para las ciencias* (1575) in Deutschland (Hamburger Romanistische Studien, B. 29), Hamburg 1965 [Medizinhistorischer Hintergrund zur Krankheit des Don Quijote]

Green, Otis H.: El ingenioso hidalgo, in: H. Hatzfeld (hg.): *Don Quijote*. Forschung und Kritik, Darmstadt 1968, S. 342–367 [*Don Quijote* als Krankengeschichte eines „colérico ingenioso]

Halda, Chester S.: *Don Quijote* in the Light of Huarte's *Examen de ingenios*: A Reexamination, in: Anales cervantinos 19, 1981, S. 3–13 [Auseinandersetzung mit Green und Iriarte]

Leube, Erich: Die Kunst und das Leben. Zur „Verselbständigung" der literarischen Gestalt im *Don Quijote* , in: Archiv für das Studium der neueren Sprachen und Literaturen 205 (1969), S. 454–469 [Daß die Fiktionen einen eigenen Realitätscharakter annehmen, wird belegt im Sinne von Unamuno mit Cervantes' Technik der Verselbständigung von Don Quijote und Sancho gegenüber den über sie verfaßten Texten]

López Estrada, Francisco: La aventura frustrada. Don Quijote como caballero aventurero, in: Anales cervantinos 3, 1953, S. 161–214 [Der zeitgenössische Begriff des Abenteurers und seine Bedeutung für die Rezeption und Komposition des *Don Quijote*]

Márquez Villanueva, Francisco: La locura emblemática en la segunda parte del *Quijote*, in: M. D. McGaha (hg.): Cervantes and the Renaissance, Easton, Pennsylvania 1980, S. 87–112 [Bedeutung des *Narrenschiffs* von Sebastian Brant (1494) für die Episode II, 29; Grün als Farbe des Narren]

Neuschäfer, Hans-Jörg: Don Quijote como ser social. Nuevo aspecto en la dialéctica cervantina, in: Studia Hispanica in honorem R. Lapesa II, Madrid 1974, S. 399–410 [Im Verhältnis zu Sancho wird, anders als in den einzelnen Abenteuern, die Dichotomie zwischen Idealität und Realität überwunden]

Petriconi, Hellmuth: Roland, Don Quijote und Simson, in: Romanistisches Jahrbuch 12, 1961, S. 209–228 [Der Tod des Helden als Motiv im Rolandslied, im *Don Quijote* und bei Heine]

Redondo, Agustin: El personaje de Don Quijote: Tradiciones folclórico-literarias, contexto histórico y elaboración cervantina, in: Nueva revista de filología hispánica 29, 1980, S. 36–59 [Quijote und sein Name unter dem Einfluß des Gracioso Ganassa und der Commedia dell'Arte; mittelalterlich-karnevaleske Tradition der Gestaltung des Toren]

Reyre, Dominique: Dictionnaire des noms des personnages du *Don Quichotte* de Cervantes, suivi d'une analyse structurale et linguistique, Paris 1980 [Alphabetisches Verzeichnis mit Anmerkungen zu den Personen und zur Etymologie der Namen]

Riquer, Martín de: Aproximación al *Quijote*, Barcelona 1970, 2. Aufl. [Die Beschreibung des Don Quijote entspricht der, die Huarte für den Choleriker vorsieht]

Rosales, Luis: Cervantes y la libertad, Madrid 1960, 2 Bde. [Freiheit als Grundgedanke bei Cervantes und im *Don Quijote*]

Schlegel, A. W.: Geschichte der romantischen Literatur, Kritische Schriften und Briefe 4, Edgar Lohner (hg.), Stuttgart 1965, S. 51

Weinrich, Harald: Das Ingenium Don Quijotes. Ein Beitrag zur literarischen Charakterkunde, Münster 1956

Weinrich, Harald: Die Melancholie Don Quijotes, in: H. Hatzfeld (hg.): *Don Quijote*. Forschung und Kritik, Darmstadt 1968, S. 295–316

Nicht selten wird Don Quijote als „aventurero“ (z.B. I, 2) auf der Suche nach Abenteuern (I, 1) bezeichnet. Das Wort verwies nach López Estrada (1953) auf eine literarische Figur, die sich in Gefahr begibt, oder auf denjenigen, der als Ritter oder Knappe aus eigenem Willen sich in Abenteuern erprobt. Es bezog sich aber auch auf denjenigen, der an festlichen Turnieren teilnahm und dort den Wettstreit mit Gegnern suchte. Derartige Wettkämpfe waren zum Gegenstand einer beliebten „poesía aventurera“ geworden, in der sie zwar parodiert, nicht aber ad absurdum geführt wurden. Cervantes verknüpfte in seinem *Don Quijote* diese unterschiedlichen Dimensionen. Daß sein Werk zunächst das breite Publikum durch seine Komik beeindruckte, ist nicht zuletzt auf den Kontext der festlichen Wettkämpfe zurückzuführen, in denen man es gewohnt war, mittelalterliche Traditionen in einer Form wieder aufleben zu lassen, die kritischen Beobachtern und Dichtern wenig zeitgemäß und komisch erscheinen mußte.

Bevor die Hauptfigur zum Don Quijote wurde, erschien sie in der Eintönigkeit des Provinzlebens so stereotyp, daß mit der Individualität zugleich der Name zwischen Quijana, Quijada und Quesada verschwimmt. Letzteres läßt nach W. Krauss (1966) an den Käse denken, der vor dem *Don Quijote* den Ruhm der Gegend Mancha ausgemacht hatte. Don Quijote hatte Zeit zum Müßiggang und konnte sich damit der Lektüre der Ritterbücher widmen, die ihn dazu führt, seine Pflichten zu vernachlässigen. Seine Neugier sorgt dafür, daß er die Urteilskraft verliert. Er hält alles, was er liest, für wahr, selbst die Stärke der das Böse verkörpernden Riesen.

Dennoch hielt August Wilhelm Schlegel Don Quijote in intellektueller und moralischer Hinsicht für normal, „bis auf die eine Narrheit, daß er die Ritterschaft auf eine Weise handhaben wollte, wie es der Geist der Zeiten nicht mehr gestattete“. (1965, S. 51)

Die Gestalt des Don Quijote ist ein einheitsstiftendes Element, um das herum zahlreiche andere Personen auftreten. Man hat insgesamt die Zahl von 669 Figuren ermittelt, die im Roman auftreten. Einige Figuren des ersten Teils beeindrucken wie Don Quijote selbst aufgrund einer Idee, die sie leitet und der sie folgen. So wird Don Quijote von der Idee des Rittertums, Anselmo von seiner Neugier, Cardenio von seinem Kummer, Fernando von seiner Sensualität und Gefangene wie Zoraida von ihrem Heroismus getrieben. Für W. Krauss ist es zudem ein besonderes Gesetz in Cervantes’ Figurenwelt, daß jeder einzelne Typ Anlaß für die Schaffung eines Gegentyps wird, wodurch sich plus und minus die Waage halten: ein Phänomen, für das Sancho und Don Quijote die besten Beispiele sind.

Da Don Quijote das eigene Wesen nicht richtig erkennt, ist es ihm unmöglich, das der anderen richtig einzuschätzen. Ebensowenig kann er die Welt, die er nicht kennt, verändern. Die „locura“ des *Don Quijote* hat einen Vorläufer im *Encomium Moriae* von Erasmus von Rotterdam. Dieses satirische, die unterschiedlichsten menschlichen Verstiegenheiten beleuchtende Buch des Erasmus, das in der Zeit der Gegenreformation durch den Index von 1559 und jenen von 1583 verboten war, fand durch Jerónimo de Mondragón eine Entgegnung. Da dessen *Censura de la locura humana* (Lérida 1598) das Lob der Torheit kritisch „zensiert“ und durch einen Tadel der Torheit ersetzt, konnte auch Cervantes die Torheit seines Helden vor dem Hintergrund christlicher Weisheit und tridentinischer Moralvorstellung als kritikwürdige Lebenslüge erscheinen. Daß diese im Sinne des Erasmus wohltuend sein kann, wird deutlich, wenn Don Quijote nach seinen Traumvisionen in der Cueva de Montesinos sagt: „Me habéis quitado de la más sabrosa y agradable vida y vista.“ (II, 22) Verglichen mit Erasmus' beißender und auf Veränderung angelegter Kritik scheint Cervantes' Ironie offenbar den Irrtum als typisch menschliches Phänomen verständnisvoll zu belächeln.

Cervantes war aber auch die Temperamentenlehre bekannt. In seinem *Persiles* erklärt er, alle Seelen seien zwar insofern gleich, als sie Geschöpfe Gottes sind. Unterschiedlich werden sie aber durch den jeweiligen individuellen Körper und dessen spezifisches Temperament. Dies erst mache sie für jeweils andere Fertigkeiten begabt. Da der Körper derartige Bedeutung hat, liegt es nahe, von den körperlichen Merkmalen auf die geistigen Fähigkeiten zu schließen. Von Don Quijote gibt Cervantes mehrfach Beschreibungen, die physiognomisch signifikant sind: „era de complexión recia, seco de carnes, enjuto de rostro“ (I, 1) oder „flaco, amarillo, los ojos hundidos en los últimos camaranchones del cerebro“. (II, 7) Auf Anselmo treffen ähnliche Symptome zu, als er erfährt, daß seine Frau und sein Freund ihn betrogen haben, und er den Verstand verliert: „amarillo, consumido y seco“. (I, 35) Es ist der melancholische, aus dem Leid entstehende Wahn, den Cervantes mit diesen Symptomen charakterisieren will.

H. Weinrich (1968) hat die literarische Tradition nachgewiesen, die Gelb als Farbe der Liebenden und als Farbe der geistigen Anstrengungen und Mühen sieht. Für ihn ist der „humor extraño“ (I, 42) Don Quijotes nichts anderes als die Melancholie mit dem symptomatischen Hang zum Visionären und einer nachdenklichen Traurigkeit. Es sind jedoch nicht erst seine Fehlschläge als Ritter oder die Unerreichbarkeit seiner Dulcinea, die ihn melancholisch gemacht hätten. Geht man von einer Melancholie bereits in seinem Wesen aus, dann bedurfte es der unerfüllbaren Liebe ebenso wie der ritterlichen Visionen. Bedenkt man, daß nach Aristoteles bedeutende Männer wie Empedokles, Sokrates und Plato ein melancholisches Temperament hatten, dann müssen Abstufungen von der völligen Verrücktheit bis zu schwächeren Formen vorgenommen werden. Juan Huarte schreibt den Melancholikern besonderes Geschick bei der Suche nach der Wahrheit und bei deren überzeugender Darstellung, z.B. in der Predigt, zu. Diese Lehre findet ihre Ergänzung in der Tradition des Furors, die mehrere Typen unterscheidet: Der Furor kann als propheticus, poeticus, amatorius, bacchicus und martialis auftreten. Dies erklärt, warum Don Quijote nicht selten Charakteristika eines Propheten hat.

Wie Weinrich geht O.H. Green (1968) von der Temperamentenlehre aus, beschreibt aber im Gegensatz zu ihm Don Quijote mit der Formel eines „colérico-sutil-ingenioso". Nach der Lehre der Körpersäfte, auf die er ausführlich eingeht, ist das Blut warm und feucht, die gelbe Galle warm und trocken, die schwarze Galle kalt und trocken, der Schleim kalt und feucht. Bei Alonso Quijano diagnostiziert er nun einen Mangel an Schleim und einen Überfluß an Wärme und Trockenheit, das Krankheitsbild eines „colérico" also, für den leidenschaftliche Gefühlsausbrüche und Mangel an Schlaf, verbunden mit einer überwuchernden Einbildungskraft, typisch seien. Die Heftigkeit dieser Symptome beschreibt gewöhnlich eine Kurve, die sich vom Normalzustand entfernt, dann aber nach einer gewissen Zeit wieder zu ihm zurückführt. Durch die Lektüre von Ritterromanen bedingter Schlafmangel kann also im Fall von Don Quijote zu dem Krankheitsbild führen, das dann in seiner zeitlichen Dauer begrenzt ist und in der Tat nach einem wohltuenden Schlaf im Schlußkapitel verschwindet.

In jedem Fall ist Don Quijotes Krankheit bedingt durch Mangel an Schlaf, der wiederum verursacht war durch die Lektüre der Ritterromane. Denn im letzten Kapitel kommt er nach einem längeren Schlaf wieder zu sich. Dies ist bezeichnend. Geradezu medizinisch wird die Krankheitsgeschichte auf den Schlaf bezogen: „del poco dormir y del mucho leer se le secó el celebro, de manera que vino a perder el juicio". Es ist wahrscheinlich, daß Cervantes als Sohn eines Wundarztes den *Examen de ingenios para las ciencias* (1575) von Huarte gekannt hat, in dem die Neigung zur Manie mit der „destemplanza caliente y seca del cerebro" korrespondiert und durch zu wenig Schlaf und zu intensiven Gebrauch des Intellektes bedingt ist.

Besonders in den Abenteuern des ersten Teils ist Don Quijote draufgängerisch und rücksichtslos auf die Einlösung seiner Vorstellungen in der Realität aus. Dabei hält er es nicht für nötig, sich über Gründe und Hintergründe der Personen, denen er begegnet, zu informieren, um mögliche Mißverständnisse und Fehler auszuschließen. Indem er die berechtigte Bestrafung des Jungen Andrés vereitelt und Strafgefangene befreit, wird er zum asozialen Wesen, das die öffentliche Ordnung stört. Für Neuschäfer (1974) ist eine derartige Handlungsweise im Sinne des Don Quijote ein Quijotismo. Dieser ist jenem ideologischen Dogmatismus vergleichbar, der von einer unkritischen Anerkennung seiner Prinzipien durch andere ausgeht. Ganz anders jedoch stellt sich Don Quijote in seinem Verhältnis zu Sancho dar. Dieser ist mit seiner kleinen und rundlichen Gestalt nicht nur physisch sein Gegenstück, sondern auch aufgrund seiner literarischen Herkunft, die ihn als Nachkommen des ungehobelten, im Gegensatz zur höfischen Erziehung stehenden Landbewohners ausweist. Diesem, seinem Knecht, schenkt nun Don Quijote so viel Aufmerksamkeit, daß sich Sancho bald in den Denk- und Sprachformen seines Herrn bewegen kann. Die gegenseitige Wertschätzung und Freundschaft beider trotz aller Unterschiede ist für Neuschäfer das wirklich Bedeutende des Romans. In dieser Hinsicht zeigt sich trotz seiner sonstigen Torheit Don Quijotes Güte, die im Schlußkapitel ins Bewußtsein gerückt wird, als er als Alonso Quijano el Bueno stirbt.

Während allerdings im ersten Teil die Wirklichkeit durch die Berührung mit Don Quijote und seinen ritterlichen Vorstellungen erhöht wird, erscheint die Makellosigkeit eben dieser ritterlichen Vorstellungen im zweiten Teil, z.B. durch die Damen der Abendgesellschaft (II, 62), auf die Probe gestellt. In allen Späßen, die man mit Don Quijote treibt, befindet er sich nicht nur mit seinen ritterlichen Vorstellungen, sondern ebenso mit seinem Tugend- und Schönheitsideal in der Defensive. In den Augen von Rosales (1960) erscheint Don Quijote als Heranwachsender, der seine Vorstellungen von der Welt selbst gegen deren Widerstand realisieren will. Die Diskrepanz zwischen seiner persönlichen Vorstellung und der realen Welt ruft jenen Schmerz hervor, der als Substanz des Quijotismo gelten kann. Die Lächerlichkeit seiner „Abenteuer" im zweiten Teil verleiht nach Rosales dem Quijotismo eine pathetische Dimension.

An zwei Figuren richtet Don Quijote die Aufforderung, ihm in der Rolle des fahrenden Ritters nachzufolgen: an den Dichter Lorenzo Miranda und den edlen Verbrecher Roque Guinart. Der Kontrast zwischen dem fahrenden Ritter und dem selbstzufriedenen Landedelmann, der wohlbegütert an dem Ort lebt, an dem er geboren ist, zeigt sich im Gespräch des Don Quijote mit dem Landjunker Don Diego de Miranda, der Ritterbücher ablehnt und sich bemüht, in seinem Ort Gerechtigkeit und Frieden zu stiften. (II, 16) Letzterer ist eine Verkörperung des Wunsches der Adligen zur Zeit von Cervantes, die mehr daran interessiert waren, am Hof seßhaft zu werden, als an immer wechselnden Orten nach Abenteuern zu suchen.

Don Quijote korrespondiert mit verschiedenen Figuren. Einen Gegensatz zur Figur des fahrenden Ritters bilden zum Beispiel die beiden Verbrecher Ginés de Pasamonte und Roque Guinart. Letzterer wird als Edelverbrecher und Helfer der Armen dargestellt, so daß er, der Justiz vorgeführt, von der Krone begnadigt wird. Ginés de Pasamonte dagegen, der im 22. Kapitel des ersten Buches befreit wird, zeichnet die Verschlagenheit aus, sofort nach seiner Befreiung den ihn begleitenden Standesgenossen zu raten, sich zu zerstreuen, um so der Verfolgung zu entgehen. Selbst entzieht er sich der königlichen Gerichtsbarkeit durch seine Flucht nach Aragón, wohin der Einflußbereich des kastilischen Königs noch nicht reichte und wo er selbst Puppenspieldirektor werden konnte. (II, 27) Anarchistische Tendenzen bei Cervantes angesichts dieser Darstellung des Verbrechers zu sehen, hält W. Krauss (1966) für unangebracht, da lediglich die damaligen Verhältnisse in Spanien abgebildet werden.

Natürlich ist ein Ritter nach damaligen Vorstellungen nicht von seinem Reitpferd zu trennen. Beim ersten Ausritt (I, 2) appelliert daher Don Quijote an den künftigen Chronisten seiner Geschichte und bittet ihn nachdrücklich, nicht sein gutes Pferd Rocinante zu vergessen, das ihm ein ewiger Gefährte auf all seinen Wegen sei. Rocinante ist zu Anfang nicht nur der erste Gefährte des Ritters, noch bevor Sancho auftritt, sondern zugleich das Mittel des Zufalls, dem Don Quijote freie Zügel läßt: „Se pusieron a caminar por donde la voluntad de Rocinante quiso, que se llevaba tras sí la de su amo." (I, 21) Oder: „sin llevar otro camino que aquel que Rocinante quería, que era por donde él podía caminar." (I, 23)

2. *Sancho*

Alonso, Amado: Die sprachlichen Verdrehungen des Sancho, in: H. Hatzfeld (hg.): *Don Quijote*. Forschung und Kritik, Darmstadt 1968, S. 37–80 [Analyse der Abweichungen vor dem Hintergrund der Konstitution der Sprachnorm des Siglo de oro]

Alonso, Dámaso: Sancho-Quijote, Sancho-Sancho, in: H. Hatzfeld (hg.): *Don Quijote*. Forschung und Kritik, Darmstadt 1968, S. 127–137 [Sancho zwischen schelmischer und ideeller Gesinnung]

Aub, Max: Prólogo para una edición popular del *Quijote*, in: Papeles de Son Armadans 42, Feb. 1960, S. 105–126 [Sancho verkörpert die „bürgerliche" Welt und konstituiert die Modernität des Romans]

Hatzfeld, Helmut: Der Dialog zwischen Sancho und Teresa Panza (Don Quijote II, 5), in: E. Leube und L. Schrader (hg.): Interpretation und Vergleich. Festschrift für Walter Pabst, Berlin 1972, S. 69–78 [Dialog unter anderen Voraussetzungen als mit Don Quijote]

Hempel, Wido: El labrador hecho rey – Un Tema con variaciones en la literatura del Siglo de Oro, in: Ibero-Amerikanisches Archiv XII, N.F., Berlin 1986, S. 123–139 [Die mittelalterliche wie humanistische Konzeption eines „perfecto principe cristiano" als Basis des Themas „labrador hecho rey" in der *Comedia de Bamba* von Lope de Vega, im anonymen *El rey por semejanza* und bei Sancho Panza als „gobernador" seiner Insel]

O'Kane, Eleanor: Das Sprichwort bei Rabelais und Cervantes, in: H. Hatzfeld (hg.): *Don Quijote*. Forschung und Kritik, Darmstadt 1968, S. 148–163 [Die unterschiedliche Tradition des französischen und spanischen Sprichworts]

Pabón Núñez, Lucio: Sancho, o la exaltación del pueblo español, in: Cuadernos Hispanoamericanos 63, 1964, S. 541–580 [Sanchos Entwicklung]

Rauhut, H.: Herr und Knecht in der spanischen Literatur. Celestina, Lazarillo, Guzman, Quijote, Diss. Heidelberg, München 1971

Redondo, Agustin: Tradición carnavalesca y creación literaria del personaje de Sancho Panza al episodio de la ínsula Barataria en el *Quijote*, in: Bulletin hispanique 80, 1978, S. 39–70 [Karneval steht für Freude, Müßigang, Überfluß und Freiheit, die ihm im Kirchenjahr folgende Fastenzeit für Traurigkeit, Abstinenz und Unterwerfung unter asketische Regeln. Sancho, ansonsten von karnevalesker „locura" geprägt, wird wider Willen in der Zeit seiner Statthalterschaft zum Asketen]

Salomon, Noël: Sobre el tipo del „labrador rico" en el *Quijote*, in: Beiträge zur Romanischen Philologie, Cervantes-Sonderheft 1967, S. 105–113 [Im Gegensatz zum armen Bauern Sancho (1, 7) steht der reiche (I, 4, 12, 24, 28, 51; II, 19 und 20, 48), der einflußreich und so wohlhabend sein kann, daß der Lehnsherr bei ihm Kredit aufnimmt]

Selig, Karl-Ludwig: Sancho Panza and Papageno, in: F. Gewecke (hg.): Estudios de literatura española y francesa. Siglos XVI y XVII. Homenaje a Horst Baader, Frankfurt 1984, S. 175–177 [Vergleichbare Persönlichkeitsentwicklung]
Sletsjöe, Leif: Sancho Panza, hombre de bien, Madrid 1961 [Wohlbelegte Studie zu seinen Charakterzügen, Verhaltensmustern und Motiven sowie deren Unterschieden im ersten und zweiten Teil]
Urbina, Eduardo: Sancho Panza a nueva luz: ¿Tipo folklórico o personaje literario?, in: Anales cervantinos 20, 1982, S. 93–101 [Bericht zur Rezeption eines karnevalesken und burlesken Sancho in der Forschung]
Urbina, Eduardo: Sancho Panza y Gandalín, escuderos, in: M.D. McGaha (hg.): Cervantes and the Renaissance, Easton, Pennsylvania 1980, S. 113–124 [Der Schildknappe des Amadís und der des Quijote]

Die Figur des Sancho ist zu Beginn des Romans bloßer Kontrast zur Torheit des Helden. Erst allmählich erscheint sie schärfer umrissen. Für Pabón Núñez ist Sancho als orthodoxer Katholik, rechtschaffener Staatsbürger und Untertan eine Verkörperung des Spaniers schlechthin. Sanchos anfängliche Naivität ist im zweiten Teil überwunden, in dem er zu einer ebenso wichtigen wie schlecht behandelten Figur wird.

Deutlich macht dies die Entwicklung der zunächst gegensätzlichen Charaktere von Don Quijote und Sancho, in der sich jede Figur von ihrer ursprünglichen Position entfernt und eine Transformation in die entgegengesetzte Richtung erfährt. Wenn dabei der zunächst realitätsbezogene Sancho einen Sinn für die Torheit seines Herrn entwickelt und der ernüchterte Don Quijote zunehmend Einsicht in die Realitäten gewinnt, dann kann man mit Madariaga (1925) von einer „quijotización" des Sancho und einer „sanchificación" des Quijote sprechen. Daß Sancho die Verrücktheit seines Herrn befallen hat, zeigt sich z.B., wenn er die Rolle der Prinzessin Micomicona, hinter der sich das Bauernmädchen Dorotea verbirgt, nicht zur Kenntnis nimmt, um die Aussicht auf seine Insel nicht zu verlieren (I, 30, 35), und wenn er seine Amtszeit auf der „ínsula Barataria" (II, 45 ff) nicht als von den Herzögen inszeniertes Spiel durchschaut.

Man würde also Sancho Unrecht tun, wollte man in ihm nur den bodenständigen Realisten sehen. So hat vor Madariaga schon Unamuno darauf hingewiesen, daß sich die idealen Vorstellungen von Don Quijote auf ihn übertragen, daß er die Trugwelt seines Herrn für sich übernimmt. Erste Beispiele dafür lassen sich bereits zu Anfang finden. Wenn er seinen angestammten Wohnort und seine Frau verläßt, um Schildknappe zu werden und von der Aussicht auf Belohnung durch die Regierung über eine Insel zehrt, steht er bereits unter dem Einfluß der Ideen seines Herrn. Während er zunächst (I, 7) noch realistisch und gewinnsüchtig an seinen Vorteil denkt, zeigt sich jedoch schon bald ein erster Realitätsverlust, wenn er Don Quijote bittet, ihm die in einem Gefecht erstrittene Insel zu überlassen (I, 10), oder wenn er Don Quijote um den Heiltrank des Blasius zur Linderung seiner Schmerzen bittet. (I, 15) Sancho akzeptiert schließlich die Erklärung seines

Herrn, daß der Balsam des Fierabrás ihm deshalb so schlecht bekommen ist, da er nur denjenigen hilft, die zum Ritter geschlagen sind. (I, 17) Nunmehr sieht sich Sancho aus der Ritterwelt seines Herrn ausgeschlossen.

Er muß sich eine andere Sicht als sein Herr zu eigen machen, mit Hilfe derer er die Verzauberungen seines Herrn als Täuschungen entlarven und schließlich als Schelm eigene Verzauberungen inszenieren kann. So erklärt Sancho seinem Herrn, Rocinante, die sich nicht mehr von der Stelle rühren kann, sei verzaubert, obwohl er zuvor selbst die Füße des Pferdes gefesselt hat, da er nicht weiterreiten wollte. (I, 20) Als Sancho auf dem Weg ins Dorf El Toboso die Paläste der Prinzessin Dulcinea suchen soll, wird ihm erneut deutlich, daß sein Herr verrückt ist und er ihm in keiner Weise nachsteht, da er ihm folgt. (II, 10) Obwohl ihm die durch diese Einsicht ermöglichte Distanzierung seine pikaresken Streiche, wie die Vorführung des Bauernmädchens als verzauberte Dulcinea, erlaubt und er schon einmal daran gedacht hat, seinen Herrn bei einer passenden Gelegenheit ohne Ankündigung und Verabschiedung einfach zu verlassen (II, 30), bekräftigt er vor der Herzogin die Loyalität zu seinem Herrn (II, 33), dem er in Treue zugetan ist. So ist es nicht mehr der Traum der Insel, den er nach einigen Tagen Praxis selbst aufgeben wird, sondern der Edelmut des Schildknappen, der bei ihm über den Schelm dominiert. D. Alonso veranschaulicht Sanchos Ambiguität wie folgt: „Auch unser Herz hat seine Trauminseln; um ihretwillen nehmen auch wir Dienste auf uns, ja sogar die Narrheit; auch uns zerrinnen sie in nichts und wir werden unserer Torheit inne; und dann reitet uns eine Weile der Teufel, eine pikareske Position zu beziehen. Aber das Inselbild erstrahlt erneut in der Ferne, und wir gehen darauf zu und schwanken im Voranschreiten immer zwischen dem Traum, der unsere Schläfen kühlend umschmeichelt, und dem Schotter der Straße, der unsere Füße verletzt." (1968, S. 136)

Man hat im Roman eine konstitutive Dualität z.B. zwischen Geist und Materie, Leib und Seele gesehen. Wie sich gezeigt hat, kann man diese Dualität nicht auf Don Quijote und Sancho übertragen und aus Sancho den Vertreter des Materiellen machen. Wenn nun Unamuno vertritt, daß Sancho immer mehr die idealen Vorstellungen seines Herrn übernimmt, dann erscheinen vielmehr Sansón Carrasco, der Barbier und die Herzöge als die eigentlichen Vertreter des materiellen Pols und Sancho eher als Bindeglied zwischen Materialität und Idealität. Die Figur des Sancho korrespondiert in gewisser Weise mit jener der Dulcinea: Wie Sancho bewegt sie sich zwischen bäuerlicher Materialität und hoher Idealität; die platonisch idealisierte Schönheit bildet einen Kontrast zur wenig feinen und häßlichen Bäuerin, die Don Quijote von Sancho zunächst beschrieben (I, 31) und später tatsächlich vorgeführt (II, 10) wird.

Ein Vorbild für Sancho kann der aus dem Volk stammende Knappe des „Caballero Cifar" sein. Erstmalig ist das Zweierverhältnis des Ritters und der von ihm verehrten Dame jedoch durch den Schildknappen des Amadís,

Gandalín, um einen dritten Faktor erweitert worden. Zuvor waren die Knappen anonym und spielten keine Rolle. Im *Don Quijote* ist es der Schildknappe, der sich mit seinem vermeintlichen Botengang und durch die von ihm als verzaubert ausgegebenen Dulcinea vermittelnd zwischen den Ritter und seine Dame stellt und damit den Widerspruch zwischen deren Idealität und Realität aufhebt.

Als realistisch und volkstümlich gilt Sanchos Art zu sprechen. Bevor daher der Übersetzer bzw. Erzähler des zweiten Teils mit dem fünften Kapitel beginnt, muß er seine Zweifel an der Authentizität des folgenden Textes seiner arabischen Vorlage anmelden. Denn Sancho spreche hier in einer anderen Art als normalerweise und scharfsinniger, als es ihm möglich sein könne. In der Tat ist in dem Gespräch des Sancho mit seiner Frau Teresa über die Heirats- und Zukunftsperspektiven seiner Tochter und seines Sohnes ein Rollentausch zu beobachten. Dieser wird dadurch unterstützt, daß sich Sancho bisweilen schon als König, seine Frau als Königin und seine Kinder als Infanten sieht. Um seine Frau nun leichter zur Zustimmung zu seiner zweiten Ausfahrt mit Don Quijote zu bewegen, drückt er sich kompliziert und in superlativischen Übertreibungen aus. Seine nunmehr zum Teil an den Stil der Ritterbücher angelehnte Sprechweise kontrastiert mit der einfachen und bäuerlichen Rede seiner Frau Teresa so, wie normalerweise seine einfache und volkstümliche Sprache mit dem Stil des Don Quijote im Gegensatz steht. Gegenüber stehen sich Sancho, dessen Überheblichkeit schon ein Zeichen seiner Quijotisation ist, und die von Bauernschläue geprägte Zurückhaltung Teresas.

Normalerweise jedoch spricht Sancho wie in diesem Kapitel Teresa. Charakteristisch für ihn ist eine häufige Verwendung von Sprichwörtern. Seit dem Mittelalter galt das Sprichwort als überlieferter Ausdruck der Weisheit. In einem allgemeinen Respekt vor der Tradition schätzte man die aus der Antike stammende Sentenz ebensosehr wie das bäuerliche Sprichwort. In Spanien waren im 16. Jahrhundert Sprichwörter nicht unbeliebt, da man in ihnen Zeugnisse der Volkssprache sah, die durch Humanisten wie Juan de Valdés eine neue Wertschätzung erfuhr. Für die Anwendung von Sprichwörtern boten sich Sancho mehrere Möglichkeiten an: Er bedient sich des Mittels der Anhäufung mehrerer Sprichwörter nacheinander, der Adaptierung eines Sprichworts auf eine bestimmte gegebene Situation oder der Anspielung. Letztere erfolgt durch unvollständiges Zitieren eines Sprichworts oder durch Andeutung von Schlüsselworten. Die genannten drei Möglichkeiten waren bereits im Mittelalter geläufig. Ein spanisches Beispiel für den ersten Fall bilden die *Cartas de refranes*(1541): ganze Briefe entstehen nur durch das Aneinanderreihen von Sprichwörtern. Eine besonders ausführliche Anwendung von Sprichwörtern, die zugleich Anreihung ist, führt Sancho Panza vor. (II, 33) Über die mittelalterliche Praxis hinaus gehen kompliziertere spielerische Verfahren, wie die Kunst der Überschneidung von mehreren Sprichwörtern und das

Ersetzen eines Wortes im Sprichwort durch ein anderes. Auch darin zeigt sich Cervantes als Meister. (I, 22)

Welchen Sinn haben die sprachlichen Verdrehungen bei Sancho und anderen Romanfiguren? Auf der einen Seite dienen sie der Belustigung eines gebildeteren Publikums, indem sie die Wissenslücken und Bildungsmängel der Landbewohner herausstellen. Als Sancho durch Sansón darüber belehrt wird, daß Herrscher über Inseln die „gramática" beherrschen müssen, antwortet er, er könne wohl mit der grama (ein bäuerliches Werkzeug, um den Hanf zu zerstoßen), nicht aber mit der Tica umgehen. (II, 2) Auf der anderen Seite kann durch die Entstellung eines offenbar nicht ganz bekannten Wortes ein belustigender Bedeutungswechsel entstehen: z.B., wenn Sancho mit Bezug auf seine Frau das Wort „reducida" (klein) durch „relucida" (strahlend) oder „rata" durch „gata" (II, 7) ersetzt. Zu den Wortentstellungen durch den Austausch einiger Laute kommen bei Sancho Redensarten, die er in der falschen Situation anwendet oder – sei es bewußt oder unbewußt – fehlerhaft zitiert.

Die Situationskomik, die dabei entsteht, bekommt vor dem Hintergrund der Renaissance eine zusätzliche Dimension. Zahlreich waren nämlich die Traktate, die im Anschluß an die *Cortegiano* (1528) des Italieners B. Castiglione vom Adligen, der am Hof lebt, eine besonders gute Erziehung forderten. Zu ihr gehörten gesellschaftliche Manieren, die Kunst der Konversation und, verbunden mit ihr, die korrekte Beherrschung der Sprache, die sich als Volkssprache gerade gegenüber der mittelalterlichen Sprache der Gelehrsamkeit, dem Latein, emanzipierte. Erziehungstraktate gab es aber nicht nur für Höflinge und Fürsten, sondern auch für Bürgermeister, Ärzte und Advokaten. Die Flut der Verhaltens- und Bildungsnormen muß als so erdrückend empfunden worden sein, daß sich durch Sanchos Fehler derjenige bestätigt fühlen konnte, der sich in Opposition zur allgemeinen Bildungsbeflissenheit befand. Schließlich ist es Don Quijote selbst, der Sancho vor Antritt seines Statthalterpostens mit den gesellschaftlichen Regeln seiner künftigen Würde vertraut macht, wenn er ihm rät, langsam und mit Gelassenheit dahinzuschreiten, jedoch ohne Geziertheit zu sprechen. (II, 43; vgl. auch II, 19)

3. *Dulcinea und die Fiktionalität der Figuren*

Auerbach, Erich: Mimesis. Dargestellte Wirklichkeit in der abendländischen Literatur, Bern/München 1977, 6. Auflage [darin S. 317–342: Die verzauberte Dulcinea; vgl. dazu: Ulrich Schulz-Buschhaus: Typen des Realismus und Typen der Gattungsmischung – Eine Postille zu E. Auerbachs *Mimesis,* in: Sprachkunst. Beiträge zur Literaturwissenschaft XX, 1, 1989, S. 51–67]

El Saffar, Ruth: Beyond Fiction: The Recovery of the Feminine in the Works of Cervantes, Berkeley 1984 [Zu den wechselnden Rollen weiblicher Figuren im *Don Quijote]*

Lukács, Georg: Die Theorie des Romans, Darmstadt, Neuwied 1971

Redondo, Agustín: Del personaje de Aldonza Lorenzo al de Dulcinea del Toboso: Algunos aspectos de la invención cervantina, in: Anales cervantinos 21, 1983, S. 9–22 [Folkloristische und literarische Traditionen, Deutung der Namen und der virilen Darstellung]

Schwaderer, Richard: Importancia de la figura de don Quijote en el ensayo *L'umorismo* (1908) de Pirandello, in: T. Berchem und H. Laitenberger (hg.): Actas del coloquio cervantino, Würzburg 1983, Münster 1987, S. 118–126

Dulcinea ist das ideale Geschöpf des Don Quijote. Er hat ihr Charakterzüge verliehen, die die provenzalischen Troubadours ihren angebeteten Damen zugeschrieben hatten. Zu deren Tradition gehört, daß sie keinen persönlichen Anspruch auf ihre Dame erheben und akzeptieren, daß diese ebenso von anderen verehrt wird. So erklärt Don Quijote dem Sancho den Ritterbrauch, nach dem es eine große Ehre ist, wenn eine Dame viele fahrende Ritter hat, die ihr dienen. Dabei bleibt es Ziel der Ritter, für ihr tugendhaftes Streben von der Dame dadurch belohnt zu werden, daß sie sie als ihre Ritter annimmt. Sancho unterläßt es nicht, auf die Parallele zu Gott hinzuweisen, der um seiner selbst willen geliebt sein will und nicht aus Furcht vor der Hölle oder Hoffnung auf Erlangung des Paradieses. (I, 31) Da der Gegenstand seiner Liebe also nicht zu realen und praktischen Konsequenzen führt, kann er für Don Quijote abstrakt bleiben. Ist es doch kein anderer Grund, der ihm Liebe einflößt, als der, daß jeder fahrende Ritter verliebt sein muß. (II, 32) Da Dulcinea ihm also nur als Orientierungspunkt und Legitimation seiner Liebe dient, könnte er von den Einzelheiten ihrer realen Existenz abstrahieren. Den Zweck seiner Liebe, nämlich die Legitimierung seines fahrenden Rittertums, erfüllt sie – sagt er – ebenso gut wie die erhabenste Prinzessin auf Erden. (I, 25) Als ihm dann jedoch von Sancho die wenig attraktive Bäuerin Aldonza Lorenzo als Dulcinea vorgeführt wird, bemerkt er nur die Differenz zu seinem Ideal, geht über das Bauernmädchen hinweg, das er ja einmal gekannt und deswegen ausgewählt hat, und läßt sich davon überzeugen, daß er seine Dulcinea in verzauberter und unkenntlicher Gestalt vor sich hat.

Allerdings ist sich Don Quijote durchaus zeitweise der Tatsache bewußt, daß er Dulcinea nur in seiner Phantasie gebildet hat: „Píntola en mi imaginación como la deseo, así en la belleza como en la principalidad." (I, 25) Wenn er nun „la mucha hermosura y la buena fama" als ihre höchsten Eigenschaften hervorhebt, dann wird deutlich, daß er sie nach dem Modell der neuplatonischen Liebeslehre geformt hat. Cervantes war diese Lehre durch die um 1502 in Florenz verfaßten *Dialoghi d'amore* des spanischen Arztes León Hebreo zugänglich. Cervantes selbst läßt die Gefühle Don Quijotes von Sansón Carrasco als „amores tan platónicos" (II, 3) charakterisieren. Nicht weniger steht Don Quijotes Liebeskonzeption in der bereits erwähnten Tradition der Troubadours. Letztere impliziert nicht nur, daß das geliebte Wesen unerreichbar ist, sondern auch, daß die Liebe den Liebenden vervollkommnet, daß die Liebe unerfüllbar ist und der Liebende Genugtuung darüber empfindet, daß die Geliebte sein Leiden mit Befriedigung zur Kenntnis nimmt.

E. Auerbach erscheint das Kapitel 10 des zweiten Buches paradigmatisch, in dem Sancho Don Quijote täuscht, indem er ihm versichert, das von ihm vorgestellte Bauernmädchen sei die von einem bösen Zauberer entstellte Dulcinea. Dabei gebraucht Sancho in seiner Anrede an Dulcinea den erhabenen Jargon der Ritterbücher so überzeugend, daß sich Don Quijote veranlaßt sieht, die Szene stilgerecht fortzusetzen. Einen Stilbruch bringt erst die ebenso forsche wie barsche Entgegnung der Bäuerin, die nach einem kurzen irritierten Schweigen die als Belästigung empfundene Aufdringlichkeit abwehrt. Gesteigert wird der Kontrast zwischen ritterlicher Rede und bäuerlicher Realität in dem Moment, als Dulcinea, die allzu schnell verschwinden will, vom Esel geworfen wird. Don Quijote ergreift die Gelegenheit, ihr ritterlich das Reitkissen zurechtzurücken. Als er aber zu einer Geste ausholt, um der noch am Boden liegenden verzauberten Dulcinea galant in den Sattel zu helfen, begeht diese einen weiteren Stilbruch, indem sie mit grotesker Behendigkeit selbst auf den Sattel springt und eiligst davongaloppiert.

So endet die Begegnung. Eine Entlarvung oder Bestrafung von Sanchos Betrug findet nicht statt. Die späteren Peitschenhiebe, die er sich zur Entzauberung von Dulcinea zufügen soll, sind nicht als Strafe für seine Lüge zu sehen. In der Verzauberung aber ist der Ausweg gefunden, der jedesmal bemüht wird, wenn die äußere Lage in einen unüberwindbaren Gegensatz zur Illusion tritt. Auberbach konstatiert in dieser Szene das Fehlen jener Konflikte und tragischen Verwicklungen des Helden in seiner Gesellschaft, die der Roman des 19. Jahrhunderts kennt. Da der ideale Wille des Don Quijote keinen Ansatzpunkt in einer Wirklichkeit findet, die er übergeht und verändert, trifft er ins Leere. Diese Tatsache verallgemeinert Auerbach, sicherlich zu Unrecht, für den gesamten zweiten Teil. Mit ihr erklärt er jene vielschichtige, aber spielerische Grundstimmung des Romans, in der zwar die schlechten Bücher, nicht jedoch die schlechten Taten explizit moralisch verurteilt werden.

Im Gegensatz zu Auerbach bezieht Ynduraín den *Don Quijote* auf die für den modernen Roman charakteristische Spannung zwischen der gegebenen Realität und dem mit seinen Einsichten und Vorstellungen von dieser Realität abweichenden Individuum. Eine derartige Spannung gab es zuvor weder bei Boccaccio noch im Schäfer- oder Ritterroman. Dort herrscht zwischen der Romanfigur und ihrer Welt Korrespondenz. Während bei Don Quijote das innere Denken im Vordergrund steht, dessen Reflex die äußere Handlung darstellt, erscheint Amadís als Held von Handlungen, die in der äußeren Realität stattfinden. Da man im Spanien des Siglo de Oro noch in der Tradition der Ritterromane verhaftet war, rezipierte man zunächst die Seiten des Don Quijote, in denen äußere Situationskomik überwiegt. Dies zeigt z.B. der *Entremés famoso de los invencibles hechos de Don Quijote de la Mancha* von Francisco de Ávila (Barcelona 1617). Dann aber, und dies ist dem Ansatz von Auberbach entgegenzuhalten, waren es gerade die Romanautoren im Europa des 19. Jahrhundert, die sich, wie Flaubert, auf *Don Quijote* beriefen, da in ihm jene Idealität des Individuums so meisterhaft dargestellt war, die sie nunmehr im Konflikt zur Realität der Gesellschaft reagieren ließen. Rückblickend bezeichnet G. Lukács den *Don Quijote* als ersten großen „Kampf der Innerlichkeit gegen die prosaische Niedertracht des äußeren Lebens". Als Gegenargument gegen eine solche in der romantisch-tragischen Tradition stehende Konzeption des Romans läßt sich jedoch mit H. J. Neuschäfer (1974) die Tatsache anführen, daß Don Quijote am Ende, nachdem er die Vernunft wieder erlangt hat, sich von seiner Vergangenheit als melancholischer „Caballero de la Triste Figura" distanziert und in Frieden stirbt.

Je nachdem, welche Teile des Romans zum Zentrum der Beurteilung gewählt werden, kommt man also zu verschiedenen Resultaten. Nicht übersehen werden darf, daß die Konstitution der Figuren des Romans nicht nur in Auseinandersetzung mit der Wirklichkeit, sondern ebenso mit Autoren und deren Texten erfolgt.

Während Dulcinea ein Produkt der Phantasie des Don Quijote ist, dessen Vermittlung mit der Realität Schwierigkeiten bereitet, ist Don Quijote ein literarisches Produkt, das sich zusätzlich mit Publikumserwartungen und literarischen Verfälschungen auseinandersetzen muß. Im zweiten Teil erfährt Don Quijote schon früh von seinem literarischen Ruhm, da er einer großen Zahl von Lesern des ersten Teils bekannt ist. Am herzoglichen Hof haben Don Quijote und Sancho eine Doppelrolle: Einerseits treten sie als Figuren eines bereits existierenden literarischen Werkes auf und sollen Erwartungen erfüllen, die man an sie heranträgt. Andererseits sind sie Figuren, die in der Gegenwart leben. Im Kapitel 59 des zweiten Teils müssen sie sich dann noch mit der falschen Fortsetzung ihrer literarischen Vergangenheit durch den Roman von Avellaneda auseinandersetzen. So protestiert vor den erstaunten Edelleuten, die sich über die falsche Fortsetzung unterhalten, Don Quijote dagegen, daß dort behauptet würde, er habe Dulcinea von Toboso vergessen oder könne sie je vergessen. Als ihm die Edelleute, die ihn an seinem Erscheinungsbild aus dem Roman wiedererkennen, das Buch überreicht haben, überfliegt er einige Seiten und gibt es ihnen mit den Worten zurück, daß es nur falsch sein kann, da er in so kurzer Zeit schon Unrichtigkeiten entdeckt. Schließlich sei es undenkbar, daß über die Ereignisse, die sie gerade erleben, bereits ein Buch vorliege. Als dann im 72. Kapitel Alvaro Tarfe, eine Figur aus Avellanedas Fortsetzung, auftritt und erzählt, er sei ein guter Freund von Don Quijote und habe diesen dazu angestiftet, zum Turnier nach Zaragoza zu reisen, aber den vor ihm stehenden Don Quijote nicht identifizieren kann, will dieser die Mißverständnisse ein für allemal aus der Welt räumen. Daher bittet er Don Alvaro, beim Dorfbürgermeister zu bezeugen, daß er die anwesenden Don Quijote und Sancho nie zuvor gesehen hat und sie nichts zu tun haben mit den im zweiten Teil von Avellaneda angeführten Figuren.

Bei Cervantes wie in Luigi Pirandellos *Sei personaggi in cerca d'autore* gewinnen die Figuren im Verlauf des Textes somit gar ein Bewußtsein von ihrer literarischen Existenz. Dies ist auch der Fall in Unamunos *Niebla* und in Calderóns *El gran teatro del mundo.* Während bei Pirandello die Figuren darunter leiden, trotz ihres Protestes von ihrem Autor noch nicht fertiggestellt zu sein, handeln sie bei Cervantes im Bewußtsein voller Lebensfülle. Cervantes hat nicht zuletzt mit dem Protest von Sancho und Don Quijote gegen ihre Gestaltung im zweiten, von Avellaneda verfaßten Teil des Romans jene Konstellation angelegt, aus der heraus bei Unamuno die Rebellion der literarischen Figur gegen ihren Autor erfolgte.

D. Stil, Erzähltechnik und Problematik des Lesens

1. Sprache und Stil

Covarrubias, Sebastián de: Tesoro de la lengua castellana o española, M. de Riquer (hg.), Barcelona 1943 [Lexikon, das 1611 erschien]

Endress, Heinz-Peter: Rhetorik und Reden im *Don Quijote,* in: Festschrift für Ruprecht Rohr, Heidelberg 1979, S. 131–158

Hatzfeld, Helmut A.: Why is *Don Quijote* Baroque?, in: Philological Quarterly 51, 1972, S. 158–176 [Barocke Stilelemente]

Hatzfeld, Helmut: Boccacciostil im *Don Quijote,* in: Vom Geiste neuer Literaturforschung. Festschrift für Oscar Walzel, J. Wahle und V. Klemperer (hg.), Potsdam 1924, S. 113–126

Hatzfeld, Helmut: El *Quijote* como obra de arte del lenguaje, Madrid 1972 (2. erw. Auflage; ursprüngl. dt. Fassung: Hatzfeld, H.: *Don Quijote* als Wortkunstwerk. Die einzelnen Stilmittel und ihr Sinn, Leipzig, Berlin 1927) [Standardwerk]

Michalski, André: El retrato retórico en la obra cervantina, in: M. Criado del Val (hg.): Cervantes. Su obra y su mundo. Actas del I. congreso internacional sobre Cervantes, Madrid 1981, S. 39–46 [Cervantes' von den früheren zu den späteren Werken zunehmend freier Umgang mit rhetorischer Tradition]

Rivers, Elias L.: Cervantes and the Question of Language, in: Michael D. McGaha (hg.): Cervantes and the Renaissance. Papers of the Pomona College Cervantes Symposium, November 16–18, 1978, Easton, Pennsylvania 1980, S. 23–33 Stilorientierung an der Renaissance noch in *La Galatea* und *La Numancia* gegenüber unklassischer Stilmischung im *Don Quijote]*

Rosenblat, Angel: La lengua del *Quijote,* Madrid 1971 [Standardwerk]

Sola-Solé, J. M.: El árabe y los arabismos en Cervantes, in: Josep M. Sola-Solé, A. Crisafulli, B. Damiani (hg.): Estudios literarios de hispanistas dedicados a Helmut Hatzfeld con motivo de su 80 aniversario, Barcelona 1974, S. 209–222 [Bedeutung des Arabischen, Maurischen, Morisken bzw. Türkischen bei Cervantes]

Torbert, Eugene Charles: Cervantes' Place-Names: A Lexicon, Metuchen N. J./London 1978 [Alphabetisches Verzeichnis der Ortsnamen im Gesamtwerk mit Stellenangaben]

Weinrich, Harald: Das spanische Sprachbewußtsein im Siglo de Oro, in: Spanische Literatur im Goldenen Zeitalter. Fritz Schalk zum 70. Geburtstag, H. Baader/E. Loos (hg.), Frankfurt/M. 1973, S. 524–47 [Das Kastilische wurde in der Dichtung, der Verwaltung und der Predigt gebraucht, mußte sich jedoch in anderen Disziplinen noch durchsetzen. So war Nebrijas Grammatik weniger gefragt als die Diskussionen im *Diálogo de la lengua* von A. de Valdés]

Cervantes' Sprache ist sehr vielschichtig. Sie muß es sein, will er es jedem, dem Melancholiker, dem Vergnügten, dem Ungebildeten, dem Vornehmen, dem Ernsthaften und dem Vernünftigen recht machen, wie im Prolog des ersten Teils geraten wird. Das Thema der Sprache wird im dritten Kapitel des zweiten Teils wieder aufgegriffen, wo Sansón lobt, der erste Teil sei so klar, daß er sich für die Lektüre in jeder Altersstufe eigne.

Im Werk wechseln je nach Protagonisten volkstümliche und gebildete Sprechweise. Die typischste Form der volkstümlichen Redeweise besteht in den Sprichwörtern des Sancho, mit denen die Panzas nach Ansicht des Pfarrers wohl zur Welt kommen. (II, 50) Eine gute Sprache ist Zeichen einer guten Erziehung, die aber auch außerhalb des Hofes erlangt werden kann. Denn nicht jeder Höfling ist Vorbild in der Sprachbeherrschung, wie Don Quijote dem „Caballero del Verde Gabán" erklärt. (II, 16) Das Urteil der großen Volksmenge, die bildungshierarchisch und nicht sozial definiert wird, ist also unmaßgeblich. Dies verdeutlicht der Domherr von Toledo, der lieber von wenigen Weisen gelobt werden will, als daß er sich dem Urteil der großen Menge unterwirft. (I, 48) So wünscht sich der Ritter Don Quijote sprachliche Eleganz, sogar hinsichtlich der Bezeichnung seines Pferdes, die er von „rocín" zu „Rocinante" veredelt. Wie in den Traktaten zur Erziehung der Höflinge wird das Gegenstück zur Einfachheit, die sprachliche Affektiertheit, kritisiert. (II, 26; II, 43)

Im Roman ist das Spiel mit verschiedenen Sprachebenen nicht zuletzt das Ergebnis der Gemeinschaft von Ritter und Knappe. So werden in einer seriösen Rede bewußt stilistische Fremdkörper eingesetzt, um den Ernst aufzulockern. Bekannte und gewichtige juristische Formeln werden ganz gewöhnlichen Belangen zugeordnet [z.B. die Notariatsformel „hacer merced y buena obra" (I, 20)]. Ebenso wird mit dem Latein der Ärzte und dem Kirchenlatein verfahren. Cervantes konnte Latein lesen. Er hatte aber von den Humanisten den Wunsch übernommen, die Volkssprache zu literarischer Würde zu erheben. Diese Absicht ist ein Grund dafür, daß er affektierte Stilrichtungen in unterschiedlichen literarischen Gattungen parodiert. Die volkstümlichen Ausdrücke von Sancho und seine Verwendung von Sprichwörtern unterstreichen Cervantes' Opposition gegen Geziertheit und seine Vorliebe für eine natürliche und klare Sprache, die allerdings auf rhetorische Figuren nicht verzichtete.

Cervantes konnte sich hier die italienischen Novellen zum Vorbild machen. Boccaccios Stil beeinflußte nicht nur die *Novelas ejemplares,* sondern auch den *Don Quijote.* Ähnlich häufig wie bei Boccaccio findet man hier nach dem barocken Ordnungsprinzip des „orden desordenado" (I, 50) Antithesen, rhetorische Fragen, Epitheta, Vokative und kurze Relativsätze.

Eine große Rolle spielen Gemeinplätze, die im *Don Quijote* nach Herzenslust spielerisch angewendet werden und variiert werden, um neue humoristische Effekte zu erzielen. Ebenso werden traditionelle Vergleiche aufgegriffen, die im Roman auf unerwartete Umstände bezogen werden, wie z.B., wenn der Herzog Sancho sagt, seine Inselbewohner erwarteten ihn „como el agua de mayo". (II, 42) Nicht selten ist die Häufung von mehr oder weniger passenden Vergleichen. Ein Beispiel dafür ist ein Satz, den Don Quijote zum Herzog sagt: „quitarle a un caballero andante su dama es quitarle los ojos con que mira, y el sol con que se alumbra y el sustento con que se mantiene [...] que el caballero andante sin dama es como el árbol sin hojas, el edificio sin cimiento y la sombra sin cuerpo de quien se cause." (II, 32) Daneben bieten traditionelle Metaphern komische Möglichkeiten, wenn sie in einem ungewöhnlichen Kontext stehen. Nicht selten treten sie in den Dienst der quijotesken Metamorphosierung der Realität. Beim ersten Ausritt sieht Don Quijote bei Anbruch der Dunkelheit: „no lejos del camino por donde iba, una venta, que fue como si viera una estrella que, no a los portales, sino a los alcázares de su redención le encaminaba." (I, 2) Deutlich ist die Anspielung auf den Stern von Bethlehem, der die drei Könige zum Eingang des Stalls führte.

Ein beliebtes stilistisches Mittel ist die Antithese gerade in volkstümlichen Szenen. So heißt es von Andrés nach der Prügelstrafe: „él se partió llorando y su amo se quedó riendo." (I, 4) In El Toboso sagt Don Quijote zu Sancho: „Mira no me engañes, ni quieras con falsas alegrías alegrar mis verdaderas tristezas." (II, 10) Antithetisch können Paradoxa aufgelöst werden, wie nach dem Abenteuer mit den Löwen, wenn Don Quijote als „cuerdo loco y un loco que tiraba a cuerdo" (II, 17) bezeichnet wird. Auch bei den Antithesen lassen sich Spielereien beobachten, wie z.B. in der Überschrift des 20. Kapitels des ersten Teils: „De la jamás vista ni oída aventura que con más poco peligro fue acabada [...]", in der „ja-más" mit „más" kontrastiert. Eine besondere Form des Gegensatzes hat H. Hatzfeld hervorgehoben: Er sieht sie in den häufigen Verbindungen von Konkretem mit Abstraktem, wie z.B. bei „acompañada de mi criado y muchas imaginaciones" (I, 28), denen vor dem Hintergrund der Antithese von Realität und Idealität eine besondere Bedeutung zukommt. Das Antithetische ist schon darin angelegt, daß sich der Roman als eine Art Ritterbuch gegen die Ritterbücher versteht. Nicht zu übersehen ist, daß zahlreiche Reden des Don Quijote eine Antithese bzw. Alternative, wie z.B. Goldenes und Eisernes Zeitalter oder „armas" und „letras", zum Gegenstand haben.

Nicht anders als mit Antithesen geht Cervantes mit Synonymen um. Gern erzielt er ein Synonym durch die Negation des Gegenteils: „A veces iba a escuras, y a veces sin luz". (II, 55) Ähnlich gebraucht er ganz bewußt Wiederholungen, um zu insistieren: „Todo el mundo se tenga, si todo el mundo no confiesa que no hay en el mundo todo doncella más hermosa que la emperatriz de la Mancha, la sin par Dulcinea del Toboso." (I, 4) Satzteile, in denen kettenartig der jeweils folgende Satzteil am Anfang das Schlußelement des vorausgehenden wiederholt, entstammen meist den besonders volkstümlichen Erzählungen. So heißt es über die Prügelei im Wirtshaus: „daba el arriero a Sancho, Sancho a la moza, la moza a él, el ventero a la moza, y todos menudeaban con tanta prisa, que no se daban punto de reposo." (I, 16) Gegenstück der Wiederholung ist die gleichfalls beliebte elliptische Auslassung, die einen besonderen Effekt in Verbindung mit Wiederholungen erzielt.

Das Wortspiel stellt im Roman eine Konstante dar. So sagt der Pfarrer zum Barbier bei der Begutachtung der *Galatea:* „Muchos años ha que es grande amigo mío ese Cervantes, y sé que es más versado en disdichas que en versos." (I, 6) Man findet Sätze wie „pudiesen el cura y el barbero procurar la cura de su locura." (I. 46) oder „retráteme [...] pero no me maltrate." (II, 59) Beim Spiel mit Wörtern ergeben sich Wortschöpfungen und wohlklingende Eigennamen.

Der Stil variiert im Roman je nach Kontext. Die Novelle *El curioso impertinente,* die in Florenz spielt, (I, 33–35) hat einen anderen Charakter als der maurisch geprägte Bericht vom Leben des Gefangenen (I, 39–41) oder die dem Schäferroman nachempfundene Geschichte von Grisóstomo und Marcela (I, 12–14). Daß die Novelle *El curioso impertinente* schon bald nach Erscheinen des ersten Teils des Romans nicht nur stilistisch als Fremdkörper empfunden wurde, findet sich bereits im zweiten Teil durch die Wiedergabe der Bemerkung eines fiktiven Zeitgenossen reflektiert. Dieser behauptet, die Novelle sei zwar nicht schlecht, aber im *Don Quijote* deplaziert. (II, 3) Daher werden an späterer Stelle die so unterschiedlichen Novellen des ersten Teils als Stilmittel gerechtfertigt. Sie seien Unterbrechungen einer Handlung, die ansonsten zu trocken wäre. (II, 44) Konsequent wird im ersten Teil behauptet, daß nicht nur die „verdadera historia" des Quijote den Reiz ausmache, sondern gerade die eingeschobenen Geschichten und Episoden. (I, 28) Neue Kontexte mit Stilvariationen bietet der zweite Teil. Seine Geschichten, die mit der Haupthandlung nur lose verbunden sind, wie die Hochzeit des Camacho (II, 21) und die Leiden des Morisken Ricote und seiner Tochter Ana Félix (II, 63), erlauben ein wechselndes Lokalkolorit.

Die Thematisierung der eigenen Geschichte, verbunden mit häufigeren Erörterungen gelehrter Themen, ist nicht zuletzt ein stilistisches Charakteristikum des zweiten Teils gegenüber dem ersten, der stärker durch die Handlung der eingeschobenen Novellen mit ganz unterschiedlichem Lokalkolorit geprägt ist. Als Beispiel dafür sei jener Kunstfehler des ersten Teils angeführt, der im zweiten Teil erörtert wird: Sanchos Esel ist dort nämlich ohne weitere Erklärung als gestohlen erklärt worden, hat ihm aber bald darauf wieder zur Verfügung gestanden, ohne daß man wüßte, wie er ihn wiedererlangt habe. (II, 3)

Cervantes' Stil erscheint schon durch seine Vielseitigkeit und seine häufigen Wechsel barock geprägt. Schnörkel waren eine der beliebten ornamentalen Formen der Architektur des Barockzeitalters. Ihm vergleichbare, spiralenartige stilistische Formen findet H. Hatzfeld (1972) im *Don Quijote*. Eine Form der „Spreizstellung" liegt zum Beispiel vor, wenn zwei längere Satzelemente ein in der Mitte stehendes, kurzes und somit hervorgehobenes Adjektiv einrahmen: „Oh fuerte y sobre todo encarecimiento ANIMOSO don Quijote de la Mancha." (II, 17) Ein ähnlicher Effekt entsteht, wenn Sätze durch Einfügungen fremder Elemente unterbrochen werden: „El pobre honrado (si es que puede ser honrado el pobre) tiene prenda en tener mujer hermosa." (II, 23) An zwei gegenübergestellte Spiralen erinnert der Chiasmus, ein rhetorisches Mittel des Ornats, das im *Quijote* häufige Verwendung findet: „El grande que fuere vicioso, será vicioso grande." (II, 6) Oder : „Juzga lo blanco por negro y lo negro por blanco." (II, 10)

An das Ende einer Spirale erinnert H. Hatzfeld (1972) das stilistische Mittel der Zusammenfassung einer Erzählung, die zuvor in größerer Ausführlichkeit erfolgte. Im *Don Quijote* ist sie besonders beliebt, wenn Ähnliches vorausgegangen ist. Vom Pfarrer heißt es: „Con brevedad sucinta contó lo que con Zoraida a su hermano había sucedido." (I, 42) Klauseln, die einen Teil des vorausgehenden Satzes hyperbolisch ergänzen und angefügt werden, können im *Don Quijote* nicht nur die Megalomanie des Helden unterstreichen, sondern auch bei anderen Figuren dem Ornat dienen: „Era el cura tan amigo de la verdad que no diría otra cosa por todas las del mundo." (II, 6) Besonderen Effekt erzielt die Unterstreichung durch konzessive Einleitungen wie „a pesar de" oder „aunque": „No es dado a los caballeros andantes quejarse de herida alguna, aunque se les salgan las tripas por ella." (I, 8)

Die Technik der bis in kleinste Einzelheiten gehenden Genrebilder, wie z.B. in der Schilderung der Mahlzeit der Pilger (II, 54) oder der unterbrochenen Prozession (I, 52), wird ergänzt durch die Momentaufnahme, deren barocker Impressionismus Hatzfeld an Velázquez erinnert. Ein Beispiel dafür ist der Augenblick, in dem Don Quijote aufsteht und tastend das nunmehr versperrte Gemach mit seinen Büchern sucht. (I, 7)

Barock ist zudem das Thema der Täuschung, der Unsicherheit der Wahrheitserkenntnis und der Entlarvung von Täuschungen. Stilistisch findet es in Wörtern und Satzteilen einen Niederschlag, die wie Echos wiederholt werden: „El eco repite el nombre de Leandra [...] Leandra resueñan los montes, Leandra murmuran los arroyos y Leandra nos tiene a todos suspensos." (I, 51) Eine besondere Art von Echo ist die Wiederholung gleicher Wörter: „Este es engaño, engaño es éste." (II, 56) oder „Caminos sin camino." (II, 28) Eine scheinhafte Realität entsteht durch die Verwendung irrealer

Bedingungssätze, die im *Don Quijote* beliebt sind: „Hubiera hecho en tu venganza más daño que hicieron los griegos por la robada Elena. La cual, si fuera en este tiempo, o mi Dulcinea fuera en aquél, pudiera estar segura que no tuviera tanta fama de hermosa como tiene." (I, 21) Ungewißheit über die Realität drückt sich in der häufigen Formel des „no sé qué" aus: „Yo haré lo que me aconsejas, puesto que me ha de quedar un no sé qué de escrúpulo." (II, 25) Alle genannten stilistischen Mittel sind Zeichen für die Beliebtheit des Ornats oder dienen dazu, die Fragwürdigkeit der Realität und ihrer Erkenntnis zu belegen. In beiden Fällen weisen sie den *Don Quijote* als barockes Werk aus.

2. *Erzähltechnische Mittel*

Amorós, Andrés: Los poemas del *Quijote,* in: Resurgimiento, Nr. 0, Barcelona 1979, S. 53–61 [Erstmaliger Versuch der Wertschätzung der eingeschobenen Gedichte]

Balbín Lucas, Rafael de: Die Mischung von Tragik und Komik. Anmerkungen zu *Don Quijote* I, 35, in: H. Hatzfeld (hg.): *Don Quijote.* Forschung und Kritik, Darmstadt 1968, S. 138–147 [Veränderungen der Kapitelüberschrift als Indiz für die Technik, Tragisches und Komisches zu mischen]

Casalduero, Joaquín: Sentido y forma del *Quijote.* 1605–1615, Madrid 1949 [Elemente der Makro- und Mikrostruktur werden aufeinander bezogen und lassen das barocke Kunstprinzip der „ungeordneten Ordnung" erscheinen]

Díaz-Plaja, Guillermo: Cervantes' Erzähltechnik. Einige Bemerkungen, in: H. Hatzfeld (hg.): *Don Quijote.* Forschung und Kritik, Darmstadt 1968, S. 81–114 [Bezug zwischen Cervantes' Novellen und dem *Don Quijote*]

El Saffar, Ruth: Distance and Control in *Don Quijote:* A Study in Narrative Technique, Chapel Hill 1975 [Verschiedene Romanfiguren werden immer wieder implizite Erzähler oder Leser]

Fernández Mosquera, Santiago: Los autores ficticios del *Quijote,* in: Anales cervantinos 24, 1986, S. 47–65 [Einleitender Forschungsüberblick, Unterscheidung zwischen „editor", „traductor", Cide Hamete Benengeli und „autor definitivo"]

Ferreras, Juan Ignacio: La estructura paródica del *Quijote,* Madrid 1982 [Parodie durch Vielschichtigkeit innerer und äußerer fingierter und nicht fingierter Welten]

Hamburger, Käte: *Don Quijote* und die Struktur des epischen Humors, in: Festgabe für Eduard Berend zum 75. Geburtstag am 5. 12. 1958, Weimar 1959, S. 191–209 [Erörterung ausgehend von Jean Pauls Inadäquatheitstheorie]

Hatzfeld, Helmut: *Don Quijote* als Wortkunstwerk. Die einzelnen Stilmittel und ihr Sinn, Leipzig, Berlin 1927 [noch immer grundlegend]

Joly, Monique: Cervantes y la burla, in: Anthropos. Revista de documentación científica de la cultura 98–99, Juli/August 1989, S. 67–70

Meyer, Herman: El arte de citar en el *Don Quijote,* in: Humboldt 3/4, 1962, S. 33–38 [Typen und Funktionen des Zitats]

Moner, Michel: Cervantès: deux thèmes majeurs (L'amour – les armes et les lettres), Toulouse 1988 [Emblematik als Hintergrund der Themen und ihrer Darstellung und Erörterung]

Neuschäfer, Hans-Jörg: Der Sinn der Parodie im *Don Quijote,* Heidelberg 1963

Scarano, Laura Rosana: La perspectiva metatextual en *El Quijote* de Cervantes, in: Anales cervantinos 24, 1986, S. 124–136 [Komplexe Analyse der Erzählebenen]

Wardropper, Bruce W.: *Don Quijote:* Story or History?, in: Modern Philology 63, 1965, S. 1–11 [Cervantes' Versuche, die Fiktion als historische Wahrheit auszugeben]

Ynduráin Hernández, Francisco: El *Quijote* y Don Quijote. Notas de lectura, in: Homenaje a Cervantes, F. Sanchez-Castañer (hg.), in: Estudios Cervantinos II, 1950, S. 321–338 [Das Werk und sein Progagonist zwischen idealistischer Rezeption und Betonung der Situationskomik]

Indem Don Quijote die Übertreibungen in den Ritterromanen kritisiert, setzt er in den Augen von H.-J. Neuschäfer (1963) eine Kritik fort, die man bereits in den besseren Ritterbüchern, wie z.B. im *Tirant lo blanc,* selbst antreffen kann. Neuschäfers These ist, daß die Wirkung der Parodie im Roman darauf beruht, die Erwartungen eines Publikums, das mit den Stukturen der Welt der Ritterromane vertraut war, zu wecken und dann zu durchkreuzen. Während Avellaneda in seiner Fortsetzung dabei stehenblieb, ging Cervantes in seinem zweiten Teil darüber hinaus. Eine Parodie läßt sich als Witz und Humor verstehen. Während ersterer destruktiv sein kann, ist letzterer konstruktiv. Daher ist es möglich, im *Don Quijote* eine Satire der Ritterromane zu sehen, die zugleich dem Rittertum Verständnis entgegenbringt.

Vom *Amadis* übernimmt Cervantes die Verzahnungstechnik durch Zusammenfassungen, Vordeutungen und Rückgriffe und die Fortuna-Idee, die anklingt, wenn das Reitpferd seine Wegstrecke selbst bestimmt. Den Anspruch der fiktionalen Erzählung auf wahre geschichtliche Authentizität konnte er z.B. aus Lucians *Vera Historia* und Heliodors *Historia Aethiopica* übernehmen. Deren Authentizitätsansprüche aufgreifend, wird der fiktionale Roman *Don Quijote* als wahre Geschichte ausgegeben. Um dies zu unterstützen, bedient sich Cervantes der Fiktion des arabischen Chronisten, läßt gegenüber dessen Überlieferung den Zweifel an Authentizität aufkommen und bezieht die Figuren in die Fragestellung ein, die ihrerseits im zweiten Teil die Authentizität des ersten und der falschen Fortsetzung durch Avellaneda begutachten. Daß dabei nicht nur der Protagonist Don Quijote, sondern auch der Leser den Überblick über die Grenzen zwischen Tatsächlichem und Möglichem, zwischen dem „historisch Realen" und dem Fiktionalen und zwischen der Realität und der Vorstellungswelt verliert, ist sicherlich eine der satirischen Absichten von Cervantes gegenüber der exakten aristotelischen Unterscheidung zwischen Chronist und Dichter.

Vor diesem Hintergrund wäre eine vereinfachende Annahme verfehlt, Cervantes identifiziere sich mit seinem Helden. Wie A. A.Parker (1947, 1948) hervorgehoben hat, sprechen dagegen zahlreiche Stellen, in denen etwa durch den „Canónigo" aus Toledo, den Geistlichen der Herzöge und Don Diego de Miranda vorwurfsvolle Haltung und Mitleid deutlich werden. Nicht zuletzt kann die in verschiedenen Szenen sehr lächerliche Darstellung des Don Quijote als Indiz der Distanzierung des Autors von seinem Helden gedeutet werden. Hinzu kommt, daß sich der Roman erzählerisch auf verschiedenen Ebenen bewegt. Die erste endet mit dem achten Kapitel des ersten Teils. Der Bezug auf eine Menge von Autoren als Quelle ist ein traditionelles erzähltechnisches Mittel, um den Helden besonders hervorzuheben: mit ihm haben sich bereits mehrere Geschichtsschreiber und Polemiken beschäftigt. Cervantes spielt auf letztere an, indem er von den Debatten über den Namen Quijada oder Quesada spricht. (I, 1)

Spannung entsteht durch das Spiel mit Erzählern und Quellen. So ist von einem ersten Verfasser die Rede, der das Manuskript gerade in dem Moment abbrechen läßt, in dem der Biskayer und Don Quijote mit hocherhobenem Schwert aufeinander losgehen, während der zweite Verfasser in der Meinung, es müsse weitere Quellentexte in den Archiven geben, die über den Ausgang des Zweikampfes berichten, auf ein paar Hefte mit arabischen Buchstaben gestoßen sei. Wie der zweite Erzähler herausfand, handelte es sich um die Geschichte des Don Quijote, geschrieben von einem arabischen Geschichtsschreiber namens Cide Hamete Benengeli. Als er sich den arabischen Originaltext von einem Übersetzer in spanischer Fassung vortragen läßt, findet er im ersten Heft eben die Fortsetzung des Zweikampfes mit dem Biskayer. (I, 8–9) Auf den ursprünglichen Verfasser der „wahren" Geschichte kommt der Erzähler noch einmal zurück, als er dessen wohl im Ausbruch bewundernden Gefühls geäußerten Lobspruch für den tapferen Don Quijote vor dem Löwen ankündigt. Dann nämlich versäumt es der Erzähler nicht, darauf hinzuweisen, daß nunmehr die begeisterten Ausrufungen von Cide Hamete zu Ende sind und dieser den Faden der Geschichte wieder aufnimmt. (II, 17) Die Fiktion eines von einem Geschichtsschreiber verfaßten Textes wird noch in dem Moment aufrechterhalten, als Sancho Don Quijote von dem Buch erzählt, das nach Sansóns Aussagen von ihnen berichtet. Sancho versteht nicht, wie es dem Geschichtsschreiber gelingen konnte, die Gespräche wiederzugeben, die zwischen ihm und Don Quijote unter vier Augen geführt wurden. (II, 2)

Eine zweite Ebene der Erzählung setzt ein mit dem Ende des achten und dem Beginn des neunten Kapitels. Wenn hier der fiktive zweite Verfasser, der bisher ausgehend von der ersten Quelle erzählt hat, nunmehr neue Quellen suchen muß, um etwas über das Ende der offengebliebenen Geschichte aussagen zu können, kommt zur eigentlichen Handlung des Don Quijote die Handlung der Figur eines Verfassers hinzu, der aus unterschiedlichen Materialien ein Buch zusammenstellt. Mit dem neunten Kapitel ändert sich die Perspektive der Erzählung. Es ist nun nicht mehr das anonyme Ich des ersten Satzes des ersten Kapitels, sondern Cide Hamete, der als fiktiver erster Verfasser erzählt und die vielen Quellen ablöst, von denen zu Anfang des ersten Kapitels die Rede war. Der fiktionale Verfasser, der im achten Kapitel als Benutzer der Quellen hervorgetreten ist, scheint nunmehr von Cide Hamete abgelöst zu werden, der zum Haupterzähler wird, aber häufig vom fiktionalen zweiten Verfasser unterbrochen wird. Der Araber Cide Hamete Benengeli wird im zweiten Teil geradezu zur Romanfigur, die – ähnlich wie der Übersetzer seines Textes – den Leser mit Kapiteleinleitungen und ironischen Kommentierungen informiert. (z.B. II, 10, 17, 44, 53)

Nicht selten sind die Fälle, in denen Cervantes aus bewußter erzählerischer Intention oder aus Unachtsamkeit offen läßt, wer gerade spricht. Dies ist der Fall beim Ausruf: „Válame, Dios, y cuántas provincias dijo, cuántas naciones nombró" (I, 18) oder im pluralis majestatis bei „nuestro Don Quijote" (I, 16). Verwirrung entsteht, wenn die Fiktion des Chronisten vergessen wird und der Erzähler in der Ichform einsetzt: „Digo pues que Don Quijote" (I, 16), oder aber die Fiktion der Erzählung des Cide Hamete zugunsten einer unbestimmten Quelle aufgegeben wird: „Dice la historia" (I, 24) statt: „Dice Cide Hamete". Eindeutig handelt es sich um den zweiten Erzähler, wenn die Geschichte von Cide Hamete hinsichtlich ihrer Wahrscheinlichkeit (I, 9) bewertet wird oder wenn auf mögliche Einwände gegen die Erzählung eingegangen wird, um diese dann umso besser zu widerlegen. (z.B. I, 22) So kann Cervantes die Kritik und Würdigung seines Werkes durch die Leserschaft bereits vorwegnehmen und lenken. Verglichen mit Cide Hamete tritt der fiktionale zweite Verfasser als allwissender Erzähler auf, wenn er z.B. erzähltechnische Kunstgriffe des Cide Hamete erklärt: „quiso Cide Hamete declarar luego, por no tener suspenso al mundo". (II, 62) Zu erwähnen ist noch, daß daneben der Übersetzer aus dem arabischen Original seine Meinung kundtut und die Authentizität seiner Vorlage kommentiert.

Das bewußte Unterbrechen einer erzählten Handlung, wie im Falle des Kampfes mit dem Biskayer, pflegt Cervantes verschiedentlich an anderer Stelle. So lautete in der „editio princeps" die Überschrift des 35. Kapitels des ersten Teils „Donde se da fin a la novela del Curioso impertinente". Es ist seit der Akademieausgabe des *Don Quijote* im Jahr 1780 üblich geworden, diese Überschrift mit einem Teil derjenigen des folgenden Kapitels zu ergänzen: „Que trata de la braua y descomunal batalla que don Quixote tuuo con vnos cueros de vino tinto", da dies nämlich dem Inhalt des Beginns des Kapitels 35 und nicht dem Kapitel 36 entspricht. Aus diesem Versehen im ursprünglichen Text kann man auf eine ungenaue oder flüchtige Bearbeitung der Titel durch Cervantes oder durch den Herausgeber schließen. De Balbín Lucas (1968) schloß daraus, daß Cervantes in einer ersten Version im Kapitel 35 tatsächlich nur das tragische Ende der eingeschobenen Novelle *El curioso impertinente* aufgenommen hatte, dann aber auf den besonderen Kunstgriff aufmerksam wurde, der darin bestand, das Ende hinauszuzögern und die tragische Erzählung durch den komischen Kampf des Don Quijote mit den Weinschläuchen zu unterbrechen. So erzielte er einen stilistischen Kontrast und eine Steigerung der Spannung durch Verzögerung der Schlußkatastrophe.

Erzählungen werden also durch andere Erzählungen kunstvoll unterbrochen. Es kommt vor, daß dieselben Inhalte mehrfach oder von mehreren Figuren erzählt werden. So hat im Roman die „Reportage“ besondere Bedeutung. Neben den Berichten von Bengeneli werden zahlreiche andere oft mehrfach gegeben, so daß Wiederholungen in unterschiedlicher Form entstehen. So berichtet Sancho der Herzogin von der Verzauberung der Dulcinea und von der Cueva de Montesinos. Don Quijote erzählt dieselben Ereignisse Don Juan und Don Jerónimo. Der erste Teil der Geschichte von Cardenio und Dorotea wird von Cardenio zweimal erzählt, zunächst dem Ziegenhirten, Don Quijote und Sancho, dann dem Barbier und dem Pfarrer. (I, 27) Elemente dieser Geschichte erfährt man im folgenden Kapitel erneut von Dorotea.

Auf den unterschiedlichen Erzählebenen bedient sich Cervantes der direkten Rede, aber auch der indirekten zur Wiedergabe des Inhalts von Aussagen seiner Romanfiguren, sowie der erlebten Rede, d.h. des „estilo vivencial“. Erstere ist besonders häufig gebraucht. Die damit erzielte Dynamik ist mit der dramatischen Literatur vergleichbar. Beschreibungen von Landschaften oder Gegenständen, die weder dem Fortgang der Handlung noch der Erörterung im Dialog untergeordnet sind, fehlen daher.

Díaz-Playa (1968) scheint es, als würde der Autor die Handlung der Romanfiguren auf einer ins Unendliche ausdehnbaren Kurve dahinirren lassen und den Leser durch diese Ziel- und Richtungslosigkeit auf eine echt barocke Weise in ständiger Unruhe halten. Zu den Verfahren, mit denen dennoch eine Kohärenz im Roman erzielt wird, zählt nach Hatzfeld (1966) die stetige Wiederverwendung zentraler Motive. Zu ihnen gehört die Berufung zum Ritter, auf die immer wieder zurückgegriffen wird. Aber auch Dulcinea als Gegenstand der Verehrung oder Inspirationsquelle für Heldentaten kehrt immer wieder. Im zweiten Teil ist dieses Motiv noch mit ihrer Verzauberung verknüpft. Motivische Konstanten sind jedoch nicht weniger die Gelassenheit und Ruhe des Don Quijote. Sie kontrastieren mit ebenso häufigen wie unterschiedlich gewaltigen Wutausbrüchen des Helden. Der Gegensatz zwischen Torheit und Weisheit findet, besonders im zweiten Teil, immer wieder neuen Ausdruck. Er ist, wie die anderen im Roman verarbeiteten Gegensätze, verantwortlich für die Ambiguität des Textes, die so zahlreiche Interpretationen zuläßt. Eine weitere Opposition bilden die beiden Antriebskräfte des Sancho, der einerseits den Ehrgeiz hat, Statthalter einer Insel zu werden, und der andererseits damit droht, nach Hause zurückzukehren. Kontinuität und Vereinheitlichung wird dabei durch jene Figuren erzielt, die an unterschiedlichen Stellen immer wieder auftreten. Zu ihnen gehört Sansón, der eine Brücke schlägt, wenn er immer wieder vom zweiten Teil aus auf den ersten Bezug nimmt.

3. *Funktion der eingeschobenen Novellen*

Ascunce Arrieta: José Angel: Valor estructural de las digresiones narrativas en la primera parte del *Quijote,* in: Anales cervantinos 19, 1981, S. 15–41 [Zu den Reden und eingeschobenen Novellen]

Hahn, Jürgen: *El curioso impertinente* and Don Quijote's Symbolic Struggle against Curiositas, in: Bulletin of Hispanic Studies 49, 1, 1972, S. 128–140 [Das Thema der Neugier: Moralisch wird sie seit dem Sündenfall der Bibel verworfen. Literarisch ist sie ein Wert, wie der „neugierige" Geschichtsschreiber Cide Hamete belegt]

Immerwahr, Raymond: Die strukturelle Symmetrie der eingeschobenen Erzählungen im ersten Buch des *Don Quijote,* in: H. Hatzfeld (hg.): *Don Quijote.* Forschung und Kritik, Darmstadt 1968, S. 450–475 [Spiegelung der Haupthandlung in den Novellen]

Neuschäfer, Hans-Jörg: Cervantes und die Tradition der Ehebruchgeschichte. Zur Wandlung der Tugendauffassung, in: Beiträge zur Romanischen Philologie, Cervantes-Sonderheft 1967, S. 52–59 [*Curioso Impertinente,* Marguerite de Navarras *Heptameron* und die literarische Tradition]

Sánchez, Alberto: Architectura y dignidad moral de la Segunda Parte del *Quijote,* in: Anales Cervantinos 18, 1979–80, S. 3–23 [Beziehungen zwischen den Episoden und ernsthaft vorgebrachter moralischer Belehrung; zur Funktion der Erzählungen im zweiten Teil]

Spitzer, Leo: Das Gefüge einer cervantinischen Novelle: *El celoso estremeño,* in: Wolfgang Eitel (hg.): Die romanische Novelle, Darmstadt 1977, S. 175–213 [Nuancenreiche Interpretation der Novelle]

Trueblood, A. S.: Sobre la selección artística en el *Quijote:* ‚lo que ha dejado de escribir', in: Nueva Revista de Filología Hispánica 10, 1956 [Über die Geschichten, die im Roman nur angedeutet werden, deren Ausführung aber ausblieb]

Für die deutschen Romantiker war der *Don Quijote* nicht das Resultat einzelner Einfälle, sondern die absichtsvolle künstlerische Konstruktion eines Ganzen. So trifft auf seine Gestaltung F. Schlegels Charakterisierung des Barock als vorhandene und zugleich fehlende Symmetrie zu (383. Athenäum-Fragment). An den Ansatz der Romantiker, die gerade in den Bezügen der Erzählungen untereinander und zur Haupthandlung einen Beweis für die Kohärenz des Ganzen erblicken, knüpft R. Immerwahr (1968) an. Korrespondenzen sah der Romantiker K. W. F. Solger zwischen der Tollheit Cardenios in der Sierra Morena und jener des Don Quijote. Neuplatonisch geprägt ist die romantische Auffassung, daß die Idee beim Abstieg in die irdische Realitätserfahrung eine Art Vernichtung erleidet. Unter dieser Voraussetzung läßt sich eine weitere Parallelität erkennen zwischen Don Quijote, der die Ideale des Rittertums in der Praxis der Realität nicht verwirklichen kann, und Anselmo in der eingeschobenen Novelle *El curioso impertinente,* dessen ideale Vorstellung von der treuen Liebe an dem Versuch ihrer realen Erprobung scheitert. Diese Novelle, die als einzige vorgelesen wird, steht zwischen drei Erzählungen tatsächlicher Ereignisse, die vorausgehen, und drei weiteren, die folgen. In allen diesen Novellen sind Parallelen erkennbar. Sie erscheinen hinsichtlich der Thematik, der Handlungsmotive und der unterschiedlichen Handlungsausgänge so ineinander verwoben, daß der Eindruck eines Versuches entsteht, durch das Spiel mit Variationen neue Lösungen einer komplexen Materie zu ergründen. R. Immerwahr (1968) wendet in diesem Zusammenhang die romantische Metapher einer Reihe von Spiegeln an. Als solche erscheinen ihm die Erzählungen, die symmetrisch in verschiedenen Blickwinkeln um die Haupthandlung gruppiert sind.

So sind die beiden Novellen vom *Curioso impertinente* und vom Gefangenen sehr kunstvoll in den ersten Teil integriert. Die Lektüre der ersteren beginnt der Priester aus reinem Zeitvertreib. Am Ende jedoch äußert er Zweifel darüber, ob es sich um ein tatsächliches Geschehen handeln kann. (I, 33–35) Demgegenüber beginnt die Geschichte vom Gefangenen als wahre Begebenheit. Cervantes läßt sich daher ironischerweise sogar mit dem Eingangssatz des *Don Quijote* einsetzen: „En un lugar". Am Ende jedoch wird die Geschichte bewertet wie eine literarische Fiktion, in der „todo es peregrino, y raro, y lleno de accidentes que maravillan y suspenden a quien los oye." (I, 42) Weitere Bezüge stellt das literarische Motiv der loyalen Freundschaft her. Es wird in der Novelle *El curioso impertinente* in ironischer Weise widerlegt, findet aber Bestätigung im Verhältnis zwischen Sancho und Don Quijote.

Nicht zu unterschätzen für die Technik der eingeschobenen Novellen ist die Bedeutung des Theaters für Cervantes. Das Publikum war es von der Praxis der Theateraufführungen her gewöhnt, das eigentliche Drama in den Pausen durch eingeschobene Darbietungen wie die Entremeses unterbrochen zu sehen. Diese Technik konnte im Roman übernommen werden.

J. B. Avalle-Arce und E. C. Riley (1973) sehen zwischen dem ersten Teil des Romans und dem zweiten hinsichtlich der eingeschobenen Erzählungen mehr Ähnlichkeiten als Unterschiede. So zählen sie in beiden Teilen jeweils sechs Novellen. Im ersten Teil sind es die Geschichten von Grisóstomo und Marcela, Cardenio und Dorotea, vom „Curioso impertinente", dem gefangenen Kapitän, Doña Clara und Don Luis sowie die Geschichte von der schönen Leandra. Im zweiten Teil sind die Geschichten trotz vom Autor geübter Selbstkritik nicht weniger zahlreich und zudem zum Teil nicht ohne Ähnlichkeit zu denjenigen des ersten Teils: Die Hochzeit des Camacho ist erneut ein Schäferstück mit einem „Selbstmord". Ihm folgt der *Cuento de los rebuznadores.* Die Geschichte der Tochter der Doña Rodríguez weist gewisse Übereinstimmungen mit jener der Dorotea auf. Die der Tochter des Diego de la Llana in Barataria läßt sich mit der von Doña Clara und Don Luis vergleichen. In der tragischen und kurzen Geschichte von Claudia Jerónima spielt die Eifersucht eine ähnlich große Rolle wie im *Curioso impertinente.* Die Geschichte schließlich der Ana Félix, der Tochter des Ricote, spielt, wie die des Gefangenen im ersten Teil, in der Welt der wechselvollen Auseinandersetzungen zwischen Mauren und Christen. Festzuhalten bleibt aber, daß die Geschichten des zweiten Teils besser an die Haupthandlung angebunden sind, als es im ersten Teil der Fall war. Kritisch muß man jedoch fragen, ob vergleichbare Themen und Motive der Novellen im ersten und zweiten Teil schon die Konzeption des Werkes als Ganzheit beweisen. Sicherlich jedoch lassen sie auf eine gewisse stoffliche Geschlossenheit schließen, aus der der Autor Cervantes schöpfte.

4. *Dialog und Schweigen*

Baras, Alfredo: Teatralidad del *Quijote,* in: Anthropos. Revista de documentación cientifica de la cultura 98–99, Juli/August 1989, S. 98–101 [Cervantes rivalisierte mit Lope de Vega, indem er seinen Quijote als „comedia en prosa“ konzipierte]

Criado de Val, Manuel: Der *Don Quijote* als Dialog, in: H. Hatzfeld (hg.): *Don Quijote.* Forschung und Kritik, Darmstadt 1968, S. 317–341 [Dialog als dominantes erzählerisches Mittel; Gattung des Gesprächs]

Durán, Manuel: El *Quijote* visto desde el retablo de Maese Pedro, in: Anthropos. Revista de documentación científica de la cultura 98–99, Juli/August 1989, S. 101–104 [Überwindung der aristotelischen Mimesis durch Bedeutungszuwachs des Lesers]

Gómez-Montero, J.: Diálogo, autobiografía y paremia en la técnica narrativa del *Viaje de Turquía.* Aspectos de la influencia de Erasmo en la literatura española de ficción durante el siglo XVI, in: Romanistisches Jahrbuch 36 (1985), S. 324–347 [Narrative Struktur der *Viaje de Turquía* von Villalón und Beziehung zu den *Colloquia* des Erasmus: Gegen Mitte des Jahrhunderts bevorzugte man als Alternative zu den bloß unterhaltenden Ritterbüchern eine fiktionale Literatur, die auch belehrte]

Hatzfeld, Helmut: Der Dialog zwischen Sancho und Teresa Panza (Don Quijote II, 5), in: E. Leube, L. Schrader (Hg.): Interpretation und Vergleich. Festschrift für Walter Pabst, Berlin 1972

Jauralde Pou, Pablo: Los diálogos del *Quijote:* raíces e interpretación histórica, in: Instituto de Bachillerato Cervantes- Miscelánea en su cincuentenario, 1931–1981, Madrid 1982, S. 181–193 [höfischer und humanistischer Dialog]

Strosetzki, Christoph: Konversation und Literatur. Zu Regeln der Rhetorik und Rezeption in Spanien und Frankreich, Frankfurt a.M. 1988 (Studia Romanica et Linguistica) [Die kastilische Sprache als Handlung und ihre Beziehungen zu sozialen Normen, die ihren Gebrauch determinieren]

Strosetzki, Christoph: L'idéalité du lieu de la conversation ou la destruction d'un mythe: d'Antonio de Guevara à *L'Astrée* de Honoré d'Urfé, Vortrag beim dixseptième colloque du CRM 17 in Tübingen im Januar 1987, in: Horizons européens de la littérature française au XVIIe siècle, W. Leiner (hg.), Tübingen 1988, S. 365–374 [Das Mißlingen der Schäferidylle als idealer Ort des gelungenen Dialogs]

Trueblood, Alan S.: Das Schweigen im *Don Quijote,* in: H. Hatzfeld (hg.); *Don Quijote.* Forschung und Kritik, Darmstadt 1968, S. 416–449 [Typologie]

Es ist behauptet worden, daß im Roman die Dialoge über die einzelnen Episoden dominieren. Gesprächspartner sind im allgemeinen Don Quijote und Sancho. Nur in seltenen Fällen tritt ein kommentierender Erzähler hinzu. Meist finden die Unterredungen zwischen beiden ohne weitere Teilnehmer und unter Ausschluß der Öffentlichkeit statt. Deutlich wird dabei die geistige Überlegenheit des Ritters gegenüber seinem Knappen, der sich – abgesehen von seiner virtuosen Beherrschung der Sprichwörter – als unwissend einstuft. In einigen Szenen wird der freundschaftliche Gegensatz beider in aufeinander abgestimmten Tätigkeiten ihrer Reittiere widergespiegelt. Don Quijote gelingt es nicht nur, Sancho in die Vorstellungen seiner Ritterwelt einzuführen, auch dessen Ausdrucksweise gleicht sich zunehmend seiner Würde als Knappe an – eine Tatsache, über die sich seine Ehefrau Teresa sehr wundert. (II, 5) Nicht nur durch Argumente überzeugt Don Quijote den Sancho, sondern zugleich durch sein eigenes Beispiel, durch seine Tapferkeit und durch seinen zum Teil naiven Glauben an die Aufrichtigkeit der anderen. Nach Criado de Val hat Don Quijote mit seinen Reden und Taten sogar den Erzähler bzw. den fiktionalen Autor überzeugt: Zwar bemerkt dieser noch zu Anfang des ersten Teils ein wenig verächtlich, daß die beißende Sonne seinem Protagonisten leicht die Sinne verrücken könnte, wenn sie bei ihm überhaupt welche antreffen würde. (I, 2) Im zweiten Teil wartet der fiktionale Autor dagegen mit einem bewundernden und rühmenden Kommentar auf, als Don Quijote gegen den Löwen antreten will. (II, 17)

Als eine Quelle für die Dialoge zwischen dem Herrn und seinem Knecht kommt das dritte Kapitel aus dem *Lazarillo de Tormes* in Frage, in dem Schelm und Ritter freundschaftlich über die Beziehung von Wirklichkeit und Idealität disputieren. Eine zweite formale Anregung hat Cervantes in der Dialogliteratur finden können, die zur Zeit der europäischen Renaissance besonders beliebt war. Es lassen sich zwei Dialogtypen im *Quijote* unterscheiden. Der erörternde Dialog, der zwischen dem Herrn und seinem Schildknappen überwiegt, ist der Tradition der humanistischen Dialogliteratur des 16. Jahrhunderts verbunden. Der höfisch-höfliche Dialog, der in den Unterredungen der eingeschobenen Erzählungen des ersten Teils bevorzugt wird, orientiert sich am Schäfer- bzw. Ritterroman und entspricht den Regeln der Konversation, wie sie in der Nachfolge der italienischen Theoretiker Castiglione und Guazzo in ganz Europa festgelegt wurden. Ein Beispiel für mangelnde Vertrautheit mit den Konventionen der Gesprächskultur ist der Kaplan. Er verabscheut zwar das Spiel, das die Herzöge mit Don Quijote treiben, bringt dies aber so ungeschickt zum Ausdruck, daß der Verzicht auf jede im gesellschaftlichen Umgang gebräuchliche Verstellung ihn als unhöflich erscheinen läßt.

Doch nicht nur die höfische Konversation hatte die bitteren Wahrheiten in einen schönen Schein zu kleiden. Die Sein-Schein-Problematik ist im *Don Quijote* nicht zuletzt deswegen zentral, weil von gelehrter Seite, wie z. B. von Vives, dem Roman als literarischer Gattung Nutzlosigkeit und bloßer Schein vorgeworfen war. So ist Cervantes' Bekämpfen der Ritterromane zugleich eine Absage an nutzlose Romane überhaupt. Auch in diesem Sinn ist der *Don Quijote* ein Anti-Roman. So könnten die Ritterromane nur paradigmatisch aus der Menge damaliger Romantypen herausgegriffen sein, da sie sich besonderer Beliebtheit erfreuten. Gezielt wäre auf den Roman mit seinem bloßen Scheincharakter und der damit verbundenen Nutzlosigkeit schlechthin.

Vor diesem Hintergrund wären es gerade die Dialoge, in denen wie bei Platon und in der humanistischen Dialogliteratur gelehrte Themen erörtert werden, die im Zentrum des Textes stehen und ihn somit letztlich legitimieren. Die Handlung erscheint dann nur noch als Sammlung von Exempla, die Anlaß bieten für die Erörterung der einzelnen Themen. Ein solcher Ansatz geht sicherlich zu weit. Dennoch ist die zeitgenössische Diskussion, die er aufgreift, nicht ungeeignet, eine Erklärung für die Tatsache zu liefern, daß Gespräche über moralphilosophische und literarische Probleme im *Don Quijote,* wie in der *Viaje de Turquía* von C. de Villalón beliebt waren. Schließlich konnte man mit ihnen dem Postulat genügen, nicht nur zu unterhalten, sondern ebenso zu belehren. Eine durchaus vergleichbare Funktion kommt in diesem Zusammenhang den Reden des Quijote zu.

Den Gesprächen steht das Schweigen gegenüber, das im *Don Quijote* als erzähltechnisches Mittel dient. Es kann als Reaktion auf Ereignisse oder auf Aussagen des Gesprächspartners folgen oder aber Ausdruck des Staunens sein. Mit staunendem Schweigen reagieren die Ziegenhirten (I, 11), als sie Don Quijote und Sancho beim Gespräch über fahrende Ritter und Schildknappen belauschen. Nicht anders reagiert der Oberrichter, als er bei seinem Eintreffen in der Schenke von Don Quijote mit einer eindrucksvollen Rede über die Bequemlichkeit von Burgen und das Verhältnis von „armas y letras" begrüßt wird. (I, 42) Im zweiten Teil ist es Don Quijote, der vor lauter Verwunderung keine Worte findet, so z.B., als Sancho ihm die Bäuerin als Dulcinea vorstellt. (II, 10)

Die Dynamik des Wechsels von Reden und Schweigen wird deutlich, wenn Cardenio ankündigt, daß er von seiner Zuhörerschaft absolutes Schweigen verlangt, während er seine Geschichte erzählt. Als er dann doch von Don Quijote unterbrochen wird, verfällt er seinerseits in mürrisches Schweigen, dem ein Zornausbruch folgt. (I, 24) Dieses Schweigen ist es, das sich Don Quijote manchmal von seinem allzu schwatzhaften Schildknappen wünscht, wenn er diesem als Vorbild den ehrerbietigen Gandalin, den Schildknappen des Amadís, oder Gasabál, den Schildknappen Don Galaors als nachahmenswertes Vorbild empfiehlt. (I, 20) Stoisches Dulden kennzeichnet Don Quijotes eigenes Schweigen schließlich, als er auf dem Ochsenkarren wie in einem Käfig gefangengehalten wird. (I, 47) Das Mittel des Schweigens wird also von Cervantes ganz bewußt als Kontrapunkt zu den zahlreichen Dialogen und Berichten der Protagonisten eingesetzt.

5. *Prologe und Reden*

Endress, Heinz-Peter: Der Prolog zum ersten Teil des *Don Quijote* im Lichte der Gesamtbedeutung des Werkes, in: Romanistisches Jahrbuch 29 (1978), S. 254–269

Endress, Heinz-Peter: Rhetorik und Reden im *Don Quijote,* in: W. Bergerfurth, E. Diekmann, O. Winkelmann (hg.): Festschrift für Rupprecht Rohr zum 60. Geburtstag, Heidelberg 1979, S. 131–158 [Zur Bewertung der Rhetorik und ihrem Gebrauch]

Porqueras-Mayo, Alberto: En torno a los prólogos de Cervantes, in: M. Criado de Val (hg.): Cervantes, su obra y su mundo. Actas del I. congreso internacional sobre Cervantes, Madrid 1981, S. 75–84 [Cervantes' spielerischer Umgang mit der Tradition]

Rivers, Elias L.: Cervantes' Art of the Prologue, in: Josep M. Sola-Solé u. a. (hg.); Estudios literarios de hispanistas norteamericanos dedicados a Helmut Hatzfeld con motivo de su 80 aniversario, Barcelona 1974, S. 167–171 [Cervantes' Kunst der „captatio benevolentiae"]

Rivers, Elias L.: On the Prefatory Pages of *Don Quixote,* Part II, in: Modern Language Notes 75, 1960, S. 214–221 [Spiel mit der Ironie, Reaktion auf Avellaneda]

„Desocupado lector: sin juramento me podrás creer que [...]" So wird im Vorwort des ersten Teils der Leser angeredet und vom Autor ins Vertrauen gezogen. Dies ist umso wichtiger, als Cervantes ein zweispältiges Verhältnis zu seinem Don Quijote hat. Denn dieser sei nicht an einem „locus amoenus", sondern in einem Gefängnis gezeugt worden. Zudem bezeichnet er sich im Vorwort nicht als Don Quijotes Vater, sondern als dessen Stiefvater. Der dann folgende Dialog besteht aus der ironischen Rede des Autors, der seine Bildungslücken und stilistischen Mängel beklagt, und der Antwort seines Freundes. Dieser antwortet in einer Rede mit Gemeinplätzen und Ratschlägen, die ihrerseits die Funktion eines Vorwortes übernehmen: „De ellas mismas quise hacer este prólogo, en el cual verás, lector suave [...], el alivio tuyo en hallar tan sincera y tan sin revueltas la historia del famoso don Quijote de la Mancha [...]." Cervantes dramatisiert mit seiner novellistischen Fiktion die Problematik des Schreibens von Prologen, indem er sich als Autor mit einem Freund über die literarische Gattung des Prologs so unterhält, wie im Roman selbst Sancho mit Don Quijote oder der Pfarrer mit dem Kanonikus über Literatur diskutieren. Wie der Roman als Antiroman aufgefaßt werden kann, so läßt sich auch der Prolog als Antiprolog verstehen.

Im zweiten Teil berichtet das Widmungsschreiben an den Conde de Lemos in einer Mischung aus Scherz und Ernst von einer Einladung des Kaisers von China. Dieser habe Cervantes gebeten, eine spanische Schule zu gründen und den *Don Quijote* als Schullektüre einzuführen. Da diese fiktive Einladung allerdings nur mit Ehre und nicht mit harter Münze entgolten werden soll, gebraucht sie Cervantes nur zum Vorwand, um seinem Mäzen, dem Conde de Lemos, für seine finanzielle Unterstützung zu danken. Das eigentliche Vorwort des zweiten Teils ist dann eine Auseinandersetzung mit Avellaneda, auch wenn dies Cervantes in seiner Praeteritio „Quisieras tú que lo diera asno, del mentecato y del atrevido; pero no me pasa por el pensamiento" in Abrede stellt.

Wenn zu Ende des Prologs des ersten Teils zahlreiche Wissensbereiche aufgezählt werden, deren Verwendung in einer Satire der Ritterbücher wie dem *Don Quijote* unnötig erscheint, dann hat man darin eine traditionelle Kritik der Pedanterie zu sehen. Wenn dabei die Rhetorik überflüssig erscheint, dann wird in erster Linie zugunsten des Natürlichkeitsideals gegen einen übertrieben manieristischen Stil polemisiert. Denn bei Cervantes redet jede Figur in der ihr eigentümlichen Sprache: Sancho im volkstümlich-pikaresken Stil, die Galeerensträflinge in der Gaunersprache, Sansón Carrasco in halbgelehrten Weisheiten, der „canónigo" wie auf der Kanzel und Don Quijote in einem übertriebenen, hohen Stil der Ritterbücher, der im Roman selbst mit „semejantes retóricas" abqualifiziert wird. (I, 2) Auf der anderen Seite gibt es im Roman zahlreiche Reden bzw. längere Monologe, die der Rhetorik ein breites Anwendungsgebiet schaffen. H.-P. Endress (1979) hat sie wie folgt zusammengestellt:

Themen der Reden des Don Quijote sind das goldene Zeitalter (I, 11), die Herkunft und Definition der fahrenden Ritter und ihr Leben, verglichen mit dem der Mönche. (I, 13) Er redet über das Schlachtengetümmel, als das er die Schafherden sieht (I, 18), über Vorbilder und Örtlichkeiten der Buße (I, 25), über Waffen und Wissenschaften (I, 37, 38) sowie über die Ritterbücher und ihre Apologie. (I, 49) Zahlreicher sind die Reden im zweiten Teil. Deren Themen sind die Klage über den Untergang der fahrenden Ritterschaft (II, 1), die Konfrontation von Hofritter und fahrendem Ritter in bezug auf die verschiedenen Arten von Adelsgeschlechtern und deren Entwicklungen (II, 6), der irdische und himmlische Ruhm und die verbreitete Ruhmsucht. (II, 8) Weitere Gesprächsgegenstände des zweiten Teils sind Kindererziehung und Berufswahl sowie Poesie als Kunst und Broterwerb (II, 16), die Wissenschaft von der fahrenden Ritterschaft (II, 18), die Wahl des Ehepartners und die Ehe (II, 19 und 22), Soldatenleben und -ehre (II, 24), Versuch der Beschwichtigung der „gente de rebuzno". (II, 27) Es geht um die fahrende Ritterschaft, die Haltung bei Beleidigungen und die Verzauberungsphänomene (II, 32), Ratschläge an Sancho zur Regierung seiner Insel (II, 42, 43), Freiheit und Dankbarkeit (II, 58), Kunst der Übersetzung (II, 62) ebenso wie um die Etymologien spanischer Wörter arabischen Ursprungs. (II, 67)

Daneben gibt es Reden von anderen Figuren. So verteidigt Marcela ihre Freiheit von Liebe. (I, 14) Lotario rät Anselmo, die Tugend der Frauen nicht in Versuchung zu führen. (I, 33) Dorotea bittet Fernando, das Eheversprechen einzuhalten. (I, 36) Der Kanonikus von Toledo beurteilt Ritterbücher und Schauspiele. (I, 47) Der Pfarrer verurteilt das zeitgenössische Theater. (I, 48) Sancho Panza beschreibt seine Bedrängnisse als Stattalter (II, 49) und reflektiert über seine Regierungszeit. (II, 55)

Was brachte Cervantes dazu, derart viele Reden einzufügen? Vielleicht war er noch beeindruckt von der humanistischen Verehrung der Redekunst, sicherlich aber war ihm die Pflege der Redekunst bei den Jesuiten bekannt. Da es nun die „armas" mit den „letras" zu verknüpfen galt, erstaunt es nicht, daß sich Don Quijote auf die alten Zeiten bezieht, in denen die fahrenden Ritter noch inmitten eines Heerlagers bereit waren, eine Rede an das umstehende Volk so zu halten, als hätten sie ihre akademischen Grade in Rhetorik an der Universität von Paris erhalten. (I, 18) So ist die Kunst des Redens eine der Fähigkeiten der fahrenden Ritterschaft, von der Don Quijote besonders brillantes Zeugnis ablegt. Man hält ihn gar „por un Cid en las armas y por un Cicerón en la elocuencia". (II, 22)

Auf der anderen Seite boten die Reden, ähnlich wie die Dialoge, Cervantes die Möglichkeit, den belehrenden Wert des Romans auf Kosten der bloß unterhaltsamen Handlung zu erhöhen und damit weit verbreiteten Postulaten der Literaturtheorie seiner Zeit gerecht zu werden. Er konnte sich so als poeta doctus darstellen.

6. *Struktur der Abenteuer*

Canavaggio, Jean: Burlas y veras en la aventura de los Galeotes: nueva reflexión sobre un episodio del *Quijote,* in: Anales cervantinos 18, 1979/80, S. 25–33 [Geschichte der Deutung der Episode zwischen Scheitern von hohem symbolischen Wert und parodistischer Sanktionierung eines unsinnigen Unterfangens durch die Realität]

Márquez Villanueva, Francisco: Personajes y temas del *Quijote,* Madrid 1975 [Zu den Episoden in der Sierra Morena, in der maurischen Gefangenschaft, mit dem Caballero del Verde Gabán und mit dem Morisken Ricote]

Drei Typen lassen sich hinsichtlich der Struktur der einzelnen Abenteuer unterscheiden. Im ersten Fall sagt der Erzähler zunächst, was ein bestimmter Gegenstand oder eine Person in Wirklichkeit ist. Unmittelbar danach erfährt man von Don Quijote, welche davon unterschiedene Deutung er vornimmt. So ist von einem Wirtshaus die Rede, bevor Don Quijote darin eine Burg sieht. (I, 2) Im zweiten Fall hat der Leser keinen Wissensvorsprung: Don Quijote erkennt zunächst etwas, sieht es unklar und kann es noch nicht identifizieren. Was es in Wirklichkeit ist, erfährt der Leser erst später. Dies trifft bei der Staubwolke zu, bei der Don Quijote und Sancho von ihrem Hügel aus vermuten, es handele sich um zwei feindliche Heere, die aufeinander losgehen. Während Don Quijote noch als Anführer den Kaiser Alifanfarón und den König Pentapolín ausmacht, erfährt der Leser, daß es sich um zwei Schafherden handelt. (I, 18)

Für Don Quijote sind die genannten beiden Typen von Abenteuern des ersten Teils durch drei weitere Phasen gekennzeichnet. Zunächst sieht Don Quijote also die Realität nicht als solche, sondern deutet sie als Element seines den Ritterromanen entnommenen Vorverständnisses. Die Konfrontation mit der harten Realität, wie zum Beispiel ganz manifest im Fall der Windmühlen, führt ihn dann in einer zweiten Phase dazu, die Realität als solche zur Kenntnis zu nehmen. Zugleich muß er diese Realitätserkenntnis als ungültig erklären, da er sie nicht mit seinem Vorverständnis vereinbaren kann: Er bezeichnet sie in der dritten Phase als Werk eines bösen Zauberers, der ihn täuschen will. Damit kann er seine ursprüngliche Deutung beibehalten und jede diese widerlegende Falsifikation ausschließen.

Im dritten Typ von Abenteuern, der im zweiten Teil des Werkes dominiert, erkennt Don Quijote die Erscheinungen als das an, was sie sind. Dies ist nicht schwer für ihn, da man die Dinge für seine Anschauungsweisen vorbereitet, um sich besser über ihn lustig machen zu können. Deutliche Ausnahme ist hier nur die Szene des Bootes, mit dem die Protagonisten auf dem Ebro einer Wassermühle zutreiben und Don Quijote die sie warnenden Müller für Wegelagerer hält. (II, 29) Abgesehen von dieser Ausnahme erfährt der Leser beim dritten Typ relativ spät, um wen es sich wirklich handelt, so z. B. bei den zwei Männern, die im 12. Kapitel des 2. Teils auftreten, und von denen der Leser erst im 14. Kapitel erfährt, daß es in Wirklichkeit Sansón Carrasco und Tomé Cecial waren. Die Verunsicherung des Lesers auf die Spitze treiben können die Erörterungen von Erzähler, Don Quijote und Sancho über die adäquate Bezeichnung und Identität von Gegenständen. Die Behausung von Dulcinea suchend, spricht Sancho von „Casa, alcázar o palacio". (II, 9) Dann teilt der Erzähler mit, sie seien an einem Wald oder Hain angekommen, um sich kurz danach auf einen Hain, Steineichenwald oder Wald (II, 10) zu beziehen. Nicht eindeutig zu klären bleibt für den Leser die Art der Reittiere der drei Bäuerinnen. Es waren „tres pollinos, o pollinas, que el autor no lo declara, aunque más se puede creer que eran borricas". (II, 10) So zeigt sich nunmehr sogar der Erzähler angesteckt von der Verunsicherung durch die Vieldeutigkeit der Sinnenwelt.

7. *Die Selbstkonstitution des Don Quijote und die Problematik des Lesens*

Avalle-Arce, Juan-Bautista: Don Quijote como forma de vida, Valencia 1976 [Verschiedene unterschiedliche Aspekte. Der Titelaufsatz versteht den „Quijotismo" als Akt des Willens]

Borges, Jorge Luis: Analyse des Schlußkapitels des *Don Quijote,* in: H. Hatzfeld (hg.): *Don Quijote.* Forschung und Kritik, Darmstadt 1968, S. 264–275 [kongeniale Interpretation eines Schriftstellers]

Márquez, Antonio Romero: Sobre el „Yo sé quién soy" (Una lectura del capítulo V del *Quijote*), in: Cuadernos hispanoamericanos 430, 1986, S. 37–52 [Philosophische Reflexion über die Frage der Identität]

Roeßler, Dietrich: Voluntad bei Cervantes, Bonn 1967 (masch. Diss.) [Sprachwissenschaftliche Deutung der 590 Belege für „voluntad" im – nach Zählung des Autors – 1057114 Wörter umfassenden Gesamtwerk von Cervantes]

Selig, Karl-Ludwig: Cervantes: „En un lugar de ...", in: Modern Language Notes 86, 1971, S. 266–268 [Parallele zwischen Beginn des Kapitels 1 und 39 im ersten Teil]

Die Unbestimmtheit des Anfangs stellt den Don Quijote bewußt in den Gegensatz zu Amadís (1508), Lazarillo (1554) und Guzmán de Alfarache (1599). Bei diesen Figuren ist nämlich bereits durch die Abstammung, über die der Leser genau informiert wird, die Determiniertheit des künftigen Schicksals angegeben. Während Amadís als Sohn des Königs Perión de Gaula und der Prinzessin Elisena eine ruhmvolle Laufbahn bestimmt ist, trifft das Gegenteil für Lázaro und Guzmán zu. Letzterer entstammt der sündhaften Verbindung eines „mohatrero converso" und einer Frau von zweifelhafter Lebensführung. Ein solcher bereits durch die Herkunft gegebener Determinismus wird bei Don Quijote bewußt übergangen. Wenn weiter über seinen ursprünglichen Namen Quijada, Quesada, Quijana oder Quijano gerätselt wird und der Name des Orts seiner Geburt offengelassen wird, dann unterstreicht dies noch die Tatsache, daß Don Quijote nicht von Anfang an festzulegen ist.

Er selbst begegnet jeder derartigen Determiniertheit von außen, indem er sich aus eigener Initiative „Don Quijote" nennt, zum Ritter schlagen läßt und sich am Ende mit „Alonso Quijano el Bueno" einen neuen Namen verleiht. Da er selbst seinen Namen und seine Identität prägt, kann er selbstbewußt verkünden: „Yo sé quién soy." (I, 5) Mit Don Quijotes Selbstadelung kontrastiert Sancho, der nicht weniger selbstbewußt später das „Don" einfach ablehnt, das ihm wegen seiner Statthalterwürde verliehen wurde, und dem Haushofmeister erklärt, ein solcher Titel widerspräche seiner Familientradition. (II, 45)

Nach A. Rosenblat (1973) ist die Eingangsform „En un lugar de la Mancha, de cuyo nombre no quiero acordarme" die Variante des literarischen Gemeinplatzes „no puedo acordarme", der z.B. im *Conde Lucanor* lautet: „en una tierra de que no me acuerdo el nombre". Wenn nun bei Cervantes das Unvermögen der Erinnerung in eine Verweigerung abgeändert wird, dann wird der persönliche Willensakt des Verfassers gegenüber seinem Helden unterstrichen.

Das fahrende Rittertum benötigt dreierlei: Pferd, Reiter und die angebetete Dame des Herzens. Quijotes eigener Wille stattet ihn zielstrebig mit diesen Attributen aus. Sein Pferd veredelt er, indem er das spanische Wort für „Gaul", „rocín", mit einer wohlklingenden Endung versieht und es „Rocinante" nennt. Seinen eigenen Namen adelt und verändert er durch Hinzufügung des Titels „Don". Sogar beim eigenen Namen wird die Endung variiert. In Anlehnung an Namen wie Lanzarote wird aus „Quijada" und „Quesada" „Quijote". Wenn er nun noch „de la Mancha" hinzufügt, orientiert er sich an „Amadís de Gaula", ohne aber bei der Wahl des Landes im gleichen erhabenen Maßstab zu bleiben. Wenig wählerisch zeigt er sich bei der Dame seines Herzens. Auf der Suche nach ihr fällt ihm die Bäuerin

Aldonza Lorenzo aus dem Nachbardorf El Toboso ein, in die er einmal verliebt war, ohne daß diese davon wußte. Ohne zu zögern, beschließt er, daß sie künftig als „señora de sus pensamientos" zu gelten hat, betrachtet sie als „princesa y gran señora" und verleiht ihr den schönen Namen „Dulcinea".

Eine Entscheidung seines individuellen Willens ist es später, in der Szene der Sierra Morena Roland oder Amadís nachzuahmen. (I, 25) Amadís jedoch – wie vor ihm Gregor – büßt die ungesetzliche Liebe, aus der er hervorgegangen ist, auf einem Stein. Auch Don Quijote sucht sich für seine Nachahmung einen Felsen und findet die Peña Pobre. Jedoch kann er kein Motiv für seine Tat angeben, da er weder etwas zu büßen noch einen Grund zur Raserei hat wie Roland, der durch Angelica betrogen wurde. Man hat daher Don Quijotes grundlose Imitatio als den ersten „acte gratuit" der Literatur bezeichnet. Da nun aus der ästhetischen Imitation eine Nachahmung des Verhaltens wird, läßt sich der Schluß ziehen, daß seine Motivation in „la idea de vivir la vida como obra de arte" (Avalle-Arce, 1973) besteht. Diese realisiert er dort besonders intensiv, wo er in Einsamkeit auf sich allein gestellt ist und sich von anderen ungehindert entfalten kann, wie in der Sierra Morena und in der Cueva de Montesinos.

Vor diesem Hintergrund erklärt es sich, daß M. Kruse (1986) die „gelebte Literatur" als durchgängiges Grundmotiv des *Don Quijote* weiterverfolgt. Mit Hilfe dieses Motivs wird die Unvereinbarkeit des alltäglichen damaligen Lebens mit der Welt der Ritter- und Schäferbücher verdeutlicht. So erscheint der Plan, als fahrender Ritter auszuziehen, als bessere Alternative zum Verfassen der Fortsetzung eines Ritterromans. Die „locura" als Verkennung der Realität wird zur Existenzvoraussetzung, in der die Literatur der Ritter- und Schäferbücher gelebt werden kann. Gelebt wird die Literatur des *Amadís* und des *Orlando furioso* von Don Quijote in der Sierra Morena. Zahlreich sind die Beispiele, die M. Kruse anführt. Da schließlich für Don Quijote Leben und „gelebte Literatur" deckungsgleich geworden sind, kann er nicht mehr weiterleben, als er die Grundlagen seines ritterlichen Handelns verloren hat. Der Schluß ist also die Konsequenz aus dem nun nicht mehr fortsetzbaren Motiv der „gelebten Literatur".

Wenn er allerdings auf andere Romanfiguren trifft, wird der Ritter, als der er sich selbst konstituiert hat, nicht immer anerkannt. Dies unterscheidet ihn von Ariosts Held Orlando, der zwar zur Zeit seiner Torheit eine lächerliche Figur abgab, im übrigen aber doch ein echter Ritter war. Don Quijote ist dies nicht. Als er nach der Lektüre der Ritterbücher den Verstand verloren hat, ist es ihm unmöglich, rechtmäßig zum Ritter geschlagen zu werden. Gemäß dem 12. Gesetz unter Absatz 21 der Segunda Partida von Alfons dem Weisen ist er kein rechtmäßiger Ritter. Denn die Zeremonie des Ritterschlags für Quijote erfolgt von unautorisierter Seite, er hat keine Besitztümer, und er hat den Verstand verloren. Alle drei Faktoren trugen dazu bei, daß im 17. Jahrhundert kein Leser im Don Quijote einen echten Ritter oder im Buch einen gewöhnlichen Ritterroman erkennen konnte. Vor allem Sancho hätte Don Quijote nicht anerkannt, hätte er gewußt, wie sein Herr Ritter geworden ist. Dieses mögliche Problem hat Cervantes dadurch ausgeschaltet, daß Sancho erst danach auftritt.

Don Quijote kommt bekanntlich nicht getreu seinen selbstgewählten Normen im Kampf gegen böse Riesen oder feindliche Ritter um. Die Auflösung der von ihm gesetzten Persönlichkeit erfolgt nicht als willentliche Setzung, sondern als Resultat einer unwillkürlichen Genesung. Bevor er im Schlußkapitel stirbt, findet er weder nach einem außergewöhnlichen Ereignis noch nach einer Intrige oder einem krönenden Abenteuer zur Vernunft zurück, sondern nach dem einfachen Vorgang des Schlafs. Als er wach wird, ist er zugleich von seinen Wahnvorstellungen erlöst. Dies wird deutlich, wenn er sogleich Gott wegen seiner Barmherzigkeit lobt und für seine ihm erwiesene Wohltat dankt. In dem Moment, in dem er seinen Verstand frei von den Chimären der Ritterromane sieht, endet der Traumzustand des Alonso Quijano, der sein Leben in der Gestalt des Don Quijote als Wahn und Torheit erkennen muß. Die Personen, nach denen er nun verlangt, ein Notar und ein Beichtvater, entstammen nicht den Ritterromanen, sondern der prosaischen Alltagswelt. Nach der Beichte und vor den testamentarischen Verfügungen wird vom Erzähler hervorgehoben, daß Alonso Quijano stets, sogar als Don Quijote, von sanftem Gemüt und liebenswürdig im Umgang mit anderen war. Dies erklärt die Anteilnahme der Anwesenden. Sancho versucht, seine Genesung mit neuen Plänen herbeizuführen, indem er ihn auffordert, nunmehr als Schäfer loszuziehen, in Aussicht stellt, daß vielleicht Dulcinea hinter einem Busch vom Bann erlöst aufzufinden sei. Selbst wenn Sancho vorschlägt, die Tatsache, daß Don Quijote besiegt wurde, nicht als Schmach anzusehen, sondern als Schuld des Schildknappen abzutun, knüpft er an die gewohnten Gedankengänge wieder an. Dennoch ist es zu spät, um Don Quijote eine Brücke zu bauen.

Die Romanfigur Don Quijote konstituiert sich also selbst als fahrender Ritter: Was er dazu benötigt, ein Pferd, die Dame seines Herzens und einen Schildknappen, das steht ihm nicht einfach zur Verfügung. Er selbst stattet sich damit aus, da er es aufgrund seiner Lektüren der Ritterbücher für erforderlich hält. Die Lektüre der Ritterbücher ist es auch, die ihn Gestalten und Mächte hinter den verschiedensten Phänomenen sehen läßt, die ihm bei seinen Ausfahrten begegnen. Die Lektüre des *Amadís* ist es, die Don Quijote zur Buße in der Sierra Morena veranlaßt. So wird Don Quijotes eigenes Leben zur Kopie einer anderen literarischen Figur. Doch beschränkt er sich nicht darauf, eine Figur der Literatur als Vorbild zu wählen, und sie in seinem eigenen Kontext nachzuahmen. Er übernimmt auch den Kontext selbst mit allen Randbedingungen und stülpt ihn seiner eigenen Realität über. Damit geht er weiter als der normale Leser, der bestenfalls einzelne Elemente aus den von ihm gelesenen Büchern für sich übernimmt und diese dann aber auf seinen eigenen Kontext adaptiert anwendet. Die uneingeschränkte Übernahme alles Gelesenen ohne jede vermittelnde Übertragung auf die Verhältnisse des Lesers ist eine Übersteigerung dessen, was gewöhnlich im Leseakt erfolgt. Es handelt sich um eine Parodie des Lesens.

So erscheint die Parodie des Ritterromans als abgeleitetes Phänomen, das sich zwangsläufig aus der Parodie des Lesens ergibt. Gerade der Ritterroman war ein besonders dankbarer Gegenstand der Parodie, da er beliebte Lektüre war, obwohl seine wundersame Welt nie ein Korrelat in der Realität hatte und seine Denkmuster zu Cervantes' Zeit als überholt gelten mußten. Damit wird der Kontrast zwischen dem von Don Quijote im Ritterroman angelesenen Wissen und der ihn tatsächlich umgebenden Wirklichkeit im Roman ausdrückbar durch die Gegenüberstellung von Don Quijotes Welt und der des Amadís. Vor diesem Hintergrund ist jede Anspielung und Übernahme aus dem *Amadís* in den *Don Quijote* zugleich eine Parodie des *Amadís*.

Der Ritterroman gehört zur Unterhaltungsliteratur. Wer ihn liest, verliert die Zeit, die er verwenden könnte, um sich nützlichen Dingen wie z.B. der Belehrung durch religiöse oder humanistische Traktatliteratur zur widmen. So wird verständlich, warum das Lesen insbesondere der Ritterromane als Zeitverschwendung verurteilt wurde. Die Ablehnung der nur unterhaltenden und nicht nützlichen Literatur führte auf der anderen Seite dazu, daß die Autoren ihre unterhaltenden Werke immer mehr durch belehrende Elemente ergänzten und damit legitimierten. Die zeitgenössischen Poetiken trugen der Verurteilung der Unterhaltungsliteratur ebenso Rechnung wie Cervantes mit der kritischen Begutachtung der Bibliothek von Don Quijote sowie durch Reden und Dialoge mit erörterndem und belehrendem Charakter im *Don Quijote*. Zu den belehrenden Stellen im *Don Quijote* gehört auch die Erörterung des Vorzuges der „armas" gegenüber den „letras", die nicht zuletzt paradigmatisch für den Gegensatz zwischen der Beschäftigung mit Büchern und dem praktischen Handeln, also zwischen Lesen und Leben, steht.

Die Bedeutung einer der Realität entgegengesetzten Fiktion spiegelt sich auch in den utopischen Elementen des Romans wider. Die Insel des Sancho und das Goldene Zeitalter des Don Quijote sind ebenso fiktiv wie die fiktive Ritterwelt, die Don Quijote den Ritterbüchern entnommen hat. Hier allerdings wird nicht aus den Ritterbüchern, sondern aus anderen antiken und mittelalterlichen Quellen zitiert. Dennoch verdeutlichen gerade die utopischen Stellen im Roman die Distanz zwischen fiktiv idealisiertem literarischen Entwurf und mangelhafter Realität.

Die Bedeutung von Büchern als Quelle des Wissens und der Unterhaltung für eine neue und erweiterte Leserschaft war seit der Erfindung des Buchdruckes gestiegen. Sie wurde unterstützt durch die Bildungsansprüche der Renaissance und durch den Skeptizismus des Barockzeitalters und führte zur Thematisierung des unkritischen Lesers, für den Don Quijote ein Beispiel ist. Zugleich wurde die Position des Autors zum Problem, nachdem dieser mit der Renaissance aus der mittelalterlichen Anonymität herausgetreten war. Davon zeugt *Don Quijote,* etwa wenn die Glaubwürdigkeit von Chroniken angezweifelt wird oder wenn unterschiedliche „Autoren" miteinander rivalisieren. Sogar auf die Romanfiguren wird die Unsicherheit der Erkenntnis übertragen. Die Relativität der Wahrheit wird deutlich, wenn mehrere Figuren einen bestimmten Sachverhalt oder Gegenstand der Realität unterschiedlich deuten und dies erörtern. Dabei erscheint im Extremfall die Deutung des einen als Resultat der Verrücktheit und die des anderen als Eingebung der Weisheit. Vor diesem Hintergrund wiederum erscheint das Lesen und Verstehen von Büchern als Spezialfall des Verstehens und Deutens der Welt und ihrer Objekte. Beide, das Buch und die Welt, waren ja mit Beginn der Neuzeit gleichermaßen zum Problem geworden: Während das Buch durch humanistische Philologie und durch die Reformation Gegenstand der Auseinandersetzung und durch den Buchdruck zum neuen Medium wurde, war auch die traditionelle Vorstellung von der Welt durch neue naturwissenschaftliche Erkenntnisse, die kopernikanische Wende und die Entdeckung der Neuen Welt erschüttert.

An welche literarischen Bezugspunkte bei der Gestaltung dieser universalen Hermeneutik im *Don Quijote* im einzelnen angeknüpft wird, soll das folgende Kapitel zeigen. Inwiefern eine so globale Thematik des Lesens und Verstehens als Resultat zeitgeschichtlicher Strömungen und Tendenzen zu sehen ist, wird im Anschluß daran das Thema sein.

E. Bezugspunkte

1. *Einzelne Quellen*

Alarcos García, Emilio: Cervantes y Boccaccio, in: Homenaje a Cervantes, II (Estudios cervantinos) Francisco Sánchez-Castañer, Valencia 1950, S. 195–235 [Assimilation italienischer Stilelemente, wie z.B. der symmetrischen Antithese, in den eingeschobenen Novellen]

Avery, William: Elementos dantescos del *Quijote,* in: Anales cervantinos 9, 1961–62, S. 1–28 [Satirische Übernahmen von Episoden aus Dante]

Baader, Horst: Hofadel, Melancholie und Petrarkismus in Spanien, in: F. Schalk (hg.): Petrarca (1304–1374). Beiträge zu Werk und Wirkung, Frankfurt 1975, S. 1–32 [Beziehung zwischen Petrarca, dem besten der „profesores de melancolía" und der Melancholie im Ritterroman bzw. sentimentalen Roman als Selbstlegitimierung des Adels]

Chevalier, Maxime: Arioste en Espagne (1530–1650). Recherches sur l'influence du *Roland furieux,* Bordeaux 1966 [Über den Einfluß auf Cervantes vgl. S. 439–491]

Dunn, Peter N.: La cueva de Montesinos por fuera y por dentro: estructura épica, fisionomía, in: Modern Language Notes 88, 1973, S. 190–202 [Parodie des Abstiegs in die Unterwelt, der zu einer Spiegelung des „quijotismo por dentro" wird]

Eisenberg, Daniel: Cervantes and Tasso Reexamined, in: Kentucky Romance Quarterly 31, 1984, S. 305–316 [schränkt die Bedeutung von Tasso ein]

Kruse, Margot: Ariost und Cervantes, in: Romanistisches Jahrbuch XII, 1961, S. 248–264

Lapesa, Rafael: Góngora y Cervantes: coincidencia de temas y contraste de actitudes, in: Revista Hispánica Moderna 31, 1965, S. 247–263 [Desillusionierung und Entlarvung der Falschheit von Konventionen werden von beiden Autoren geteilt. Im Gegensatz zu Góngora bleibt Cervantes nicht bei der bloßen Betrachtung stehen, sondern findet zu einem dynamischen Optimismus]

Márquez Villanueva, Francisco: Fuentes literarias cervantinas, Madrid 1973 [Zur Genesis von Sancho Panza; zur Bedeutung von Luis Zapata, Antonio de Guevara, Teófilo Folengo und der makkaronischen Dichtung in Spanien]

McGaha, Michael D.: Cervantes and Virgil, in: Michael D. McGaha (hg.): Cervantes and the Renaissance. Papers of the Pomona College Cervantes Symposium, November 16–18, 1978, Easton, Pennsylvania 1980, S. 34–51 [*Don Quijote* als Imitation der Aeneis]

Pabst, Walter: Die Selbstbestrafung auf dem Stein. Zur Verwandtschaft von Amadís, Gregorius und Ödipus, in: Der Vergleich, Festgabe für Hellmut Petriconi, Hamburg 1955, S. 33–49

Riquer, Martín de: Cervantes y la caballeresca, in: J. B. Avalle-Arce und E. C. Riley (hg.): Suma Cervantina, London 1973, S. 273–292

Selig, Karl-Ludwig: Apuleius and Cervantes: *Don Quixote* (I. 18), in: K.-H. Körner und D. Briesemeister (hg.): Aureum saeculum hispanum. Festschrift für Hans Flasche zum 70. Geburtstag, Wiesbaden 1983, S. 285–287 [Bedeutung von Apuleius' *Goldesel*]

Sito Alba, Manuel: La „commedia dell'Arte", clave esencial de la gestación del *Quijote*, in: Gaetano Massa (hg.): Paesi Mediterranei e America Latina, Rom 1982, S. 157–176

Auf antike Quellen hat man neben den zahlreichen Topoi in den Dialogen und Reden insbesondere Don Quijotes Reise in die Cueva de Montesinos bezogen. Dorthin geht er in Begleitung, so wie Aeneas und Dante in die Unterwelt gingen. Don Quijote wird von einem Studenten geführt (II, 22), der begeisterter Leser von Rittergeschichten ist. Nun muß es für Don Quijote besonders befremdlich sein, daß er dort Dulcinea wiederum in der Gestalt einer wenig schönen Dorfbewohnerin trifft. Diesmal muß sie ihm sogar käuflich erscheinen, da sie ihn um sechs Reales bittet. Zu allem Unglück hat er nur vier Reales bei sich, die ihm Sancho einmal als Almosen für notleidende Arme gegeben hat. So kann er nicht einmal die erste Bitte, die sein Ideal an ihn richtet, erfüllen. Es muß ihm nunmehr noch grausamer entstellt und unerreichbarer erscheinen als bei der letzten Begegnung im Beisein von Sancho.

Neben den antiken Quellen gibt es wichtige Bezüge zu Spanien. So brauchte sich Cervantes bei der Ausgestaltung des Rittertums nicht allein auf die Ritterromane zu stützen, auf die an späterer Stelle eingegangen werden soll. Denn das Sendungsbewußtsein der Ritterschaft hatte ein theoretisches Fundament mit dem *Libre de l'ordre de cavalleria,* das Ramon Llull zwischen 1274 und 1276 geschrieben hatte.

Viel diskutiert ist die Frage nach einem möglichen Einfluß des spanischen *Entremés de los romances.* In diesem kurzen Theaterstück wird der Bauer Bartolo veranlaßt, zum fahrenden Ritter zu werden und einen Schildknappen als Begleiter in seinen Dienst zu nehmen. Als er sich in einen Streit zwischen zwei liebenden Hirten einmischt, erlebt er als „Ritter" ein Abenteuer, das ebenso kläglich wie manche Erlebnisse von Don Quijote damit endet, daß sein mutiges Einschreiten mit harten Schlägen belohnt wird. Lange Zeit hat man vermutet, daß dieser Entremés Cervantes beeinflußt hat. Insbesondere mit dem 5. Kapitel des ersten Teils gibt es Ähnlichkeiten. Das Werk soll zwischen 1588 und 1591 verfaßt worden sein. Allerdings ist keine gedruckte Fassung vor 1611 oder 1612 bekannt. Daher läßt sich nicht endgültig entscheiden, wer auf wen eingewirkt hat.

Auf den bereits erwähnten gewichtigen Einfluß der italienischen Novellen, der italienischen Moralistik und der italienischen Lyrik soll an dieser Stelle nicht mehr eingegangen werden. Hervorgehoben sei dagegen der Einfluß des italienischen *Orlando furioso* auf den *Don Quijote.*

Deutliche Bezüge zu Ariost hat M. Kruse (1961) nachgewiesen. Bereits in den von Cervantes selbst verfaßten Widmungsgedichten zum ersten Teil des Romans findet sich ein Sonett mit dem Titel *Orlando Furioso a Don Quijote de la Mancha.* Dort vergleicht Orlando seine Verrücktheit mit der des Don Quijote und konstatiert, daß er sich ihm nicht ebenbürtig fühlt. Cervantes parodiert damit die verbreitete literarische Mode, eigenen Texten Widmungsbriefe voranzustellen. Nun ist aber *Orlando furioso* von Ariost kein Ritterroman, sondern ein Epos in 46 Gesängen. Obwohl Ariosts Werk also wie zuvor *Morgante* von L. Pulci und *Orlando innamorato* von M. Bojardo die Vorstellungen vom Rittertum parodierte, gehörte es anders als der *Don Quijote* zur hohen Literatur und wurde mit den Epen von Homer und Vergil verglichen. Während Ariost verschiedene Helden in den Vordergrund stellt, steht bei Cervantes ein einziger Ritter im Mittelpunkt. Gemeinsam jedoch ist beiden die Technik überraschender Kapitelschlüsse und die kunstvolle Einfügung von Novellen in die Haupthandlung, die zum Teil dadurch ihre Auflösung finden, daß die Personen, von denen eben noch erzählt wurde, in der Haupthandlung auftreten.

Bemerkenswert ist, daß die Bezüge auf Ariost an zentralen Stellen des *Don Quijote* vorgenommen werden. So wird z. B. bei der Bücherbeurteilung (I, 6) der *Espejo de caballerías* nicht verbrannt, weil in diesem Text auftretende Gestalten, wie Ronald und Angelica, in die Dichtung von M. Bojardo und L. Ariost Eingang gefunden haben. Wenn Ariost nun vom Pfarrer als christlicher Dichter bezeichnet wird, dann erscheint dies als Ironie, da gerade zuvor Turpin, der bei Ariost nur zur Bezeugung unglaubwürdiger Geschichten angerufen wird, als verläßlich bezeichnet wurde. Wenn Don Quijote zu Sansón (II, 3) sagt, Aeneas sei nicht so fromm gewesen, wie Vergil ihn gezeichnet habe, dann erinnert dies M. Kruse an die gleichlautende Aussage des Evangelisten Johannes bei Ariost. Auch Don Quijotes Buße in der Sierra Morena ist nicht nur eine parodisierende Nachahmung des Amadís in der Peña Pobre, die ihrerseits nach W. Pabst (1955) auf die säkularisierte Umformung der Strafe des Hl. Gregor auf dem Stein zurückgeht, sondern zugleich ein Vergleich mit dem Liebeswahnsinn des von seiner Geliebten im Stich gelassenen Orlando. Nicht nur in diesen wichtigen Kapiteln (I, 25, 26), sondern ebenso zu Beginn des zweiten Teils (II, 1) werden Amadís und Orlando als Belege dafür herangezogen, daß die Gestalten der Ritterbücher nicht bloße Fiktionen, sondern wirklich existierende Menschen waren.

Wie bedeutend schließlich Ariost als Modell für Cervantes war, das belegt M. Kruse überzeugend mit dem Hinweis auf den letzten Satz des ersten Teils, „Forse altri canterà con miglior plettro“, mit dem Ariost im 30. Gesang die Geschichte von Angelica und Medoro abbricht. Wenn nun derselbe Vers im ersten Kapitel des zweiten Teils des *Quijote* in der spanischen Übersetzung „Quizá otro cantará con mejor plectro“ erscheint, dann wird Ariost nicht nur als Quelle deutlich, sondern zugleich als Vorbild und Gegenstand der Nachahmung.

Inwieweit Cervantes nun von der poetischen Theorie der italienischen Renaissance direkt beeinflußt wurde, ist unsicher. Häufig ist behauptet worden, Cervantes sei durch die poetologischen Lehren des Torquato Tasso beeinflußt. Eisenberg (1984) führt dagegen an, daß dieser Einfluß nicht direkt, sondern indirekt über die *Philosophía Antigua Poética* (1596) von Alonzo López Pinciano, der Tasso gut kannte, erfolgte. Zudem seien die italienischen Romane stark von den spanischen unterschieden, wie etwa der Vergleich des spanischen *Amadís* (1508) mit dem von Torquato Tassos Vater Bernardo verfaßten *Amadigi* (1560) oder der Vergleich von *Palmerino* (1561) und *Primaleone* (1562) belegen kann.

Zahlreich sind solche Stellen, bei denen man italienische Autoren als Quellen angegeben hat. Als Beispiel sei hier nur das Abenteuer des Don Quijote mit den Windmühlen erwähnt, das nicht, wie man vermutet hatte, auf den Zeilen 6290–6294 der *Aeneis* von Vergil basiert, sondern eher auf Dantes *Inferno* XXXI: „sappi che non son torri, ma giganti.“ Ebenso könnte das Abenteuer mit den Walkmühlen (I, 20) auf Dante zurückgehen. (*Inferno* XIV, 76–77; XVI, 1–3, 92–93, 100–105)

Man kann sich fragen, ob es Spuren der in Spanien sehr beliebten italienischen Commedia dell'arte im *Don Quijote* gibt. In Cervantes' Kindheit begannen italienische Schauspieltruppen, in Spanien zu gastieren, und erfreuten sich steigender Beliebtheit. Als Cervantes mit 22 Jahren in Italien eintraf, konnte er sich in den zahlreichen Großstädten, die er besuchte, mit der italienischen Theatertradition auseinandersetzen. Sein Vorbild, Lope de Rueda, schöpfte bereits Namen und Typen seiner Theaterstücke aus der Commedia dell'arte. Als im Jahr 1580 der italienische Schauspieler Ganassa (span.: quijada larga, dt.: breiter Kinnbacken) nach Spanien kam und dort zu besonders großem Ruhm gelangte, hatte Cervanes die Möglichkeit, den Namen seines Helden Don Quijote aus dem „quijada" der spanischen Übersetzung dieses Namens abzuleiten. Den Namen von Sancho Panza könnte er im Anschluß an den Zan Panza der Commedia dell'arte gebildet haben, der in Spanien bereits eine volkstümliche Berühmtheit erlangt hatte. Gemeinsamkeiten zeigen nach Sito Alba (1982) mehrere Figuren des Romans mit Gestalten der Commedia dell'arte. Ein Beispiel dafür sind Pantalone und Don Quijote, bei denen die Liebe eine wichtige Antriebsfeder des Handelns ist, allerdings zu unterschiedlichen Resultaten führt.

2. *Bezüge zum Schäferroman, zum Schelmenroman und zur spanischen Folklore*

Alfaro, Gustavo A.: Cervantes y la novela picaresca, in: Anales cervantinos 10, 1971, S. 23–31 [Ginés de Pasamonte als „pícaro"]

Baader, Horst: Zum Problem der Anonymität in der spanischen Literatur des Siglo de Oro, in: Romanische Forschungen 90, 1978, S. 388–447 [Zu *Viaje de Turquía* und *Crotalón*]

Baader, Horst: Die pikareske Pikareske als Formproblem bei Cervantes, in: Beiträge zur Romanischen Philologie, Cervantes-Sonderheft 1967, S. 35–39 [Die übliche erste Person gegenüber der dritten in *Rinconete y Cortadillo*]

Bader, Wolfgang: Amerika als pragmatischer Antrieb und literarischer Vollzug – Der spanische pikareske Roman und die Neue Welt, in: Wolfgang Bader/János Riesz (hg.): Literatur und Kolonialismus I – Die Verarbeitung der kolonialen Expansion in der europäischen Literatur, Frankfurt/Bern 1983, S. 117–150 [Amerika als Ort des schnellen Reichtums zog in Europa die Pikaros zu den Umschlagplätzen der Edelmetalle]

Chevalier, Maxime: Literatura oral y ficción cervantina, in: Prohemio 5, 1974, S. 161–196 [Bedeutung mündlich überlieferter „cuentos tradicionales" für Cervantes' Theater, seine *Novelas ejemplares* und den *Quijote*]

Durán, Manuel: El *Quijote* a través del prisma de Mikhail Bakhtine: carnaval, disfraces, escatología y locura, in: Michael D. McGaha (hg.): Cervantes and the Renaissance. Papers of the Pomona College Cervantes Symposium, November 16–18, 1978, Easton, Pennsylvania 1980, S. 71–86 [Karnevaleske Motive wie Verkleidungen, Scherze und Krönung eines Verrückten als König des Karnevals]

Fernández, Jaime: Grisóstomo y Marcela: tragedia y esterilidad del individualismo, in: Anales cervantinos 25/6, 1987/88, S: 147–155 [I, 11–14: Marcelas Isolationismus als Gegenstück zu Don Quijotes Bezogenheit auf andere]

Iventosch, Herman: Cervantes and Courtly Love: The Grisóstomo-Marcela Episode of *Don Quijote,* in: PMLA 89, 1, 1974, S. 64–76 [Die Episode als Parodie der petrarkistisch geprägten höfischen Liebe: Grausamkeit und Idealisierung der Geliebten sowie hoher Charakter und wachsender Edelmut des leidenden Liebenden]

Köhler, Erich: Wandlungen Arkadiens: die Marcela-Episode des *Don Quijote* (I, 11–14), in: Ders., Esprit und arkadische Freiheit. Aufsätze aus der Welt der Romania, München 1984, S. 302–327 [Montemayor und die Selbstaufhebung Arkadiens durch Marcelas Freiheit von Liebe]

König, B.: Margutte-Cingar-Lázaro-Guzmán. Zur Genealogie des pícaro und der novela picaresca, in: Romanistisches Jahrbuch 32, 1981, S. 286–305 [Der Beitrag der spanischen kommentierenden und realistisch zeichnenden Übersetzungen der italienischen Epik zur Entstehung des Pikaro]

Kruse, M.: Die parodistischen Elemente im *Lazarillo de Tormes,* in: Romanistisches Jahrbuch 10, 1959, S. 292–304 [Einfluß von Apuleius]

Quadra-Salcedo, Ma. Victoria de la: Algunos aspectos de „lo pastoril" en el *Quijote,* in: Anales cervantinos 24, 1986, S. 207–218 [Das Pastorale im *Quijote* zeigt sich nicht nur in eingeschobenen Novellen, sondern auch in pastoralen Stilelementen, die an die *Galatea* sowie an Sannazaro und Montemayor erinnern.]

Redondo, A.: De molinos, molineros y molineras. Tradiciones folklóricas y literatura en la España del siglo de oro, in: J. L. Alonso Hernandez (hg.): Literatura y folklore: Problemas de Intertextualidad. Actas del II. Symposium Internacional del Departamento de Español de la Universidad de Groningen 1981, Groningen-Salamanca 1983, S. 101–115 [Zur negativen und positiven Deutung der Windmühle, ihrer Symbolik der Initiation]

Redondo, Agustín: El *Quijote* y la tradición carnavalesca, in: Anthropos. Revista de documentación científica de la cultura 98–99, Juli/August 1989, S. 93–98

Ullmann, Pierre L.: Cervantes y el antihéroe, in: La picaresca. Actas del I. Congreso Internacional de la Picaresca, Madrid 1979, S. 547–552 [Quijote ist zwar Antiheld, aber kein Pikaro]

Auf die Bedeutung des Schäferromans ist bereits bei der Besprechung von Cervantes' *Galatea* ausführlich eingegangen worden. Die idealisierende und utopische Dimension des Pastoralen wird im späteren Kapitel über die Utopie erneut deutlich. An dieser Stelle sei daher nur an die explizite Beurteilung der Hirtenbücher im *Don Quijote* erinnert (I, 6). Dort werden sie vom Priester als wohlgeschriebene Bücher ohne jede Wahrheit, aber dafür ohne jede Gefahr für die Seele des Lesers bezeichnet. Als Gattung werden sie zwar toleriert, einzelne Exemplare werden aber verbrannt.

Nachdem Don Quijote seine Rede über das Goldene Zeitalter beendet hat, setzt bezeichnenderweise eine Schäferepisode ein. Ist doch die Schäferwelt in ihren Charakteristika noch am ehesten als Relikt des Goldenen Zeitalters im ehernen zu verstehen. Diese Episode allerdings widerlegt das Vorverständnis vom glücklichen Leben auf dem Lande gründlich. Sie wird eingeführt durch einen Boten, der die neuesten Neuigkeiten des Ortes verbreitet. (I, 12) Er berichtet vom reichen und gebildeten Grisóstomo, der in Salamanca studiert hatte, bevor er aus Liebe zu Marcela das Leben eines Schäfers wählte. Doch diese war ihrerseits nur Schäferin geworden, um unabhängig zu bleiben, so daß für Grisóstomo als Ausweg nur der Tod bleibt, eine Tatsache, auf die die Abschiedsgedichte des Unglücklichen hinweisen. Der Ausgang der Episode im pastoralen Kontext dient also nicht zuletzt der Relativierung eines idealisierten Goldenen Zeitalters.

Dem edlen Rahmen der im Schäferroman verkleidet auftretenden Adligen entspricht das zentrale Anliegen, sich auf dem Land fern von den Intrigen des Hofes und der Geschäfte nur auf die Erörterung bzw. tragische Lösung der eigenen und fremden problematischen Liebesbeziehungen zu konzentrieren. Mit dem Ritterroman teilt der Schäferroman die Abstraktion von der realen Gesellschaft.

Letztere jedoch ist Gegenstand des pikaresken Romans. Realistisch erscheint hier die für den Pikaro nicht immer einfache Kunst des physischen Überlebens. Als Diener ständig wechselnder Herren gewinnen Pikaro und Romanleser Einblick in die unterschiedlichsten Gesellschaftsschichten. So wird der Pikaroroman im allgemeinen charakterisiert durch seine autobiographische Erzählhaltung, durch eine satirische Haltung gegenüber den meist komisch oder grotesk erscheinenden Geschicken und Mißgeschicken des Helden und seiner Opfer, durch die lose Aneinanderreihung von Episoden, die nur durch den Pikaro verbunden sind, und schließlich durch die realistisch dargestellte Umgebung. Ein Happy end bleibt meist aus.

Die Hauptfigur des pikaresken Romans ist als Antiheld definiert. Während der Held der Ritterromane sich durch Ruhm und Ehre auszeichnet, ist der Pikaro ehrlos. Ullman (1979) unterscheidet drei Typen: den eigentlichen Helden, den Antihelden und den burlesken Helden. Im *Don Quijote* sieht er ersteren im „Cautivo", den zweiten im „Curioso impertinente" und letzteren in Don Quijote verkörpert. Während ersterer die Ehre, die er aufgrund seiner Herkunft besitzt, durch eigene Taten vergrößert, verliert der Antiheld aus eigener Schuld die Ehre, mit der er zur Welt kommt. Die pessimistische Sicht des Pikaro, der von Geburt an ohne Ehre ist und in einer statisch definierten Gesellschaft gar keine Möglichkeit zum Aufstieg hat, teilt Cervantes nicht.

Den *Lazarillo de Tormes* läßt Cervantes von dem Verbrecher Ginés de Pasamonte (I, 22) gleichzeitig mit allen anderen Büchern, die in der pikaresken Art geschrieben sind, ablehnen, da sie nicht im entferntesten an sein eigenes, selbst geschriebenes Buch seiner Taten herankämen, das nur die Wahrheit berichte. Don Quijote stellt ihm die kritische Frage, wie dieses Buch denn ein wirkliches Ende haben könne, da er ja doch lebend vor ihm stehe. Folgerichtig läßt Cervantes seinerseits ihn und andere Pikaros, wie z.B. Rinconete und Cortadillo, in der dritten Person auftreten.

M. Bataillon (1973) überlegt, warum Cervantes in seiner *Viaje del Parnaso* den Namen von Mateo Alemán nicht erwähnt, obgleich er dort in einer Anspielung den Autor des ebenfalls pikaresken Romans *La Pícara Justina* mit offener Feindseligkeit kritisiert und Quevedo in den höchsten Tönen lobt. Er sieht die Erklärung in einer Konkurrenzsituation zwischen Cervantes und den Autoren der die Publikumsgunst genießenden pikaresken Romane, die ihm den Ruhm hätten streitig machen können, eine neue Form des Realismus gefunden zu haben. So hatte er vielleicht die Absicht, bei der Fertigstellung des ersten Teils seines *Don Quijote* der angekündigten ersten Fortsetzung des *Guzmán de Alfarache* (1602) zuvorzukommen. Wahrscheinlicher jedoch ist für Bataillon eine derartige Konkurrenzsituation des Cervantes mit Blick auf den 1605 erschienenen, nach kurzer Zeit schon außerordentlich populären *Libro de entretenimientos de la pícara Justina* von Francisco López de Ubeda. Kurios ist, daß beide Werke in demselben Jahr erscheinen und daß der *Quijote* in *La Pícara Justina* klar genannt wird, ebenso wie möglicherweise ein Scherz der Pícara in den Vorbemerkungen des *Quijote* unter der Verkleidung der „Urganda la desconocida" zu erkennen ist. Dies ist ein neues Indiz für die vielgenannte verlorengegangene erste Ausgabe aus dem Jahr 1604. Jedenfalls gibt Bataillon zu bedenken, daß Cervantes möglicherweise durch die pikareske Literatur seiner Zeit stärker beeinflußt ist, als man es bisher für möglich gehalten hat.

Es gibt Aspekte des *Don Quijote,* die in Verbindung stehen mit einer karnevalesken Weltsicht des Mittelalters und der Renaissance. Letztere sah die Welt als Fest und Orgie, den Wechsel der Identität als Verkleidung und Täuschung, daneben aber, wie bei Erasmus, den Triumph der Torheit.

In diesem Sinn kann man sicherlich die lange Episode bei den Herzögen mit ihren Scherzen und Verkleidungen im zweiten Teil als karnevalesk betrachten. Nicht weniger ist es bereits die Atmosphäre im Wirtshaus (I, 2), die festlichen Charakter annimmt. Nach Bachtin begünstigen karnevaleske Verkleidung, Torheit und Fest ein Wertesystem, das dem offiziell herrschenden widerspricht. Don Quijote verkleidet sich als Ritter zwar nicht für ein Fest, sondern aus individuellem Entschluß, stellt sich aber dann in Opposition zum herrschenden Wertesystem, vor allem dann, wenn er das Goldene Zeitalter evoziert.

3. *Bezüge zum Ritterroman*

Gewecke, F.: Calafia und die Eroberung der neuen Welt. Zur „literarischen Bildung" der Konquistadoren, in: Romanistische Zeitschrift für Literaturgeschichte 4, 1980, S. 161–181 [Vertrautheit mit den Ritterbüchern als literarische Bildung und Identifikationsmöglichkeit mit dem glänzenden, erfolgreichen und reichen Lohn erhaltenden Ritter]

Gómez-Montero, J.: Literatura caballeresca en España e Italia (1483–1542). El Espejo de cavallerías y sus relaciones intertextuales con el *Orlando Innamorato* y el *Amadís de Gaula,* Barcelona 1990 [Die spanischen Adaptationen der „poemi cavallereschi" des ausgehenden Quattrocento. Rezeptions- und sozialgeschichtlich fundierte Analyse der italienischen Vorlagen und deren Transformation zu libros de caballerías]

Kloepfer, Rolf: Selbstverwirklichung durch Erzählen bei Cervantes, in: Iberoamericana 10, 2/3, 1987, S. 38–55 [Don Quijote paßt aktiv die Regeln des Rittertums an seine Zeit an und wird damit zum Autor seines Lebensbuches, an dem der spätere Leser im Sinne einer „Sympraxis" partizipiert]

Kohut, K.: Humanismo y novelas de caballerías. Algunas razones para leer una despreciada novela de caballerías, in: Iberoromania 10, 1979, S. 63–76 [Der *Espejo de príncipes y cavalleros* (1555) von Diego Ortúñez de Calahorra erscheint wegen seines Mangels an Ironie als trivial und wegen seiner humanistischen Elemente als Zugeständnis an den Zeitgeschmack]

König, B.: Claridiana, Bradamante und Fiammetta. Zur „Doppelliebe" des Caballero del Febo und zu den italienischen Quellen der „Primera parte" des *Espejo de príncipes y cavalleros,* in: Romanistisches Jahrbuch 30, 1979, S. 228–250 [Der Ritter del Febo liebt gleichzeitig Claridiana und Lindabrides. Das zentrale Problem einer den höfischen Idealen widersprechende Doppelliebe wurde schon erörtert von Andreas Cappelanus und Boccaccio, und veranlaßt durch die Lektüre von Ariost und Bojardo]

Leonard, Irving A.: Los libros del conquistador, Mexiko 1953 [Zu den Ritterbüchern, die die Konquistadoren lasen]

Mancing, Howard: The Chivalric World of *Don Quijote.* Style, Structure, and Narrative Technique, Columbia/London 1982 [Denken, Sprache, Thematik, Struktur und Erzähltechnik der Ritterbücher werden im *Don Quijote* in der Reihenfolge seiner Kapitel angeführt]

Riquer, M. de: Vida caballeresca en la España del siglo XV, discurso de recepción en la Real Academia Española, Madrid 1965 [Zur Realität des fahrenden Ritters im 15. Jahrhundert]

Sánchez, Alberto: Los libros de caballerías en la conquista de América, in: Anales cervantinos 7, 1958, S. 237–260 [Rezeption und literarische Wirkung der Ritterbücher und des *Don Quijote* in der Neuen Welt]

Urbina, Eduardo: Chrétien de Troyes y Cervantes: Más allá de los libros de caballerías, in: Anales cervantinos 24, 1986, S. 137–147 [Vergleichbare Haltungen gegenüber Originalität und Tradition]

Als der erste Teil des *Don Quijote* erschien, hatte die Mode der Ritterromane bereits ihren Endpunkt erreicht. Dennoch sind die Angriffe gegen die Ritterbücher zahlreich. (I, 6, 32, 47, 48) Besonders die Zeitverschwendung wird kritisiert, die mit der Lektüre der Ritterbücher verbunden ist. Der Vorwurf ist insofern berechtigt, als sie gegen die Horazsche Regel verstoßen, d.h. die Unterhaltung nicht mit der Belehrung verbinden. Möglicherweise sind deshalb die besten der Ritterromane, wie der *Amadís* oder *Tirant lo Blanch,* von der Verdammung ausgenommen, weil sie dieser poetologischen Regel des Horaz eher entsprechen. Der *Amadís* selbst war beim Lesepublikum weniger beliebt als seine Fortsetzungen. Da die Ritterromane nicht selten vorgelesen wurden, waren sie sogar einem des Lesens unkundigen Publikum zugänglich. Sie wurden somit von allen Teilen der Bevölkerung gelesen, wie Don Quijote sagt: „Con gusto general son leídos y celebrados de los grandes y de los chicos, de los pobres y de los ricos, de los letrados e ignorantes, de los plebeyos y caballeros, finalmente, de todo género de personas de cualquier estado y condición que sean." (1, 50)

Auf der einen Seite wurden die Ritterromane seit dem 14. Jahrhundert, ganz besonders aber im 16. Jahrhundert, von Moralisten, Humanisten und Theologen verurteilt. Auf der anderen Seite schätzte man an ihnen die Fortsetzung des mittelalterlichen Heldentums der höfischen Epik. Man liebte Übersteigerungen von Heldentaten, Abenteuern, Liebesbeziehungen, von Magischem und Zauberhaftem.

Der *Don Quijote* hebt sich gleich zu Beginn bewußt von den Ritterromanen ab, indem er die Handlung nicht in entfernte Zeiten und Räume, sondern in die unittelbare Gegenwart und in eine bekannte Landschaft stellt:

„En un lugar de la Mancha de cuyo nombre no quiero acordarme, no ha mucho tiempo que vivía un hidalgo de los de la lanza en astillero, adarga antigua, rocín flaco y galgo corredor." Die phantastischen Taten der fiktiven Ritterromanhelden hält Don Quijote ohne jeden Zweifel für wahr. (I, 50, II 1). Eine Antithese zu den niemals hungrigen und immer tatendurstigen Helden des Ritterromans ist er selbst aber insofern, als er nicht selten ausgehungert und erschöpft dargestellt wird. Ist bei den Helden der Ritterromane das Geld kein Thema, so stellt sich für Don Quijote häufig das Problem, Rechnungen bezahlen zu müssen. Während die Jungfrauen der Ritterromane selbst an entlegenen Schauplätzen und in Gesellschaft von Männern keine Sorge zu haben brauchen, ihre Unschuld zu verlieren, muß sich Cervantes' Dorotea mit Gewalt zur Wehr setzen. (I, 28) Während die Helden der Ritterromane jung sind, ist Don Quijote vorgerückten Alters.

Falsch wäre es, mit Blick auf die philosophischen Deutungen des *Don Quijote* den von Cervantes selbst angegebenen Sinn des Werkes zu vernachlässigen. Kündigt er doch im Vorwort des ersten Teils „una invectiva contra los libros de caballerías, de quien nunca se acordó Aristóteles" an, um am Ende des zweiten Teils mit den Worten zu schließen: „No ha sido otro mi deseo que poner en aborrecimiento de los hombres las fingidas y disparatadas historias de los libros de caballerías."

Definiert wurden die Ritterbücher in Sebastián de Covarrubias' *Tesoro de la lengua castellana o española* von 1611 als „Los que tratan de hazañas de caballeros andantes, ficciones gustosas y artificiosas de mucho entretenimiento y poco provecho, como los libros de Amadís, de don Galaor, del caballero del Febo y de los demás". Es handelt sich um Fiktionen, für die man ungenauerweise jedoch die Bezeichnungen „libro de historia" oder „crónica" benutzte, die sich zugleich auf tatsächlich wahre Berichte bezogen. Diese Praxis erlaubte es den Autoren, den Leser zunächst über den Wahrheitsgehalt im unklaren zu lassen, wie man den Diskussionen zwischen dem Schankwirt und dem Pfarrer (I, 32) oder dem Domherrn und Don Quijote (I, 49) entnehmen kann. Don Quijote stützt seine Überzeugung von der Wahrheit der von den Rittern berichteten Geschichten, indem er die Namen einiger Helden nennt, die tatsächlich existiert haben. Diese sind alle der *Crónica de Juan II* entnommen, die Cervantes' Quelle für das Leben jener fahrenden Ritter war, die im 15. Jahrhundert lebten. Davon, daß es sie in Spanien und in weiten Teilen Europas wirklich gab, zeugen Archivdokumente. Noch im 15. Jahrhundert zogen sie durch die Lande, um an Waffengängen Turnieren und Schlachten teilzunehmen.

Die Literatur über sie läßt sich in zwei Kategorien unterteilen: die wahrheitsgetreue biographische Literatur und die „novela caballeresca", in der Protagonist und Handlung zwar vom Autor erfunden sind, aber den tatsächlichen Verhältnissen der fahrenden Ritter des 15. Jahrhunderts entsprechen. Zum ersten Typ gehört z.B. *Livre des faits du bon messire Jean le Maingre, dit Bouciquaut,* zum zweiten z.B. *Tirant lo Blanch.* Nun kann man sich vorstellen, daß die tatsächliche Biographie eines fahrenden Ritters auf den ersten Blick nicht immer von einer erdachten Novelle zu unterscheiden ist. Ganz verschieden sind beide Typen jedoch vom „libro de caballerías", der im Anschluß an Chrétien de Troyes' *Lancelot* wunderbare Elemente wie Drachen, Zwerge, Riesen, durch Magie erbaute Gebäude und uneingeschränkte Kraft der Ritter einbezieht. Nur diese letztere Gattung will Cervantes mit seinem Werk bekämpfen. Daß er an der „novela caballeresca" nichts auszusetzen hat, belegt z.B. der *Tirant,* den der Barbier auf Anraten des Pfarrers mit nach Hause nimmt. Ja, der Pfarrer hebt sogar lobend hervor, daß in diesem Buch die Ritter wenigstens dem wirklichen Leben entsprechend essen, schlafen und in ihrem Bett sterben, nachdem sie ihr Testament gemacht haben. (I, 6)

Die Kritik gegen Ritterbücher ist schon alt. Man kennt sie vom Ritter Pedro López de Ayala, der sich im *Rimado de palacio* über die Zeit ärgert, die er mit Lügengeschichten wie dem *Lancelot* verloren hat. In der Reihe derer, die sich gegen die Ritterromane gewandt haben, steht eine große Zahl von Humanisten, wie z.B. J. L. Vives, Antonio de Guevara, Juan de Valdés, F. Cervantes de Salazar, Diego Gracián, Pedro Mexía, Alejo de Venegas, A. García Matamoros, A. Laguna und Arias Montano. Sie werden insbesondere in der zweiten Hälfte des 16. Jahrhunderts unterstützt durch Autoren religiöser Bücher, wie z.B. Luis de Alarcón, Melchor Cano, Fray Luis de Granada, Fray Pedro de la Vega. In den meisten Fällen werden zugleich der Schäferroman und die Liebesdichtung einbezogen. Während dabei die Bücher und deren Leser nur kritisiert werden, beschimpft man die Autoren als Lügner, die Unwahrheiten verbreiten. So verbreiteten sie etwa falsche Vorstellungen von der Liebe. Dessen beschuldigt Cervantes den Ritterroman, „este género de escritura y composición cae debajo de aquél de las fábulas que llaman milesias." (I, 47)

Die Kritik der Humanisten und religiösen Moralisten unterscheidet sich also nicht von jener des Cervantes. Wüßte man nichts von der Höhe und Zahl der Auflagen, dann wäre allein schon die massive Kritik der Ritterromane ein Indiz für ihre breite Rezeption. Riquer (1973) geht von 86000 Exemplaren aus, die zwischen 1551 und 1600 auf den Markt kamen, als die spanische Monarchie einschließlich Portugal ohne die Neue Welt 9,5 Millionen Einwohner hatte. Hinzurechnen muß man noch die Zuhörer, denen die Ritterromane vorgelesen wurden – eine Praxis, die im *Don Quijote* bestätigt wird. (I, 32) Wenig umfangreiche Ritterromane wurden zudem noch in kleinen Heftchen mit schlechtem Papier für ein breites Publikum billig auf den Markt gebracht.

Wie wird nun im *Don Quijote* bei der Parodie der Ritterromane im einzelnen vorgegangen? Parodistisch ist z.B. die Szene, in der sich der Held bewaffnet. Hier liegt eine groteske Veränderung der entsprechenden Passagen in den „libros de caballerías" vor. Damals wurde der Unterschied zwischen „caballeros" und „hidalgos" bekanntlich sehr genau respektiert. Wer – wie

„Don" Quijote – vorgab, mehr zu sein, als er war, machte sich also lächerlich. Gegenstand der Belustigung muß er schließlich werden, wenn er mit den von Rost und Schimmel gereinigten Rüstungsstücken seines Urgroßvaters (I, 1) auftritt, die der Mode eines anderen Jahrhunderts entsprachen. Ebenso antiquiert ist die Sprache mit archaisierenden mittelalterlichen Ausdrücken aus den Ritterbüchern, die er besonders im ersten Teil verwendet. Selbst die Berufung auf den arabischen Gewährsmann ist die Parodie einer alten Tradition der Ritterromane, die sich mit Nennung von geschichtlichen Quellen mehr Glaubwürdigkeit verschaffen wollten. Am eindeutigsten erscheint das parodistische Element in den abenteuerlichen Szenen des ersten Teils. Gezielt wird dabei auf die Intention des Ritters, der die Schwachen verteidigen, die Gefangenen befreien und schließlich die Witwen und jungen Mädchen beschützen will. Die Parodie entsteht, da Don Quijote dies zu tun meint, aber irrt.

Gezielt parodieren einzelne Passagen des *Don Quijote* Szenen bestimmter Ritterromane, wie z.B. das Abenteuer der Cueva de Montesinos eine Episode aus *Las Sergas de Esplandián* oder die Buße in der Sierra Morena explizit den *Amadís.* Eine Parodie der wunderbaren und schnellen Überbrückung weiter Distanzen in den Ritterromanen ist Don Quijote, der am Ende des ersten Teils auf einem Ochsenkarren eingesperrt nach Hause gefahren wird, obgleich diese als Schande geltende Art der Fortbewegung einen Vorläufer in Chrétien de Troyes' *Li chevaliers de la charrete* hat.

Der *Amadís de Gaula* hatte mit seiner Beständigkeit in der Liebe und seinen Ehren- und Höflichkeitsvorstellungen einen Maßstab für die Literatur der Ritterbücher gesetzt. Die Ursprünge des *Amadís* gehen bis auf das 14. Jahrhundert zurück. Aus dem 15. Jahrhundert hat man das Fragment eines Manuskripts gefunden. Der Stoff scheint wie bei den Ritterbüchern des karolingischen, bretonischen oder klassischen Themenkreises immer mehr erweitert worden zu sein. Die überlieferte Fassung schließlich stammt von Garci-Ordóñez de Montalvo, der in Zaragoza Ratsherr war und sein Werk mit zahlreichen moralischen Reflexionen bereicherte. Es wurde erstmals 1508 veröffentlicht und wurde zu einem solchen Erfolg, daß der Autor mit *Las sergas de Esplandián,* der Geschichte des Sohnes von Amadís, eine Fortsetzung schrieb, die vom Pfarrer im *Don Quijote* im Gegensatz zum *Amadís* selbst verdammt wurde. Letzterer dagegen konnte mit einer seiner Taten den *Orlando furioso* von Ludovico Ariost bereichern und wurde von Bernardo Tasso, dem Vater von Torquato, in *Amadigi* imitiert. Er war in ganz Europa bekannt, übersetzt, adaptiert und besprochen. Einer seiner Nachahmer, auf dessen überladenen Stil Cervantes im *Don Quijote* ironisch anspielt, war Feliciano de Silva mit seiner Amadísimitation aus den Jahren 1530–35.

Einen weiteren wichtigen Zweig der Ritterbücher bilden die *Palmerines,* eine Serie, die mit dem erfolgreichen *Palmerín de Oliva* (1511) begann. Den *Palmerín de Inglaterra,* ein Werk portugiesischen Ursprungs, möchte man im *Don Quijote* vor der Bücherverbrennung gerettet wissen, war er doch so bedeutend, daß sich Don Quijote im ersten Kapitel nicht im klaren war, ob er Palmerín de Inglaterra oder Amadís de Gaula als besseren Ritter anzusehen habe. Damit stellt sich die Frage nach der Bedeutung und den Transformationen des Ritterideals der Romane in der Neuen Welt.

Da die Ritterromane nur der Unterhaltung und nicht der Belehrung dienten und damit als Zeitverschwendung galten, wurde es verboten, sie in die Neue Welt einzuführen. Derartige Verbote hatte die Casa de Contratación in Sevilla 1531 und 1543 erlassen. Die Konquistadoren, die sich zahlenmäßig unterlegen fühlten, obwohl sie waffentechnisch weit überlegen waren, gelangten in eine exotische Landschaft, die ihnen paradiesisch schön erschien. Von deren magischer Ausstrahlung fasziniert, konnten sie sich als Vertreter einer neuen Form der fahrenden Ritterschaft fühlen. Wenn sie nicht nur an materielle Bereicherung um jeden Preis dachten, konnten sie in der von Wunderbarem vollen Welt der Ritterbücher, die aus der alten Welt mitgebracht wurden, eine Entsprechung ihrer eigenen Situation sehen.

Als der *Don Quijote* erschien, verdrängte dieser den *Amadís* in der Neuen Welt. Zu diesem Zeitpunkt hatte jedoch die Vorstellungswelt der Ritterbücher bereits die Konquistadoren beflügelt. Eine besondere Rolle spielte die aus dem antiken Griechenland stammende Vorstellung des kriegerischen Frauenvolkes der Amazonen. Noch der Römer Vergil griff darauf zurück, als er die Amazonin Pentesilea von Aquiles töten läßt. (Aeneis I, 491; vgl. auch Camila: Aeneis VII, 803) Von den Amazonen spricht nicht nur Isidor in seinen *Etimologías,* sondern auch der „mester de clerecía“ des *Libro de Alexandre* im 13. Jahrhundert. Schon die Reisenden des Mittelalters hatten versucht, das Land der Amazonen zu lokalisieren. So spricht Antonio Pigafetta (1491–1534) in seinem Bericht über den *Primer viaje en torno del Globo* von einer Insel unterhalb Javas, auf der nur Frauen leben, deren Gebräuche denen der antiken Amazonen entsprechen. Wichtiger aber ist das Werk *Las sergas de Esplandián* (1510), in dem der Autor Montalvo die Amazonaslegende mit den ersten Reiseberichten von Kolumbus verbindet. Hatte doch Kolumbus im Bericht vom 13. 1. 1493 von der Insel Matinio berichtet, daß dort Frauen ohne Männer lebten und viel Gold besäßen. So heißt es im Ritterbuch von Montalvo, es gebe dort rechts von „las indias“ eine Insel mit Namen Kalifornia, die nur von schwarzen Frauen, nicht aber von Männern bewohnt sei. Diese lebten wie die Amazonen und hätten nicht nur viele Schiffe, sondern sogar alle Waffen aus Gold. Die junge, schöne und kräftige Königin sei Kalifia, die die Türken bei der Belagerung von Konstantinopel unterstütze.

Es ist kein Wunder, daß die Konquistadoren eine solche Insel suchten. Der Name des Amazonasflusses legt davon Zeugnis ab. So schrieb Tirso de Molina ein Theaterstück *Los Amazonas en Indias,* das Lope de Vegas *Las mujeres sin hombres o Las Amazonas* viel verdankt. Der „Quijotismo“ des cervantinischen Helden wurde schließlich Kolumbus zugeschrieben, der seinerseits einer für viele unglaublichen Idee nachging. Schließlich sah man dafür eine Rechtfertigung in der Tatsache, daß Cervantes selbst sich verschiedentlich um einen Posten in der Neuen Welt beworben hatte.

4. *Zwischen Utopie und Neuer Welt*

De Andrea, Peter Frank: El gobierno de la ínsula Barataria, speculum principis cervantino, in: Filosofía y Letras 13, Nr. 26, 1947, S. 241–257

Gewecke, Frauke: Wie die neue Welt in die alte kam, Stuttgart 1986 [Die Gestaltungen der Neuen Welt und ihrer Bewohner in der Literatur der Alten Welt: Von den antiken Barbaren über den „locus amoenus", wissenschaftliche Konzepte, die Stilisierung des Amerikaners als Held und „honnête homme" bis zur „leyenda negra" im Dienst europäischer politischer Interessen]

Maravall, José Antonio: Utopía y contrautopía en el *Quijote*. Santiago de Compostela 1976

Percas de Ponseti, Helena: Los consejos de Don Quijote a Sancho, in: M. D. McGaha (hg.): Cervantes and the Renaissance, Easton, Pennsylvania 1980, S. 194–236

Stagg, Geoffrey L.: „Illo tempore": Don Quixote's Discourse on the Golden Age and its Antecedents, in: Avalle-Arce, Juan Bautista (hg.): *La Galatea* de Cervantes – cuatrocientos años después (Cervantes y lo pastoril), Newark, Delaware 1985, S. 71–90 [Bibliographische Zusammenstellung und Zuordnung von Quellen auf 20 Stellen]

Strosetzki, Christoph: Morus' Utopie – eine Reaktion auf die Auseinandersetzungen um die „Neue Welt", in: Ders.: Das Europa Lateinamerikas, Stuttgart 1989, S. 1–22

Testa, Daniel, P.: Parodia y mitificación del Nuevo Mundo en el *Quijote,* in: Cuadernos Hispanoamericanos 430, April 1986, S. 63–71

Zuleta, Ignacio M.: La tradición cervantina (algunos aspectos de la proyección del *Quijote* en Hispanoamérica), in: Anales cervantinos 22, 1984, S. 143–157

Don Quijote greift in seiner Rede über das Goldene Zeitalter (I, 11) auf den in der Renaissance häufig zitierten Vergleich der Zeitalter aus den Metamorphosen (I, 89–112) von Ovid zurück. Während er in diesem Zusammenhang gerade im eisernen Zeitalter den fahrenden Rittern besondere Bedeutung beim Schutz der Hilflosen zuschreibt, situiert er in ähnlichem Zusammenhang an anderer Stelle (II, 1) die Blütezeit der fahrenden Ritterschaft in dem Mittelalter, das die Ritterromane darstellen.

Als Quellen für Cervantes' Rede vom Goldenen Zeitalter lassen sich nicht nur Ovid, sondern neben ihm Vergil, Boccaccio, Seneca, Guevara und Zapata anführen. G. L. Stagg (1985) hat nachgewiesen, daß eine noch größere Zahl von Quellen der griechischen und lateinischen Antike, der Spätantike, Italiens und Spaniens in Frage kommt. Cervantes scheint seinem Leser hier den Beleg für die Breite der Bildung seines Ritters liefern zu wollen. So erscheint die Formel „dichosa edad y siglos dichosos aquellos" als eine Verbindung von Zeitalter und Jahrhundert, die schon bei Ovid und Guevara auftritt. Der Beginn mit dem Wort „dichosa" läßt an Horaz' „Beatus ille

..." denken, das von Fray Luis de León mit „Dichoso ..." übersetzt wurde. Die dann folgende Bezeichnung dieses Zeitalters als goldenes hatte Cervantes bereits im *Trato de Argel* vorgenommen. Sie findet sich in Ovids Metamorphosen, aus denen sie Cervantes wörtlicher übersetzt hat als andere Autoren vor ihm. Daß das Gold dort nicht – wie es der Name nahelegt – in hohem Ansehen stand, fügt Cervantes ebenso wie Pontano, Seneca, Campano, Boccaccio und Lorenzo de' Medici erklärend hinzu. Ganz im Gegensatz zu einer solchen Vorstellung seien Begriffe wie „dein" und „mein" unbekannt gewesen. Hier fügt Cervantes eine Idee aus *De mulieribus* von Boccaccio hinzu, die in den antiken Traktaten fehlt. Dafür, daß alles im Besitz aller war, lassen sich aber schon in der Antike Belege finden. Als Bild christlicher Vollkommenheit wurde diese Idee im Kontext der Exegese der *Divina Commedia* ausgeprägt.

Daß keine andere Arbeit erforderlich sei, als die Arme zu den Bäumen zu erheben, um deren Früchte zu pflücken, konnte Cervantes bei Hesiod, Ovid, Campano und Sannazaro finden, bei denen jedoch die Art der gepflückten Früchte variiert. Quellen und Flüsse gibt es in Don Quijotes Rede im Überfluß. Sie zeichnen sich durch klares Wasser aus. Wasser aus Bergbächen führte Horaz als Getränk des Goldenen Zeitalters ein, während in den Flüssen von Ovid Milch und Honig fließt und Claudian Wein und Öl bevorzugte. Bei den italienischen Humanisten wird zwischen diesen verfügbaren Getränken eine unterschiedliche Wahl getroffen. Den Hinweis auf den vorhandenen Honig bringen sie nicht selten wie Cervantes im Zusammenhang mit der Nennung der Bienen.

Gleichgültig, ob man sich auf die Baumrinden bezieht, mit denen die Häuser bedeckt werden konnten, ob auf Eintracht, Ehrlicheit, Ehrenhaftigkeit und den Gerechtigkeitssinn ihrer Bewohner, die Schlichtheit der Kleidung oder auf die Fruchtbarkeit der Erde, die nicht gepflügt zu werden brauchte – in allen Fällen lassen sich Quellen aus antiken oder italienischen Autoren angeben. Die weitgehenden Übereinstimmungen lassen darauf schließen, daß Cervantes die Beschreibungen des Goldenen Zeitalters bei Ovid, bei Lorenzo de Medici und bei dem in der Bücherbeurteilung durch Barbier und Pfarrer genannten Barahona de Soto gelesen hatte. Vermutlich kannte er ebenso die einschlägigen Stellen bei Sannazaro wie bei Boccaccio, Alamanni, dem Pseudo-Tansillo, Tasso und Guarini. Damit zeigt sich erneut der starke italienische Einfluß auf Cervantes' Werk.

Mit dem Entwurf eines utopischen Goldenen Zeitalters korrespondiert Sanchos Statthalterschaft auf seiner Insel. Die zahlreichen Ratschläge (II, 42–43), die er zuvor von Don Quijote mündlich erhält, erinnern an Regeln, die ein Herrscher über einen utopischen Staat zu berücksichtigen hätte. Sie werden ergänzt durch weitere, die Don Quijote ihm brieflich zukommen läßt. (II, 51) Diese Ratschläge wurden als ernste Belehrung oder aber als Parodie interpretiert. Es ist hervorgehoben worden, daß Don Quijote hier in einem anderen Stil spricht als normalerweise. So hat Percas de

Ponseti (1980) in ihm den König Polidoro aus dem *Diálogo de Mercurio y Carón* von Alfonso de Valdés oder aber Philipp II. in einer an Fray Antonio de Guevara angelehnten Sprachform wiedererkannt. Auffallend ist, daß die Ratschläge oft einen ersten positiven und einen zweiten negativen oder mehrdeutigen Teil haben oder sich gegenseitig aufheben. Sie lassen sich drei Dimensionen zuordnen: Einerseits sind die Ratschläge nützlich und praktisch. So dienen sie Sancho in der Situation, in die er gelangen wird. Zudem enthalten sie Anspielungen auf die politische Traktatliteratur, die einer kritischen Beurteilung unterzogen wird. Schließlich gehen sie in ihren Widersprüchen über beides hinaus und deuten die Konflikte zwischen christlicher Ethik und gesellschaftlicher Moral an. In der Insula Barataria kann man eine Metapher für Spanien sehen. Sancho erweist sich hier als guter Hirt, der aus dem Volk kommt. Er bewährt sich vor allem dann, wenn er mit seiner unverbildeten Bauernschläue als Richter sehr weise Urteile fällt. W. Krauss (1966) erkennt darin den Wunsch nach einer Rechtsreform, die die volkstümliche mittelalterliche Tradition der „fueros" wiederherstellt und die zu Cervantes' Zeit herrschende Bürokratisierung und Zentralisierung des Rechtswesens zurücknimmt.

Utopische Regeln waren es, die man seit der Renaissance zur Verbesserung der wohlbekannten bestehenden Staaten Europas entwarf. Nicht selten formulierte man sie, wie der Fall von Thomas Morus zeigt, mit Bezug auf einen entfernten Inselstaat. Eine Inspirationsquelle war in diesem Zusammenhang die Entdeckung der Neuen Welt. Sie ist auf Cervantes nicht ohne Eindruck geblieben. Wahrscheinlich kannte er das Epos *Araucana,* das von der Eroberung Chiles handelt, an der der Verfasser Alonso de Ercilla y Zúñiga im Jahr 1555 selbst teilgenommen hatte. In den *Comentarios reales* (1609) des Inkas Garcilaso de la Vega wird er über die Zivilisation der Inkas gelesen haben. Sevilla wird ihn bei seinen dortigen Aufenthalten als Tor zur Neuen Welt beeindruckt haben. J. A. Maravall behauptet, daß die Entdekkung der Neuen Welt den wichtigsten Anstoß gab für das utopische Denken der Renaissance. Auch Don Quijote strebt aus der Enge seines Standes im eisernen Zeitalter hinaus in ein Goldenes Zeitalter vergangener Pracht. Indem er dieses zu verwirklichen versucht, scheitert er an der Realität.

Gerade vor dem Hintergrund der Utopie konnte die Eroberung der Neuen Welt, wie im vorigen Kapitel bereits angedeutet, als neue Form des fahrenden Rittertums angesehen werden. Dies wird nach D. P. Testa (1986) in Bernardo de Vargas Marchucas *Millicia y descripción de Indias* (1599) deutlich. Unter diesen Voraussetzungen lassen sich im *Don Quijote* Elemente einer Parodie der Selbststilisierung der Konquistadoren finden.

Denn ein Eroberer konnte sich angesichts der wunderbaren Entdeckungen in der Neuen Welt durchaus mit Amadís identifizieren. Während Kolumbus in seinen Tagebüchern für die Beschreibung der Neuen Welt noch mit Vorliebe auf den antiken Topos des „locus amoenus" zurückgriff, erscheint dem Konquistador Díaz del Castillo in seiner *Historia verdadera de la conquista de la Nueva España* das, was er bei der Einfahrt nach Mexiko zu Gesicht bekommt, so wunderbar, nie gesehen, unerhört und nicht einmal in Träumen erahnt, daß er sich an die im *Amadís* dargestellten Abenteuer erinnert fühlt. Bei der Erzählung kriegerischer Auseinandersetzungen versäumt er es dann nicht, auf die alte Romanzenliteratur zurückzugreifen.

Als Vorstellung ist die Neue Welt im *Don Quijote* präsent. So wird die Geschicklichkeit der mexikanischen Reiter gelobt. (II, 10) Auf den Reichtum der Minen von Potosí wird angespielt. (II, 71) Bekannt sind die Sätze in *El celoso extremeño,* in denen die Neue Welt als Zufluchtstätte der Verzweifelten in Spanien genannt wird. Sie sei ein Trugbild für viele und eine Lösung für nur wenige.

Die Verrücktheit des Don Quijote wurde im Laufe der Zeit gerade mit Bezug auf die Neue Welt zum gern gebrauchten Paradigma. Für José Enrique Rodó, der sich um 1900 über die Beziehungen zwischen Europa und Lateinamerika Gedanken machte, ist die Philosophie des Don Quijote jene der Eroberung des amerikanischen Kontinents. So konnte Christoph Kolumbus infolge seiner Besessenheit von einer idealen Vision noch von S. de Madariaga als „Don Quijote del Océano" bezeichnet werden. 1905 sah Adolfo Saldías aus Buenos Aires im Don Quijote die Verkörperung der Hoffnung auf demokratische Gleichheit und Freiheit, die sein eigenes Land erstrebte. Schon im 19. Jahrhundert hatte Alberdi in *Luz del día,* einem politisch engagierten Roman mit allegorischen Figuren, Don Quijote auftreten, diesmal jedoch mit der Verrücktheit des kaltblütigen politischen Kalküls durch das Land wandern lassen.

5. Bedeutung des Topos „armas y letras"

Maravall: El humanismo de las armas en *Don Quijote,* Madrid 1948 [Cervantes' politische, sozialkritische Positionen und Entwürfe aus historischer, mentalitätsgeschichtlicher Sicht]

Pietschmann, Horst: Der Wandel der Heeresverfassung in Spanien vom 16.–18. Jahrhundert, in: Johannes Kunisch: Staatsverfassung und Heeresverfassung in der europäischen Geschichte der frühen Neuzeit. – Historische Forschungen, Bd. 28, Berlin 1986, S. 151–172 [Historische Analyse]

Ricken, Ulrich: Bemerkungen zum Thema „Las armas y las letras", in: Beiträge zur Romanischen Philologie, Cervantes-Sonderheft 1967, S. 76–83 [Begriffsgeschichtliche Erläuterungen des Gegensatzes]

Scaramuzza Vidoni, Mariarosa: La utopía de un Mundo Nuevo en Cervantes, in: Anthropos. Revista de documentación científica de la cultura 98–99, Juli/August 1989, S. 63–66 [Ausgehend von Maravall: Die Suche nach einer idealen Gesellschaft im *Quijote* und bei Ordensleuten wie Las Casas in der Neuen Welt]

Wang, Andreas: Der „Miles Christianus" im 16. und 17. Jahrhundert und seine mittelalterliche Tradition, Bern, Frankfurt am Main 1975 [Zum Hintergrund des Rittergedankens]

Der Gegensatz von „armas y letras“ ist nach Ricken (1967) seit dem 14. Jahrhundert formuliert worden in Form von: „saeta-letra, saeta-escritura, lanza-escritura, lanza-pluma, espada-pluma, lanza-letras, espada-ciencia, caballería-ciencia, milicia-ciencia“ und „caballería-letras“. Die Formulierung „las armas y las letras“ ist bei Cervantes die geläufigste. Hervorgegangen ist dieser Gegensatz aus dem von Chrétien de Troyes, der in „chevalerie“ und „clergie“ zwei gesellschaftliche Stände sah. Jean de Meung will später sogar die Vertreter der „clergie“ durch den Titel „chevalerie de letreüre“ geadelt wissen. Hier wird ein Emanzipationsstreben des aus dem Bürgertum stammenden Gebildeten deutlich. Cervantes könnte die *Diálogos de la phantastica philosophía...y de las letras y armas* (1582) von Miranda Villafañes gekannt haben, wie U. Ricken (1967) in Übereinstimmung mit W. Krauss meint.

Insbesondere gab es in der humanistischen und in der moralistischen Literatur des Siglo de oro eine große Zahl von Autoren, die den Gegensatz erörterten. Sie entschieden sich zugunsten der „letras“, die durch Überlieferung der Heldentaten dauerhafteren Ruhm garantierten, oder zugunsten der „armas“, ohne die die „letras“ der Vernichtung preisgegeben würden und die zudem gar nicht von den „exempla“ der „letras“ zu trennen seien. Meist wurde jedoch eine Verbindung zwischen beiden als optimale Lösung angeboten. Don Quijote wirbt in seiner Rede zu diesem Thema vor allem für eine Anerkennung der Mühen des Soldaten und verdammt die satanischen Werkzeuge der Geschützkunst, mit der ein ehrloser und feiger Schütze einem tapferen Ritter gefahrlos das Leben nehmen kann. (I, 38) Er verurteilt die modernen Artilleriefeuerwaffen, die den vom Ritter eingeübten und wohlbeherrschten Umgang mit dem Schwert überflüssig machen.

In Don Quijotes Rede über das Goldene Zeitalter fällt im Vergleich mit Ovid oder Vergil eine größere Genauigkeit in der Schilderung des Naturzustandes auf. Konkreter ist die Bewunderung, die er gerade den wirtschaftlichen Verhältnissen dieser vergangenen Zeit entgegenbringt. Glücklich sei sie zu nennen, da in ihr das Privateigentum unbekannt war und alle Güter allen gemeinsam gehörten. Daher seien Regierung, Rechtsprechung und Kriegsführung überflüssig gewesen. Während bei Unamuno eine derartige gleichmäßige Besitzverteilung auf Ablehnung stößt, erscheint sie L. Osterc (1975) als Konzeption eines Urkommunismus, die sich in ihrem Rückgriff auf die Vergangenheit als zukunftsorientiert erweist. Die Projektionen dieser Konzeption seien daher nicht weniger als diejenigen der Utopie des Thomas Morus auf Kritik angelegt und erstrebten die Veränderung der zeitgenössischen spanischen Gesellschaft.

Zugleich lehne Don Quijote die hierarchischen Strukturen seiner Zeit ab, indem er nur Tugend, Tapferkeit und Wissen als Adelsprädikate anerkennt und mit seinem Schildknappen wie von gleich zu gleich redet. Getreu einer ebenso idealen wie weltfremden Vorstellung von der Freiheit des Individuums befreie er Sträflinge, die innerhalb der gegebenen Gesellschaft ihre Gefangenschaft verdient haben.

Maravall (1948) konstatiert den Gegensatz zwischen Don Quijotes Vorstellungen und der damaligen politischen Realität. Letztere sieht er dreifach determiniert: Zunächst hatte das stehende Heer mit seiner Artillerie den ritterlichen Zweikampf verdrängt. Zudem war die Verwaltung des Landes dem Adel entzogen und von einer technokratischen Schicht übernommen worden. Schließlich spielte das Geld für den Warenaustausch eine immer größere Rolle. Keiner dieser drei Faktoren ist mit den Vorstellungen von Don Quijote zu vereinbaren. Denn er glaubt sich noch in einer feudalen, inzwischen schon nostalgisch idealisierten Ständegesellschaft, in der die einen den anderen großzügig und uneigennützig helfen, in der jeder nur das für sich beansprucht, was er benötigt, das übrige aber mit den anderen teilt, und in der die Landbewohner die Ritter unentgeltlich bewirten. Landbewohner sind die geduldigen Zuhörer seiner Rede über das Goldene Zeitalter. Sie sind von den neuzeitlichen Veränderungen weniger betroffen als die Bewohner der Städte und Höfe. So stellen die Schäferwelt und das Land mit seiner Natürlichkeit und Einfachheit ein utopisches Gegengewicht dar.

Während in der neuzeitlichen Gesellschaft Reichtum Voraussetzung für Macht ist, erscheint Maravall im Mittelalter die Stärke als Bedingung für den Reichtum. So erklärt sich, daß Don Quijote keine Sensibilität für Geld, sondern nur für seine Stärke als Ritter hat. Während die Humanisten als Reaktion gegen die aufkommende Geldwirtschaft kollektivistische Utopien entwerfen, muß Don Quijote angesichts seiner Orientierung am Mittelalter nach einer anderen Antwort suchen. Er findet sie in einem moralischen Ideal, das aus der Idee des Rittertums abgeleitet ist. Da dieses aber mit der gegebenen Realität nicht zu vermitteln ist, führt sein moralischer Ausgangspunkt nicht zu juristischen oder politischen Konsequenzen. Er bleibt beim Individuum stehen. Dieses allerdings wird nun laut Maravall im Geiste der Renaissance nicht nur in seiner Freiheit entdeckt, sondern wird dazu geführt, durch seine Wanderschaften und Taten eine größere Vollkommenheit zu erstreben.

Da nun alle Abenteuer der Ritter mit dem Gebrauch der Waffen verbunden sind, bezeichnet Maravall den durch Don Quijote verkörperten Anspruch als „humanismo de las armas“. Gefördert wird dieser durch die Liebe zu einer Dame, die beim Ritter traditionsgemäß Quelle der Entsagung, des Opfers und seelischer Erneuerung war. Angelegt ist er auf eine innere Läuterung des Individuums. M. Scaramuzza Vidoni (1989) sieht bei Don Quijote einen „impulso utópico“, der sich nicht in einem Gesellschaftsmodell, sondern in einer unerfüllbaren Sehnsucht nach bestimmten Idealen ausdrückt. So stelle Cervantes der Utopie gesellschaftlicher Organisation eine des individuellen Verhaltens gegenüber.

Während die Gesellschaftsutopie z.B. des Thomas Morus mit der Schilderung einer entfernten Insel beginnt, setzt die Entfernung von der Realität im *Don Quijote* damit ein, daß der Titelheld in Ablehnung der modernen Feuerwaffen einen alten Harnisch anlegt und damit seiner Umgebung gegenüber in Distanz tritt. Die individualisierte Utopie findet ihre Fortsetzung im Verhalten des Sancho. Nach den Ratschlägen seines Herrn regiert er als idealer, von Vernunft und christlicher Moral geprägter Herrscher auf der Insel Barataria. Sein Vorzug ist es, daß ihm nicht die Vorstellungen des fahrenden Rittertums, wohl aber die formalen Kategorien der damaligen spanischen Gesellschaft fremd sind. So variiert Cervantes das utopische Denken, indem er nicht etwa einen in der Realität nicht vorhandenen Ort vorstellt, sondern einen in der Realität nicht vorhandenen guten christlichen Herrscher, wie Sancho, bzw. einen normalerweise nicht vorhandenen, in den moralischen Kategorien des Rittertums denkenden Don Quijote entwirft.

Ebenso wie die Normen des Goldenen Zeitalters mit den zu Cervantes' Zeit gültigen kontrastierten, steht Don Quijote mit seinen Normen der fahrenden Ritterschaft im Gegensatz zu den Konventionen der ihn umgebenden Gesellschaft. Man kann die weise und zitatreiche Rede über das Goldene Zeitalter als Utopie der „letras" und die Entscheidung des Don Quijote, insbesondere in dieser Rede, als Utopie der „armas" bezeichnen. Da aber „armas" und „letras" seit der Renaissance gerade in ihrer Verbindung geschätzt wurden, läßt sich die Rede über das Goldene Zeitalter als programmatische Ankündigung von Don Quijotes künftigen Abenteuern mit ebenso unzeitgemäßen Waffen wie Tugenden verstehen. Schließlich lebte er in einem ehernen Zeitalter, in dem Artilleriefeuerwaffen auf weite Entfernungen selbst den Tapfersten trafen. Kapitalkraft spielte bei der Finanzierung von Söldnern, die nicht mehr Ritter oder Adlige waren, eine größere Rolle als ritterliche Tugend. Die Berechnungen des Laufs der Kanonenkugel durch den Geometer waren wichtiger geworden als die Tapferkeit des einzelnen. Nicht zuletzt die modernen Entwicklungen der Waffentechnik waren es also, die den fahrenden Ritter nunmehr als traurige Figur erscheinen ließen. Selbst der Ritter, der nicht umherfuhr, sondern als Feudalherr auf seinem Sitz die Rechtsprechung und Einnahme von Steuern betrieben hatte, sah sich zunehmend durch königliche Beamte seiner Privilegien enthoben.

Wenn dieser sich nun als Höfling an den Königshof begab, dann spielten für ihn die „armas", anders als für Don Quijote, nur noch eine untergeordnete, dekorative Rolle, während die „letras" ihm halfen, sich in der höfischen Gesellschaft angemessen zu bewegen. Diesem Höfling mag Don Quijote ein abschreckendes Beispiel gewesen sein für einen Zeitgenossen, der noch nichts von den zivilisatorischen, auf gesellschaftliches Wohlverhalten ausgerichteten Anstrengungen des *Aviso de privados* eines Antonio de Guevara oder des *Cortesano* eines Boscán oder schließlich des *Galateo español* eines Lucas Gracián Dantisco gehört hat und der daher zu den seit der Renaissance verfeinerten höfischen Verhaltensformen in deutlichem Kontrast steht.

F. Zum Kontext

1. Die Renaissance als Hintergrund

Avalle-Arce, Juan Bautista: Cervantes and the Renaissance, in: Michael D. McGaha (hg.): Cervantes and the Renaissance. Papers of the Pomona College Cervantes Symposium, November 16–18, 1978, Easton, Pennsylvania 1980, S. 1–10 [*Don Quijote* als Werk der Renaissance gegenüber *Persiles y Segismunda* als Werk der spanischen Gegenreformation]

Blüher, Karl Alfred: Séneca en España. Investigaciones sobre la recepción de Séneca en España desde el siglo XIII hasta el siglo XVII, Madrid 1983

Castro, Américo: Erasmo en tiempos de Cervantes, in: Revista de Filología Española 18, 1931, S. 329–389

Cortázar, Celina S. de: El *Quijote,* parodia antihumanista. Sobre literatura paródica en la España barroca, in: Anales cervantinos 22, 1984, S. 59–75

García Puertas, Manuel: Cervantes y la crisis del renacimiento español, Montevideo 1962 [Thematische und ideengeschichtliche Analyse]

Meregalli, Franco: La literatura italiana en la obra de Cervantes, in: Arcadia. Zeitschrift für vergleichende Literaturwissenschaft 6, 1971, S. 1–15 [Die Bedeutung der Autoren der italienischen Renaissance für Cervantes]

Melczer, William: Neoplatonismo y el *Quijote,* in: Anales cervantinos 25/6, 1987/88, S. 315–325 [bes. Einfluß der *Dialoghi d'amore* des León Hebreo]

Monserrast, Santiago: La conciencia burguesa en el *Quijote,* Córdoba, Argentinien 1965 [Die Figuren des *Don Quijote* vor dem Hintergrund bürgerlicher Wirtschaftsformen und der Säkularisierung des Denkens und der Gesellschaft]

Osterc, Ludovik: El pensamiento social y político del *Quijote,* Mexiko 1975 [Eine Darstellung der spanischen Gesellschaft und der Sozialkritik im *Don Quijote* auf der Grundlage des historischen Materialismus]

Salazar Rincón, Javier: El mundo social del *Quijote,* Madrid 1986 [Zur hierarchischen Gliederung des Adels, zum Landleben, zum Begriff der Ehre und der „limpieza de sangre" in der spanischen Gesellschaft und im Roman]

Strosetzki, Christoph: Literatur als Beruf. Zum Selbstverständnis gelehrter und schriftstellerischer Existenz im spanischen Siglo de Oro, Düsseldorf 1987 [Studia humaniora]

Strosetzki, Christoph: Neuere Literatur zu Humanismus und Gelehrsamkeit im Spanien des 16. Jahrhunderts, in: Romanistisches Jahrbuch 32, 1981, S. 260–285

Vilanova, Antonio: Erasmo y Cervantes, Barcelona 1949 [Parallelitäten zwischen *Moriae Encomium* und *Don Quijote*]

Bekanntlich leitet Cervantes die Absicht, die Ritterromane zu parodieren. Daneben deutet sich aber zugleich, wie im *Persiles,* eine gewisse Orientierung am großen antiken Epos, der *Aeneis* des Vergil an. Cervantes kannte wahrscheinlich nicht nur den lateinischen Text, sondern auch die spanischen Übersetzungen von Gregorio Hernández de Velasco (1555) und Diego López (1600). Die Parallelen zwischen den Werken von Cervantes und Vergil sind nicht zu unterschätzen: In beiden wird größerer Wert auf die innere

Haltung als auf das äußere heroische Erscheinungsbild gelegt. Beide Werke spielen auf zahlreiche Werke unterschiedlicher Epochen an. Während Vergil sich gern auf Homer bezieht, werden im *Don Quijote* Vergil und Homer gleichzeitig evoziert. Dies ist z.B. der Fall, wenn auf einer Tapete der Raub der Helena und auf der anderen Dido, die auf einem hohen Turm dem Aeneas nachwinkt, dargestellt sind. (II, 71) Mit Blick auf Barcelona, den Ort seiner Niederlage im Zweikampf, äußert Don Quijote: „Aquí fue Troya!" (II, 66) Den *Don Quijote* zeichnet wie die *Aeneis* die Vielschichtigkeit der Helden aus, von denen keiner als völlig gut oder schlecht gelten kann. Wie Vergil Homer durch größere Helden übertreffen will, so finden in vergleichbarer Weise Tugend und Größe von Odysseus und Aeneas im *Quijote* nur eine spöttische und abschätzige Erwähnung. (I, 25; II, 3)

Die Figur des Don Quijote selbst ist von der Vorstellung der Renaissance geprägt, daß Ruhm durch Tugend zu erreichen ist. Insbesondere die Betonung des individuellen Willens, der Wunsch nach der Veränderung der Gesellschaft, mit der der Held in Konflikt steht, sowie das Ideal eines Goldenen Zeitalters erscheinen Maravall (1948) als Elemente der Renaissance. Maravall zählt daher den Roman zu der den Humanismus charakterisierenden utopischen Literatur. Die Utopie tritt hier personifiziert auf und wird nicht als gesamtgesellschaftliche Konstruktion entworfen.

Die Renaissance plädierte für eine allgemeine Bildung. Erziehung und umfassendes Wissen galten als erstrebenswerte Ziele. Mit dem 16. Jahrhundert haben in Spanien die Ideale der Wissenschaft und erzieherischer Vervollkommnung große Bedeutung gewonnen. Dies zeigt sich deutlich im *Don Quijote*. Dort erscheint die „ciencia de la caballería andante" so allumfassend wie die Rhetorik des Humanisten. Denn sie umfaßt nicht nur Jurisprudenz, Medizin und Mathematik, sondern „todas o las más ciencias del mundo". (II, 18) Die Wissenschaft ist es, die im *Don Quijote* gegen den Aberglauben ins Feld geführt wird. Im Sinne der spanischen Humanisten wird im *Don Quijote* die Bedeutung der Volkssprache gegenüber dem Lateinischen hervorgehoben (II, 16) und das bloße Bücherwissen kritisiert. (II, 22)

Die Applikation des Gelesenen auf die eigenen Belange ist ein konstantes Postulat der Humanisten des 16. Jahrhunderts. Plutarch wurde in der Renaissance mit seinen Lebensbeschreibungen als Ansporn gelesen, die dargestellten vorbildlichen Taten und Männer nachzuahmen. So heißt es im von Boscán übersetzten *Cortesano* des Castiglione, daß wohl keiner von den Taten eines Caesar, eines Alexander, Scipio oder Hannibal lesen könne, ohne den Wunsch zu verspüren, ihnen nachzueifern und wie sie ewigen Ruhm zu erlangen. Auf diese humanistische Idee greift Don Quijote zurück, wenn er sich als einer von jenen Rittern sieht, denen der Ruhm einen Platz im Tempel der Unsterblichkeit verliehen hat, und an deren Beispiel die fahrenden Ritter künftiger Zeiten ersehen mögen, welchen Lebensweg sie einzuschlagen haben, wenn sie es in den „armas" zu etwas bringen wollen.

(I, 47) Daß man tatsächlich in den Ritterbüchern etwas lernen kann, unterstreicht der Domherr: In ihnen könne von der Verschlagenheit des Odysseus, von der Kühnheit des Achilles, von dem Großmut Alexanders, der Weisheit Catos oder der Milde und Aufrichtigkeit Trajans die Rede sein. (I, 47)

Mit den Helden der antiken Epen waren die Humanisten so vertraut, daß sie in ihnen nicht nur Vorbilder, sondern zugleich Objekte satirischer Auseinandersetzung sahen. Im Siglo de oro entwickelte sich die humanistische Parodie des Epos weiter, in der Nachfolge der antiken, in der Renaissance sehr bekannten *Batracomiomaquia,* in der in 305 Hexametern als Parodie der *Ilias* die Schlacht zwischen Mäusen und Fröschen erzählt wird. Cortázar (1984) nennt als Beispiele Lope de Vegas *La Gatomaquia* (1634) und *La Mosquea* (1615) von José de Villaviciosa, der in seinem Werk den Kampf zwischen Fliegen und Ameisen darstellt. Hier handelt es sich um Werke für ein humanistisch gebildetes Publikum, das die antiken Texte, auf die parodistisch angespielt wurde, kennen mußte. Ein solches Publikum benötigte Cervantes für seine Parodie der Ritterromane, die in allen Bevölkerungsschichten gelesen wurden, nicht. Er kann im Gegenteil darauf hinweisen, daß diese bei den antiken Autoren noch nicht bekannt waren. Insofern stellt er der humanistischen gelehrten Parodie eine andere entgegen, die er, den Humanismus mit seinem Gelehrsamkeitskult parodierend, trotz eingestandener „insuficiencia y pocas letras“ (Prolog zum 1. Teil) schreiben konnte. Wenn er dann noch das bald darauf folgende Zitat von Ovid „Donec eris felix ...“ fälschlicherweise Cato zuschreibt und vorgibt, nicht genau zu wissen, daß sein Zitat „Pallida mors ...“ tatsächlich von Horaz ist, wird die Verspottung des humanistischen Bildungsdünkels umso deutlicher. Daß dieser noch in Mode war, bestätigt er selbst: „Y con estos latinicios y otros tales os tendrán siquiera por gramático; que el serlo no es de poca honra y provecho el día de hoy.“ (Prolog zu Teil I)

Parodie und Satire waren bei den Humanisten besonders beliebt. So hatte Erasmus in seinem *Moriae Encomium* oder *Stultitiae Laus* sarkastisch die Torheit der Menschen verurteilt. Um die Ironie noch effizienter zu gestalten, lobte er die Torheit mit ihrem Kult des Wissens, ihrer Überbewertung menschlicher Leidenschaften, ihrem religiösen Fanatismus und ihrer Ruhmsucht. Zugleich erscheint ihm auf der anderen Seite die Torheit als lebenserhaltender Impuls, als Stimulans für den Fortschritt. So zieht er den Schluß, daß der Tor, der seiner Torheit sicher ist, der eigentlich Glückliche auf der Welt ist. Die Lektüre dieser Schrift von Erasmus hinterläßt also die Meinung, daß die Torheit einen Wert haben kann.

Dieser Meinung konnte sich Cervantes bedienen und seinen Don Quijote mit eben dieser zugleich erhabenen und lächerlichen Torheit ausstatten. Indem er den Ritter mit seinem erhabenen Enthusiasmus an der Realität scheitern und dessen Illusionen vom Rittertum in der verdorbenen Gegenwart der Belustigung dienen läßt, zielt seine Kritik auf genau diese verdorbene Welt und nicht auf den Helden, der als letzter Hort von Gerechtigkeit, Wahrhaftigkeit und Heroismus erscheint. Wie bei Erasmus ist es hier die Torheit, die als besonderer Wert eingeschätzt wird.

Von Erasmus *Moriae Encomium* konnte Cervantes die Vorstellung übernehmen, daß für die Torheit die eigene Vorstellungswelt eine größere Rolle spielt als die Sinneswahrnehmung in der Außenwelt. Erasmus' Beispiel von dem armen Mann, der glaubt, er sei ein Krösus, ist dem armen Don Quijote vergleichbar, der sich für einen mächtigen fahrenden Ritter hält. Ein anderes Beispiel des Erasmus, das einen Ehemann darstellt, der schwört, seine ganz gewöhnliche Ehefrau sei die schönste der Welt, erinnert an Don Quijote vor den leichten Mädchen der Schenke, die er für Burgfräulein hält, und an die Bäuerin Dulcinea, deren unübertreffliche Schönheit zu betonen er nicht müde wird.

Die Werke des Erasmus wurden von der Inquisition 1559 und 1583 verboten. Da aber die Inquisition nicht mehr rigoros vorging, war es vereinzelt weiter möglich, diese Werke zu lesen. Cervantes' Lehrer López de Hoyos zitiert Erasmus, nachdem dessen Werke zehn Jahre zuvor auf den Index gesetzt worden waren. Auch der *Don Quijote* war zensiert worden. Gestrichen wurden von der portugiesischen Inquisition vier Stellen des ersten Teils, denen Respektlosigkeit gegenüber kirchlichen Praktiken vorgeworfen wurde. Dazu gehört die Zubereitung des Heilbalsams für Don Quijotes Wunden, bei der achtzig Vaterunser, ebenso viele Ave Maria, Salve Regina und Credo – jeweils begleitet durch Segnungen – gebetet werden. (I, 17) Anstoß erregte die übersteigerte, einer Vergötterung gleichkommende Verherrlichung der Dulcinea und der in der Sierra Morena improvisierte Rosenkranz, mit dem Quijote eine Million Ave Maria betet. (I, 26) Respektlos mußte der übergroße Rosenkranz des Montesinos erscheinen, dessen Kugeln größer als Walnüsse und Straußeneier sind (II, 23), ebenso wie die Geschichte von der schönen und reichen Witwe, die zur Verwunderung des Stiftsoberen einen einfachen Laienbruder zum Geliebten nimmt und nicht unter den Doktoren und Theologen des Stifts wählt. (I, 25)

Angesichts des vergleichbaren Ausgangspunktes stellt sich die Frage, ob Cervantes im *Don Quijote* dieselben Gegenstände tadelt und lobt wie Erasmus in seinen satirischen Schriften. Zauberei und Hexerei, die Erasmus ablehnt, nehmen bei Cervantes viel Raum in Anspruch. Cervantes' scharfe Kritik der Einsiedler (II, 24) steht in keiner Beziehung zu Erasmus' *Monachatus non est pietas.* Während Erasmus die volkstümliche Religiosität als Aberglaube abtat, scheint Cervantes sie zu tolerieren, wenn Sancho die Engel anruft (II, 41) oder wenn heilige Ritter zu Pferd verehrt werden. (II, 16, 48). Daher sieht H. Hatzfeld Cervantes eher jesuitisch geprägt. Dies zeige sich im Lob der Jesuiten im *Coloquio de los perros,* aber nicht weniger in seinem molinistischen Optimismus, für den der freie Wille des einzelnen nie ganz in die Irre gehen kann. (Hatzfeld 1972) Gerade der *Don Quijote* zeigt nach Hatzfeld, daß der mit vorgerücktem Alter religiöser denkende Cervantes die von der Gegenreformation vertretene christliche Askese als einzige Wahrheit betrachtet. Sie hält er nunmehr den Träumen von einem besseren, pastoral oder durch das Rittertum geprägten Zeitalter durch den Ausgang des Romans entgegen. Da nun aber die Humanisten von einem vergangenen Zeitalter träumten, das sie zu neuem Leben erwecken wollten, ist es in diesem Zusammenhang sogar möglich, dem Roman eine gewisse antihumanistische Dimension zuzuschreiben.

Hatte noch Menéndez y Pelayo in seiner Arbeit über die Heterodoxien in Spanien einen latenten Einfluß des Erasmus auf Cervantes konstatiert, ohne aber damit zu behaupten, letzterer sei ein moderner Freidenker, sieht Américo Castro Cervantes' Christentum erasmistisch geprägt, läuft aber dabei Gefahr, rein rationalistische Ansätze allzu sehr dem Erasmismus zuzurechnen. M. Bataillon sieht dagegen ein erasmistisches Element in Cervantes' Respektlosigkeit gegenüber bloß äußerlichen religiösen Gebräuchen und in seiner Skepsis gegenüber Wundern. So rät z.B. die Herzogin dem Sancho hinsichtlich der Schläge, mit denen dieser sich selbst geißeln und Dulcinea von der Verzauberung erlösen soll, er möge bedenken, daß gute Werke kein Verdienst darstellen und wertlos sind, wenn sie schlaff und lau verrichtet werden. Man kann hier eine Anspielung auf die erasmistische Diskussion um eine Verinnerlichung des Christentums sehen. Dies jedenfalls würde erklären, daß der Kardinal Zapata diese Stelle (II, 36) von der Zensur streichen ließ. Der Ritter vom grünen Mantel in seiner Frömmigkeit, Einfachheit und Bescheidenheit stellt demgegenüber ein Ideal Cervantes' dar, das Erasmus teilen würde. Nicht übersehen darf man aber, daß Cervantes in einer Zeit lebte, in der der Unterschied zwischen religiösen Inhalten und bloß äußerlichen religiösen Praktiken allein schon durch die Gegenreformation Allgemeingut geworden war.

2. *Das Barockzeitalter als Hintergrund*

Castro, Américo: El pensamiento de Cervantes, Barcelona 1972 (Neuauflage) [Essays zu Cervantes' kulturellem Hintergrund. Als Schwerpunkt bei Cervantes wird die Frage nach der Zuverlässigkeit der Sinneswahrnehmungen gesehen]

Dirscherl, Klaus: Lügner, Autoren und Zauberer. Zur Fiktionalität der Poetik im *Quijote,* in: Romanische Forschungen 94, 1982, S. 19–49 [Mit Blick auf die Einleitungstexte und Figuren im Roman, die mit auktorialer Funktion ihre Dichtungstheorie vorführen, gelingt es, „engaño" und „artificio" in Mimesis, Zauberei und Vorstellungswelt des Protagonisten zu verknüpfen]

Gitlitz, David: La ruta alegórica del segundo *Quijote,* in: Romanische Forschungen 84, 1972, S. 108–117 [Es handelt sich um eine „ruta del desengaño"]

Ihrie, Maureen: Scepticism in Cervantes, London 1982 [Skeptizistische Philosophie und Literatur in Spanien zur Zeit der Renaissance und nach dem Tridentinum und ihre Wirkungen auf Cervantes]

Köhler, Erich: „Je ne sais quoi". Ein Kapitel der Begriffsgeschichte des Unbegreiflichen, in: Ders.: Esprit und arkadische Freiheit: Aufsätze aus der Welt der Romania, Frankfurt 1966, S. 230–86

Kruse, Margot: „Gelebte Literatur" im *Don Quijote,* in: Th. Wolpers (hg.): Gelebte Literatur in der Literatur, Göttingen 1986, S. 30–71

Neumeister, Sebastian: Don Quijote, die Windmühlen, die Wissenschaften und die Wirklichkeit, in: Respublica Guelpherbytana, Festschrift Paul Raabe, Amsterdam 1987, S. 613–641 [Vergleich von Galilei und Don Quijote; die Grenzen von Realität und Fiktion, von Sein und Schein anhand des Theaterskandals im Roman]

Parker, Alexander A.: Die Auffassung der Wahrheit im *Don Quijote,* in: H. Hatzfeld (hg.): *Don Quijote.* Forschung und Kritik, Darmstadt 1968, S. 16–36 [Die Frage nach der Wahrheit stellt sich hier in erster Linie auf der Ebene der Moral, nicht der Wahrnehmungen]

Predmore, Richard L., Die Funktion der Verzauberung in der Welt des *Quijote,* in: H. Hatzfeld (hg.): *Don Quijote.* Forschung und Kritik, Darmstadt 1968, S. 276–294 [Zauberei zur Vermittlung zwischen Sein und Schein]

Sánchez, Francisco: Quod Nihil Scitur, in: Ders., Tratados filosóficos, Bd. 1, Lissabon 1955

Man hat Cervantes der Renaissance und dem Barockzeitalter zugeordnet. So schrieb ihm Castro noch 1925 einen festen Glauben an die äußere Realität zu und hielt ihn für einen Autor der Renaissance. Dem schlossen sich Aubrey Bell, W. J. Entwistle und Rafael Lapesa an. Demgegenüber steht die heute bevorzugte Deutung, Cervantes sei vom Barockzeitalter geprägt und daher relativistisch. Er lasse die Erkenntnis vom jeweiligen Betrachter abhängen. Diese These vertreten Helmut Hatzfeld, J. B. Avalle-Arce und Joaquín Casalduero, wobei letztere sie in einen anderen religiösen Kontext stellen als H. Hatzfeld. Auch A. Castro hat sich dieser Betrachtungsweise 1972 angeschlossen.

Wie manifestiert sich die Skepsis gegenüber der Erkenntnis, die sich aus den religiösen und gesellschaftlichen Wirren des Barockzeitalters ergeben hat? Skeptizismus ist zunächst einmal die vorsichtige und sorgfältige Prüfung aller Dinge, nicht aber die systematische Ablehnung aller Erkenntnisse. Der Skeptiker ist nicht unbedingt pessimistisch, sondern kann durchaus mit der Wahrscheinlichkeit unterschiedlicher Typen der Erkenntnis heiter und in Frieden mit sich und der Gesellschaft leben. Die Skepsis der Antike war durch Ciceros *Academica,* durch Diogenes Laertius' Biographien früherer Philosophen und durch Sextus Empiricus' Traktat über den Pyrrhonismus, der im 16. Jahrhundert wiederentdeckt wurde, überliefert. Der Einfluß, besonders des letzteren Werkes, ist bei Montaigne und Francisco Sánchez deutlich. Zu beiden führt M. Ihrie (1982) zahlreiche Parallen aus dem *Don Quijote* und aus anderen Werken von Cervantes an. So erscheint ihr Cervantes pyrrhonistisch beeinflußt. Er erkenne die Erscheinungen zwar als mehrdeutig, lehne sie jedoch nicht ab, da er die Wahrheit in Gott und damit im Glauben, nicht aber im Erkennen situiere.

Im *Don Quijote* geht es jedoch zumeist um die Frage nach der gesellschaftlichen Akzeptanz von Vorstellungen. Wie werden sie anderen plausibel gemacht? Wann werden sie bezweifelt, abgelehnt oder ausgelacht? Um zu sehen, wo die Grenzen der Akzeptanz sind, wird ein besonders extremer Fall gewählt. Man begnügt sich damit, das als Wahrheit zu betrachten, was von den anderen als solche anerkannt wird. Es reicht aus, wenn man damit operieren und interagieren kann. Wahrheit ist das intersubjektiv Anerkannte. Nun wird Parodie und Komik dadurch erzielt, daß dieser bekannte und allgemein gepflegte Umgang mit der Wahrheit an einem extremen Beispiel ad absurdum geführt wird. Eine zusätzliche Dimension entsteht dabei dadurch, daß z.B. am Hof der Herzöge oft nur zum Schein anerkannt wird. So veranschaulicht der *Don Quijote* nicht nur ein Problem menschlicher Interaktion. Er ist zudem eine Antwort auf die Nominalismusdebatte, in der es um die Frage nach dem Wesen und der Wirklichkeit allgemeiner Begriffe ging.

Die Relativität von Erkenntnissen und Sinndeutungen wird Sancho von Don Quijote erklärt: „Y así, eso que a ti te parece bacía de barbero me parece a mí el yelmo de Mambrino, y a otro le parecerá otra cosa." (I, 25) Wenn also die Sinne trügen, dann muß man wie Descartes, als er in seinem Zweifel an der Richtigkeit der Erkenntnis der Außenwelt eine unumstößliche Wahrheit suchte, vom Bewußtsein selbst ausgehen. Descartes schloß von der Gewißheit des Zweifels auf die Gewißheit eines Denkenden, der zweifelt. Don Quijote läßt sich in diesem Zusammenhang das Recht zubilligen, von Bewußtseinszuständen auszugehen und die jeweilige persönliche Position zum Maßstab zu machen. So billigt A. Castro (1972) dem Don Quijote ein Recht zu, dem Weg zu folgen, den seine eigene Natur ihm zuweist. Dieser Ansatz macht die romantisch-idealistische Deutung verständlich, nach der Don Quijote in seiner Narrheit weiser ist als jene Menschen, die sich von der dürftigen äußeren Wirklichkeit täuschen lassen.

Als Beispiel für die Darstellung der Unsicherheit menschlicher Erkenntnis wird immer wieder der Helm des Don Quijote genannt. Als der Barbier, dem das Bartbecken entwendet wurde, auf Rückgabe besteht, bestätigt der Barbier aus Don Quijotes Dorf dessen Meinung und schwört mit Berufung auf seinen Meisterbrief, daß der in Frage stehende Gegenstand kein Bartbekken, sondern der Helm des Mambrin sei. Hier steht also ein Experte gegen einen anderen. Da offensichtlich als Wahrheit das gelten soll, was die meisten und kompetentesten Experten dafür halten, ist der bestohlene Barbier über die einhellige Meinung so vieler vornehmer Anwesender verwirrt und hält nunmehr die Angelegenheit für so kompliziert, daß sie eine höhere Instanz, nämlich die gesamte Universität von Salamanca, beschäftigen könnte. (I, 45)

Nun macht Don Quijote aber Zauberer dafür verantwortlich, daß Gegenstände unterschiedlich gedeutet werden können. Die vermeintlichen „Zauberer" jedoch sind nach A. A. Parker (1968) niemand anderes als die Figuren, die in dem Roman auftreten. So ist es Don Quijote selbst, der das

Barbierbecken in den Helm des Mambrin und ein Bauernmädchen in Dulcinea verwandelt. Sansón Carrasco verwandelt sich in den Spiegelritter, Dorotea in die Prinzessin Micomicona. Bestätigt werden die Wirklichkeitsdeutungen Don Quijotes durch die Figuren, mit denen er zusammentrifft. So bestätigen bereits im ersten Teil (I, 45) Cardenio, Don Fernando, Barbier und Pfarrer, daß das Barbierbecken ein Helm ist. Gewichtiger werden die Bestätigungen durch das Herzogspaar, das ihn durch die Behandlung, die es ihm zukommen läßt, darin bekräftigen kann, daß er ein wirklicher fahrender Ritter und nicht ein eingebildeter sei. (II, 31) Wenn Don Quijote beklagt, daß die ganze Welt nur aus Intrigen und Komplotten aller gegen alle besteht (II, 29) und die Zauberer diejenigen sind, die Intrigen schmieden, dann wird verständlich, daß er seinen Herrgott ernsthaft bittet, von allen bösen Hexenmeistern und bösen Zauberern befreit zu werden. (II, 44) Im letzten Kapitel des zweiten Teils wird er dann seine eigene „Verzauberung" der Welt zurücknehmen, die auf bloße Gewinnung irdischen Ruhms abzielte (vgl. I, 50; II, 17), zu dessen Gunsten er in seiner Verblendung Verbrecher befreit und harmlose Reisende angegriffen hatte. So ist es kein Zufall, daß es gerade Kleriker wie der Kanonikus aus Toledo (I, 49) und der Kleriker im Herzogspalast (II, 31) waren, die ihn in seiner subjektiven, irdisch ausgerichteten Weltdeutung nicht bestätigt hatten.

Zauberei ist im *Don Quijote* allgegenwärtig. Wenn Sancho fragt, wie ein Chronist das berichten konnte, was sie gesagt und erlebt hatten, als sie allein waren, schlägt Don Quijote als Erklärung vor, daß der Autor der Geschichte wohl ein weiser Zauberer sei, dem bekanntlich nichts verborgen bliebe. Hier dient der Rekurs auf die Zauberei der Erklärung eines mysteriösen Vorgangs. Mit Bezug auf Don Quijote gibt es zwei Möglichkeiten der Zauberei. Bei der ersten muß Don Quijote die Wirklichkeit bereits umgedeutet haben, bevor die Zauberer eingreifen. So hatte er zunächst die Windmühlen als Riesen gedeutet, um dann nach einem kurzen Kampf ernüchtert festzustellen, daß die Riesen wohl von bösen Zauberern in Windmühlen verwandelt worden sind. Der zweite Typ der Zauberei liegt dann vor, wenn sich Verwandlungen ohne die Einwirkung durch Don Quijote ereignen, bevor dann der Zauber wirksam wird. Beispiele für letzteren Fall sind die Prinzessin Micomicona, die sich in den Augen Don Quijotes durch Einwirkung niederträchtiger Zauberei in Dorotea verwandelt, oder der Ritter vom Walde, der in Sansón Carrasco verwandelt wird. Da also in beiden Fällen die Zaubereien einen ursprünglichen Zustand wiederherstellen, dienen sie Don Quijote dazu, die mit seinen Vorstellungen unvereinbare Tatsache zu erklären, daß ihm einige Personen und Gegenstände als das erscheinen, was sie tatsächlich sind. Anders als im *Amadís,* wo Urganda la Desconocida die der Hauptfigur wohlgesonnene Zauberin und Arcelaus ihr Feind ist, sind im *Quijote* die Zauberer im allgemeinen namenlos und unsichtbar. Sie dienen den Figuren dazu, ihre Illusionen aufrechtzuerhalten, andere hinters Licht zu führen oder bequeme Erklärungen für unerklärbare Phänomene bereitzustellen. So dient der Rückgriff auf die Zauberei nicht zuletzt der spielerischen Entlastung des Individuums angesichts der im Barockzeitalter durch Skepsis und Zweifel belasteten Erkenntnis der Wahrheit in der gesellschaftlichen und metaphysischen Realität.

3. Der religiöse Hintergrund

Avalle-Arce, Juan Bautista: Deslindes Cervantinos, Madrid 1961

Batllori, Miquel: Ignatius von Loyola zwischen Mittelalter und Renaissance, in: Aureum saeculum hispanum, Beiträge zu Texten des Siglo de Oro. Festschrift für Hans Flasche zum 70. Geburtstag, K.-H. Körner und D. Briesemeister (hg.), Wiesbaden 1983, S. 1–15

Briesemeister, Dietrich: Das jesuitische Erziehungssystem in Spanien im 16. Jahrhundert, in: R. Kloepfer u. a. (hg.): Bildung und Ausbildung in der Romania, Vol. 3, München 1979, S. 50–65

Castro, Américo: Cervantes y el *Quijote* a nueva luz, in: Cervantes y los casticismos españoles, Madrid, Barcelona 1966, S. 1–183 [Don Quijote als Kritiker des Altkatholizismus]

Descouzis, Paul M.: Cervantes y el Concilio de Trento, in: Anales cervantinos 9, 1961/1962, S. 113–141 [Spuren der Dekrete des Konzils im *Quijote*]

Descouzis, Paul M.: Don Quijote, catedrático de teología moral, in: Romanische Forschungen 75, 1963, S. 264–272 [Belehrungen an Sancho]

Garrote Pérez, Francisco: Algunas cuestiones cervantinas: Una vía clarificadora de su pensamiento, in: Anales cervantinos 20, 1982, S. 59–92 [Zwischen göttlicher Vorherbestimmung und menschlichem Streben nach Vollkommenheit]

Groult, Pierre: *Don Quijote* místico, in: Estudios dedicados a Menéndez Pidal, V, Madrid 1954, S. 231–251

Hatzfeld, Helmut: Results from *Quijote* Criticism since 1947, in: Anales Cervantinos 2, 1952, S. 131–157 [Forschungsbericht, in dem Hatzfeld seine eigenen Thesen besonders hinsichtlich der jesuitisch-asketischen Dimension bei Cervantes in die neuere Forschung einordnet und bekräftigt]

Maravall, J. A.: El humanismo de las armas en *Don Quijote,* Madrid 1948, S. 154–164

Rueda Contreras, Pedro: Los valores religioso-filosóficos de *El Quijote,* Valladolid 1959 [Cervantes war kein Erasmist und auch kein Neostoizist, sondern ein Anhänger der Gegenreformation]

Tietz, Manfred: Überlegungen zur literarhistorischen Analyse der religiösen Literatur des Siglo de Oro, in: Hans-Josef Niederehe (hg.): Schwerpunkt Siglo de Oro. Akten des Deutschen Hispanistentages, Hamburg 1986, S. 69–91 (Romanistik in Geschichte und Gegenwart, Vol. 20) [Umfassender Überblick]

Unamuno war es, der darauf hingewiesen hatte (1958), daß 1583 eine Biographie von Ignatius Loyola, dem Gründer des Jesuitenordens, erschienen war und daß Loyola und Don Quijote Gemeinsamkeiten haben: Sie haben ein ähnliches Temperament, lesen gern Ritterromane und erleben einige vergleichbare Ereignisse. Andere Deutungen bringen Don Quijote mit der Mystik von Santa Teresa und der Askese von Ignatius von Loyola in Verbindung. In der Tat teilt er mit den Mystikern die Idee, daß er dem Ruf Gottes zu folgen hat „a pesar de todo el mundo". (II, 6) Er will den Stand des Rittertums reformieren. Zur Rückkehr gezwungen (I, 49), bewahrt er dennoch Geduld und sein Vertrauen in Gott. Seine Erfahrungen in der Cueva de Montesinos sind auf eine Ausschließung der Außenwelt zurückzuführen, wie sie in der mystischen „noche oscura" geläufig ist. Mystisch verzückt und noch mit geschlossenen Augen wird er aus der Höhle gezogen und erklärt, als er wieder zu Bewußtsein kommt, man habe ihn aus dem köstlichsten Leben gerissen, das je ein menschliches Wesen erleben könne und angesichts dessen alle Freuden dieses Lebens wie Schatten und Traum vergingen. (II, 22)

Demgegenüber gibt Avalle-Arce (1961) zu bedenken, daß Don Quijote zwar von einem unerschütterlichen Glauben durchdrungen ist, dieser jedoch nicht religiös, sondern literarisch geprägt ist. Sein Glaube, der sich auf die gelesenen Ritterbücher bezieht, ist so fest verankert, daß er ihn nicht durch empirische Sinneseindrücke widerlegen läßt. Nicht nur literarischer Glaube, auch der blinde Glaube an Verifikation einer These in der Empirie ist im Roman Gegenstand der Satire, wie *El curioso impertinente* zeigt. Allerdings ist Avalle-Arce zu entgegnen, daß der religiöse Glaube nicht nur den literarischen nicht ausschließt, sondern sogar Bestandteil der literarischen Werke ist, an denen sich Don Quijote orientiert. Dies zumindest belegt die Lehre vom fahrenden Rittertum im *Don Quijote,* auf die am Ende dieses Abschnitts eingegangen werden soll.

Gegenreformatorisches Denken wird im *Don Quijote* nicht nur deutlich durch den häufigen Gebrauch von Schlüsselbegriffen wie „conciencia", „escrúpulo", „ocasión" und „caso", sondern auch durch die Bücherbeurteilung durch den Barbier und den Pfarrer, die von den Kriterien des Konzils von Trient ausgeht. Daneben wird die Frage der bildlichen Darstellungen in den Kirchen oder der Reliquienverehrung angeschnitten. (I, 41; II, 8)

So beruhen die Überlegungen, die Don Quijote vor Sancho äußert, zum Teil auf theologischem Fundament. So sehr erscheint Don Quijote von der Theologie geprägt, daß Sancho in Bewunderung ausruft, der Teufel möge ihn holen, wenn sein Herr kein Theologe sei oder einem solchen nicht wie ein Ei dem anderen gleiche. (II, 27) Der fahrende Ritter, erklärt Don Quijote, müsse nicht nur ein Theologe sein, um vom christlichen Glauben Rechenschaft geben zu können, wenn es von ihm verlangt wird. Er müsse ebenso die drei theologischen und die vier Kardinaltugenden haben. (II, 18) Diese Tugenden wurden in der Traktatliteratur vom Herrscher verlangt. Daher ist es ganz natürlich, daß Don Quijote dem als Statthalter regierenden Sancho eben diese Tugenden erklärt und zu ihrer Befolgung rät. (II, 42)

Inwieweit läßt sich von den religiösen Vorstellungen des Don Quijote auf diejenigen seines Autors schließen? Da Cervantes in seinem Werk die Wahrheiten von der Perspektive des Betrachters abhängen läßt, ist es nicht leicht festzulegen, welche religiöse Richtung er im *Don Quijote* vertritt. A. Castro

(1925) sieht ihn als Meister der Verstellung, der seine eigenen Gedanken hinter der Ironie geschickt verbirgt. Dennoch kann er in ihm den getreuen Anhänger eines Katholizismus mit heterodoxen Ideen sehen. Letztere führt Castro (1966) darauf zurück, daß Cervantes den „conversos" nahestand, Menschen deren Familien erst seit wenigen Generationen vom Judentum zum Christentum übergetreten waren. Sie mußten Nachteile in Kauf nehmen und waren wie Cervantes selbst Außenseiter in der spanischen Gesellschaft, die so großen Wert auf die Reinheit der christlichen, d.h. nicht jüdischen oder maurischen Abstammung legte. Diese Position erklärt nach Castro die Außenseiterrolle des Don Quijote, der nicht als anerkanntes Mitglied seiner Gesellschaft gesehen werden kann. Gegen diese Form der Identifizierung Don Quijotes mit Cervantes meldet allerdings H.-J. Neuschäfer (1963) Vorbehalte an. Er führt den Schluß und die Rückkehr des Helden zur Vernunft an, um zu belegen, daß Cervantes sich auf die Seite der gesellschaftlichen Realität gegen die zum Außenseitertum führende Idealität seiner Figur stellt.

Jedoch steht die stets bei Cervantes zu beobachtende religiös-katholische Grundhaltung außer Zweifel. Sie wird nur unterbrochen durch zwei Phasen gesteigerter Religiosität zur Zeit seiner Gefangenschaft in Algier und gegen Ende seines Lebens, wie aus dem Prolog zu den *Novelas ejemplares* hervorgeht. Seine Zeit in Algier findet ihren literarischen Niederschlag in den Theaterstücken *El trato de Argel* und *Los baños de Argel,* die Huldigungen an die unerschütterliche Religiosität der Gefangenen sind. Entsprechendes gilt für die Passagen des *Don Quijote,* in denen von der Gefangenschaft der Christen bei den Mauren erzählt wird. Da z.B. in der Episode des gefangenen Kapitäns noch Philipp II. in einer Form erwähnt ist, die vermuten läßt, daß er noch regierte (I, 39), kann man davon ausgehen, daß diese in den *Don Quijote* eingeschobene Novelle bereits vor dessen Tod 1598 geschrieben wurde. Obgleich diese Novelle etwa in der Konversion der Zoraida noch Elemente tiefer Religiosität zeigt, scheinen die Eindrücke doch nicht mehr so vehement zu sein wie in den beiden Theaterstücken.

Der Neoplatonismus in der *Galatea,* der von den *Diálogos de amor* des León Hebreo inspiriert ist, betrachtet die Schönheit der Frau als Spiegel der Schönheit Gottes. Die uneigennützige Liebe, die nicht auf Erwiderung durch die geliebte Person zielt, gilt als erhabenste Form – vergleichbar der Beziehung zu Gott, den man um seiner selbst willen zu lieben hat und nicht aus Furcht vor Strafe oder Hoffnung auf Erlösung. Hinzu kommt, daß sich Don Quijote für jenes Waffenhandwerk entscheidet, das nach den Vorstellungen der Feudalzeit im Dienst Gottes und des Königs bestand. (I, 39)

Abschließend sei auf die religiösen Implikationen der fahrenden Ritterschaft eingegangen. Sie wird als Dienst Gottes – „somos ministros de Dios en la tierra, y brazos por quien se ejecuta en ella su justicia" (I, 13) – betrachtet, selbst wenn es den fahrenden Rittern bei diesem Dienst weniger gut geht als den nicht fahrenden Ordensleuten. Daß Don Quijote den Priestern des Trauerzuges Schaden zugefügt hat, bedauert er umso mehr, als er die Kirche respektiert und ehrt „como católico y fiel cristiano". (I, 29) Auch in seiner Rede über „armas y letras" bemüht er sich festzustellen, daß er bei seiner Bevorzugung der „armas" natürlich nicht auf den Vergleich mit den „letras divinas" abzielte. (I, 37) Den Kampf der Heiligen vergleicht Don Quijote mit dem der Ritter und bemerkt: „Porque estos santos y caballeros profesaron lo que yo profeso, que es el ejercicio de las armas; sino que la diferencia que hay entre mí y ellos es que ellos fueron santos y pelearon a lo divino, y yo soy pecador y peleo a lo humano." (II, 58) Nicht weniger ehrerbietend begegnet der Schildknappe Sancho in seiner Zeit als Statthalter der Insel der Religion und den Geistlichen. (II, 49) Er verbietet Reime über von der Kirche nicht anerkannte Wunder. (II, 51) Derartige Einstellungen, die für den fahrenden Ritter Don Quijote gelten, charakterisieren nicht weniger den in seiner Residenz Verbliebenen. So zeichnet sich der als Verkörperung des „honnête homme" dargestellte Diego de Miranda durch täglichen Besuch des Gottesdienstes, durch Armenfürsorge und Marienverehrung aus. (II, 16)

Waffendienst und Leben als fahrender Ritter dienen, wie die Beschäftigung mit der Literatur, nicht zuletzt der geistigen Vervollkommnung. Dies nennt Maravall „humanismo de las armas". So kann Don Quijote vor dem Domherrn behaupten, daß er infolge seiner Entbehrungen Tugenden erlangt hat, die denen des Asketen vergleichbar sind. (I, 50) Der Weg, auf den ihn seine Abenteuer führen, wird so zum Weg der Tugendhaftigkeit. (II, 6) Eben darauf spielt Sancho an, als er nach der Niederlage Don Quijotes im Zweikampf erläutert, dieser sei zwar durch fremde Hand besiegt, trage aber einen Sieg über sich selbst davon. (II, 72) Die Betonung der Vervollkommnung durch eigene Anstrengung bezieht Cervantes nach Maravall (1948) in stärkerem Maß aus den jesuitischen Lehren seiner Zeit als aus dem erasmistischen Erbe. Bei den Jesuiten war der Dienst mit geistigen Waffen der persönlichen Vervollkommnung gewidmet.

4. *Zwischen aristotelischer Poetik und Zensur*

Cannavaggio, Jean-François: Alonso López Pinciano y la estética literaria de Cervantes en el *Quijote,* in: Anales cervantinos 7, 1958, S. 13–107 [Detaillierter Vergleich]

Castro, Américo: Cervantes y la Inquisición, in: Modern Philology 27, 1930, S. 427–433 [Zensur des *Don Quijote*]

Gacto Fernández, Enrique: Cervantes, censurado, in: Historia 16, 86, 8. Jahr, Madrid Juni 1983, S. 111–118 [Einzelne Stellen, die von der spanischen und portugiesischen Zensur gestrichen wurden]

Kleinert, A.: Vorsicht Literatur! Eine literarische Lektion vom gefährlichen Lesen, in: Germanisch-Romanische Monatsschrift 33 (1983), S. 94–100 [*Don Quijote* als Beispiel für die Gefährlichkeit des von der Realität ablenkenden Lesens]

Márquez, A.: La Inquisición y Cervantes, in: Anthropos. Revista de documentación científica de la cultura 98–99, Juli/August 1989, S. 56–58 [Cervantes' Großvater als Mitglied des Inquisitionstribunals und das Schicksal der Werke des Autors Cervantes]

Moner, Michel: La problemática del libro en el *Quijote,* in: Anthropos, Revista de documentación científica de la cultura 98–99, Juli/August 1989, S. 90–93 [Das Buch als eigentlicher Protagonist des *Quijote*]

Montesinos, José F.: Cervantes als Gegner des Romans, in: H. Hatzfeld (hg.): *Don Quijote.* Forschung und Kritik, Darmstadt 1968, S. 240–263

Riley, Edward C.: Teoría de la novela en Cervantes, Madrid 1971 [Cervantes' neuaristotelische Lehre der Prosafiktion mit neoplatonischen und anderen Elementen]

Strosetzki, Christoph: Grammatiker und Zensor im spanischen Siglo de Oro, in: Akten des Deutschen Hispanistentages Wolfenbüttel, 28. 2.–1. 3. 1985. Schwerpunkt Siglo de Oro, Hans-Josef Niederehe (hg.): Hamburg 1986 (Romanistik in Geschichte und Gegenwart, Vol. 20), S. 177–194

Weinberg, Bernard: A History of Literary Criticism in the Italian Renaissance, Chicago 1961 [Vgl. zur italienischen Aristotelesinterpretation]

Weinrich, Harald: Die Leser des *Don Quijote,* in: Zeitschrift für Literaturwissenschaft und Linguistik 57–58 (1985), S. 52–66 [*Don Quijote* als Beispiel für die Gefährlichkeit des von der Realität ablenkenden, intensiven Lesens]

Cervantes äußert seine Ansichten über die Literatur in seinem Werk entweder, indem er z.B. im Prolog selbst spricht oder, indem er sie Erzählern und Romanfiguren in den Mund legt. Insofern Don Quijote die Theorie des Ritterromans einem praktischen Experiment unterwirft, wird literarische Theorie in einem Kunstwerk erprobt. Ausgangspunkte von Cervantes' literarischer Kritik sind die *Ars poetica* von Horaz, die platonischen Lehren und die *Poetik* von Aristoteles, wie sie durch ihre italienischen Interpreten formuliert wird. Unter den spanischen Interpreten kannte er López Pinciano, Luis Alfonso de Carvallo und Miguel Sánchez de Lima. Gemäß Horaz hält Cervantes denjenigen für einen Dichter, der seine natürliche Disposition zu dieser Tätigkeit durch das Erlernen der Regeln der Kunst vervollständigte. Entsprechendes gilt für den Leser. So läßt sich beobachten, wie im *Don Quijote* Leser, die unterschiedliche Kenntnisse der Kunst als Verstehensvoraussetzungen mitbringen, zu ganz unterschiedlichen Urteilen gelangen: Während die Ritterbücher dem Schankwirt gefallen, dienen sie dem Domherrn von Toledo bestenfalls, um sein Urteilsvermögen ein wenig auszuruhen. (I, 49) Die schlechten Komödien können der großen Menge, nicht aber dem Pfarrer gefallen. (I, 1 48)

Nach 1550 setzte im Geist der Gegenreformation die Reaktion gegen den platonischen Idealismus ein, die mit Aristoteles die Wahrheit des einzelnen Gegenstandes der Geschichtsschreibung und die allgemeine Wahrheit der Dichtung zuschrieb. Eben dieser Gegensatz ist zumindest im ersten Teil in den Protagonisten des Romans angelegt: Während Don Quijote im Namen einer allgemeinen und für ihn wahrscheinlichen Wahrheit spricht und handelt, geht Sancho vom konkret wahrnehmbaren Einzelobjekt aus.

Sicherlich ist der Realismus des Cervantes ein Resultat der Beschäftigung mit den Theoretikern, die die Poetik des Aristoteles interpretiert haben, wo das Einzelne als Gegenstand der Geschichte dem Universellen als Gegenstand der Dichtung gegenübergestellt ist. Dabei ist Cervantes in der Interpretation des Wahrscheinlichen so großzügig, daß er mit dem aristotelischen Element des wohldosierten „Wunderbaren“ die Astrologie und die Zauberei zuläßt. So kann selbst der *Don Quijote* als wahrscheinliche Geschichte gelten und hat nichts gemeinsam mit den im 47. Kapitel des ersten Buches vom Domherrn abgelehnten unwahrscheinlichen Ritterbüchern. Die Ritterromane wurden nicht zuletzt deshalb verdammt, weil sie ganz besonders gegen die Wahrscheinlichkeit verstießen, die immer mehr im Zentrum der aristotelisch geprägten Ästhetik stand.

Nicht vergessen werden darf, daß das neoaristotelische Verständnis von Wahrscheinlichkeit, das Cervantes berücksichtigte, sehr großzügig ist. So erscheint dem heutigen Betrachter das unverhoffte Eintreffen von Personen, deren Geschichte gerade erzählt wurde, oder die Häufung so zahlreicher und glücklich zusammenpassender Umstände in so kurzer Zeit zwar nicht ganz unmöglich, aber auch nicht gerade wahrscheinlich.

Als Alonso López Pincianos *Philosophía Antigua Poética* im Jahr 1596 erschien, befand sich Cervantes in einer entscheidenden Phase seines literarischen Schaffens. Pinciano bot ihm eine Synthese der Ästhetik der italienischen Renaissance und der des Aristoteles. Obgleich Cervantes mit dem *Don Quijote* keinen poetologischen Traktat schreiben wollte, kann man dennoch im Roman die wichtigsten Lehren des Pinciano wiederfinden. So erscheint die Poetik als besonders wichtige Wissenschaft, in der die natürliche Begabung und die Beherrschung der Regeln der Kunst zusammenkommen müssen. Maßgeblich sind die aristotelischen Lehren der imitatio und der Wahrscheinlichkeit, nicht aber die Vorstellung, daß fiktionale Werke in Versen verfaßt sein müssen. Seit Homer und Vergil hatte nämlich die Regel gegolten, daß jedes epische Werk in Versen abgefaßt sein soll. Daran hatten sich ebenso die Autoren der Heldenlieder wie auch Chrétien de Troyes, Ariost oder Tasso gehalten. Prosa war üblich für kurze Erzählungen auf der einen Seite und Ritterromane, wie den *Amadís,* und Schäferromane, wie die *Diana,* auf der anderen. So ist es eine Neuerung, wenn im *Don Quijote* vertreten wird, daß sich die epische Dichtung ebensogut in Prosa wie in Vers schreiben läßt. (I, 47)

Der Kanonikus stellt als Aristoteliker die Ritterromane als Produkte der Einbildung hin, während Don Quijote ihre Wahrheit beteuert. (I, 49–50) Vor allem ihre Unwahrscheinlichkeit greift der Kanonikus an. (I, 47)

In der ersten Hälfte des 18. Jahrhunderts wurde der *Don Quijote* insbesondere wegen seiner Satire und Ironie geschätzt. Cervantes wurde verglichen mit Rabelais und Lukian, während Don Quijote als burleske Karikatur eines Helden gesehen wurde. Cervantes' erklärtes Ziel war es ja in der Tat, die Ritterromane ad absurdum zu führen. Diese aber waren zu seiner Zeit die beliebtesten Romane überhaupt. So ist es nicht verwunderlich, daß man seine Parodie der Ritterromane als Parodie des Romans schlechthin, seinen Roman als Antiroman und ihn als Gegner dieser Gattung ansehen konnte. Die offizielle Poetik suchte vergeblich in der Antike nach Vorgängern der Gattung, die weder bei Aristoteles noch bei Horaz Erwähnung fand. Nicht einmal der Franzose Boileau, der mit seiner Autorität für den spanischen Neoklassizismus des 18. Jahrhunderts maßgebend wurde, maß der Gattung einen besonderen Wert bei. Im Don Quijote erscheinen dem Domherrn die Ritterromane zwar als vergnügliche Lektüre, jedoch zugleich als verwerfliche Lüge und leichtfertige Torheit. (I, 49) Nur weil die Ritterbücher nicht den Regeln der epischen Dichtung folgen, die sich ebensogut in Prosa wie in Versen schreiben ließe, verpassen sie die Möglichkeit, so berühmt zu werden wie die Werke der griechischen und römischen Klassik. (I, 47, 48) Derartige Vorurteile erscheinen Montesinos noch im Spanien des 18. Jahrhunderts für eine Unterbewertung des Romans verantwortlich, die Grund für das geringe Romanschaffen im 18. Jahrhundert war. Ob der *Don Quijote* für die Verordnung des Rates von Kastilien vom 27. Mai 1799 verantwortlich zu machen ist, daß der Druck von Romanen verboten wurde? Es heißt dort über die Romane: „Weit davon entfernt, zur Erziehung und Belehrung der Nation beizutragen, dienen sie lediglich dazu, sie oberflächlich werden zu lassen und den Geschmack der Jugend zu verderben, sie für Liebesabenteuer und Kavalierstücke zu begeistern, ohne daß die Sitten davon profitierten, und infolgedessen darf man weder Drucklegung noch Veröffentlichung solcher unnützer Werke erlauben.“ (zit. nach Montesinos 1968, S. 258) Ob Cervantes im *Don Quijote* das Kind mit dem Bade ausgeschüttet hat?

VI. Zur literarischen Rezeptionsgeschichte

Wie Cervantes in der gegenwärtigen Literaturwissenschaft rezipiert wird, sollte in den vorausgegangenen Kapiteln vorgeführt werden. Wenn im folgenden auf die Geschichte der Rezeption des *Don Quijote* eingegangen wird, dann geht es nicht um die Geschichte seiner Interpretationen in der Literaturwissenschaft, deren Interessenschwerpunkte ohnehin den allgemeinen geistesgeschichtlichen Entwicklungen folgen. Vielmehr sei im folgenden auf einzelne Beispiele eingegangen, die zeigen, in welcher Weise *Don Quijote* in der Literatur Gegenstand der Orientierung oder Auseinandersetzung war.

A. Don Quijote in Spanien

Aguilar Piñal, Francisco: Cervantes en el siglo XVIII, in: Anales cervantinos 21, 1983, S. 153–163 [Zur Biographie von Mayans und Cervantes große Wirkung im Spanien des 18. Jahrhunderts]

Blasco, Javier: El *Quijote* de 1905 (apuntes sobre el quijotismo finisecular), in: Anthropos. Revista de documentación científica de la cultura 98–99, Juli/August 1989, S. 120–124 [Azorín, Unamuno, Maeztu, Juan Ramón, Valle-Inclán, Baroja]

Castilla del Pino, Carlos: Don Quijote: la lógica del personaje, in: Revista de Occidente 3, 1980, S. 23–36 [Essay im Anschluß an: Torrente Ballester, El Quijote como juego, Madrid 1975: Quijano tut nur, als ob er Don Quijote wäre. Er spielt die Rolle aus Zeitvertreib]

Cifo González, Manuel: El tema de Cervantes en Ortega y Gasset, in: Cuadernos hispano-americanos 403–5, 1984, S. 308–316 [Vergleich mit A. Castro, Salvador de Madariaga, Ramiro de Maeztu und Azorín]

Descouzis, Paul Marcel: Cervantes y la generación del 98; la cuarta salida de *Don Quijote,* Madrid 1970 [der „Quijotismo“ der 98er Generation]

Flores, Robert M.: Sancho Panza Through Three Hundred Seventy-five Years of Continuations, Imitations, and Criticism, 1605–1980, Newark, Delaware 1982 [Deutung der Figur vom 17. bis zum 20. Jahrhundert]

Giménez Caballero, Ernesto: *Don Quijote* ante el mundo (y ante mí), Puerto Rico 1979 [Sehr geraffter und umfassender Überblick über die Rezeption insbesondere in den Staaten Europas und Amerikas]

Hölz, Karl: Tradition und Interpretation. Zu Unamunos literarischer Don-Quijoterie, in: Iberoromania 10, 1979, S. 85–111

Laitenberger, Hugo, El *Quijote* y el 98 (el ejemplo de Azorín), in: Berchem, Theodor, und Hugo Laitenberger (hg.): Actas del coloquio cervantino, Würzburg 1983, Münster 1987, S. 75–85

Madariaga, Salvador de: Guía del lector el *Quijote.* Ensayo psicológico sobre el *Quijote,* Madrid 1976 [Essay; psychologische Analyse der Figuren]

Meier, Harri: Zur Entwicklung der europäischen *Quijote*-Deutung, in: Romanische Forschungen 54, 1940, S. 227–264 [Breit angelegter Überblick über die Rezeption in Frankreich, England und Deutschland]

Ortega y Gasset, José: Meditaciones del *Quijote*, Julián Marías (hg.), Madrid 1984

Rodríguez Fischer, Ana (hg.): Miguel de Cervantes y los escritores del 27, Suplementos Anthropos (Revista de documentación científica de la cultura) 16, Barcelona Juli-August 1989 [Ausgewählte Texte von Vicente Aleixandre, Dámaso Alonso, Manuel Altolaguirre, Max Aub, Francisco Ayala, José Bergamín, Luis Cernuda, Rosa Chacel, Gerardo Diego, Jorge Guillén, Pedro Salinas, Segundo Serrano Poncela und María Zambrano]

Rodríguez Puértolas, Julio: Cervantes, *Don Quijote* y la novela moderna, in: Anthropos (Revista de documentación científica de la cultura) 100, 1989, S. 49–53

Romero Tobar, Leonardo: El Cervantes del XIX, in: Anthropos. Revista de documentación científica de la cultura 98–99, Juli/August 1989, S. 116–119

San Miguel, Angel: Ortega y Gasset cervantista. Pre-historia de las Meditaciones del *Quijote*, in: Berchem, Theodor, und Hugo Laitenberger (hg.): Actas del coloquio cervantino, Würzburg 1983, Münster 1987, S. 109–117

Sánchez, Alberto: Cervantes y Quevedo, dos genios divergentes del humor hispánico, in: El Ingenioso Hidalgo 57, Madrid, Frühling 1981, S. 5–38 [Zu Quevedos burlesker Romanze *Testamento de Don Quijote* (1616)]

Suarez, Ana: Cervantes ante modernistas y noventayochistas, in: M. Criado de Val (hg.): Cervantes, su obra y su mundo, Actas del I. congreso internacional sobre Cervantes, Madrid 1981, S. 1047–1058 [Aktualisierende Deutung des *Don Quijote*]

Unamuno, Miguel de: Quijotismo y cervantismo, in: Ders., Obras completas, VII, Madrid, Escelicer 1967, S. 1189–1253 [Essays]

Unamuno, Miguel de: Vida de Don Quijote y Sancho, según Miguel de Cervantes Saavedra, explicada y comentada, Madrid 1958 [Kommentierende Umdeutung im Sinne des Unamuno: Quijote spielt nur seine Torheit, Dulcinea ist Symbol für Ruhm und Unsterblichkeit]

Zweimal ist Don Quijote Opfer der Lektüre, die ihn um den Verstand bringt. Beim ersten Mal ist er selbst der Leser von Ritterromanen. Beim zweiten Mal sind es die Leser des ersten Teils seiner Abenteuer, die ihn immer wieder in der Fortsetzung seiner Torheit bestätigen. Ein Paradox besteht nun darin, daß ein Buch, das sich gegen den verhängnisvollen literarischen Einfluß wendet, so viel Einfluß ausgeübt hat. Cervantes ist nicht der erste, der literarische Traditionen parodiert. Vorausgegangen ist ihm z.B. Rabelais, der sich für seine Satire der Pedantereien der Scholastik und der arturianischen Suche nach dem Gral der volkstümlichen Erzählung bedient hat. Die antike Mythologie war Zielscheibe der scherzhaften Kommentare von Lukian.

Die Wirkungsgeschichte des *Don Quijote* beginnt mit Sanchos Ausführungen im zweiten Teil über die Meinung, die man sich über den fahrenden Ritter und seine Taten gebildet hat. (II, 2) Er berichtet, daß man Don Quijote und ihn selbst nicht weniger für große Narren hält, daß die Ritter Quijote für anmaßend halten, weil er sich ein „Don“ verliehen hat. Er fügt hinzu, daß die einen in ihm einen ergötzlichen Narren sehen, die anderen dagegen einen tapferen Mann, der vom Pech verfolgt ist. Damit hat Cervantes bereits selbst die beiden wichtigsten Ansätze der Rezeptionsgeschichte seines Helden und seines Buches vorweggenommen, den komischen und den heroisierenden.

Sogar die Wirkungsgeschichte des Romans wird im Roman dargestellt. So heißt es im zweiten Teil zur direkten Wirkung des ersten (II, 3): „los niños la manosean, los mozos la leen, los hombres la entienden y los viejos la celebran; y, finalmente, es tán trillada y tan leída y tan sabida de todo género de gentes.“ Konkret werden die Angaben zur Zahl und Höhe der Auflagen. Im dritten Kapitel des 1615 erschienenen zweiten Teils sagt Sansón zu Don Quijote: „tengo para mí que el día de hoy están impresos más de doce mil libros de la tal historia; si no, dígalo Portugal, Barcelona y Valencia, donde se han impreso; y aun hay fama que se está imprimiendo en Amberes.“ Es waren, wie man heute weiß, neun spanische Ausgaben des ersten Teils vor Erscheinen des zweiten – 1605 je zwei in Madrid, Lissabon und Valencia, 1607 und 1611 in Brüssel, in Mailand 1610; eine Ausgabe, die beide Teile enthält, erscheint 1617 in Barcelona und in Antwerpen erst 1673.

Zwischen 1617 und 1637 gab es keine spanische Neuauflage des *Don Quijote*. Von 1637 bis 1674 waren es zehn, und bis 1704 ist nur eine einzige bekannt. Im Ausland beginnt sehr bald die Verbreitung des Textes durch Übersetzungen. In Frankreich übersetzte Nicholas Baudouin im Jahre 1608 die eingeschobene Novelle *El curioso impertinente*. Die französische Übersetzung des gesamten ersten Teils von Oudin kam 1614 heraus, die des zweiten von Rosset 1618. Die englische Übersetzung des ersten Teils erschien 1612, die des zweiten Teils 1620. Übersetzer war der Ire Thomas Shelton. Ins Italienische wurden beide Bände 1622 und 1625 übersetzt. Die erste deutsche Übersetzung erfolgt 1648. Die erste spanische Biographie von Cervantes dagegen erschien erst im 18. Jahrhundert. Gregorio Mayans hatte sie 1737 herausgebracht. Im Jahr 1958 gab es Übersetzungen des gesamten Textes bzw. einzelner Teile in 68 Sprachen.

Lange Zeit hielten sich in der Cervantesrezeption zwei Mythen: Der eine, von Unamuno geprägte, sah in Don Quijote das Urbild des Idealisten und Heiligen, eines Prototyps des Spaniers, der für seine Träume lebte und auf Effizienz und äußeren Erfolg keinen Wert legte. Der andere, den Castro aufgebracht hat, erkennt im Autor des Romans den nonkonformistischen Erasmisten und den Gegner der Gegenreformation, der dem Verfall der spanischen Größe realitätsbewußt als Kritiker gegenübersteht.

1588 war die spanische Armada vernichtend geschlagen worden, und 1898 hatte Spanien die letzten Kolonien verloren. Die Situation war vergleichbar: Man blickte unzufrieden auf die Diskrepanz zwischen einer großen Vergangenheit und einer gegenwärtigen Misere. So erstaunt es nicht, daß sich die Autoren der Generation, die durch das Ereignis von 1898 geprägt wurden, an dem *Quijote* orientierten, der noch unter dem Eindruck von 1588 entstanden war. Während jedoch Cervantes mit Rücksicht auf die Zensur seine Kritik verschlüsselt, entlarven die Autoren der 98er Generation Spanien scharf und offen. Dabei beziehen sie die spanische Identität aus der spanischen Mystik und aus dem *Quijote*. Für Unamuno wurde Don Quijote als idealer Held und kreativer Geist der Prototyp des Spaniers. Dessen Verrücktheit erklärt er 1902 in *Amor y pedagogía* und 1905 in *Vida de Don Quijote y Sancho* für erstrebenswert. Demgegenüber ist die Haltung anderer Vertreter der 98er-Generation weniger zustimmend. So erscheint 1903 Maeztu in *Alma española* das Werk als dekadent und pessimistisch. Valle-Inclán fragt nach dem Wert des ihm antiidealistisch erscheinenden *Quijote* als Kraft der Regeneration. Ganivet greift mit dem Beispiel der Episode der Galeerensklaven die spanische Justiz an. Für Azorín sind es drei Charakterzüge, die den quijotesken Archetyp ausmachen: kastillische Würde, Bejahung des Lebens und der Wunsch nach Erkenntnis und Verstehen.

So schrieb Azorín den Bericht einer Reise durch die Mancha zu den Schauplätzen des Romans *La ruta de Don Quijote*. Dorthin hatte er sich begeben, als er sich in Mandir nicht mehr wohl fühlte und in der Provinz die Suche nach eigener und fremder Vergangenheit aufnehmen wollte. Einheimische sind es, die ihn zu den legendären Orten des Romans führen.

Die theoretisch am weitesten reichende Deutung aber ist jene von Unamuno. Dieser hatte 1895 in seinen Aufsätzen *En torno al casticismo* die Stagnation des geistigen Lebens in Spanien konstatiert und die bestehende geistige Armut auf eine Willensschwäche, „abulía,“ zurückgeführt. Die Erneuerung Spaniens sollte durch die Stärkung des Willens erfolgen. Es entstand ein Streit zwischen Traditionalisten, die, wie Menéndez y Pelayo, die bedingungslose Orientierung an der eigenen Tradition suchten, und den Krausisten, den Anhängern des deutschen Philosophen Krause, die wie Joaquín Costa eine Europäisierung Spaniens erstrebten. Dieser Auseinandersetzung gegenüber nimmt Unamuno eine differenzierte Haltung ein. Seinen kosmopolitischen Ansprüchen steht das Konzept der „intrahistoria“ gegenüber, die sich auf dauerhafte Werte und Vorstellungen bezieht, die hinter den äußerlich sichtbaren Erscheinungen der Geschichte liegen und von dort aus von der Vergangenheit auf die Gegenwart wirken. Zuzuordnen ist ihr auch der *Don Quijote*, der Unamuno nicht weniger als ein „evangelio de regeneración nacional“ bedeutet. So zeichnet er in seiner eigenwilligen Deutung *Vida de Don Quijote y Sancho* einen von seiner Sendungsidee und seinem Ruhmstreben erfüllten Helden, dessen Willensanstrengung und Selbstbewußtsein („Yo sé quién soy“) den Spaniern als Vorbild dienen soll.

Unamuno kommt es nicht darauf an, in seinen Interpretationen den Intentionen des Cervantes gerecht zu werden. Dies hätten die gelehrten Cervantesinterpreten schon zur Genüge versucht, ohne dabei daran zu denken, daß Cervantes nur der zufällige Schreiber eines Textes gewesen sei, den ihm die spanische Volksseele diktiert habe und dessen Dimensionen er kaum erfassen konnte. So sei der Don Quijote dem Cervantes weit überlegen. Der Quijotismo wird zum Paradigma des kämpfenden Ich, das sich willensstark gegenüber widrigen Umständen behauptet. Durch immer wieder neue Leser des Werkes trägt der Quijotismo zum unsterblichen Ruhm und zur ständigen Wiederbelebung und Neuschöpfung des Don Quijote bei.

Als persönliche Neuschöpfung kann Unamuno seine eigenen Umdeutungen legitimieren, die mit dem Stoff nicht anders verfahren als das Mittelalter mit den zum Allgemeingut gewordenen Helden der griechischen oder römischen Antike. Die Freiheit der immer wieder neu gedeuteten Geschöpfe gegenüber dem ursprünglichen Autor Cervantes vergleicht er im Vorwort zu seiner Quijote-Interpretation mit der seiner eigenen Figuren, die er im Roman *Niebla* thematisiert hat: „Y cómo Don Quijote y Sancho son – no es sólo que lo fueron – tan independientes de la ficción poética de Cervantes como lo es de la mía aquel Augusto Pérez de mi novela *Niebla*, al que creí haber dado vida para darle después muerte, contra lo que él, y con razón, protestaba." (Unamuno 1985, S. 10)

In den Jahren 1898 und 1899 finden sich in den Schriften von Unamuno widersprüchliche Ansätze zu einer Deutung des *Don Quijote* im Zusammenhang mit dem Verlust der letzten spanischen Kolonien im Jahr 1898. Er erscheint ihm als Spiegelbild der spanischen Geschichte. Don Quijote repräsentiere nämlich das durch ein falsches Ritterideal geprägte Spanien, das die Eroberung fremder Reiche suche, während er als Alonso Quijano zugleich das Volk darstelle, das außerhalb dieser Eroberungsgeschichte gelebt habe. Wenn Unamuno vor diesem Hintergrund Don Quijote verwünscht, dann richtet er sich im Interesse seiner im Volk angesiedelten „intrahistoria" gegen die politisch-militärische Geschichte. Eine weitere Deutung des Werkes vor dem politischen Zeitgeschehen leitet die Verrücktheit des Helden nicht aus der Lektüre der Ritterbücher ab, sondern aus übertriebenem Hochmut und übermäßiger Eitelkeit. Diese Fehler und der Mangel an Reflexion haben Don Quijote ebenso scheitern lassen wie die Spanier mit ihren politischen Hegemonieansprüchen in Kuba.

In späteren Schriften nimmt er die Idee wieder auf, daß Don Quijotes Torheit eigentlich in dem Streben nach Unsterblichkeit besteht, wertet sie aber positiv. Denn Dulcinea sei es gewesen, die Don Quijote den Wunsch nach unsterblichem Ruhm verliehen habe, dem Don Quijote verdanke Cervantes seinen ewigen Ruhm, und Cervantes wiederum verdanke Unamuno den ebenso großen Ruhm für seinen Kommentar. Die Betonung der Willenskraft des Don Quijote läßt dessen Idealismus nicht als theoretisch, sondern als praktisch und realitätsbezogen erscheinen Das Motiv des Lebens als ein Traum kann vor diesem Hintergrund seine Auflösung dadurch finden, daß Träumen als Projektionen des Willens ein höherer Wert zugeschrieben wird als der Realität. Das tragische Lebensgefühl schließlich, das sich bei Unamuno aus dem Leiden an der Widersprüchlichkeit von Vernunft und Glauben ergibt, habe in Don Quijotes vergeblichem Versuch, das Rationale zu irrationalisieren und das Irrationale zu rationalisieren, einen Archetyp erhalten.

Der Philosoph Ortega y Gasset schrieb sein erstes Buch im Jahr 1914. Es trug den Titel *Meditaciones del Quijote*. Als Ortega im Jahr 1932 die Quintessenz seines Werkes mit dem Lehrsatz „Yo soy yo y mi circunstancia" resümierte, konnte er rückblickend behaupten, daß er ihn bereits in seinem Erstlingswerk vertreten hatte. Er verdanke sie weniger den Konzepten des „In-der-Welt-Seins", „In-Seins" oder des „Mit-Seins" der Philosophie von M. Heidegger als der Betrachtung des *Don Quijote*. In der Tat ist ein wesentliches Thema des Romans die Konstitution der Identität des Helden durch die „Umstände", seien es gelesene Bücher, Gegenstände oder abenteuerliche Begegnungen mit Personen.

Der Umstand, der für Cervantes zum Anlaß für den *Don Quijote* wurde, war die verbreitete Begeisterung für den Ritterroman. Durch die Umstände bedingt sieht Ortega sein Werk, mit dem er, wie vor ihm Unamuno, auf die Situation Spaniens reagiert. Spanien war für ihn der paradigmatische „Umstand" für die Konstitution des Individuums. Don Quijote war geeignet, für Ortega y Gasset bildlich einen Sachverhalt besonders deutlich zu veranschaulichen. Ortega führt als vergleichbares Beispiel den Satz an, daß man den Wald vor lauter Bäumen nicht sieht. So sucht er selbst hinter der äußerlich sichtbaren Realität der Bäume eine unsichtbare Wirklichkeit, die des Waldes. Die unsichtbare Wirklichkeit muß durch aktive Transformation des bloß Sichtbaren gefunden werden: „La invisibilidad, el hallarse oculto no es un carácter meramente negativo, sino una cualidad positiva que, al verterse sobre una cosa, la transforma, hace de ella una cosa nueva," erklärt Ortega (1984, S. 103) und scheint damit einen Mechanismus der Wirklichkeitsdeutung des Don Quijote zu beschreiben. So haben die Windmühlen im *Don Quijote* für Ortega zwei Aspekte: Einerseits sind sie Materialität, andererseits haben sie einen ihnen zugeschriebenen Sinn, „su significación, lo que son cuando se las interpreta". (1984, S. 217) In der Sicht Don Quijotes erlangen sie die Bedeutung von Riesen. So sehr es dem erstrebten Abenteuer an Realität mangelt, so sehr erscheint der Wille, Abenteuer zu erleben, real. Ausgehend vom *Don Quijote* gelingt es also Ortega, zur Problematik der Beziehung vom Subjekt zum Objekt und vom Subjekt zum Subjekt in seiner Philosophie zu finden, die er seinerseits in die Formel „Yo soy yo y mi circunstancia" faßt. Ortegas Interpretation zeigt, daß der Roman nicht nur jenseits der Satire der Ritterbücher auf einer allgemeinmenschlichen Ebene anzusiedeln ist, sondern zugleich auch zentrale Probleme der abendländischen Philosophie aufwirft.

Ungeachtet dieser Tatsache aber wurde der *Don Quijote* immer wieder herangezogen, wenn es darum ging, einen Referenzpunkt für die spanische Identität anzugeben oder ein engagiertes Handeln im Interesse Spaniens zu fordern. Neuere Beispiele für letzteres sind die Lyriker G. Celaya und Blas de Otero. Die Identifikation von Don Quijote mit dem typischen Spanier jedoch erfolgte nicht nur in Spanien, sondern, wie das folgende Kapitel zeigt, auch im Ausland.

B. Don Quijote in Frankreich und England

Allison Peers, E.: Cervantes en Inglaterra, in: Homenaje a Cervantes, F. Sánchez-Castañer (hg.), Bd. 2, Valencia 1950, S. 269–286 [Allgemeiner Überblick]

Bardon, Maurice: *Don Quichotte* en France au XVIIe et au XVIIIe siècle, 1605–1815, Genf 1974 [Reprint der Ausgabe von Paris 1931]

Gnutzmann, Rita: *Don Quixote in England* de Henry Fielding con relación al *Don Quijote* de Cervantes, in: Anales cervantinos 22, 1984, S. 77–101 [Genauer Vergleich des Originals mit Fieldings Theaterstück]

Kruse, Margot: Das Selbstporträt von Paul Scarron in der Nachfolge des Selbstporträts von Cervantes, in: Romanistisches Jahrbuch 27, 1976, S. 100–117

López Fanego, Otilia: Carlos Sorel, un admirador de Cervantes, in: Anales cervantinos 25/6, 1987/88, S. 221–238 [Zu: *Francion*]

Parker, Alexander: Fielding and the Structure of *Don Quijote*, in: Bulletin of Hispanic Studies 33, 1956, S. 1–16 [Fieldings Stilwandlung von *Joseph Andrews* zum *Tom Jones* und falsche Beurteilung von Cervantes]

Stackelberg, Jürgen von: Sancho Pansa als ‚paysan parvenu': zu einer französischen Fortsetzung des *Don Quijote*, in: Iberoromania 18 (1983), S. 150–162

Weich, Horst: Narración polifónica: el *Quijote* y sus seguidores franceses (siglos XVII y XVIII), in: Anthropos. Revista de documentación científica de la cultura 98–99, Juli/August 1989, S. 107–112 [Sorel, Du Verdier, Marivaux und Diderot]

Père Rapin war es, der 1675 im *Don Quijote* eine Satire ganz Spaniens sah, da der gesamte spanische Adel mit den Hirngespinsten des Rittertums lebe. So falsch diese Deutung ist, da die Mode der Ritterromane zur Zeit der Veröffentlichung des Romans bereits vorbei war, wurde sie dennoch immer wieder aufgegriffen. Einen Ansatzpunkt fand sie bereits zur Zeit der Publikation des Romans.

In Frankreich war die Bedrohung durch Spanien mit dem Vertrag von Vervins (1598) aufgehoben. Nicht zuletzt der Achtung, die man dem Spanier gegenüber hatte, ist es zuzuschreiben, daß man ihn zum Gegenstand des Spottes machte. Den „segnor espagnol" stellte man sich zu dieser Zeit gern als Hidalgo vor, dessen hochgewachsene, magere und eingebildete Gestalt im Kontrast mit grobschlächtigem, unfeinem und feigem Verhalten sowie einer lächerlichen Kleidung und Sprache stand. Das Interesse für Spanien erhielt einen Anstoß durch die Heirat von Ludwig XIII. und Anna von Österreich (1615), ebenso wie durch die Heirat des Spaniers Philipp IV. mit der Bourbonin Elisabeth. Daß man sich für die Sprache der Königin interessierte, belegt das Erscheinen von französischen Lehrbüchern des Spanischen. Dennoch übertreibt Cervantes, wenn er in *Persiles y Sigismunda* (1617, III, 13) behauptet, alle Franzosen seien bemüht, die spanische Sprache zu lernen.

Französische Übersetzungen des Werkes von Cervantes gab es jedoch schon früh. Neben dem *Don Quijote (El curioso impertinente* 1608; 1. Teil 1614, 2. Teil 1618) wurden die exemplarischen Novellen (1615) und *Persiles y Sigismunda* (1618) übersetzt. Der *Don Quijote* wurde zum Referenzpunkt in literarisch gebildeten Kreisen. Als frühe, allerdings nur auf wenige Passagen beschränkte Anknüpfung kann man Agrippa d'Aubignés *Les aventures du Baron de Foeneste* (1617 und 1630) sehen, in dem ein Baron vorgestellt wird, der durch Frankreich reist, wie Don Quijote das Rittertum zu neuem Leben erwecken will und dabei Abenteuer erlebt. Die preziösen Autoren Voiture und Sarrazin beziehen sich auf das Werk ebenso wie die burlesken Schriftsteller Saint-Amant und Scarron.

Am bedeutendsten ist jedoch die Wirkung auf Charles Sorel, in dessen *Berger extravagant* (1627–1628) man eine Imitation des *Don Quijote* sehen kann. Wie Cervantes macht Sorel die durch Lektüre bedingte Verstiegenheit in Denken und Handeln zum Gegenstand der Satire. Anders als bei Cervantes sind nicht die Ritterbücher die Wurzel des Übels, sondern die Schäferromane. Zur großen Mode waren sie geworden mit Honoré d'Urfés *Astrée* (1. Teil 1607, letzter 1627), dessen Sprache zum Vorbild wurde und dessen Figuren in den preziösen Salons Gegenstand von Rätselspielen waren. Aber auch pastorale Komödien und Tragikomödien waren in dieser Zeit sehr beliebt.

Dagegen wandte sich Sorel. Sein Don Quijote hieß Lysis, als Sohn eines reichen Seidenhändlers der rue Saint-Denis eigentlich Louis getauft. Dieser hat sein Rechtsstudium aufgegeben und liest nur noch Romane, die ihm den Kopf verdrehen. Die Dame, die er glühend verehrt, nennt er Charite. Sie ist eigentlich nur ein Zimmermädchen und heißt Catherine. Nun kauft er sich ein halbes Dutzend Schafe, mit dem er zum Seineufer bei Saint-Cloud loszieht. Seine Kleidung erscheint dabei ebenso gepflegt wie seine Truppe vernachlässigt. Der junge Pariser Anselm nimmt sich seiner an und gibt vor, ihn kurieren zu wollen. In Wirklichkeit inszeniert er Späße, mit denen er sich auf Kosten des Schäfers köstlich amüsiert. So sind sie zu Gast in dem Haus, in dem Charite dient. Sie ziehen in den Forez, wo sie die Landschaft der Astrée wiedererkennen. Dort fällt Lysis in einen ausgehöhlten Baum und glaubt, selbst Baum geworden zu sein, verweigert die Nahrungsaufnahme und wäre wohl verhungert, wenn es nicht nachts drei Nymphen gegeben hätte, die ihn zu einer Grotte führen, wo er sich mit Pasteten verpflegen kann. Nach zahlreichen Abenteuern wird er aber doch nach Hause zurückgeführt und muß sich die Rede von Clarimond gegen Romane und Gedichte anhören. Er erfährt, daß man ihn getäuscht hat, verliert voller Trauer seine Illusionen und entwickelt einen neuen Sinn für die Realität, der ihn aber nach Ablauf einer gewissen Zeit nicht daran hindert, sich ein Haus und ein Amt auf dem Land zu sichern, um sich dorthin mit Catherine zurückzuziehen.

Zwar bleibt Sorel im Gegensatz zu Cervantes beim bloßen Anliegen der Parodie einer literarischen Mode. Daß jedoch die Parallelen zwischen dem

Don Quijote und Sorels Buch zahlreich sind und sich nicht selten auf die Ausgestaltung einzelner Abenteuer beziehen, erkannten bereits die Zeitgenossen. Sorel rechtfertigte sich, indem er darauf hinwies, daß er den Roman von Cervantes vor zwölf Jahren einmal gelesen und nur noch eine vage Idee von ihm hätte. Schließlich geht er, wie Bardon (1931/1974) gezeigt hat, zum Angriff über und kritisiert die Darstellung des Don Quijote und die unpassende Einfügung des *Curioso impertinente*. Nicht ohne Grund reagiert er so scharf. Wird doch die Idee, die heroische Torheit des Don Quijote auf die Schäferwelt zu übertragen, bereits in der Bücherbegutachtung von der Nichte geäußert. Dort rät sie, die *Diana* von Montemayor zu verbrennen, da es durchaus möglich wäre, daß ihr Onkel, einmal von seiner Ritterkrankheit genesen, nach der Lektüre dieser Bücher auf die Idee kommen könnte, als Schäfer singend und musizierend durch die Wälder und Wiesen zu wandeln (I, 6) – ein Gedanke, der am Ende des zweiten Teils des *Don Quijote* fortgeführt wird.

In der Nachfolge von Sorel gab es noch zahlreiche weitere Adaptationen des *Don Quijote* im Roman, als Ballet und auf der Bühne. Moréri, für den die Satire den Sinn der Belehrung durch Entlarvung des Lasters hat, stellt in seinem *Grand Dictionnaire Historique* (1681) Cervantes und Rabelais als die beiden großen modernen Satiriker heraus. Zur Zeit der französischen Klassik wird Cervantes' Werk mehrfach erwähnt, findet jedoch weder bei Pierre Perrault noch bei P. Bouhours Anerkennung. Chapelain und Boileau sehen nur die unterhaltende Seite des Werkes. Nur La Fontaine und Saint-Evremond, die selbst ihrer eigenen Gesellschaft gegenüber eine gewisse Unabhängigkeit hatten, schätzen seinen kritischen Geist und seine Offenheit.

Zur Zeit Voltaires wird diese positive Bewertung trotz allgemeiner Antipathie gegen das Land Spanien fortgesetzt: Der Roman erscheint als Prototyp des satirischen Romans, der Extravaganzen aus der Literatur ausgemerzt hat. In dem Maß aber, in dem man im *Don Quijote* eine Satire des Rittertums gesehen hat, erschien er Bernardin de Saint Pierre zugleich als Kritik der ritterlich-aristokratischen Vorstellungen der spanischen Gesellschaft seiner Zeit. Mit gleicher Zielrichtung hatte sich zuvor bereits Rapin auf den Duque de Lerma bezogen, an dem sich Cervantes aus persönlichen Gründen habe rächen wollen, und im Roman einen Schlüsselroman gesehen. Der Abbé Desfontaines las ihn entgegen den Intentionen des Autors als Sittenroman, der Auskunft über die Lebensformen des ausgehenden 16. Jahrhunderts geben konnte. Wenn man nun die aristokratische Gesellschaft dieser Zeit als repräsentativ für ganz Spanien versteht, dann wird die gesamte Nation zum Gegenstand der Parodie. Diesen Schluß hat Montesquieu gezogen, für den der *Quijote* als einziges spanisches Werk der Weltliteratur eine Parodie der eigenen Nation ist. Vor diesem Hintergrund wird verständlich, daß aus der Sicht der französischen Aufklärer die Figur des Don Quijote als Verkörperung des starren Pedanten oder verstiegenen

Fanatikers erschien. Dessen ungeachtet wurde der Roman in Frankreich zur gängigen Lektüre. Und wieder gab es zahlreiche neue Adaptationen.

Nach der Revolution erscheint die Übersetzung *Don Quichotte* (1799) von Florian. Der Zeitpunkt ihres Erscheinens ist ein Beleg dafür, daß die Revolution dem Roman positiv gegenüberstand. Seit Beginn der Revolution diente der Roman nun agitatorischen Zwecken. So erschien ein revolutionäres Pamphlet mit dem Titel *Ordonnance de Police de Très-Haut et Très-Puissant Seigneur Sancho Pança, Gouverneur de l'Isle Barataria* und ein weiteres: *Trio: Dom Quichotte, Chicanneau, Tartuffe au Tartare.* Die Konterrevolutionäre antworteten mit Pamphleten wie *Expédition de Dom Quichotte, contre les Moulins à vent, ou Absurdité de la guerre qu'on fait aux Agioteurs et à l'Agiotage.* Im 19. Jahrhundert beginnt die romantische Deutung des *Don Quijote,* die ihre Formulierung in Deutschland fand. In Frankreich thematisiert Flaubert mit *Madame Bovary* eine Leserin, bei der die Lektüre leidenschaftlicher Geschichten Konsequenzen für das eigene Leben hat und dort mit ebenso leidenschaftlichen Erlebnissen Nachahmung findet. An Cervantes' Idee des Anti-Romans knüpfte noch Sartre an, als er das Vorwort zum ersten „nouveau roman" von N. Sarraute schrieb.

In England war es neben Dickens in seinen *Pickwick Papers* oder Marc Twain in *A Connecticut Yankee in King Arthur's Court* insbesondere Fielding, der sich in seinen Werken immer wieder mit dem *Don Quijote* auseinandergesetzt hat. Sein *Don Quixote in England* (1734) nimmt als Ausgangspunkt die Flucht von Dorothea mit ihrem Geliebten vor einer von den Eltern oktroyierten Heirat in ein Wirtshaus, in dem sich Don Quijote und Sancho aufhalten. Der Quijote des Cervantes sei tatsächlich aus Spanien nach England gereist und habe nun die Gelegenheit, in Fieldings Theaterstück gegen die gesellschaftlichen Konventionen zu opponieren. In den Details sind die Reminiszenzen, Parallelen und Anspielungen zahlreich. Dieser Komödie ließ Fielding die *Adventures of Joseph Andrews. Written in Imitation of the Manner of Cervantes* (1742) folgen. Trotz des eindeutigen Untertitels ist die Bedeutung des Cervantes als Quelle und Bezugspunkt dieses Werkes in der Forschung umstritten. Joseph Andrews macht sich auf, um die in ihrer Tugend unübertreffliche Pamela Richardsons und die biblische Figur des keuschen Joseph nachzuahmen. Im Aussehen dem Sancho vergleichbar ist Parson Adams, dessen Grundeinstellung zur Wirklichkeit derjenigen des Don Quijote entspricht. Das Ideal des komischen Prosaepos, wie es Cervantes gelungen ist, ahmt Fielding in seiner *History of Tom Jones* (1749) nach. Es ist zugleich ein Vorbild für Sternes *Tristram Shandy* (1760–1767), dessen Helden mit ihren Narrheiten dem bürgerlichen Kontext entstammen.

C. Don Quijote in Deutschland

Bertrand, J. J. A.: Cervantes en el país de Fausto, Madrid 1950 [Vom 17. Jahrhundert bis zum 20. Jahrhundert]

Bickermann, Joseph: Don Quijote und Faust. Die Helden und die Werke, Berlin 1920 [Unter den Gemeinsamkeiten: Universalismus, späte Selbsterkenntnis]

Brüggemann, Werner: Cervantes und die Figur des Don Quijote in Kunstanschauung und Dichtung der deutschen Romantik, Münster 1958 (Spanische Forschungen der Görresgesellschaft 2,7) [Darstellung der Wirkung bis zum 18. Jahrhundert und ausführliche Erklärung der romantischen Autoren und Philosophen des deutschen Idealismus, die den Bogen über Eichendorff bis Jean Paul spannt]

Close, Anthony: The Romantic Approach to *Don Quixote*: A Critical History of the Romantic Traditions in *Quixote* Criticism, Cambridge 1978 [Historische Einordnung der Cervantes-Kritik des 19. Jahrhunderts]

Colón Germán: Die ersten romanischen und germanischen Übersetzungen des *Don Quijote* (1. Teil, 16. Kapitel), Bern 1974 [Angabe und Charakterisierung der Übersetzungen]

Dünnhaupt, G.: Kleist's *Marquise von O...* and its literary debt to Cervantes, in: Arcadia 10, 1975, S. 147–157

Gnutzmann, Rita: Thomas Mann y Don Quijote, in: Anales cervantinos 17, 1978, S. 75–83 [Zu: *Meerfahrt mit Don Quijote*, Reflexionen, die 1934 auf der Überfahrt von Boulogne nach New York von der Lektüre des *Quijote* inspiriert wurden]

Kurz, J.: Die Literatur, das Leben und der Tod. Anmerkungen zu Cervantes und Kafka, in: Archiv für das Studium der neueren Sprachen und Literaturen 212 (1975), S. 265–279

Mann, Thomas: Meerfahrt mit Don Quijote, in: Schriften und Reden zur Literatur, Kunst und Philosophie II, Frankfurt, Hamburg 1968, S. 168–206 [Während einer Atlantiküberfahrt entstandenes, durch die Lektüre des Werkes veranlaßter Essay]

Schweitzer, Christoph E.: Harsdörffer and *Don Quixote*, in: Philological Quarterly 37,4, 1958, S. 87–94 [Zur frühen Rezeption bei Harsdörffer (1607–1658)]

Seibicke, Christa Elisabeth: Friedrich Baron de la Motte Fouqué. Krise und Verfall der Spätromantik im Spiegel seiner historisierenden Ritterromane, München 1985

Smitten, Theo in der: *Don Quixote* (der ‚richtige' und der ‚falsche') und sieben deutsche Leser. Rezeptionsästhetische leseaktorientierte vergleichende Analysen an spanischen Ur-Quixote-Ausgaben von 1664/5 bis 1615 und sechs deutschen Übersetzungen von 1648 bis 1883, Bern, Frankfurt a.M., New York 1986, 2 Bde. [Originelle und lebhafte Darstellung]

Strosetzki, Christoph: La situación de los estudios cervantinos en la República Federal de Alemania, in: Anthropos. Revista de documentación científica de la cultura 98–99, Juli/August 1989, S. 124–126

In der ersten Hälfte dieses Jahrhunderts hatte der *Don Quijote* in Deutschland zwei besonders prominente Schriftsteller als Leser. Der Theoretiker G. Lukács sah im *Don Quijote* das Verbindungsglied zwischen der vorausgegangenen Epik und dem modernen Bildungsroman. Für ihn war es der erste große Roman der Weltliteratur. Der Romanautor Thomas Mann schrieb seine *Meerfahrt mit Don Quijote*, als er zwischen dem 19. und dem 29. Mai 1934 von Boulogne nach New York fuhr. Bereits 1933 war er aus dem nationalsozialistischen Deutschland nach Zürich übergesiedelt. Seine etwa 35 Seiten umfassenden Reflexionen beziehen sich auf den *Quijote*, zugleich aber auf andere politische, aktuelle oder persönliche Themen. In Anlehnung an die deutsche Romantik erscheint ihm das humoristische Element im Roman von besonderer Bedeutung, das er im Rekurs auf Cide Hamete, aber auch in den Kapitelüberschriften sieht. Eine „ironische Magie" erkennt er in den Szenen am Herzogshof, wo die Protagonisten von ihrem eigenen Ruf leben, sich in einer höfischen Realität bewegen, die aus höherer Sicht aber wiederum eine Fiktion ist, die durch das Auftreten von Alvaro Tarfe, einer Figur des falschen *Don Quijote*, noch einmal potenziert wird. Thomas Mann schließt mit einem Traum des Reisenden, der die Vision eines Don Quijote in der Gestalt von Nietzsche hat. Damit schließt er erneut an die romantische Betonung des aktiven, seinen Willen angesichts widriger realer Umstände durchsetzenden Helden an. Wie kam es zur Deutung des *Don Quijote* durch die deutschen Romantiker?

Noch zu Beginn des 19. Jahrhunderts gab es in Deutschland von der Aufklärung geprägte Deutungen des *Don Quijote*. Als Beispiel nennt H. Meier (1940) das *Handbuch der Ästhetik* (1805) von Eberhard, der in der Polemik des *Don Quijote* gegen die Unwissenheit der Masse, gegen den Katholizismus, gegen Fanatismus und Rückständigkeit die Meinung des nicht zum Klerus gehörigen Teils der Bevölkerung ausgedrückt sieht. Nicht weniger kämpferisch und programmatisch erscheint die romantische Deutung des Werkes, selbst wenn sie im Gegensatz zur Aufklärung steht.

Göttingen war zum Zentrum eines neuen Interesses an Spanien geworden. Bürger, die Brüder Schlegel und Tieck begannen hier, sich für die spanische Literatur und für Cervantes zu interessieren. Bereits 1792 veröffentlichte A. W. Schlegel in Bürgers *Göttinger Musenalmanach* drei von ihm übersetzte spanische Romanzen. Die Brüder Schlegel lehnten das Angebot eines Verlegers, den *Don Quijote* ins Deutsche zu übertragen, ab und gaben es an Tieck weiter, der es annahm. Seine Übersetzung erschien in den Jahren 1799–1801 in Berlin.

Friedrich Schlegel war es, der der internationalen Betonung der Vernunft im Aufklärungszeitalter die These entgegensetzte, daß Literatur national zu sein habe. Trotz der Ironie im *Don Quijote* sei das Werk durch nationale, aristokratische und katholische Ideale geprägt. Dies sei nicht verwunderlich, da sich gerade in Spanien der Charakter und das Denken des Mittelalters so lange hat halten können, wie in keinem anderen Land Europas. Als man sich nunmehr von der Aufklärung abwandte und in Spanien wie in Deutschland Napoleon als Gegner sah, wurde es möglich, daß trotz der Lehre vom nationalen Charakter der Literatur die deutschen Schriftsteller das mittelalterliche Denken in der spanischen Literatur entdeckten. Kurios, aber treffend erschien die damalige Schlußfolgerung, daß der Charakter der spanischen Dichtung die Ausprägung des echtesten deutschen Charakters war.

Auf der anderen Seite erscheint der Roman aber als unverfälschter Ausdruck Spaniens. Wie Herder sieht Friedrich Schlegel in seiner 11. Wiener Vorlesung im *Don Quijote* „ein lebendiges und ganz episches Gemälde des spanischen Lebens und eigenthümlichen Charakters". Diese Deutung steht mit einer späteren in Widerspruch, die gerade den Gegensatz zwischen der Idealität des Helden und der im Roman dargestellten Realität Spaniens hervorhebt. Als Spanien 1808 erfolgreich gegen Frankreich aufbegehrt hatte, sah man in ihm ein Modell des Mutes, der Vaterlandsliebe und der Ritterlichkeit. Da es nun nicht möglich war, derartige Vorstellungen in den *Don Quijote* zu projizieren, besann man sich auf dessen Autor, in dem man den Helden von Lepanto und die Verkörperung der Einheit von „armas y letras" verehren konnte. Biographisch konnte man also hier eine politische Cervantes-Interpretation durchführen und in Spanien die Nation sehen, in der das ästhetische Erleben und das aktiv-tätige noch nicht auseinandergerissen waren.

Eine textorientiertere Betrachtungsweise kennzeichnet Friedrich Schlegels *Quijote*-Interpretation in den Gesprächen über die Poesie (1800). Dort erscheint gerade die Tatsache, daß der Roman nicht rational konstruiert ist, sondern der poetischen Eingebungskraft entsprungen scheint, den eigentlichen Wert auszumachen. Das Fehlen von kausalen und finalen Zusammenhängen, die Zufälligkeit der Folge der einzelnen Geschehnisse und schließlich die eingeschobenen Novellen sind es, die das besondere Wesen des Romans ausmachen, das man gern mit einem Gemälde oder mit einer Symphonie verglich.

Einen weiteren Ansatz stellt die idealistische Interpretation dar, die H. Meier angelegt findet in Schillers Abhandlung *Über naive und sentimentalische* Dichtung. Schiller sieht den sentimentalischen Dichter mit zwei widerstreitenden Vorstellungen, d.h. mit der Wirklichkeit auf der einen Seite als Begrenzung und mit der Idee als dem Unendlichen auf der anderen Seite. Die Spannung zwischen beiden Polen ist charakteristisch für den modernen Menschen und den modernen Dichter. Einen Ausweg aus dieser Spannung bietet die satirische Dichtung, die den Widerspruch zwischen Wirklichkeit und Ideal zum Gegenstand hat. Zu denjenigen, die sich der Satire in vollendeter Form bedient haben, ohne die Spannung zwischen Ideal und Realität preiszugeben, zählt Schiller Cervantes mit seinem *Don Quijote*. Eine neue Dimension der Interpretation wird deutlich, wenn nunmehr zwischen dem Realisten und dem Idealisten unterschieden wird. Während der Realist sich im konkreten Einzelfall von äußeren Ursachen und Zwecken leiten läßt, entnimmt der Idealist seine Ziele und Motive seiner bloßen Vernunft. Während der Idealist den Realisten wegen seiner Beschränktheit verachtet, kann dieser den Idealisten wegen seiner Leere auslachen. Ab hier steht nicht mehr die Gestalt des Don Quijote allein im Zentrum der Interpretation. Mit dem Kontrast zwischen Idealisten und Realisten wird Bezug genommen auf den Gegensatz zwischen Don Quijote und Sancho, zwei Typen, die die Antithese von Schiller verkörpern. August Wilhelm Schlegel übernimmt die Antithese und sieht mit Don Quijote die Ritterpoesie aufleben, die in Gesprächen mit der Prosa seines Schildknappen vertieft ist.

A. W. Schlegel stellt fest, daß bei den Griechen die menschliche Natur selbstgenügsam und frei von Mängeln war und die Religion auf das Begrenzte und Sinnliche beschränkt war. Dies sei anders geworden mit dem Auftreten der christlichen Sicht, die das Endliche durch den Glauben an die Unendlichkeit vernichtet hat. Die natürliche Harmonie der Griechen ist durch das Bewußtsein einer inneren Entzweiung ersetzt worden, die das Unendliche als unerreichbar empfindet. Der ungeteilten Welt der Griechen mit ihrer Harmonie zwischen Unendlichem und Endlichem, zwischen Realem und Idealem, steht nunmehr eine geteilte Welt gegenüber, in der das Ideale mit dem Realen kämpft. In der Literatur erscheint nun als allegorisch jede Darstellung, in der das Besondere das Allgemeine bedeutet oder das Allgemeine im Besonderen angeschaut wird. Der *Don Quijote* wird zum Paradigma der allegorischen Kunst-Mythologie, da in ihm nichts isoliert für sich steht, sondern alles „Endliche“ in einen Beziehungszusammenhang aufgenommen wird und einen höheren Sinn erhält. Einige Beispiele mögen das veranschaulichen: So erscheint der von der Vernunft entblößte Cardenio auch äußerlich zerlumpt und nackt. Dorothea ist grau gekleidet, während sie Sorgen quälen; nach neuen Hoffnungen wechselt sie ihre Kleidung und trägt einen prächtigen grünen Mantel. Cardenio sucht in seiner Verwirrung die wildeste Gegend auf, die zum Spiegel seines Gemütszustandes wird. Während die hagere und lange Silhouette des Don Quijote zum Himmel, zur Idealität zu ragen scheint, wirkt die schwere und volle Gestalt des Sancho zur Erde und Wirklichkeit gezogen.

Der Zerfall der antiken Mythologie hat eine mythologische Leere hinterlassen und bedeutet für die moderne Dichtkunst den Verlust des Mittelpunktes. Da eine unwillkürliche Mythenbildung in der Moderne nicht mehr möglich ist, sollen durch die Dichtung künstliche Mythen geschaffen werden. So fordert Schelling, daß die Aufgehobenheit des modernen Menschen in einer mythologischen Welt durch eine neue Mythologie ermöglicht werde, die der Roman zur Verfügung stellen kann. Dante, Shakespeare und Cervantes haben je auf ihre eigene Weise eine Art von Mythologie gebildet. So lassen sich Don Quijote und Sancho als mythologische Personen verstehen. Ihre Abenteuer, wie das mit den Windmühlen, erscheinen als mythologische Sagen, die zugleich den Vorzug einer philosophischen Basis bieten. Letztere besteht in Schellings Sicht nämlich im Kampf des Idealen mit dem Realen. Er unterscheidet nun zwischen dem ersten Teil des *Don Quijote*, in dem der Held mit der gewöhnlichen Welt konfrontiert wird, und dem zweiten Teil, wo er in den Gegensatz zu einer weiteren idealen Welt gerät. Ähnlich sei in der *Odyssee* die Insel der Kalypso eine fingiertere Welt als die, in der die *Ilias* stattfindet. Eine Mischung gegensätzlicher Eigenschaften charakterisiert nach Schelling den verrückten Helden, der ja zugleich edler Natur sei und überlegenen Verstand beweise, wenn man von einem Punkt absehe. Diesem Geist gegenüber wird Sancho zur Quelle der Ironie.

Zum Prinzip der romantischen Kunst-Mythologie wird der Witz, in dem für F. Schlegel das Entgegengesetzte, das einander Widersprechende, wie z.B. Narrheit und Weisheit, Ernst und Scherz, zusammenfällt. Die Gattung des Romans, die an die Stelle des antiken Epos getreten ist, kann dies realisieren, wie Goethe mit seinem *Wilhelm Meister* (1798) und Cervantes mit seinem *Don Quijote* gezeigt haben. Als ein Wesensmerkmal des *Don Quijote* erscheint F. Schlegel die Ironie, die darin besteht, daß Cervantes den Gleichgültigen spielt und in besonnener Distanz zu seinem Werk steht. In seiner Interpretation des *Wilhelm Meister* macht er darauf aufmerksam, daß der Dichter seinen Helden meist mit Ironie erwähnt und aus der Höhe seines Geistes auf sein Werk herabzulächeln scheint, es jedoch sehr ernst meint. Bei Cervantes zeige sich die Ironie z.B. im Vorwort des ersten Teils und darin, daß er sich weder mit seinem Werk noch mit seinem Helden identifizieren will, was er durch Einführung des arabischen Geschichtsschreibers Cide Hamete und durch die Fiktion der mit Rosinen und Weizen bezahlten Übersetzung der bei einem Seidenhändler gefundenen Fortsetzung erreiche. So erscheint der „heiligste Ernst" unter dem Vorzeichen der Ironie.

Eine neue Dimension erfährt die Deutung des Romans durch die Frage nach der Bedeutung des Humors in der Literatur, die von Jean Paul bis Kierkegaard erörtert wird. Humor wird verstanden als Bewußtsein vom kontinuierlichen Dualismus und Widerspruch zwischen Unendlichkeit und Endlichkeit, aus dem heraus der Mensch lebt und dessen Auflösung er leisten muß. Humor hat also nichts mit bloßem Witz zu tun, sondern wird als menschliche Befindlichkeit verstanden. Für diese Situation ist die Komik ein Ausdruck, der allerdings nicht bewußt mit Bezug auf diesen Kontrast formuliert ist. Indem der Humor den Gegensatz von Unendlichkeit und Endlichkeit mittels der Kunst versöhnt, ist er zugleich eine ästhetische Kategorie. Wenn der Humor das Große erniedrigt, um ihm das Kleine an die Seite zu setzen, und das Kleine erhöht, um es neben das Große zu stellen, dann geht es ihm nicht um eine einzelne Torheit, sondern um die Torheit überhaupt in der Welt. Dies scheint Jean Paul gerade im *Don Quijote* in einzigartiger Weise realisiert.

Zeittafel

1547	Geburt von Miguel de Cervantes in Alcalá de Henares, wahrscheinlich am 29. September. Ende der ersten Periode des Konzils von Trient. Todesjahr von Hernán Cortés, Franz I. von Frankreich und Heinrich VIII. von England.
1551	Rodrigo de Cervantes, Miguels Vater, zieht nach Valladolid um.
1552–1556	Krieg Karls V. gegen Frankreich um die besetzten Städte Toul, Metz und Verdun.
1553	Rodrigo de Cervantes zieht zu seinem Vater nach Córdoba.
1554	*Lazarillo de Tormes* erscheint. Philipp, der Sohn Karls V., ehelicht Maria Tudor.
1555	Augsburger Religionsfrieden.
1556	Karl V. dankt ab. Philipp II. wird sein Nachfolger. Miguels Großvater Juan de Cervantes stirbt.
1557	Leonor de Torreblanca, Miguels Großmutter väterlicherseits stirbt.
1558	Elisabeth I. wird Königin von England. Karl V. und Maria Tudor sterben.
1559	Frieden von Cateau-Cambrésis. *Los siete libros de la Diana* von Montemayor werden veröffentlicht. Tod Heinrichs II. Philipp II. heiratet Elisabeth von Valois.
1561	Madrid ist neue Hauptstadt des spanischen Königreiches.
1563	Das Konzil von Trient findet seinen Abschluß. Lope de Vega wird geboren. Der Grundstein für den Escorial wird gelegt.
1564	Rodrigo de Cervantes zieht nach Sevilla.
1565	Niederlage der Türken vor Malta. Aufstand in den Niederlanden. Tod Lope de Ruedas. Miguels Schwester, Luisa de Cervantes, geht ins Kloster.
1566	Die Familie Cervantes zieht nach Madrid.
1568	Miguel ist Schüler des Humanisten Juan López de Hoyos. Erstes Auftreten als Dichter.
1569	Affäre Sigura. Miguel reist nach Rom.
1570	Miguel de Cervantes steht im Dienst des Kardinal Acquaviva in Rom. Die Türken nehmen Zypern ein.
1571	Geführt von Don Juan de Austria besiegt die christliche Flotte die Türken bei Lepanto. Cervantes wird in der Schlacht von Lepanto verwundet. Daraufhin Aufenthalt im Lazarett von Messina. Die Heilige Liga wird gegründet.
1572	Cervantes ist zum bevorzugten Soldaten befördert. Er nimmt an den Seeschlachten von Don Juan de Austria teil. Seeschlachten vor Korfu und Modon. Sein Winterquartier bezieht er in Sizilien.
1573	Er bleibt im Gefolge von Don Juan de Austria. Venedig schließt einen Separatfrieden mit den Türken.
1574	Euldj Ali gewinnt Tunis zurück. Winteraufenthalt in Sardinien, Neapel und Sizilien.

1575 Reise nach Neapel. Auf der Rückfahrt nach Spanien nehmen Piraten Miguel de Cervantes vor der katalanischen Küste gefangen. Sie verschleppen ihn nach Algier. Staatsbankrott Philipps II.

1577 Nach einem ersten Fluchtversuch im Vorjahr nunmehr ein zweiter von Miguel de Cervantes. Hassan Pascha wird König von Algier. Miguels Bruder Rodrigo wird freigekauft.

1578 Dritter Fluchtversuch von Miguel de Cervantes.

1579 Vierter Fluchtversuch.

1580 Trinitariermönche kaufen Miguel frei. Er kehrt nach Madrid zurück. Philipp II. wird auch König von Portugal. Vereinigung Portugals mit Spanien.

1581 Miguel reist nach Oran, um dort einen königlichen Auftrag zu erfüllen. Er hält sich in Lissabon auf.

1584 Heirat in Esquivias mit Catalina de Salazar. Verhältnis mit Ana Franca de Rojas. Miguels Tochter Isabel de Saavedra wird geboren. Philipp II. zieht in den Escorial.

1585 Achter Hugenottenkrieg in Frankreich. *Galatea* erscheint. Veröffentlichung von Santa Teresas *Camino de Perfección.* Tod von Miguels Vater Rodrigo.

1587 Man zieht nach Sevilla. Miguel wird königlicher Kommissar. Die Armada wird ausgerüstet.

1588 Die Armada wird vernichtend geschlagen. Cervantes bleibt königlicher Kommissar. Tod von Miguels Schwiegermutter Catalina de Palacios.

1589 Cervantes werden neue Missionen übertragen. Er hält sich auch in Esquivias und Madrid auf.

1590 Cervantes bewirbt sich beim Rat von Amerika um eine Stelle.

1592 Er wird in Castro del Río gefangengenommen.

1593 Im Umkreis von Granada Requirierungen.

1595 Neue Aufgaben als Steuereinnehmer im Umkreis von Granada.

1596 Cádiz wird von Howard und Essex ungestört geplündert. López Pinciano, *Philosophía antigua poética.*

1597 Erneuter Gefängnisaufenthalt in Sevilla. Erneuter Staatsbankrott Philipps II.

1598 Tod Ana Francas. Isabel de Saavedra wird von Miguels Schwester Magdalena de Cervantes aufgenommen. Friedensvertrag von Vervins zwischen Spanien und Frankreich. Nach dem Tod Philipps II. wird Philipp III. der Nachfolger.

1599 Aufenthalte in Sevilla und Kastilien. Mateo Alemáns *Guzmán de Alfarache* erscheint. Die Pest breitet sich in Spanien aus.

1600 Miguel de Cervantes hält sich in Toledo auf.

1601 Der Hof zieht nach Valladolid.

1602 Rückkehr nach Esquivias. Die königlichen Rechnungsprüfer machen Cervantes Schwierigkeiten. Er arbeitet am *Don Quijote.*

1604 Streit mit Lope de Vega, dessen Comedias nunmehr veröffentlicht werden. Aufenthalt in Valladolid. Spanien schließt Frieden mit England.

1605 Erscheinen des ersten Teils des *Don Quijote.* Philipp IV. wird geboren.

1606 Isabel de Saavedra heiratet. Der Hof zieht wieder nach Madrid.

1608 Isabel de Saavedra heiratet in zweiter Ehe Luis de Molina. Die Affäre Urbina beginnt.

1609 In den Dritten Orden des Heiligen Franziskus treten Magdalena, Catalina und Andrea de Cervantes als Novizinnen ein. Miguel wird Mitglied der Kongregation der Diener des Heiligsten Altarsakramentes. Lope de Vegas *Arte nuevo de hacer Comedias* erscheint. Waffenstillstand mit den Niederlanden.

1610 Da der Graf von Lemos Vizekönig von Neapel wird, hofft Miguel auf eine Anstellung bei Lemos. Seine Hoffnung wird nicht erfüllt. Verwicklungen in der Affäre Urbina.

1611 *Don Quijote* wird zum Bucherfolg in ganz Europa. Covarrubias' *Tesoro de la Lengua Castellana o Española* erscheint. Miguel hält sich in Esquivias auf. Seine Schwester Magdalena stirbt.

1613 Miguel wird Novize des Dritten Ordens. Er hält sich in Alcalá auf. *Novelas ejemplares* erscheinen.

1614 *Viaje del Parnaso*. Avellanedas Fortsetzung des *Don Quijote* erscheint.

1615 *Ocho comedias y ocho entremeses* und der zweite Teil des *Don Quijote* erscheinen.

1616 Ablegung der Gelübde des Dritten Ordens. Miguel schreibt am *Persiles* und widmet ihn dem Grafen von Lemos. In Madrid stirbt er am 22. April. Im selben Jahr stirbt Shakespeare.

1617 *Persiles* wird posthum veröffentlicht.

Bibliographie

(Hier sind nur Buchtitel angegeben. Die bibliographischen Angaben anderer Veröffentlichungen finden sich bei den einzelnen Kapiteln angeführt.)

Textausgaben

Obras Completas, R. Schevill und A. Bonilla (hg.), 18 Bde., Madrid 1914–41
Obras completas, A. Valbuena Prat (hg.), Madrid 1942
Rothbauer, Anton M., hg. und ins Deutsche übersetzt, Miguel de Cervantes Saavedra. Gesamtausgabe in vier Bänden, Stuttgart 1968–1970
Viaje del Parnaso, F. Rodríguez Marín (hg.), Madrid 1935
Viaje del Parnaso, Vicente Gaos (hg.), Madrid 1973
Viaje del Parnaso, M. Herrero García (hg.), Madrid 1983 (CSIC)
La Galatea, Avalle-Arce, Juan Bautista, (hg.), 2 Bde., Madrid 1961 (Clásicos Castellanos)
Comedias y entremeses, R. Schevill und A. Bonilla (hg.), 6 Bde., Madrid 1915–22
Obras dramáticas, Francisco Ynduráin (hg.), Madrid 1962
Ocho entremeses, Juan Bautista Avalle-Arce (hg.), Englewood Cliffs, N. J. 1970
Entremeses, Eugenio Asensio (hg.), Madrid 1971
Entremeses, Jean Canavaggio (hg.), Madrid 1982
Entremeses, Nicolás Spadaccini (hg.), Madrid 1983
La Numancia, Francisco Ynduráin (hg.), Madrid 1964
Los baños de Argel, J. Canavaggio (hg.), Madrid 1984
Los trabajos de Persiles y Sigismunda, historia Setentrional, J. B. Avalle-Arce, Madrid 1969
Novelas ejemplares, Harry Sieber (hg.), Madrid 1980, 2 Bde. [Nach der Ausgabe von 1613 mit modernisierter Zeichensetzung und Rechtschreibung]
Novelas ejemplares, Juan Bautista Avalle-Arce (hg.), Madrid 1982, 3 Bde.
El ingenioso hidalgo Don Quijote de la Mancha, Hispanic Society of America (hg.), 2 Bde., New York 1905 [Faksimileausgabe der Erstausgaben von 1605 und 1615 bei Juan de la Cuesta]
El ingenioso hidalgo Don Quijote de la Mancha, nueva edición crítica, Francisco Rodriguez Marín (hg.), 10 Bde., Madrid, 1947–1949 [Mit Illustrationen von Gustave Doré]
Don Quijote de la Mancha, seguido del Quijote de Avellaneda, Martín de Riquer (hg.), Barcelona 1962
El ingenioso hidalgo Don Quijote de la Mancha, Luis A. Murillo (hg.), 2 Bde., Madrid 1978
Don Quijote de la Mancha, Juan Bautista Avalle-Arce (hg.), 2 Bde., Madrid 1979 [Ausführlicher Kommentar in Fußnoten und Einleitung]
Don Quijote, ins Deutsche übersetzt von L. Braunfels, mit 24 Illustrationen von Grandville, München 1979

I. Fakten zu Cervantes und seiner Zeit

Astrana Marín, Luis: Vida ejemplar y heroica de Miguel de Cervantes Saavedra, 7 Bde., Madrid 1948–58 [Ausführlichste Biographie, Standardwerk]

Avalle-Arce, Juan Bautista: Nuevos deslindes cervantinos, Barcelona 1975 [Aufsätze zum *Persiles*, zum *Quijote* und zu *Numancia*]

Berchem, Theodor, und Hugo Laitenberger (hg.) = Actas del coloquio cervantino. Würzburg 1983, Münster 1987 [Cervantes' Sprache sowie seine Wirkung und Rezeption in der europäischen Literatur]

Canavaggio, Jean; Cervantes. Biographie, Zürich, München 1989 [Maßgebliche gegenwärtige Biographie; Übersetzung der französischen Ausgabe: Paris 1986]

Castro, Américo: Cervantes y los casticismos españoles, Madrid 1974 [Zur Problematik von „viejos" und „nuevos cristianos"; *Don Quijote* als Werk eines cristiano nuevo]

Castro, Américo: De la edad conflictiva, Madrid 1976 (4. Aufl.) [Zum Konflikt zwischen „cristianos viejos" und „cristianos nuevos"]

Castro, Américo, El pensamiento de Cervantes, Madrid 1925 [Cervantes als „disimulador" und „hábil hipócrita"]

Castro, Américo: Hacia Cervantes, Madrid 1960 (2. Aufl.) [Cervantes und die Literatur des Mittelalters und der Renaissance]

Dieterich, Anton: Cervantes, Reinbek 1984 [Bildmonographie]

Drake, Dana B.: Don Quijote in world literature, New York, London 1980 [Bibliographie]

Durán, Manuel: Cervantes, Boston 1974 [Kurzdarstellung]

El Saffar, Ruth (hg.): Critical Essays on Cervantes, Boston, Massachusetts 1986 [Sammlung von Aufsätzen mehrerer Cervantesforscher zu den Werken von Cervantes]

Hartau, Johannes: Don Quijote in der Kunst: Wandlungen einer Symbolfigur, Berlin 1987

Krauss, Werner: Miguel de Cervantes, Neuwied, Berlin 1966 [wegweisende Monographie zu Cervantes' Leben und Werk]

McGaha, Michael D. (hg.): Cervantes and the Renaissance. Papers of the Pomona College Cervantes Symposium, November 16–18, 1978, Easton, Pennsylvania 1980 [14 Beiträge zum Verständnis von Cervantes als Autor der Renaissance]

Mesa, Carlos E.: Cervantismos y quijoterías, Bogotá 1985

Ruhl, Klaus-Jörg: Spanien-Ploetz. Spanische und portugiesische Geschichte zum Nachschlagen, Freiburg, Würzburg 1986 [Sachkundiges Standardwerk]

Sánchez, José: Academias literarias del siglo de oro, Madrid 1961 [Cervantes besuchte literarische Akademien und Gesprächskreise]

Strosetzki, Christoph: Literatur als Beruf. Zum Selbstverständnis gelehrter und schriftstellerischer Existenz im spanischen Siglo do Oro, Düsseldorf 1987 [Zu den Konzepten von Müßiggang und Arbeit, Hof und Land, armas y letras, der Einschätzung des Wissens und seiner Repräsentanten und der Bewertung des Buches und derer, die mit ihm umgehen, in der Traktatliteratur]

Viña, Frederik (hg.): *Don Quijote:* meditaciones hispanoamericanas, Lanham 1988

Weiger, John G.: The substance of Cervantes, Cambridge 1985 [Deutung des Gesamtwerkes vor dem Hintergrund der aktuellen Forschung]

II. Cervantes in seinen weniger erfolgreichen Werken

A. Von den frühen Gedichten zur Viaje del Parnaso

Medina Vidal, Jorge: Aspectos de la poesía lírica de Cervantes, Montevido 1959

Rojas, Ricardo (hg. und Einleitung): Poesías de Cervantes, Buenos Aires 1916 [Diese gut eingeleitete Anthologie enthält sowohl *Viaje del Parnaso* als auch die an anderen Orten eingefügten lyrischen Texte von Cervantes]

Vidart, Luis: Cervantes, poeta épico: apuntes críticos, Madrid 1977

Weinrich, Harald (hg.): Spanische Sonette des Siglo de oro. Zur vergleichenden Interpretation, Tübingen 1961

B. und III. A. Cervantes' Theater

Arróniz, Othón: La influencia italiana en el nacimiento de la comedia española, Madrid 1969

Asensio, Eugenio: Itinerario del entremés desde Lope de Rueda a Quiñones de Benavente, Madrid 1965

Canavaggio, Jean: Cervantès dramaturge. Un théâtre à naître, Paris 1977

Casalduero, Joaquín: Sentido y forma del teatro de Cervantes, Madrid 1966 [Ausführliche, die einzelnen Stücke gesondert würdigende Interpretation]

Díez Borque, José María (hg.): Historia del teatro en España, Madrid 1988, 3 Bde.

Friedmann, Edward H.: The Unifying Concept: Approaches to the Structure of Cervantes' *Comedias*, York, South Carolina 1981 [Die Entwicklung der comedia bei Cervantes von typischen Strukturelementen des 16. Jahrhunderts in *Numancia* bis zur barocken Thematik der Welt als Bühne (*El laberinto de amor* und *La entretenida*) und der Bühne als Welt (*La casa de los celos*)]

Heidenreich, Helmut: Figuren und Komik in den spanischen Entremeses des goldenen Zeìtalters, München 1962 (Diss.)

Hermenegildo, Alfredo: La *Numancia* de Cervantes, Madrid 1976 [Interpretation und Textkommentar]

Hess, R.: El drama religioso románico como comedia religiosa y profana (Siglos XV y XVI), Madrid 1976

Molho, Mauricio: Cervantes: Raíces folklóricas, Madrid 1976 [Volkstümliche Elemente im Entremés *Retablo de las Maravillas*]

Monleón, José (hg.): *Los Baños de Argel.* Un trabajo teatral de Francisco Nieva, Madrid 1980 [Dokumentation und Text einer neueren Aufführung]

Stapp Moody, William: El teatro de Cervantes, Madrid 1981 [Cervantes' Entwicklung und der Versuch einer Einteilung der Stücke in Perioden; maschschr. Dissertation]

B. Der Schäferroman La Galatea

Avalle-Arce, Juan Bautista (hg.): *La Galatea* de Cervantes – cuatrocientos años después (Cervantes y lo pastoril), Newark, Delaware 1985 [Neue Aspekte der internationalen Forschung]

Grant, Leonard: Neo-Latin Literature and the Pastoral, Chapel Hill, N. C. 1965

Greenwood, Pilar Fernández-Canadas: Pastoral Poetics: The Uses of Conventions in

Renaissance Pastoral Romances – *Arcadia, La Diana, La Galatea, L'Astrée,* Ann Arbor, Michigan 1985 (Diss. 1981, Cornell University) [Zur Konventionalität der Schäferromane in sprachlicher, poetologischer, topischer und thematischer Hinsicht]

Labrador Herraiz, José J., und Juan Fernández Jiménez: Cervantes and the pastoral: (proceedings), Cleveland, Pennsylvania 1986

López Estrada, Francisco; La *Galatea* de Cervantes, La laguna de Tenerife 1948 [Interpretation und literaturgeschichtliche Einordnung]

C. Persiles y Sigismunda, ein Epos in Prosa

Forcione, Alban K.: Cervantes, Aristotle and the *Persiles*, Princeton, New Jersey 1970 [Während Cervantes seine zeitgemäße Auffassung des Epos in Prosa im ersten Buch noch ernsthaft vertritt, beginnt er mit dem zweiten Buch, insbesondere in eingestreuten Kommentaren, gegen die aristotelische Theorie zugunsten größerer Unabhängigkeit ironisch und humorvoll zu polemisieren]

Forcione, Alban K.: Cervantes' Christian Romance. A Study of *Persiles y Sigismunda*, Princeton, New Jersey 1972 [Überarbeitete und erweiterte Fassung des letzten Teils von Cervantes, Aristotle and the *Persiles*, 1970]

Hahn, J. S.: The Origins of the Baroque Concept of „Peregrinatio", Chapel Hill, N.C. 1972

Navarro González, Alberto: Cervantes entre el *Persiles* y el *Quijote*, Salamanca 1981

Romero, Carlos: Para la edición crítica del *Persiles*: (bibliografía, aparato y notas), Mailand 1977

Stegmann, Tilbert Dídac: Cervantes' Musterroman *Persiles*. Epentheorie und Romanpraxis um 1600 (El Pinciano, Heliodor, Don Quijote), Hamburg 1971 [ausführliche und überzeugende Studie, die den *Persiles* vor dem Hintergrund der zeitgenössischen Epentheorie und Romanpraxis deutet und das Werk in Cervantes' Einschätzung als besonders hochstehend erscheinen läßt]

IV. Die exemplarischen Novellen

Alonso, Dámaso: La novela cervantina, Santander 1969 [*Novelas ejemplares* und *Quijote* im Kontext der zeitgenössischen Erzählformen; zum pikaresken Realismus in *Rinconete y Cortadillo*]

Amezúa y Mayo, Agustín G. de: Cervantes, creador de la novela corta española, 2 Bde., Madrid 1956–58

Brockmeier, Peter: Lust und Herrschaft. Studien über gesellschaftliche Aspekte der Novellistik: Boccaccio, Sacchetti, Margarete von Navarra, Cervantes, Stuttgart 1972 [sieht die Erfahrung der Diskrepanz zwischen der subjektiven und der objektiven Ordnung in den Novellen als ohnmächtig erduldetes Liebesleid und tragische Einsamkeit hervortreten und betrachtet als Hintergrund den Konflikt zwischen absoluter spanischer Monarchie und adligen Großgrundbesitzern]

Bustos Tovar, José Jesús (hg.): Lenguaje, ideología y organización textual en las *Novelas Ejemplares:* Actas del coloquio celebrado en la Facultad de Filología de la Universidad Complutense en mayo de 1982, Madrid 1983

Casalduero, Joaquín: Sentido y forma de las *Novelas Ejemplares*, Buenos Aires

1943, 2. Aufl. Madrid 1969 [Umfassende Interpretation mit eigenwilliger geistesgeschichtlicher Begrifflichkeit]

Drake, Dana B.: Cervantes' *Novelas ejemplares*. A Selective, Annotated bibliography, New York, London 1981, 2. Auflage [Verläßliche Bibliographie]

El Saffar, Ruth: Novel to Romance: A Study of Cervantes's *Novelas ejemplares*, Baltimore, London 1974 [Romantisch-idealistischere Novellen sind nach 1606 verfaßt, nachdem Cervantes seinen Perspektivismus zugunsten einer absoluten Wahrheit aufgegeben hatte]

El Saffar, Ruth: Cervantes: *El casamiento engañoso* and *El coloquio de los perros*, London 1976 [Zur Thematik und Struktur, Beziehungen zum *Don Quijote*]

Forcione, Alban K.: Cervantes and the Humanist Vision: A Study of Four Exemplary Novels, Princeton 1982 [Über A. Castro hinausgehende Konzeption des Humanismus in *El celoso extremeño, La gitanilla, El licenciado Vidriera* und *La fuerza de la sangre*; Rez. dazu: Márquez Villanueva, Francisco; Erasmo y Cervantes, una vez más, in: Cervantes, Bulletin of Cervantes Society of America, IV, 2, Herbst 1984, S. 123–137]

Hainsworth, G.: Les *Novelas ejemplares* de Cervantes en France au XVIIe siècle, Paris 1933 [Realismus und Idealismus der Novellen im Wandel der Pubikumsgunst]

Huet, Pierre Daniel: Traité de l'origine des romans, Paris 1670 [Einfluß der „Esel" von Lukian und Apuleius auf den *Coloquio*]

Maravall, José Antonio: La literatura picaresca desde la historia social (siglos XVI y XVII), Madrid 1986 [Wirtschaftliches und soziales Konfliktpotential auch als Hintergrund der Novellen mit pikaresken Elementen]

Pabst, Walter: Novellentheorie und Novellendichtung. Zur Geschichte ihrer Antinomie in den romanischen Literaturen, Heidelberg 1967, 2. Auflage [Die *Novelas ejemplares* von Cervantes im Kontext der romanischen Novelle; Kontrast zwischen Märchenatmosphäre und Realität in den Novellen von Cervantes führt zum „desengaño", der in der letzten Novelle deutlich wird]

Parker, Alexander: La filosofía del amor en la literatura española, 1480–1680, Madrid 1986 [Zur idealen neuplatonischen Liebe vor dem realistisch gestalteten gesellschaftlichen Hintergrund in *La ilustre fregona*]

Querol Gavaldá, Miguel: La música en las obras de Cervantes, Barcelona 1948 [Musik spielt eine Rolle in *El celoso extremeño* und in *La ilustrie fregona*, Singen bei Monipodio in *Rinconete y Cortadillo*, Tanzen und Singen in *La gitanilla*]

Rodríguez-Luis, Julio: Novedad y ejemplo de las *Novelas* de Cervantes, Madrid 1980, Bd. 1 und 2 [Interpretationen der einzelnen Novellen hinsichtlich Figuren, Struktur und Gang der Handlung]

Sampayo Rodríguez, José Ramón: Rasgos erasmistas de la locura del licenciado vidriera, Kassel 1986 [Über Bataillon hinausgehende Studie]

Wetzel, Hermann H.: Die romanische Novelle bis Cervantes, Stuttgart 1977 [Gesellschaftsbezogene Geschichte der Gattung mit Versuch einer historischen Typologie]

V. Don Quijote

B. Die beiden Teile des Romans

Bleznick, Donald W. (hg.): Studies on *Don Quijote* and other cervantine works, York, S. C. 1984

Día-Solís, Román: Avellaneda en su *Quijote*, Bogotá 1978 [Studie des Romans und seiner Unterschiede zu Cervantes' Roman]

Drake, Dana, B.: *Don Quijote* (1984–1970). A Selective Annotated Bibliography, Vol. 1, Chapel Hill, 1974, Vol. 2: Miami 1978

Eisenberg, Daniel: A Study of Don Quixote, Newark, Delaware 1987

Gilman, S.: Cervantes y Avellaneda. Estudio de una imitación, Mexiko 1951 [Beschäftigt sich weniger mit der Frage nach der empirischen Person, sondern mehr mit seiner Mentalität, seinen Motiven und seinem Stil; der gegenreformatorische Aspekt in Avellanedas *Don Quijote*]

Hatzfeld, Helmut (hg.): *Don Quijote*, Forschung und Kritik, Darmstadt 1968

Mancing, Howard: The Chivalric World of *Don Quijote*. Style, Structure, and Narrative Technique, Columbia, London 1982 [An der Reihenfolge der einzelnen Kapitel orientierte Interpretation]

Meyer, Herman: Das Zitat in der Erzählkunst: zur Geschichte und Poetik des europäischen Romans, Stuttgart 1967 [Zum zitathaften Leben des Don Quijote]

Morales Oliver, Luis: Sinopsis de *Don Quijote,* Madrid 1977 [Stichwortartige Auflistung von Stellen nach angegebenen Kriterien]

Murillo, L. A., A Critical Introduction to *Don Quixote*, New York, Bern, Frankfurt a. M., Paris 1988 [Kommentar der wichtigsten Kapitel]

Navarro González, Alberto; Las dos partes del *Quijote*. Analogías y diferencias, Salamanca 1979 [1. Teil als manieristisch, 2. als barock; bereits im ersten liegt der Plan für den zweiten – allerdings nicht unbedingt für dessen Schluß – vor]

Percas de Ponseti, Helena: Cervantes the Writer and the Painter of *Don Quijote*, Columbia, University of Missouri Press 1988

Riley, Edward C.: *Don Quixote,* London, Boston, Sydney 1986 [Kompetenter Leitfaden für die Interpretation]

Riquer, Martín de: Cervantes, Pasamonte y Avellaneda, Barcelona 1988

Togeby, Knud: La composition du roman *Don Quijote*, Kopenhagen 1957

C. Die Hauptfiguren

Auerbach, Erich: Mimesis. Dargestellte Wirklichkeit in der abendländischen Literatur, Bern/München 1977, 6. Auflage [darin S. 317–342: Die verzauberte Dulcinea]

El Saffar, Ruth: Beyond Fiction: The Recovery of the Feminine in the Works of Cervantes, Berkeley 1984 [Zu den wechselnden Rollen weiblicher Figuren im *Don Quijote*]

Franzbach, M.: Lessings Huarte-Übersetzung (1752). Die Rezeption und Wirkungsgeschichte des *Examen de ingenios para las ciencias* (1575) in Deutschland (Hamburger Romanistische Studien, B. 29) Hamburg 1965 [Medizinhistorischer Hintergrund zur Krankheit des Don Quijote]

Lukács, Georg: Die Theorie des Romans, Darmstadt, Neuwied 1971

Márquez Villanueva, Francisco: Personajes y temas del *Quijote*, Madrid 1975

Rauhut, H.: Herr und Knecht in der spanischen Literatur, Celestina, Lazarillo, Guzmán, Quijote, Diss. Heidelberg, München 1971

Reyre, Dominique: Dictionnaire des noms des personnages du *Don Quichotte* de Cervantes, suivi d'une analyse structurale et linguistique, Paris 1980 [Alphabetisches Verzeichnis mit Anmerkungen zu den Personen und zur Etymologie der Namen]

Riquer, Martín de: Aproximación al *Quijote,* 2. Aufl., Barcelona 1970 [Die Beschreibung des Don Quijote entspricht der, die Huarte für den Choleriker vorsieht]

Rosales, Luis: Cervantes y la libertad, Madrid 1960, 2 Bde. [Freiheit als Grundgedanke bei Cervantes und im *Don Quijote*]

Sletsjöe, Leif: Sancho Panza, hombre de bien, Madrid 1961 [Wohlbelegte Studie zu seinen Charakterzügen, Verhaltensmustern und Motiven sowie deren Unterschieden im ersten und zweiten Teil]

Van Doren, Mark: La profesión de Don Quijote, Mexiko 1962

Weinrich, Harald: Das Ingenium Don Quijotes. Ein Beitrag zur literarischen Charakterkunde, Münster 1956

Welsh, Alexander: Reflexions on the Hero as Quixote, Princeton, N. J. 1981

D. Stil, Erzähltechnik und Problematik des Lesens

Casalduero, Joaquín: Sentido y forma del *Quijote.* 1605–1615, Madrid 1949 [Elemente der Makro- und Mikrostruktur werden aufeinander bezogen und lassen das barocke Kunstprinzip der „ungeordneten Ordnung" erscheinen]

Covarrubias, Sebastián de: Tesoro de la lengua castellana o española, M. de Riquer (hg.), Barcelona 1943 [Lexikon, das 1611 erschien]

El Saffar, Ruth: Distance and Control in *Don Quijote*: A Study in Narrative Technique, Chapel Hill 1975 [Verschiedene Romanfiguren werden immer wieder implizite Erzähler oder Leser]

Fernández Gómez, C.: Vocabulario de Cervantes, Madrid 1962

Fernández Mosquera, Santiago: Los autores ficticios del *Quijote,* in: Anales cervantinos 24, 1986, S. 47–65 [Einleitender Forschungsüberblick, Unterscheidung zwischen „editor", „traductor", Cide Hamete Benengeli und „autor definitivo"]

Ferreras, Juan Ignacio: La estructura paródica del *Quijote,* Madrid 1982 [Parodie durch Vielschichtigkeit innerer und äußerer fingierter und nicht fingierter Welten]

Hatzfeld, Helmut: *Don Quijote* als Wortkunstwerk. Die einzelnen Stilmittel und ihr Sinn, Leipzig, Berlin 1927

Márquez Villanueva, Francisco: Personajes y temas del *Quijote,* Madrid 1975 [Zu den Episoden in der Sierra Morena, in der maurischen Gefangenschaft, mit dem „Caballero del Verde Gabán" und mit dem Morisken Ricote]

Moner, Michel: Cervantès: deux thèmes majeurs (L'amour – les armes et les lettres), Toulouse 1988 [Emblematik als Hintergrund der Themen sowie ihrer Darstellung und Erörterung]

Neuschäfer, H. G.: Der Sinn der Parodie im *Don Quijote,* Heidelberg 1963

Rivers, Elias: Quixotic scriptures: essays on the textuality of hispanic literature, Bloomington, Indiana University Press 1983

Rosenblat, Ángel: La lengua del *Quijote,* Madrid 1971 [Standardwerk]

Syverson-Stork, Jill: Theatrical Aspects of the Novel: a Study of *Don Quijote,* Valencia 1986

Torbert, Eugene Charles: Cervantes' Place-Names: A Lexicon, Metuchen, N. J./London 1978 [Alphabetisches Verzeichnis der Ortsnamen im Gesamtwerk mit Stellenangaben]

Weigert, Leopold: Untersuchungen zur spanischen Syntax auf Grund der Werke des Cervantes, Berlin 1907 (Reprint Hildesheim-New York 1973) [Zahlreiche Einzelbeobachtungen]

E. Bezugspunkte

Arco y Garay, Ricardo del: La sociedad española en las obras de Cervantes, Madrid 1951 [Umfangreiches Werk zum Weg Don Quijotes durch Spanien, zu spanischen Institutionen, gesellschaftlichen Gruppen und Gebräuchen]

Chevalier, Maxime: Arioste en Espagne (1530–1650), Recherches sur l'influence du *Roland furieux*, Bordeaux 1966 [Über den Einfluß auf Cervantes vgl. S. 439–491]

Gewecke, Frauke: Wie die neue Welt in die alte kam, Stuttgart 1986 [Die Gestaltungen der Neuen Welt und ihrer Bewohner in der Literatur der Alten Welt: Von den antiken Barbaren über den „locus amoenus", wissenschaftliche Konzepte, die Stilisierung des Amerikaners als Held und „honnête homme" bis zur „leyenda negra" im Dienst europäischer politischer Interessen]

Kohl, Karl-Heinz (hg.): Berliner Festspiele. Mythen der Neuen Welt. Zur Entdeckungsgeschichte Lateinamerikas, Berlin 1982 [Umfangreicher Sammelband über zahlreiche Aspekte]

Leonard, Irving A.: Los libros del conquistador, Mexiko 1953 [Zu den Ritterbüchern, die die Konquistadoren lasen]

Mancing, Howard: The Chivalric World of *Don Quijote*. Style, Structure, and Narrative Technique, Columbia/London 1982 [*Don Quijote* in der Reihenfolge seiner Kapitel angeführt]

Maravall, José Antonio: El humanismo de las armas en el *Don Quijote*, Madrid 1948

Maravall, José Antonio: Utopía y contrautopía en el *Quijote*, Santiago de Compostela 1976

Márquez Villanueva, Francisco: Fuentes literarias cervantinas, Madrid 1973 [Zur Genesis von Sancho Panza; zur Bedeutung von Luis Zapata, Antonio de Guevara, Teófilo Folengo und der makkaronischen Dichtung in Spanien]

Menéndez y Pelayo, M.: Orígenes de la novela, Bd. 1, Madrid 1943

Molho, Mauricio: Cervantes: Raíces folklóricas, Madrid 1976 [Volkstümliche Elemente im entremés *Retablo de las Maravillas* und in der Gestaltung des Sancho Panza]

Rielo, Fernando: Teoría del *Quijote*: su mística hispánica, Madrid 1982

Riquer, M. de: Vida caballeresca en la España del siglo XV, discurso de recepción en la Real Academia Española, Madrid 1965 [Zur Realität des fahrenden Ritters im 15. Jahrhundert]

Salazar Rincón, Javier: El mundo social del *Quijote*, Madrid 1986

Silveira y Montes de Oca, Jorge A.: Los romances hispánicos contenidos en *El ingenioso hidalgo don Quijote de la Mancha*, Miami, Fl. 1987

Wang, Andreas: Der „Miles Christianus" im 16. und 17. Jahrhundert und seine mittelalterliche Tradition, Bern, Frankfurt am Main 1975 [Zum Hintergrund des Rittergedankens]

Williamson, Edwin: The half-way house of fiction, *Don Quixote* and asturian romance, Oxford 1984

F. Zum Kontext

Avalle-Arce, Juan Bautista: Deslindes Cervantinos, Madrid 1961

Barriga Casalini, Guillermo: Los dos mundos del *Quijote:* realidad y ficción, Madrid 1983

Bataillon, Marcel: Erasmo y España, Mexiko 1966, 2. Aufl. [Übers. der frz. Ausgabe von 1937; Standardwerk]

Blüher, Karl Alfred: Séneca en España. Investigaciones sobre la recepción de Séneca en España desde el siglo XIII hasta el siglo XVII, Madrid 1983

Buck, August (hg.): Juan Luis Vives, Arbeitsgespräch Wolfenbüttel, Hamburg 1982 (Wolfenbütteler Abhandlungen zur Renaissanceforschung, 3) [Vives als Beispiel für einen spanischen Humanisten]

Castro, Américo: El pensamiento de Cervantes, Barcelona 1972 (Neuauflage) [Essays zu Cervantes' kulturellem Hintergrund. Als Schwerpunkt bei Cervantes wird die Frage nach der Zuverlässigkeit der Sinneswahrnehmungen gesehen]

Descouzis, Paul Marcel: Cervantes, a nueva luz. I. El *Quijote* el concilio de Trento, Frankfurt a. M. 1966 (Analecta Romanica) [Trotz fehlender ausdrücklicher Erwähnung des Konzils können zahlreiche Stellen angegeben werden, in denen dessen Regeln eine Rolle spielen]

Descouzis, Paul: Cervantes, a nueva luz. Bd. II: Con la Iglesia hemos dado, Sancho, Madrid 1973

Durán, Manuel: La ambigüedad en el *Quijote*, Mexiko 1960 [Ausgehend von einem Ansteigen des Subjektivismus in der Renaissance und einem wachsenden Zweifel an Heldenmythen zeigt *Don Quijote* einen Schnittpunkt beider Tendenzen]

Fuentes, Carlos: Cervantes o la crítica de la lectura, Mexiko 1976 [Anthologie von Zeitschriftenartikeln]

García Puertas, Manuel: Cervantes y la crisis del renacimiento español, Montevideo 1962 [Thematische und ideengeschichtliche Analyse]

Ihrie, Maureen: Scepticism in Cervantes, London 1982 [Skeptizistische Philosophie und Literatur in Spanien zur Zeit der Renaissance und nach dem Tridentinum und ihre Wirkungen auf Cervantes]

Monserrast, Santiago: La conciencia burguesa en el *Quijote*, Córdoba, Argentinien 1965 [Die Figuren des *Don Quijote* vor dem Hintergrund bürgerlicher Wirtschaftsformen und der Säkularisierung des Denkens und der Gesellschaft]

Osterc, Ludovik: El pensamiento social y político del *Quijote*, Mexiko 1975 [Eine Darstellung der spanischen Gesellschaft und der Sozialkritik im *Don Quijote* auf der Grundlage des historischen Materialismus]

Riley, Edward C.: Teoría de la novela en Cervantes, Madrid 1971 [Cervantes' neuaristotelische Lehre der Prosafiktion mit neoplatonischen und anderen Elementen]

Rueda Contreras, Pedro: Los valores religioso-filosóficos del *Quijote*, Valladolid 1959 [Cervantes war kein Erasmist und auch kein Neostoizist, sondern ein Anhänger der Gegenreformation]

Salazar Rincón, Javier; El mundo social del *Quijote*, Madrid 1986 [Zur hierarchischen Gliederung des Adels, zum Landleben, zum Begriff der Ehre und der „limpieza de sangre" in der spanischen Gesellschaft und im Roman]

Strosetzki, Christoph: Literatur als Beruf. Zum Selbstverständnis gelehrter und schriftstellerischer Existenz im spanischen Siglo de Oro, Düsseldorf 1987 (Studia humaniora)

Vilanova, Antonio: Erasmo y Cervantes, Barcelona 1949 [Parallelität zwischen *Moriae Encomium* und *Don Quijote*]

Weinberg, Bernard: A History of Literary Criticism in the Italian Renaissance, Chicago 1961 [Vgl. zur italienischen Aristotelesinterpretation]

VI. Zur Rezeptionsgeschichte

Ayala, Francisco: Cervantes y Quevedo, Barcelona 1974 [Verschiedene Aufsätze, die mit Cervantes oder Quevedo in Beziehung stehen]

Balashof, N., und A. Mijailof (hg.): Cervantes y la literatura mundial, Moskau 1969

Bardon, Maurice: *Don Quichotte* en France au XVIIe et au XVIIIe siècle. 1605–1815, Genf 1974 (Reprint der Ausgabe von Paris 1931)

Berger, T. W.: *Don Quixote* in Deutschland und sein Einfluß auf den deutschen Roman (1613–1800), Heidelberg 1908

Betrand, J. J. A.; Cervantès et le Romantisme allemand, Paris 1914

Bertrand, J. J. A.: Cervantes en el país de Fausto, Madrid 1950 [Vom 17. Jahrhundert bis zum 20. Jahrhundert]

Bickermann, Joseph: Don Quijote und Faust. Die Helden und die Werke, Berlin 1920 [Unter den Gemeinsamkeiten: Universalismus, späte Selbsterkenntnis]

Blanco, Nilda (hg.): Visión cubana de Cervantes, La Habana 1980

Brüggemann, Werner: Cervantes und die Figur des Don Quijote in Kunstanschauung und Dichtung der deutschen Romantik, Münster 1958 (Spanische Forschungen der Görresgesellschaft 2,7) [Darstellung der Wirkung bis zum 18. Jahrhundert und ausführliche Erklärung der romantischen Autoren und Philosophen des deutschen Idealismus, die den Bogen über Eichendorff bis Jean Paul spannt]

Close, Anthony: The Romantic Approach to *Don Quixote*: A Critical History of the Romantic Traditions in *Quixote* Criticism, Cambridge 1978 [Historische Einordnung der Cervantes-Kritik des 19. Jahrhunderts]

Colón, Germán: Die ersten romanischen und germanischen Übersetzungen des *Don Quijote* (1. Teil, 16. Kapitel), Bern 1974

Descouzis, Paul Marcel: Cervantes y la generación del 98; la cuarta salida de *Don Quijote*, Madrid 1970 [der „Quijotismo" der 98er Generation]

Dorer, Edmund: Die Cervantes-Literatur in Deutschland, Zürich 1877

Drake, Dana B.: *Don Quijote* in world literature, New York, London 1980 [Bibliographie]

Flores, Robert M.: Sancho Panza Through Three Hundred Seventy-five Years of Continuations, Imitations, and Criticism, 1605–1980, Newark, Delaware 1982 [Deutung der Figur vom 17. bis zum 20. Jahrhundert]

Girard, R.: Mensonge romantique et verité romanesque, Paris 1961

Hartau, Johannes: Don Quijote in der Kunst: Wandlungen einer Symbolfigur, Berlin 1987

Hainsworth, G.: Les *Novelas exemplares* de Cervantès en France au XVIIe siècle, Paris 1933

Huch, Ricarda: Blütezeit der Romantik, Leipzig 1916, 6. Auflage [*Don Quijote* als Vorbild der Romantik; Angabe und Charakterisierung der Übersetzungen]

Maass, Angelika: Azorín oder der Mensch im Zeichen der Ebene. Eine Auseinandersetzung mit dem Werk Azoríns am Beispiel von *La ruta de Don Quijote*, Bern, Frankfurt/M. 1984

Madariaga, Salvador de: Guía del lector del *Quijote*. Ensayo psicológico sobre el *Quijote*, Madrid 1976 [Essay; psychologische Analyse der Figuren]

Madrid, Lelia: Cervantes y Borges: la inversión de los signos, Madrid 1987

Mesa, Carlos E.: Cervantismos y quijoterías, Bogotá 1985

Olmos García, Francisco: Cervantes en su época, Madrid 1968 [Aufsätze zur Inquisition, Zensur und zum „cristiano viejo"]

Ortega y Gasset, José: Meditaciones del *Quijote*, Julián Marís (hg.), Madrid 1984

Seibicke, Christa Elisabeth: Friedrich Baron de la Motte Fouqué. Krise und Verfall der Spätromantik im Spiegel seiner historisierenden Ritterromane, München 1985

Smitten, Theo in der: *Don Quixote* (der ‚richtige' und der ‚falsche') und sieben deutsche Leser. Rezeptionsästhetische leseaktorientierte vergleichende Analysen an spanischen Ur-Quixote-Ausgaben von 1664/5 bis 1615 und sechs deutschen Übersetzungen von 1648 bis 1883, Bern, Frankfurt a.M., New York 1986, 2. Bde. [Originelle und lebhafte Darstellung]

Torrente Ballester, Gonzalo: El *Quijote* como juego, Madrid 1975 [Literaturwissenschaftliche Interpretation durch den Schriftsteller]

Turkevich, L. B.: Cervantes in Russia, Princeton 1950

Unamuno, Miguel de: Vida de Don Quijote y Sancho, según Miguel de Cervantes Saavedra, explicada y comentada, Madrid 1958 [Kommentierende Umdeutung im Sinne des Unamuno: Quijote spielt nur seine Torheit, Dulcinea ist Symbol für Ruhm und Unsterblichkeit]

Viña, Frederik (hg.): *Don Quijote*: meditaciones hispanoamericanas, Lanham 1988

Namenregister

Für die Arbeit am Register danke ich Herrn Thomas Rath.
Die kursiven Zahlen verweisen auf bibliographische Angaben.

Zur Geschichte der frühen Neuzeit

Richard Alewyn
Das große Welttheater
Die Epoche der höfischen Feste
Nachdruck 1989 der 2., erweiterten Auflage
136 Seiten, 20 Abbildungen auf 16 Tafeln. Paperback
Beck'sche Reihe Band 389

Richard van Dülmen
Kultur und Alltag in der frühen Neuzeit
Erster Band. Das Haus und seine Menschen 16.–18. Jahrhundert
1990. 316 Seiten, 64 Abbildungen. Leinen

Richard van Dülmen
Theater des Schreckens
Gerichtspraxis und Strafrituale in der frühen Neuzeit
3. Auflage. 1988. 240 Seiten, 15 Abbildungen 13 Tabellen. Paperback
Beck'sche Reihe Band 349

Hartmut Heine
Geschichte Spaniens in der frühen Neuzeit 1400–1800
1984. 213 Seiten, 3 Karten und 2 Stammtafeln. Broschiert

Hanno-Walter Kruft
Städte in Utopia
Die Idealstadt vom 15. bis zum 18. Jahrhundert
zwischen Staatsutopie und Wirklichkeit
1989. 203 Seiten, 141 Abbildungen auf 68 Tafeln. Leinen

Georg Schwaiger
Teufelsglaube und Hexenprozesse
2., durchgesehene Auflage. 1988. 203 Seiten, 15 Abbildungen
Paperback
Beck'sche Reihe Band 337

Französische Dichtung
Eine zweisprachige Anthologie in vier Bänden

Band 1: Von Villon bis Théophile de Viau

Herausgegeben von Friedhelm Kemp und Werner von Koppenfels.
1990. XXXVI, 592 Seiten. Leinen

Band 2: Von Corneille bis Gérard de Nerval

Herausgegeben von Hanno Helbling und Federico Hindermann
1990. XIII, 504 Seiten. Leinen

Band 3: Von Baudelaire bis Valéry

Herausgegeben von Friedhelm Kemp und Hans T. Siepe.
1990. XV, 559 Seiten. Leinen

Band 4: Von Apollinaire bis zur Gegenwart

Herausgegeben von Bernhard Böschenstein und Hartmut Köhler
1990. XVII, 627 Seiten. Leinen

Dieses zweisprachige Sammelwerk stellt in bisher nicht gekanntem Umfang dem deutschen Publikum die französische Lyrik von der Mitte des 15. Jahrhunderts bis heute vor. Manches Vertraute wird dem Leser begegnen, aber vor allem wird er viele Entdeckungen machen. Die einzelnen Bände enthalten jeweils einen einführenden Essay, gründliche biographische Auskünfte sowie hilfreiche Anmerkungen zu den Gedichten.

„.. ein literaturgeschichtliches Unternehmen, das dem interessierten Leser Hilfen an die Hand gibt, ihn zum Herumlesen, Stöbern, Nachschlagen, schließlich auch zur Arbeit mit den Texten anregen mag. ... Die feudale Ausstattung der Bände ist beinahe ehrfurchtgebietend."

Johannes Hauck, Süddeutsche Zeitung

„Das Prinzip der sieben Herausgeber, die Werke eines Lyrikers im Spiegel ganz unterschiedlicher Übersetzer-Temperamente darzustellen, bewährt sich – eine vielschichtige Annäherung an das Originalwerk."

Der Spiegel